¡QUÉ BUENA PREGUNTA!

¡Qué buena pregunta!

R. C. SPROUL

TYNDALE HOUSE PUBLISHERS, INC.
CAROL STREAM, ILLINOIS

Visite la apasionante página de Tyndale Español en Internet: www.tyndaleespanol.com.

TYNDALE y el logotipo de la pluma son marcas registradas de Tyndale House Publishers, Inc.

TYNDALE and Tyndale's quill logo are registered trademarks of Tyndale House Publishers, Inc.

¡Qué buena pregunta!

© 2010 por R. C. Sproul. Todos los derechos reservados.

Diseño de la portada © por Wetzel & Company, Inc. Todos los derechos reservados.

Traducción al español: Cristian J. Morán M.

Edición del español: Mafalda E. Novella, Adriana Powell y Omar Cabral

Traducción provista por Ligonier Ministries.

Originalmente publicado en inglés en 1996 como *Now, That's a Good Question!* por Tyndale House Publishers, Inc., con ISBN 978-0-8423-4711-2.

Library of Congress Cataloging-in-Publication

Sproul, R. C. (Robert Charles), date.
 [Now, that's a good question! Spanish]
 ¡Qué buena pregunta! / R. C. Sproul ; [traducción al español, Cristian J. Morán M.].
  p. cm.
 Includes index.
 ISBN 978-1-4143-3591-9 (sc)
 1. Theology, Doctrinal—Popular works.   2. Theology, Doctrinal—Miscellanea.   3. Evangelicalism—Miscellanea.   I. Title.
BT77.S718517 2010
230'.044—dc22   2010027334

Impreso en los Estados Unidos de América

Printed in the United States of America

16   15   14   13   12   11   10

7   6   5   4   3   2   1

CONTENIDO

PREFACIO

CON FRECUENCIA, EL TEÓLOGO SUFRE la misma carga que el hábil tirador del Lejano Oeste. Así como los jóvenes pistoleros trataban de encontrar veteranos famosos para desafiarlos y de esa manera aumentar su reputación, algunas personas (¡especialmente los estudiantes!) experimentan un regocijo casi diabólico por encontrar ese enigma teológico peculiar. Sin duda, el gran debate escolástico medieval acerca de cuántos ángeles podrían bailar sobre la cabeza de un alfiler tuvo su origen en alguna pregunta formulada por un travieso estudiante.

Hace varios años, me dispuse a enfrentar una gran cantidad de desafíos. En Ministerios Ligonier, a mediados de los años ochenta, invitamos a amigos interesados a reunirse con nosotros en un estudio de grabación para plantear cualquier pregunta teológica que desearan. No escuché ni leí las preguntas por anticipado, pero tenía que responder a cada una en un espacio de cuatro minutos. Las preguntas y respuestas fueron grabadas y emitidas en diversas estaciones de radio. El programa se llamó, simplemente, *Pregúntele a R. C.* Aproximadamente trescientas de estas preguntas y respuestas se encuentran ahora reunidas en este libro, adecuadamente pulidas y libres de los "eeh's" y "mmm's."

Quizás la primera buena pregunta que deberíamos plantear es por qué habría yo de someterme a semejante suplicio. A diferencia de muchas de las preguntas que hay en el libro, ésta es fácil de responder. La gente tiene preguntas difíciles, reales e importantes. Mientras que responder a preguntas poco sinceras es una cruz para mi profesión, es una alegría responder a las sinceras.

En cualquier intento, la confusión puede ser debilitante. Cuando comenzamos a hacer preguntas de gran importancia y dichas preguntas se refieren al carácter de Dios, la confusión es natural. Casi deberíamos esperarla. Dios, después de todo, es infinito, mientras que nosotros somos totalmente finitos. Nuestra confusión proviene de esta verdad fundamental: lo finito no puede comprender lo infinito.

Sin embargo, Dios no nos deja en esta situación precaria. En su misericordia y ternura, condescendió a hablar con nosotros y a enseñarnos a través de su creación y de su Palabra. Qué honor, entonces, pertenecer a la profesión que busca ayudar a la gente a aprender lo que Dios ha revelado. Lo que espero que usted encuentre en este libro no es el pensamiento de R. C. Sproul sobre variadas preguntas espinosas, sino la sabiduría de Dios.

El verdadero peligro de aceptar el desafío que implica responder las preguntas de otros no es que pueda haber preguntas para las cuales no tenga respuestas. El verdadero peligro es que podría dar respuestas que no son veraces, y enseñar el error. Este es el peligro sobre el cual la Escritura advierte cuando dice que hay un tremendo juicio esperando a los maestros que guían a otros por el mal camino. Mi problema, entonces, no es solamente que yo soy finito, sino que soy falible. Como ser humano, me equivoco; es posible que haya errado incluso al responder las preguntas incluidas en este libro.

Usted, sin embargo, puede ayudar a aliviar mi temor. Al leer este libro buscando respuestas, por favor hágalo con el espíritu de los bereanos. *Por favor revise la Escritura, porque sólo ella es nuestra autoridad final.* Sólo ella es infalible en todo lo que enseña. Es nuestra guía y nuestra luz. Ante cualquier pregunta, siempre podemos decir de la Escritura: "¡Qué buena respuesta!"

CONOCIENDO A DIOS

No dejen que el sabio se jacte de su sabiduría,
o el poderoso, de su poder,
o el rico, de sus riquezas.
Pero los que desean jactarse
que lo hagan solamente en esto:
de conocerme verdaderamente y entender que yo soy el SEÑOR
—quien demuestra amor inagotable
y trae justicia y rectitud a la tierra—
y que me deleito en estas cosas.
¡Yo, el SEÑOR, he hablado!

JEREMÍAS 9:23-24

Preguntas en esta sección:

- *¿Por qué Dios nos ama tanto?*

- *¿Cuáles son los atributos de Dios?*

- *¿Cuál es la percepción de Dios que tiene el cristiano corriente?*

- *¿Por qué Dios permanece invisible?*

- *¿Qué es la "providencia de Dios"?*

- *¿Qué significa para nosotros llamar a Dios nuestro Padre?*

- *¿Cuáles son las características del Dios cristiano que lo diferencian de otros dioses?*

- *Entre las otras religiones del mundo, ¿hay alguna que comparta el concepto cristiano de la santidad de Dios?*

- *A lo largo de la Biblia se nos dice que temamos a Dios. ¿Qué significa eso? ¿Puede dar algún ejemplo?*

- *Me han dicho que la Biblia dice que Dios se da a conocer a todas las personas a través del mundo creado. ¿De qué forma podría la persona común ver a Dios y sus atributos a través de la naturaleza?*

- *Cuando el Señor habló con Abraham acerca de Sodoma y Gomorra, dijo: "Bajaré para ver si sus acciones son tan perversos como he oído." ¿Por qué dice Dios que necesita bajar y ver estas ciudades? ¿Acaso no sabe ya de estas cosas?*

- *Defina un milagro y confirme si usted cree o no que Dios aún los realiza.*

- ¿Cree usted que Dios le ha hablado en forma audible a alguien desde la era apostólica?

- ¿Cómo definiría usted la soberanía de Dios?

- ¿Cómo conciliamos el hecho de que Dios es soberano con el hecho de que nos ha dado libre albedrío como personas?

- En referencia a Juan 6:44, ¿obliga Dios a la gente a venir a él?

- ¿Qué es la predestinación?

- ¿Por qué Dios permite que haya tiroteos al azar, accidentes fatales y otras cosas horribles?

- En el Antiguo Testamento, Dios juzgó a Israel y a otras naciones por medio de sucesos catastróficos. ¿Ocurre esto todavía?

• ¿Por qué Dios nos ama tanto?

Esa es una de las preguntas más difíciles de responder si la pensamos desde la perspectiva de Dios.

Henos aquí, criaturas suyas hechas a su imagen, con la responsabilidad de reflejar y manifestar su gloria y su justicia al mundo entero. Le hemos desobedecido incontables veces en todo lugar y de todas las formas posibles. Al actuar así, hemos tergiversado la manifestación de su carácter frente a todo el universo. La Biblia nos dice que la creación gime con dolores de parto esperando el día de la redención de la humanidad porque sufre a causa de nuestra injusticia (Rm. 8:22).

Cuando pensamos en cuán desobedientes y hostiles hemos sido con Dios, nos preguntamos qué podría moverlo a amarnos tanto. En Romanos 5:7, cuando Pablo está sorprendido por el amor de Cristo que fue manifestado en su muerte, dice: "Casi nadie se ofrecería a morir por una persona honrada, pero imaginen a uno que es perfecto dando su vida por aquellos que no son perfectos y orando aun por quienes le están dando muerte." Esa es la clase de amor que trasciende cualquier cosa que hayamos experimentado en este mundo. Supongo que lo único que puedo concluir es que la naturaleza de Dios es ser amante. Es parte de su carácter esencial y eterno.

El Nuevo Testamento dice que Dios es amor. Ese puede ser uno de los versículos peor interpretados de la Escritura. Aún recordamos cuando, hace algunos años, estaba de moda decir que "la felicidad es un tierno cachorro." Teníamos estas breves definiciones de lo que era la felicidad, y lo mismo se aplicaba al amor: "El amor significa no tener jamás que pedir perdón," etc. A todos nos interesa mucho lo que encierra el acto de amar.

Cuando la Biblia dice que Dios es amor, dicha declaración no es lo que llamaríamos una afirmación analítica en la cual pudiéramos invertir el sujeto y el predicado para decir que, por lo tanto, el amor es Dios. Eso no es lo que la Biblia quiere decir. En lugar de eso, lo que la forma judía de expresión dice aquí es que Dios es tan amante y su amor es tan coherente, tan profundo, tan hondo, tan trascendente y una parte tan integral de su carácter que para expresarlo en la máxima forma posible, decimos que él es amor. Eso es, simplemente, decir que Dios es el máximo estándar del amor.

• ¿Cuáles son los atributos de Dios?

Cuando hablamos de los atributos de Dios, nos referimos a aquellas características que describen el ser de Dios. Él es uno. Él es santo. Él es omnisciente. Él es omnipresente. Él es omnipotente.

Esas son algunas de las diferentes palabras que usamos para describir la naturaleza y el carácter de Dios; son características que atribuimos al ser de Dios. Cuando describimos los atributos de alguien, habitualmente hacemos una distinción entre la persona y sus atributos. Por ejemplo, usted puede decir que su madre es paciente, pero usted no diría que su madre es *paciencia*. También diría que su madre es más que una mera lista de rasgos. De la misma forma, Dios no es simplemente una lista de atributos, pero Dios es diferente a su madre por cuanto fue el ser de Dios lo que inicialmente definió los atributos. Al tener una mejor comprensión de Dios, podemos aprender más de lo que es la auténtica bondad, o la verdad, la belleza, la paciencia, la fuerza. En este sentido, Dios *es* sus atributos. No significa que él sea un ser compuesto de tres kilos de omnisciencia, tres kilos de omnipresencia, tres kilos de omnipotencia, etc., y que mezclando todo tengamos un concepto de Dios. En lugar de eso, Dios en su esencia, en su mismo ser, es santo, y esa santidad es inmutable. Dios en su totalidad es inmutable y asimismo es enteramente santo. Estos atributos no pueden ser reunidos como un montículo de arena para darnos un retrato compuesto de Dios.

Al estudiar los atributos individuales de Dios, sin embargo, no lo estamos diseccionando. Simplemente estamos centrando nuestra atención por un momento en una sola dimensión o aspecto de su ser. Esto puede ser de mucha ayuda para nuestra comprensión de Dios porque la única forma en que podemos conocerlo es a través de sus atributos. Mientras más los entendemos, comprendemos mejor su persona y su carácter, lo cual nos alienta a adorarlo y a obedecerlo.

Para más información sobre los atributos de Dios, me gustaría sugerir un libro que escribí sobre ese mismo tema, *The Character of God* (El carácter de Dios, Servant, 1995), en el cual discuto los atributos de Dios para el estudio por parte del laico.

• ¿Cuál es la percepción de Dios que tiene el cristiano corriente?

No sé cuál es la percepción de Dios que tiene la mayoría en el mundo cristiano. Sólo puedo inferirlo a partir del pequeño universo en el que vivo y por estar en contacto con diferentes grupos de personas.

Observo un concepto sobre Dios que está generalizado en la comunidad cristiana, en el cual Dios está en cierta forma reducido en comparación con el retrato bíblico que tenemos de él. Se lo ve como una especie de abuelo celestial, benevolente en todo sentido, y cuya característica principal —y a veces único atributo— es el atributo del amor. Sabemos que la Biblia pone énfasis en el amor de Dios e incluso llega tan lejos como para decir que Dios es amor.

Sin embargo, creo que corremos el grave riesgo de despojar a Dios de la plenitud de su carácter según la manera en que lo revela la Escritura. Esto puede convertirse en una forma no tan sutil de idolatría. Por ejemplo, si opacamos la santidad de Dios, o la soberanía de Dios, o la ira de Dios, o la justicia de Dios, y, por así decirlo, elegimos aquellos atributos de Dios que nos gustan y negamos aquellos que nos asustan o nos hacen sentir incómodos, hemos cambiado la verdad de Dios por una mentira, y estamos adorando un dios que en realidad es un ídolo. Puede ser un ídolo sofisticado —no uno hecho de madera, piedra o metal—, pero aun así, el concepto de Dios que adoremos debe ser un concepto que esté de acuerdo con quien es Dios.

Me he dedicado durante años a una cruzada con el propósito de centrar la atención en la doctrina de Dios: el carácter de Dios. Tres de mis libros tratan la doctrina de Dios el Padre: *The Holiness of God* (*La santidad de Dios*), *Chosen by God* (*Escogidos por Dios*), que se concentra en la soberanía de Dios, y el más reciente, *The Character of God* (que trata sobre los atributos de Dios). Los escribí intencionalmente como una trilogía para enfatizar el carácter de Dios el Padre porque creo que corremos el grave riesgo de que él sea pasado por alto o distorsionado en el mundo cristiano contemporáneo.

Tenemos alguna idea de quién es Jesús, y la renovación carismática ha dirigido mucha más atención al Espíritu Santo en los últimos años; pero ignoramos casi sistemáticamente a Dios el Padre. Se puede observar, además, que muchos cristianos ignoran el Antiguo Testamento. La historia completa del Antiguo Testamento es principalmente la revelación de Dios el Padre. Todo lo que leemos de Dios el Hijo y Dios el Espíritu Santo —tan resaltado en el

Nuevo Testamento— presupone el conocimiento de Dios el Padre que se nos da en el Antiguo Testamento. Creo que es una prioridad para la comunidad cristiana desarrollar una comprensión más elevada del carácter de Dios.

• ¿Por qué Dios permanece invisible?

Creo que no hay nada que haga más dificultoso vivir la vida cristiana que el hecho de que el Señor al cual servimos es invisible para nosotros. Usted conoce la expresión de nuestra cultura: "Ojos que no ven, corazón que no siente." Es sumamente difícil dedicar la vida a alguien o algo que no se puede ver. Generalmente oímos a la gente decir que cuando puedan verlo, saborearlo, tocarlo u olerlo, creerán y lo aceptarán, pero no antes. Este es uno de los problemas más difíciles de la vida cristiana: Dios es pocas veces percibido a través de nuestros sentidos físicos.

La otra cara de la moneda diría que una de las más grandes esperanzas que tiene la iglesia cristiana es la promesa de lo que en teología llamamos la visión beatífica, o la visión de Dios. Juan en su carta dice: "Queridos amigos, ya somos hijos de Dios, pero él todavía no nos ha mostrado lo que seremos cuando Cristo venga; pero sí sabemos que seremos como él, porque lo veremos tal como él es" (1 Jn. 3:2). El latín allí quiere decir: "como él es en sí mismo." Es decir, en el cielo veremos lo que en este momento está totalmente oculto a nuestros ojos, concretamente, la sustancia y esencia misma de Dios, en toda su gloria, majestad y esplendor.

Muchas veces me he hecho preguntas sobre el texto que dice que seremos como él es porque lo veremos como él es. ¿La Biblia nos enseña que seremos totalmente limpios del pecado, totalmente glorificados? ¿Será una experiencia que eliminará del todo el pecado que hay en nosotros? ¿Esto sucederá porque tendremos una visión directa de la majestad de Dios? Si lo veo —si se vuelve visible para mí—, ¿será este el factor purificador que quitará todo el pecado de mi vida, o que yo pueda verle será el resultado de que él me haya limpiado primero? Sospecho que se trata de lo último.

Las Escrituras nos dicen que nadie verá a Dios y vivirá; esto se debe a que Dios es santo, y nosotros no (ver Ex. 33:20 y 1 Tm. 6:15). Moisés, siendo tan justo como era, suplicó a Dios en el monte que le concediera una vista plena de la gloria de Dios. Sin embargo Dios sólo le permitió captar un vistazo de su espalda, y agregó: "No se verá mi rostro." Desde que Adán y Eva cayeron y fueron expulsados del Jardín, Dios ha sido invisible para los seres humanos, pero no porque Dios sea intrínsecamente incapaz de ser visto. El problema no está en nuestros ojos, sino en nuestros corazones. El himno "Inmortal, Invisible, Único Sabio Dios" contiene la maravillosa frase "Toda alabanza rendiríamos: Oh, ayúdanos a ver / Sólo te oculta el esplendor de la luz."

En el Sermón del Monte, Jesús prometió que un día un cierto grupo de personas vería a Dios. Dios bendice a los que lloran, porque serán consolados. Los que tienen hambre y sed serán saciados. *Dios bendice a los que tienen corazón puro, porque ellos verán a Dios.* Es porque no tenemos corazón puro que Dios permanece invisible, y le veremos sólo cuando seamos purificados.

• ¿Qué es la "providencia de Dios"?

La palabra *providencia* está formada por un prefijo y una raíz. Significa "ver anticipadamente." Podríamos rebajar la providencia de Dios diciendo simplemente que Dios ve todo lo que sucede en este mundo antes de que ocurra; él es el gran observador celestial de la historia humana. Sin embargo, la doctrina de la providencia abarca mucho más que sólo el considerar a Dios como un espectador divino.

Hay básicamente tres formas en las que podemos considerar la relación entre Dios y este mundo. La perspectiva deísta, según la cual Dios crea el mundo y le da cuerda como un reloj que tiene causas secundarias incorporadas, y por lo tanto el mundo funciona como una máquina. Dios sale de la escena y simplemente observa todo lo que ocurre en el mundo sin jamás intervenir ni entrometerse. Todo sucede conforme a las causas secundarias incorporadas en el universo. Dicha perspectiva tiene ciertas ventajas porque de esta manera nadie puede culpar a Dios cuando algo sale mal. Podemos decir que nosotros, como criaturas, ocasionamos las tragedias y catástrofes de este mundo y que Dios no es culpable porque sus manos están atadas.

Otro punto de vista, que es una reacción extrema frente al deísmo, afirma que no hay causas secundarias en este mundo. Todo lo que sucede es el resultado directo de la intervención inmediata de Dios; Dios hace que mi mano suba y hace que baje. Si hay un accidente automovilístico en la esquina, Dios lo causó directamente. El libre albedrío es una ilusión, y no existen causas secundarias. Creemos que actuamos como personas responsables, pero no es así. Dios lo hace todo. Eso es lo que llamaríamos un monismo ético, según el cual Dios determina todo y en forma directa produce todo lo que sucede.

Yo creo que el punto de vista bíblico, que a mi juicio es el punto de vista cristiano clásico histórico, es un rechazo de estas dos posiciones. Creemos que Dios creó el universo y dio el poder de la causalidad secundaria a las cosas y a las personas que hay en él, de modo que en verdad podemos hacer cosas por nuestra propia voluntad, mediante nuestras decisiones, nuestra mente, determinación y actividades. Sin embargo, en cada punto específico de nuestras acciones y de las causas secundarias que están en operación, Dios sigue siendo soberano. A veces él obra a través de causas secundarias para que tenga lugar su voluntad, y otras veces obra sin que participen causas secundarias. A veces él se mete en la escena tal como lo hizo en el ardor de los milagros de Jesús en el Nuevo Testamento; otras veces hace uso de nuestras decisiones y actividades para llevar a cabo su voluntad soberana. La providencia de Dios significa que Dios es soberano sobre todo lo que sucede en este mundo.

• ¿Qué significa para nosotros llamar a Dios nuestro Padre?

Una de las declaraciones más conocidas de la fe cristiana es el Padre Nuestro, que comienza con las palabras "Padre nuestro que estás en el cielo." Esto forma parte del tesoro universal de la cristiandad. Cuando oigo a los cristianos orar individualmente en alguna reunión privada, prácticamente todos comienzan su oración dirigiéndose a Dios como Padre. Es algo común entre nosotros dirigirnos a Dios como nuestro Padre. Es tan central en nuestra experiencia cristiana que en el siglo XIX hubo quienes dijeron que la esencia de toda la religión cristiana puede reducirse a dos puntos: la hermandad universal del hombre y la paternidad universal de Dios. En ese contexto, me temo que hemos pasado por alto una de las enseñanzas más radicales de Jesús.

Hace pocos años, un erudito alemán estaba investigando la literatura del Nuevo Testamento y descubrió que en toda la historia del judaísmo —en todos los libros existentes del Antiguo Testamento y en todos los libros existentes judíos extrabíblicos fechados desde el comienzo del judaísmo hasta el siglo X d.C. en Italia—, no hay una sola mención de algún judío que se dirigiera a Dios directamente como Padre. Había formas apropiadas de nombrarlo que eran usadas por los judíos en el Antiguo Testamento, y los niños eran enseñados a dirigirse a Dios con frases adecuadas de respeto. Todos estos títulos eran memorizados, y el término *Padre* no estaba entre ellos.

El primer rabí judío en llamar a Dios "Padre" directamente fue Jesús de

Nazaret. Fue un ruptura radical con la tradición, y de hecho, en cada oración registrada que tenemos de los labios de Jesús, salvo una, él llama a Dios "Padre." Fue por esa razón que muchos de los enemigos de Jesús intentaron destruirlo; él pretendía tener esta relación íntima y personal con el Dios soberano del cielo y creador de todas las cosas, y se atrevía a hablar en esos términos tan íntimos con Dios. Lo que es aún más radical es que Jesús dice a sus discípulos: "Ora de la siguiente manera: 'Padre nuestro.'" Él nos ha dado el derecho y el privilegio de venir a la presencia de la majestad de Dios y dirigirnos a él como Padre porque, en efecto, lo es. Él nos ha adoptado en su familia y nos ha hecho coherederos con su Hijo unigénito (Rm. 8:17).

• ¿Cuáles son las características del Dios cristiano que lo diferencian de otros dioses?

Tal vez la característica singular del Dios cristiano es que él existe. Los otros no. Por supuesto, como todos sabemos, esto es motivo de profundos debates.

Yo diría que las diferencias principales y más importantes tienen que ver, en última instancia, con el carácter santo del Dios cristiano. Usted oirá al respecto que otra gente argumentará que sus dioses también son santos. Lo que es exclusivo en el cristianismo, entre todas las religiones del mundo, es su doctrina central de una expiación ocurrida una vez y para siempre y que se ofrece a las personas para concederles salvación. El judaísmo del Antiguo Testamento incluía una provisión para la expiación del pecado, pero la mayoría de las religiones no la tiene, básicamente porque no la consideran un prerrequisito para la redención.

Mi pregunta es: ¿Por qué una religión mundial no consideraría necesaria una expiación para la redención, si no fuera porque desde su perspectiva Dios es menos que santo? Si Dios es perfectamente justo y las personas no son perfectamente justas, pero dichas personas están tratando de tener una relación vital con Dios, entonces tenemos un problema básico y abrumador. ¿Cómo podría un Dios santo y justo aceptar criaturas injustas en su presencia? Eso es lo que el judaísmo y el cristianismo entienden como el problema vital. Los seres humanos, siendo injustos, deben ser justificados de alguna manera para entrar en la presencia de un Dios santo. Por eso es que el judeocristianismo se centra completamente en el tema de la expiación, que hace posible la reconciliación. Pero si no creemos que Dios es tan santo, no hay necesidad de concepto alguno de reconciliación. Podemos vivir como queramos porque este tipo de Dios es un sirviente cósmico que pasará por alto todos nuestros pecados y hará cualquier cosa que deseemos que haga por nosotros. Yo diría que la santidad de Dios es la diferencia vital.

• *Entre las otras religiones del mundo, ¿hay alguna que comparta el concepto cristiano de la santidad de Dios?*

No hay otras religiones que tengan un concepto de la santidad de Dios idéntico al concepto cristiano. Sin embargo, algunas otras religiones sostienen una especie de perspectiva paralela y aproximada con respecto al asunto, y ciertamente tienen un concepto de la santidad de Dios.

En tanto el judaísmo, en sus variadas formas, acepte el Antiguo Testamento, también aceptará el concepto de santidad que encontramos allí. Sabemos que, aunque en el Nuevo Testamento hay una ampliación de la revelación referida a la naturaleza de la santidad de Dios, no es una idea extraña al Antiguo Testamento. De hecho, algunos de los más vívidos despliegues de la majestad y de la santidad de Dios se encuentran en el Antiguo Testamento.

La Biblia habla de la santidad de Dios de dos maneras. En nuestra cultura, el significado en el que más comúnmente se entiende la santidad se refiere a la pureza de Dios o a su virtud moral: su justicia. La Biblia usa a veces la palabra *santo* para describir el carácter recto, moral y puro de Dios, pero ese es el significado secundario de la santidad. El significado primario alude al hecho de que Dios se halla aparte —su otredad, su trascendencia—, ese sentido en el cual Dios es mucho más majestuoso en todo su ser que cualquier ser creado. La trascendencia de Dios es un asunto dominante en el Antiguo Testamento, y forma parte de los credos del judaísmo clásico así como del islam en la medida en que la religión islámica se basa mucho en el Antiguo Testamento. Ellos ven a Mahoma como un descendiente de Ismael. Demuestran una cierta lealtad a los patriarcas, y se ocupan de ese concepto de la santidad.

La gran diferencia entre el cristianismo y las otras religiones del mundo con respecto a la santidad de Dios se encuentra en el concepto de la expiación. La perspectiva judía de la expiación en el Antiguo Testamento era el sistema de sacrificios que formaba parte de su adoración. La visión cristiana considera a la expiación como el sacrificio hecho una vez y para siempre por un Salvador, un Salvador sufriente, que murió por los pecados del pueblo. Ese concepto está ausente en otras religiones del mundo, lo cual me ha perturbado siempre.

No veo cómo las otras religiones del mundo podrían estar cómodas con el hecho de la pecaminosidad humana y el hecho de la santidad de Dios *sin* un mediador, sin un Salvador. Parece que tendrían que negociar la pecaminosidad del hombre o la santidad de Dios para estar cómodos donde están.

- ## A lo largo de la Biblia se nos dice que temamos a Dios. ¿Qué significa eso? ¿Puede dar algún ejemplo?

Debemos hacer algunas distinciones importantes con respecto al significado bíblico de "temer" a Dios. Estas distinciones pueden ayudar, pero pueden también ser un poco peligrosas.

Cuando Lutero se enfrentó a este asunto, hizo la siguiente distinción, que llegó a ser famosa: distinguió entre lo que llamó un temor servil y un temor filial. El temor servil es la clase de temor que siente un prisionero en una cámara de torturas hacia quien lo atormenta, el carcelero o el verdugo. Es esa clase de ansiedad terrible de alguien que está asustado por el peligro real y concreto que representa otra persona. O es la clase de miedo que tendría un esclavo en las manos de un amo malicioso que se acercara con un látigo para atormentarlo. Servil se refiere a una postura de servidumbre ante un amo malévolo.

Lutero distinguió entre eso y lo que llamó temor filial, derivándolo del concepto en latín a partir del cual tomamos la idea de familia. Se refiere al temor que un niño siente por su padre. En ese sentido, Lutero piensa en un niño que siente un tremendo respeto y amor por su padre o madre y que anhela agradarles. Tiene ansiedad o temor de ofender a quien ama, no porque tema la tortura o siquiera el castigo, sino porque teme desagradar a aquel que es, en el mundo de ese niño, la fuente de seguridad y amor.

Creo que esta distinción ayuda porque el significado básico de temer al Señor del cual leemos en Deuteronomio se halla también en los Libros de la Sabiduría, donde se nos dice que "el temor del Señor es la base de la verdadera sabiduría." La atención aquí está centrada en un sentido de asombro y respeto por la majestad de Dios, algo que muchas veces falta en el cristianismo evangélico contemporáneo. Nos volvemos muy frívolos y arrogantes con Dios, como si tuviéramos una relación informal con el Padre. Se nos invita a llamarle Abba, Padre, y a tener con él la intimidad que se nos promete, pero aun así no debemos ser frívolos con Dios. Debemos mantener siempre respeto y adoración hacia él.

Un último punto: si realmente practicamos una adoración saludable a Dios, no deberíamos olvidar que Dios puede ser aterrador. "¡Es algo aterrador caer en manos del Dios vivo!" (Hb. 10:31). Como pecadores, tenemos toda la razón de temer el juicio de Dios; es parte de nuestra motivación para reconciliarnos con él.

- ## Me han dicho que la Biblia dice que Dios se da a conocer a todas las personas a través del mundo creado. ¿De qué forma podría la persona común ver a Dios y sus atributos a través de la naturaleza?

Romanos 1 habla claramente de esta revelación universal que Dios hace al mundo, y se sugiere en otros lugares, tales como en el salmo que nos dice: "Los cielos proclaman la gloria de Dios y el firmamento despliega la destreza de sus manos." Al escribir a los romanos, Pablo declara que, desde la creación del mundo, la existencia de Dios no sólo se revela sino que se percibe claramente a través de las cosas que han sido creadas. Sostiene que las cualidades invisibles de Dios son entendidas o conocidas a través de las cosas visibles de la creación. A la luz de esta revelación, el mundo entero carece de excusa si rechaza a Dios. Nadie puede alegar su ignorancia de Dios para negarse a honrarlo o a agradecerle. Ese es el énfasis implícito en el primer capítulo de Romanos.

Ahora, ¿cómo vería esto la persona común? Recuerdo una charla que oí una vez, en un programa de entrevistas, en el cual tres teólogos muy sofisticados debatían la cuestión de la existencia de Dios. Uno era judío, otro era católico romano y el otro protestante. Discutían si era posible o no probar la existencia de Dios. El nivel del debate era muy técnico, y se abrieron las líneas telefónicas para permitir que la "persona común" participara. Llamó una mujer cuyo pobre vocabulario mostraba que no tenía una educación elevada. Dijo: "Muchachos, yo no sé qué problema tienen ustedes. ¿Por qué no abren los ojos y miran por la ventana?" Hizo un llamado franco y directo a estos teólogos eruditos para reconocer en la naturaleza una prueba de la existencia de Dios.

En teología hay una pregunta clásica respecto a si la revelación que Dios hace en la naturaleza es lo que llamamos *mediata* o *inmediata*. En este sentido, dichos términos no se refieren al tiempo, sino a la pregunta de si Dios se nos revela directamente a usted y a mí, o se da a conocer a través de una persona o cosa intermedia. Por ejemplo, cuando vemos un reloj, eso nos sugiere que lo hizo un relojero. Dicho reloj es un ejemplo de revelación mediata. No necesitamos tener un doctorado para reconocer que un reloj no se creó a sí mismo. Fue producido por alguien, de un modo inteligente, con alguna clase de diseño. Yo creo que la Biblia enseña que tenemos un conocimiento tanto mediato como inmediato de la existencia de Dios.

De lo que Pablo habla en Romanos 1 es lo que llamaríamos mediato. Conocemos a Dios a través de las cosas que han sido hechas. Esto requiere de cierta reflexión. Veo algo que tiene orden, armonía y organización, por lo que debo razonar que existe alguna causa, y asigno la causa de todo cuanto existe al gran Autor de la creación. Creo que la persona común haría la conexión de esa manera.

- **Cuando el Señor habló con Abraham acerca de Sodoma y Gomorra, dijo: "Bajaré para ver si sus acciones son tan perversos como he oído." ¿Por qué dice Dios que necesita bajar y ver estas ciudades? ¿Acaso no sabe ya de estas cosas?**

Dios lo sabría sin tener que descender y comprobarlo personalmente, porque Dios es omnisciente. Él sabe todas las cosas; los cabellos de los habitantes de Sodoma y Gomorra estaban contados. Él conocía todo lo que habían hecho y cada palabra vana que habían dicho. No necesitaba encuestarlos con un nuevo censo para ver cuán malvados eran.

Hay dos formas de considerar este difícil pasaje (Gn. 18:20-21). Generalmente estas conversaciones con Dios eran en realidad conversaciones con mensajeros angélicos que representaban a Dios. Los mensajeros angélicos no tienen la omnisciencia que le atribuimos a Dios. Puede ser que, en este caso, el ángel encargado de evaluar la situación estuviera hablando por sí mismo.

Incluso durante la prueba de Abraham en el Monte Moriah, donde se le dijo que ofreciera a Isaac sobre el altar, en el minuto final en que extendió su brazo para hundir el cuchillo en el pecho de su hijo, la voz del Ángel de Dios lo detuvo y le dijo: "¡No pongas tu mano sobre tu hijo, Abraham, porque ahora sé que me amas." Se insinúa que Dios no conocía el amor de Abraham antes de que esto sucediera. Es como si Dios fuera un espectador celestial que va de un lado a otro, frotándose las manos, esperando que Abraham tome la decisión correcta y haga lo correcto, pero incapaz de hacer algo al respecto hasta ver el resultado.

Muchas personas piensan acerca de Dios en esos términos, como si él fuera un espectador cósmico que simplemente contempla lo que ocurre y no conoce el final desde el principio. Conciben un Dios finito, dependiente, derivado, muy inferior al Dios que revelan las Escrituras.

El segundo acercamiento a este pasaje toma en cuenta que cada vez que la Biblia describe algo sobre Dios, sea en un pasaje narrativo o en uno didáctico, sea en forma concreta o abstracta, el único lenguaje disponible para los escritores bíblicos era el lenguaje humano. No podemos hablar como peces o caracoles porque no lo somos. Tampoco podemos hablar como Dios. Cuando Dios nos habla y se nos revela, el único lenguaje que entendemos es el lenguaje humano. Cuando la Biblia usa lo que llamamos lenguaje fenomenológico, o el lenguaje de las apariencias, la Biblia habla del aprendizaje de Dios. Describe imágenes muy rudimentarias, tales como que Dios tiene sus pies sobre un estrado. Al mismo tiempo, la Biblia nos dice que aun cuando usa lenguaje humano, Dios no es un humano que pueda ser contenido o descrito plenamente por estas figuras de lenguaje.

Pienso que, en el caso de Sodoma y Gomorra, o bien era el ángel hablando por sí mismo —él tenía que ir para ver cómo eran las ciudades— o bien era la forma en que Dios le explicó la situación a Abraham, permitiéndole saber lo que sucedería y que Dios estaba en control.

• *Defina un milagro y confirme si usted cree o no que Dios aún los realiza.*

Hay una diferencia tremenda entre la definición popular de milagro en nuestra cultura y la limitada definición técnica de milagro con que los teólogos trabajan en su ciencia. A menudo podemos tener serios problemas de comunicación cuando la gente me pregunta si creo que Dios hace milagros actualmente.

Si por milagro queremos decir que Dios está vivo y activo haciendo funcionar su mundo a través de su providencia, influyendo el curso de los sucesos humanos, entonces a todas luces Dios lo está haciendo. Si la pregunta alude a si Dios está o no respondiendo oraciones, entonces diría enfáticamente que sí, que Dios está respondiendo las oraciones. Si preguntamos si la providencia de Dios está haciendo suceder cosas extraordinarias en la actualidad, diría que sí, absolutamente. ¿Sana Dios a la gente como respuesta a la oración? Diría que sí a todas esas preguntas porque estoy convencido de que Dios está vivo y activo haciendo todas esas cosas.

Si definimos un milagro como una obra sobrenatural de Dios, entonces diría que Dios sí ejecuta obras sobrenaturales en la actualidad. El renacimiento de un alma humana no puede efectuarse por medios naturales; sólo Dios puede hacerlo mediante su poder, y Dios ciertamente lo hace cada día. Si es eso lo que la gente define como milagro, entonces Dios está haciendo milagros en la actualidad. Algunas personas entienden un milagro de manera tan amplia que aun el nacimiento de un niño es un milagro porque es algo maravilloso que no podría suceder sin el poder de Dios. Así que definirían un milagro como cualquier cosa maravillosa que sucede mediante el poder de Dios. Si esa es la definición de milagro, entonces nuevamente yo diría que, sin dudas, Dios los está efectuando hoy.

Sin embargo, podemos estar hablando de milagro en el sentido técnico de una acción efectuada en contra de las leyes de la naturaleza —Dios alterando las leyes que él mismo puso en acción—; por ejemplo, haciendo surgir la vida de la muerte o sacando algo de la nada, como cuando Jesús resucitó a Lázaro, cuyo cuerpo estaba en estado de descomposición luego de cuatro días en la tumba. No, no creo que Dios esté haciendo esa clase de milagros hoy.

Por cierto, creo que Dios podría resucitar a todos los seres humanos de todos los cementerios del mundo si lo quisiera, pero no creo que esté haciendo esa clase de milagros hoy. La razón principal por la cual hizo aquellas cosas en los tiempos bíblicos fue para certificar la revelación como divina —para respaldar lo que hablaba, dando una evidencia de su autoridad. Puesto que ahora tenemos la Biblia, ya no son necesarias otras fuentes diferentes y milagrosas de revelación.

• ¿Cree usted que Dios le ha hablado en forma audible a alguien desde la era apostólica?

No sé con certeza si Dios lo ha hecho o no. En la historia de la iglesia hay abundantes casos de personas que afirman haber oído voces que eran la voz audible de Dios. Juana de Arco sería la Evidencia A. En más de una ocasión ese testimonio ha surgido de personas a las cuales por lo general reconocemos como santos acreditados, y por esa razón titubeo en dudar de su testimonio.

Por otro lado, encontramos que aun en la sagrada Escritura, durante un tiempo en que Dios estaba comunicando directamente la revelación divina, los casos en que se oyó la voz audible de Dios fueron muy limitados. Puedo pensar sólo en tres casos del Nuevo Testamento en los cuales hay un registro de que Dios habló audiblemente, y los tres corresponden a ocasiones en que el Padre hizo una declaración pública acerca de su Hijo, que por cierto ya no está en carne con nosotros en este planeta. No hay otro registro de alguien a quien Dios le hablara audiblemente, con la excepción de Saulo (Pablo) en el camino a Damasco.

Incluso en el Antiguo Testamento, aunque sucede con aquellos que son agentes de revelación, las ocasiones son muy escasas. En los tiempos bíblicos, durante el apogeo de la revelación divina, la revelación audible proveniente del cielo en forma directa fue exigua.

No creo que estemos en un período de la historia de la redención en el cual recibamos una revelación especial de parte de Dios. Me parece que hoy sería aún menos probable recibir esa clase de expresión audible de Dios. Agreguemos a eso un factor que a muchos cristianos no les gusta considerar: oír voces cuando no hay una fuente perceptible puede ser una manifestación de psicosis. No estoy diciendo que lo sea, sino que puede serlo. Hay gente que sufre de experiencias alucinatorias en las cuales oye voces como resultado de desequilibrios químicos y cosas semejantes. No puedo recordar gente que me haya dicho que en verdad oyó la voz audible de Dios, pero si lo hizo, me preocuparía por su estado mental. No diría de inmediato que estaban locos, pero no creo que sea normal o factible en la vida cristiana piadosa estar oyendo la voz audible de Dios.

• ¿Cómo definiría usted la soberanía de Dios?

Tengo un amigo que vino a este país desde Inglaterra. Su nombre es John Guest. Es sacerdote episcopal en Pittsburgh. Cuando vino por primera vez a Estados Unidos, visitó un anticuario en Filadelfia, y vio allí algunos lemas, recordatorios y carteles que provenían del siglo XVIII, durante la Revolución Americana. Vio letreros como "No me pisotees" y "No al cobro de impuestos sin representación legislativa," pero el que cautivó su atención fue uno que decía en letras gruesas: "Aquí no servimos a ningún soberano." Cuando John vio eso, siendo inglés, dijo: "¿Qué posibilidad tengo de comunicar la idea del reino de Dios a una nación que le tiene alergia a la soberanía?"

Como americanos, estamos acostumbrados a un proceso democrático de gobierno. Cuando se habla de soberanía, se habla de gobierno y de autoridad. Desde una perspectiva bíblica, cuando las Escrituras hablan de la soberanía de Dios, revelan la autoridad gubernamental y el poder de Dios sobre todo su universo.

En mis clases del seminario, hago preguntas como: "¿Tiene Dios el control de cada molécula en el universo?" Cuando hago esa pregunta, digo: "La respuesta no definirá si eres cristiano o musulmán, calvinista o arminiano, sino que definirá si eres teísta o ateo." A veces los estudiantes no pueden ver la conexión, y les digo: "¿No se dan cuenta de que si hay una sola molécula en este universo moviéndose libremente de un lado a otro, fuera del alcance o de la esfera del control divino, así como de la autoridad y el poder ejercido por Dios, esa sola molécula autónoma podría ser el grano de arena que cambie el curso entero de la historia humana e impida a Dios cumplir las promesas que ha hecho a su pueblo?" Podría ser esa única molécula autónoma lo que impida a Cristo consumar su reino. Porque si hay una molécula autónoma, significaría que Dios no es soberano. Si Dios no es soberano, entonces Dios no es Dios. Si hay algún elemento del universo que esté fuera de su autoridad, entonces ya no es Dios sobre todas las cosas. En otras palabras, la soberanía es inherente a la deidad. La soberanía es un atributo natural del Creador. Dios es dueño de lo que hace, y gobierna lo que le pertenece.

- ## ¿Cómo conciliamos el hecho de que Dios es soberano con el hecho de que nos ha dado libre albedrío como personas?

No veo problema alguno en reconciliar la soberanía de Dios con el libre albedrío humano mientras entendamos el concepto bíblico de libertad. A los seres humanos se les ha dado la capacidad de tomar decisiones libres, pero nuestra libertad es una libertad limitada. No somos absolutamente libres. Recuerden que Dios les dijo a Adán y a Eva: "Puedes comer libremente del fruto de cualquier árbol del huerto," pero luego añadió una restricción: "excepto del árbol del conocimiento del bien y del mal. Si comes de su fruto, sin duda morirás."

Ahora bien, Dios es un ser que tiene la capacidad de tomar decisisones libres, y yo soy un ser que tiene la capacidad de tomar decisiones libres. La diferencia, sin embargo, es que yo no soy soberano. Dios es soberano. Dios tiene más autoridad que yo. Dios tiene el derecho, el poder y la autoridad de hacer lo que le plazca. Yo tengo el poder, la capacidad y la libertad de hacer aquellas cosas que puedo hacer, pero mi libertad jamás puede anular el poder o la autoridad de Dios. Mi libertad está siempre limitada por la libertad superior de Dios. En lo que hay contradicción es entre la *soberanía de Dios* y la *autonomía humana*. *Autonomía* significa que el hombre puede hacer cualquier cosa que desee sin preocuparse de algún juicio procedente de lo alto. Obviamente estas dos cosas son incompatibles, y no creemos que el hombre sea autónomo. Decimos que es libre, pero su libertad está limitada, y estos límites están definidos por la soberanía de Dios. Esta es una analogía simple: en mi casa tengo más libertad que mi hijo. Ambos tenemos libertad, pero la mía es mayor.

• En referencia a Juan 6:44, ¿obliga Dios a la gente a venir a él?

Ese pasaje, por cierto, es muy polémico. Jesús dice: "Nadie puede venir a mí a menos que me lo traiga el Padre." La disputa sobre ese pasaje tiene que ver con el significado de la palabra traducida como "traer." ¿Qué significa? Hay eruditos bíblicos y cristianos que creen que significa incitar, buscar el favor de alguien o persuadir. Para ellos, entonces, lo que Jesús está diciendo es: "Las personas, abandonadas a sí mismas, no van a tratar de encontrarme; debe añadirse algo a sus inclinaciones naturales antes de que se sientan motivadas a venir a mí." Jesús está diciendo que Dios debe hacer algo, y la traducción indica que debe atraerlos tal como las voces de sirena atrajeron a Ulises al mar. Trataron de incitarlo, persuadirlo y buscar que accediera a venir siendo tan atractivas como fuera posible al extender la invitación. Algunas personas tienen la firme opinión de que buscar el favor es exactamente lo opuesto a la obligación, y que Dios no obliga a las personas a venir a Jesús, sino que las persuade, las anima, trata de buscar que accedan y les muestra cuán atractivo es Jesús, de modo que ellas se inclinen por sí mismas a responderle.

Una vez sostuve un debate sobre este tema con un catedrático de estudios del Nuevo Testamento, experto en lenguajes bíblicos. Yo sostenía la postura de que Dios hace algo más que invitar, persuadir y buscar el favor. Creo que en este caso la palabra es muy fuerte, porque es la misma palabra usada en el libro de los Hechos cuando Pablo y Silas son arrastrados a la prisión. No se trata de que, desde adentro de las rejas, el carcelero tratara de hacer que Pablo y Silas accedieran, diciendo: "Vamos, muchachos, entren, por favor." Él los obligó a entrar en la cárcel. Creo que la palabra, en este caso, es fuerte, y le señalé eso al catedrático. Él, entonces, me sorprendió al citar el uso del mismo verbo en otra literatura griega que había encontrado, donde el verbo era usado para describir la actividad humana de sacar agua de un pozo. Y continuó diciendo: "Bueno, usted no obliga al agua a salir del pozo," luego de lo cual yo dije: "Pero debo decir que usted tampoco busca su favor. No se pone a la orilla del pozo diciendo: '¡Eh!, agua, agua, agua,' esperando que el agua salte por su propio poder desde el fondo hasta su recipiente. Debe bajar el recipiente y tomar aquella agua."

Creo que la fuerza de ese verbo indica que estamos en una desesperada necesidad de la ayuda de Dios para venir a Cristo, y no vendremos a Cristo a menos que el Padre nos traiga hasta él.

• ¿Qué es la predestinación?

Cuando la Biblia habla de predestinación, habla de la intervención soberana de Dios en ciertas cosas antes de que sucedan. Él decide de antemano que ciertas cosas ocurran. Por ejemplo, predestinó la creación. Antes de que Dios creara el mundo, decidió hacerlo.

Por lo general, cuando la gente habla de predestinación, piensa acerca de si alguien fue o no atropellado por un automóvil en un determinado día porque Dios había decidido anticipadamente que eso sucediera en ese momento.

En el terreno teológico, el principal tema sobre la predestinación en la Biblia tiene que ver con el hecho de que Dios, anticipadamente, seleccione personas para la salvación. La Biblia enseña claramente que de alguna manera Dios elige personas para la salvación incluso antes de que hayan nacido. Prácticamente todas las iglesias cristianas creen eso, y se debe a que este concepto es muy específicamente enseñado en la Escritura.

Pablo se refiere a Jacob y Esaú. Antes de que ellos hubieran siquiera nacido, antes de que hubieran hecho algo bueno o malo, Dios decretó anticipadamente que el mayor serviría al menor: "Amé a Jacob, pero rechacé a Esaú." El punto allí es que Dios había escogido ciertos beneficios para uno de los dos antes de que hubieran nacido.

El verdadero debate es: ¿Sobre qué base predestina Dios? Sabemos que predestina, pero ¿por qué lo hace, y cuál es la base de sus elecciones? Muchos cristianos creen que Dios sabe anticipadamente lo que hará la gente, qué decisiones tomará y en qué actividades se involucrará. Al mirar a través del túnel del tiempo y conocer las elecciones que haremos, sabe, por ejemplo, que usted oirá el evangelio. Sabe si usted dirá sí o no. Si él sabe que usted va a decir que sí, entonces lo elige para salvación sobre la base de su conocimiento previo. Yo no apoyo esa perspectiva. Creo que Dios lo hace soberanamente, no en forma arbitraria ni por capricho. La única base que encuentro para la predestinación en la Biblia es el beneplácito de su propia voluntad. La única otra razón es para honrar a su Hijo unigénito. El fundamento de su selección no está en mí ni en usted ni en algún bien o mal previsto, sino en su propia soberanía.

• ¿Por qué Dios permite que haya tiroteos al azar, accidentes fatales y otras cosas horribles?

Puesto que creemos que Dios es el autor de este planeta y que es soberano sobre él, es inevitable que nos preguntemos dónde está cuando suceden estas cosas horribles.

Creo que la Biblia responde a eso una y otra vez desde diferentes ángulos y en diferentes formas. Hallamos nuestra primera respuesta, por supuesto, en el libro de Génesis, en el cual se nos relata la caída de la humanidad. La respuesta inmediata de Dios a la transgresión de la raza humana contra su gobierno y su autoridad fue maldecir a la tierra y a la vida humana. La muerte y el sufrimiento entraron en el mundo como resultado directo del pecado. Vemos la manifestación concreta de esto en el reino natural, en donde las espinas se hicieron parte del jardín y la vida humana se caracteriza por el sudor de la frente y el dolor que acompaña incluso el nacimiento de un bebé. Esto ilustra el hecho de que el mundo en que vivimos es un lugar lleno de dolor y de tragedia.

Sin embargo, no debemos concluir que hay una correlación exacta en esta vida entre el sufrimiento y la culpa de la gente sobre la cual cae la tragedia. Si no hubiera pecado en el mundo, no habría sufrimiento. No habría accidentes fatales ni tiroteos. Puesto que el pecado está presente en el mundo, el sufrimiento también lo está, pero no se trata de que, si usted tiene cinco kilos de culpa, tendrá cinco kilos de sufrimiento. Es la percepción que el libro de Job intenta disipar, al igual que la respuesta de Jesús frente a la pregunta acerca del hombre que había nacido ciego (Jn. 9:1-11).

Por otro lado, la Biblia aclara que Dios permite que ocurran estas cosas, y en cierto sentido ordena que sucedan, como parte de la situación presente que se encuentra bajo juicio. Él no ha retirado la muerte de este mundo. Sea que se trate de lo que llamamos una muerte prematura o una muerte violenta, la muerte es parte de la naturaleza de las cosas. La única promesa es que llegará un día en que el sufrimiento cesará por completo.

Los discípulos interrogaron a Jesús con respecto a situaciones similares, por ejemplo, la sangre de los galileos mezclada en los sacrificios de Pilato, o las dieciocho personas que murieron cuando se derrumbó un templo. Los discípulos preguntaron cómo podía suceder esto. La respuesta de Jesús fue casi severa. Dijo: "Ustedes también perecerán a menos que se arrepientan," llevando otra vez la cuestión al hecho de que la maldad moral hace viable que Dios permita que ocurran esta clase de cosas espantosas en un mundo caído.

• En el Antiguo Testamento, Dios juzgó a Israel y a otras naciones por medio de sucesos catastróficos. ¿Ocurre esto todavía?

¿Sigue Dios siendo Dios? ¿Sigue Dios siendo el Señor de la historia? Esta es la diferencia: cuando Dios usó una catástrofe como arma de juicio en el Antiguo Testamento, sabemos que su juicio estaba detrás del suceso catastrófico porque tenemos la ventaja de la revelación escrita diciéndonos que esto fue la mano de Dios en la historia. Mientras transcurre nuestra vida, y vemos a las naciones sufrir catástrofes, o a la gente ser azotada por la calamidad, no sabemos exactamente cuál es la relación entre estas catástrofes y el juicio de Dios.

Permítanme hacer un paralelo bíblico aquí. En el capítulo 9 del Evangelio de Juan, los fariseos plantearon la siguiente pregunta acerca de un ciego de nacimiento: ¿Nació ciego este hombre por ser pecador, o porque sus padres eran pecadores? La respuesta de Jesús fue: por ninguno de los dos. Nació ciego por una razón completamente distinta. No sucedió como una expresión directa del juicio divino. Ese texto y todo el libro de Job deberían detenernos, cuando se trata de individuos, de dar por sentado que la tragedia, catástrofe o calamidad en la vida de una persona es un acto directo de juicio divino. Ahora bien, pudiera serlo. En la sagrada Escritura tenemos numerosos casos en los cuales Dios trae calamidad sobre la casa de una persona que ha desobedecido a Dios de una manera descarada. La Biblia dice que, si somos culpables, Dios puede postergar el juicio hasta más adelante, o podemos experimentar su juicio temporal en forma inmediata. Nunca sabemos con certeza si la calamidad que experimentamos como individuos es un acto directo de juicio o no. Lo que es cierto en el caso de los individuos lo es también en el de las naciones.

Recuerdo haber oído hace algunos años a Billy Graham decir en un sermón: "Si Dios no trae juicio sobre Estados Unidos, tendrá que disculparse con Sodoma y Gomorra." Recuerden, Jesús advirtió a las ciudades que oyeron su mensaje, Corazín y Betsaida, que el Día del Juicio sería más tolerable para Sodoma y Gomorra de lo que sería para ellas. Aunque ya no tenemos una interpretación profética del razonamiento de Dios al traer juicio, sabemos que ninguna nación está exenta del juicio de Dios.

2

¿QUIÉN ES JESÚS?

El que es la Palabra existía en el principio con Dios.
Dios creó todas las cosas por medio de él. . . .
La Palabra le dio vida a todo lo creado, y su vida trajo luz a todos.
La luz brilla en la oscuridad,
y la oscuridad jamás podrá apagarla. . . .
Vino a los de su propio pueblo, y hasta ellos lo rechazaron.

JUAN 1:2-5, 11

Preguntas en esta sección:

- *La profecía concerniente al nacimiento de Cristo está en Isaías 7:14: "¡Miren! ¡La virgen concebirá un niño! Dará a luz un hijo y lo llamarán Emanuel." ¿Por qué, entonces, se le llamó Jesús?*

- *¿Cómo puede una persona tener una naturaleza divina y humana al mismo tiempo, de la manera en que creemos que Jesús las tuvo?*

- *Cuando Pablo escribió que Jesús se despojó a sí mismo y se hizo siervo pero siguió siendo Dios, ¿en qué sentido retuvo o no sus poderes divinos?*

- *En el Evangelio de Juan, Jesús dice: "El Padre es mayor que yo" (Jn. 14:28, RV60). ¿Qué quiere decir con eso?*

- *¿Era Cristo capaz de pecar?*

- *¿Por qué dijo Jesús que algunos no morirían antes de qué él volviera?*

- *¿Qué quiso decir Jesús al declarar que haríamos obras mayores que las suyas?*

- *Cuál fue la respuesta de Dios a la pregunta de Jesús cuando dijo: "Dios mío, Dios mío, ¿por qué me has abandonado?"*

- *¿Rió Jesús alguna vez? ¿Qué nos dicen las Escrituras sobre su carácter y su sentido del humor?*

- **La profecía concerniente al nacimiento de Cristo está en Isaías 7:14: "¡Miren! La virgen concebirá un niño! Dará a luz un hijo y lo llamarán Emanuel." ¿Por qué, entonces, se le llamó Jesús?**

A primera vista parece una contradicción flagrante, ¿verdad? La profecía del Antiguo Testamento indica que su nombre será Emanuel, pero luego vamos al Nuevo Testamento y no lo llaman Emanuel; lo llaman Jesús. ¿Cómo resolvemos eso?

En primer lugar, no demos por sentado que Isaías está equivocado. Si consideramos el significado más amplio de su profecía, nos asombra la detallada manera en que las profecías de Isaías se cumplen en la vida de Jesús. Si avanzamos tan sólo un par de capítulos luego de la profecía sobre "Emanuel," encontramos otro conocido pasaje que repetimos prácticamente todas las Navidades en nuestros momentos de adoración. Isaías continuó diciendo que el Mesías que iba a nacer sería llamado "Consejero Maravilloso, Dios Poderoso, Padre Eterno, Príncipe de Paz." ¿Cuántos nombres tiene? En el capítulo 7 dice que su nombre será Emanuel, y en el capítulo 9 dice que será Príncipe de Paz, Dios Poderoso o Padre Eterno. De modo que, en su propio texto, Isaías estaba resaltando el hecho de que el Mesías tendría una multitud de nombres. No reduce los títulos de Jesús a uno, así que no creo que se esté refiriendo al apellido o al nombre propio de Jesús, sino al título decisivo que le darían, como en efecto así fue. Emanuel es uno de sus títulos en el Nuevo Testamento: Emanuel, "Dios con nosotros."

Dios le da el nombre de *Jesús* mediante el mensajero angélico que anunció la elección del Padre para nombrar al Hijo, y se le llama Jesús porque ese nombre significa "Salvador": uno que salvará a su pueblo. Su nombre indica su misión, su ministerio. Creo que uno de los estudios más fascinantes consiste en recorrer las Escrituras y hacer una lista de los nombres que se atribuyen a Jesús.

Una vez asistí a una asamblea en un seminario teológico, en la cual dio un discurso un teólogo suizo. En una ocasión académica como esa, uno espera oír una obra teológica técnica, sofisticada y aburrida. Este catedrático simplemente se puso de pie ante la asamblea y comenzó a recitar los nombres de Jesús, diciendo: "Alfa y Omega, Hijo del Hombre, León de Judá, Cordero sin Mancha, Mesías, Hijo de Dios, Rosa de Sarón . . ." Siguió durante cuarenta y cinco minutos y todavía no agotaba la totalidad de los nombres y títulos que el Nuevo Testamento atribuye a Jesús, el hombre con más títulos en la historia humana.

• ¿Cómo puede una persona tener una naturaleza divina y humana al mismo tiempo, de la manera en que creemos que Jesús las tuvo?

Una de las grandes crisis del cristianismo evangélico actual es la falta de comprensión sobre la persona de Cristo. Casi siempre, cuando miro televisión cristiana, escucho cómo se niega en forma descarada, ignorante e inconsciente uno de los credos clásicos de la fe cristiana. Y desde luego, parte de la razón es que nos resulta muy difícil entender cómo una persona puede tener dos naturalezas. Usted me plantea la pregunta "¿Cómo?" No sé *cómo*; sé *que* Jesús es una persona con dos naturalezas. ¿Cómo puede suceder eso? Mucho antes de que existiera una naturaleza humana, hubo una segunda persona de la Trinidad. La segunda persona de la Trinidad, verdadero Dios de Dios verdadero, Dios mismo, fue capaz de adoptar para sí una naturaleza humana. Ningún ser humano podría invertir el proceso y adoptar para sí una naturaleza divina. No puedo agregar deidad a mi humanidad. No se trata de que Cristo haya cambiado su deidad "en" humanidad. Eso es lo que escucho todo el tiempo: que había un gran Dios eterno que repentinamente dejó de ser Dios y se convirtió en hombre. Eso no es lo que la Biblia enseña. La persona divina tomó sobre sí una naturaleza humana. Es imposible entender el misterio de cómo sucedió esto, pero sí podemos pensar que Dios, con su poder, pueda agregarse una naturaleza humana y hacerlo de tal manera que se unan dos naturalezas en una misma persona.

El concilio más importante sobre esta cuestión en la historia de la iglesia, cuya decisión ha permanecido por siglos como el modelo de la ortodoxia cristiana, y es sostenida por luteranos, presbiterianos, metodistas, católicos romanos, bautistas —prácticamente todas las ramas de la cristiandad—, es el Concilio de Calcedonia. Se realizó en el año 451, y la iglesia confesó su creencia acerca de Jesús en la siguiente forma: Creemos que Jesús es *verus homus, verus Deus* —verdaderamente hombre, verdaderamente Dios. Y luego prosiguieron estableciendo pautas acerca de cómo debemos pensar en la forma en que estas dos naturalezas se relacionan entre sí. Dijeron que estas dos naturalezas están en perfecta unidad, sin mezcla, división, confusión ni separación. Cuando pensamos en la Encarnación, no confundimos las dos naturalezas creyendo que Jesús tenía una naturaleza humana deificada o una naturaleza divina humanizada. Podemos distinguirlas, pero no podemos separarlas porque existen en perfecta unidad.

- **Cuando Pablo escribió que Jesús se despojó a sí mismo y se hizo siervo, pero siguió siendo Dios, ¿en qué sentido retuvo o no sus poderes divinos?**

El concepto de "despojarse" constituyó una feroz controversia en el siglo XIX, y actualmente perduran algunos elementos de ella. La palabra griega usada por Pablo en el capítulo 2 de Filipenses, *kenosis*, significa "vaciar"; en la mayoría de las versiones de la Biblia se traduce como "despojar." La pregunta es: ¿De qué cosa se vació Jesús en su estado humano (encarnado)?

La visión popular de ciertos círculos en el siglo XIX fue que, en el momento de la encarnación, el Dios eterno, la segunda persona de la Trinidad, puso a un lado —se vació a sí mismo de— sus atributos divinos para poder convertirse en hombre. Y al convertirse en hombre, en un sentido muy real dejó de ser Dios. Tenemos, así, la transformación de la deidad en humanidad porque dejó de lado su omnisciencia, su omnipotencia, su autoexistencia y todos los demás atributos que son propios de la naturaleza de Dios.

Hubo un teólogo ortodoxo que, en medio de la controversia, dijo en forma más o menos cáustica que la única vaciedad probada por la teoría era la vaciedad de las mentes de los teólogos que enseñarían que Dios podía dejar por un segundo de ser Dios. Si Dios dejara a un lado uno de sus atributos, lo inmutable sufriría una mutación; lo infinito repentinamente dejaría de ser infinito; sería el fin del universo. Dios no puede dejar de ser Dios y seguir siendo Dios, así que no podemos decir acertadamente que Dios pone a un lado su deidad para adoptar la humanidad. Es por eso que el cristianismo ortodoxo siempre ha declarado que Jesús fue *verus homus, verus Deus*: verdaderamente hombre, verdaderamente Dios; completamente hombre y completamente Dios. Su naturaleza humana fue completamente humana, y su naturaleza divina fue siempre y en todo completamente divina.

Sin embargo, el apóstol Pablo habla de Cristo despojándose a sí mismo de algo. Creo que el contexto de Filipenses 2 deja muy claro que aquello de lo cual se despojó no fue de su deidad ni de sus atributos divinos sino de sus prerrogativas: su gloria y sus privilegios. Voluntariamente cubrió su gloria con el velo de esta naturaleza humana que tomó sobre sí. No es que la naturaleza divina deje de ser divina para volverse humana. En la transfiguración, por ejemplo (Mt. 17:1-13), vemos la naturaleza divina invisible abrirse paso y hacerse visible, y Jesús se transfigura ante los ojos de sus discípulos. Pero por lo general, Jesús ocultó esa gloria. Creo que lo que Pablo dice, en Filipenses 2, es que debemos de imitar esa disposición a renunciar a nuestra propia gloria, a nuestros privilegios y prerrogativas.

• En el Evangelio de Juan, Jesús dice: "El Padre es mayor que yo" (Jn. 14:28, RV60). ¿Qué quiere decir con eso?

A veces, cuando Jesús hace declaraciones directas que parecen significar algo en la superficie, se requiere que miremos un poco más profundo para resolver la aparente dificultad. En este caso, no se requiere ese trabajo extra. Jesús quiso decir exactamente lo que dijo: "El Padre es mayor que yo." Es un tanto angustioso para los cristianos, porque tenemos la doctrina sagrada de la Trinidad que describe la unidad de las tres personas: Padre, Hijo y Espíritu Santo. Aquí, el Hijo de Dios está diciendo que el Padre es mayor que él. Esta es una de las razones por las cuales la iglesia siempre ha confesado una doctrina llamada la subordinación de Cristo. Observen que no se llama la inferioridad de Cristo. Enfatizo eso porque, en nuestra cultura, algunos entienden que la subordinación necesariamente implica inferioridad.

La razón por la cual la teología cristiana contiene una doctrina sobre la subordinación de Cristo es que, pese a que la segunda persona de la Trinidad es coesencial con el Padre (es de la misma esencia, "verdadero Dios de Dios verdadero," eterno en su ser), hay una distinción entre las personas de la Divinidad. En la economía de la redención, e incluso de la creación, vemos ciertas obras atribuidas al Padre, otras al Hijo y otras al Espíritu Santo.

La visión tradicional es que el Hijo es engendrado del Padre —no creado, sino eternamente engendrado. El Padre no es engendrado del Hijo. El Hijo es enviado al mundo por el Padre; el Hijo no envía al Padre. Jesús dijo: "Yo no hago nada por mi cuenta, sino que digo únicamente lo que el Padre me enseñó." Su comida y su bebida eran hacer la voluntad del Padre. Fue comisionado por el Padre para venir al mundo a obrar la redención. En ese plan de redención de la Divinidad, uno envía al otro, y se dice que el que envía es mayor que el enviado en términos de las distinciones en la economía y en la estructura por la cual obra la Divinidad.

De acuerdo al mismo razonamiento, exceptuando a los que disienten del *filioque*, la iglesia históricamente ha afirmado que, así como el Padre envía al Hijo, el Espíritu Santo es enviado tanto por el Padre como por el Hijo. Así como el Hijo está subordinado al Padre en la obra de redención, el Espíritu está subordinado tanto al Padre como al Hijo. Pero, nuevamente, eso no implica una desigualdad en el ser, la dignidad o los atributos divinos. La segunda persona de la Trinidad es plenamente Dios; la tercera persona de la Trinidad es plenamente Dios. En la obra de redención vemos la expresión de supraordinación y de subordinación. [Ver también este versículo en la NTV: "[El] Padre . . . es más importante que yo."]

• ¿Era Cristo capaz de pecar?

¿Tenía Jesús la capacidad de pecar? El problema oculto en esa pregunta es que, si Jesús tenía la capacidad de pecar, ¿significa eso que tenía el pecado original y participaba de una naturaleza caída? Si ese fuera el caso, ni siquiera habría estado calificado para salvarse a sí mismo y menos a nosotros. Si no tenía la capacidad de pecar, ¿fue su tentación (tan importante para que Dios le diera la corona de victoria por su obediencia) nada más que una farsa, sin que en realidad estuviera sujeto a una verdadera tentación?

El Nuevo Testamento nos dice que Jesús fue como nosotros en todos los aspectos excepto uno: él fue sin pecado. Nos dice que Jesús se encarnó y tomó para sí la naturaleza humana. También nos dice que él es el segundo Adán. Generalmente, la cristología clásica enseña que, cuando Jesús se encarnó y se convirtió en el segundo Adán, nació con la misma naturaleza que Adán tuvo antes de la Caída. Adán no tenía el pecado original cuando fue creado, así que Jesús no tuvo el *pecado original*. De manera que podríamos hacer la misma pregunta: ¿Era Adán capaz de pecar? Sí, lo era. Cristo, el segundo Adán, también era capaz de pecar en el sentido de que tenía todas las facultades y las herramientas necesarias para pecar si hubiera elegido hacerlo.

¿Podría Jesús haber pecado si lo hubiera querido? Absolutamente. Por supuesto, no quiso. Así que, si lo preguntamos de otra manera, ¿podía Jesús pecar si no quería? No, no podía pecar sin quererlo más de lo que Dios podría hacerlo, porque Dios no quiere pecar. Querer pecar es un prerrequisito para pecar.

Pero entonces tenemos que ir un paso más adelante: ¿Podría Jesús haber querido pecar? Los teólogos están divididos en este punto. Yo diría que sí; yo creo que podría haber querido. Creo que eso es parte de ser hecho a la semejanza de Adán. Cuando estemos en el cielo y seamos totalmente glorificados, entonces no tendremos más el poder ni la capacidad de pecar. Eso es lo que anhelamos; eso es lo que Jesús ganó para sí mismo y para nosotros a través de su obediencia perfecta. La obediencia perfecta de Cristo no fue una farsa. Él fue realmente victorioso sobre toda tentación imaginable que encontró en su camino.

• ¿Por qué dijo Jesús que algunos no morirían antes de qué él volviera?

Esta pregunta tuvo una influencia dramática sobre Albert Schweitzer mientras estudiaba la teología del Nuevo Testamento. Jesús dijo: "No pasará esta generación hasta que todas estas cosas sucedan. . . . El Hijo del Hombre regresará antes de que hayan llegado a todas las ciudades de Israel. . . . Algunos de los que están aquí ahora no morirán sin antes ver el reino de Dios."

Schweitzer analizó estos pasajes y los consideró como casos evidentes en los que Jesús se equivocó por completo al anunciar su regreso en el siglo primero. Schweitzer vio esta expectativa de un regreso temprano en los primeros escritos de Pablo. Luego hubo un ajuste en los escritos posteriores de la Biblia para explicar la gran decepción de que Jesús no volviera en esa primera generación. Esto ha sido materia de gran consternación para muchas personas.

Jesús no dijo: "Algunos de ustedes no van a morir antes de mi Segunda Venida." Dijo: "Algunos de ustedes no morirán hasta que todo esto suceda." La dificultad se encuentra en la estructura del lenguaje. Los discípulos están interrogando a Jesús con respecto al establecimiento del reino. Jesús se refiere a dos temas distintos. Cuando dijo que el templo sería destruido, habla de lo que obviamente involucraba la destrucción de Jerusalén. Luego, al final del discurso en los Olivos, habla de su regreso en las nubes de gloria.

He visto una muestra de la mejor erudición neotestamentaria en el análisis de las palabras griegas traducidas como "todas estas cosas." Puede argumentarse muy bien que, cuando Jesús usó la frase "estas cosas," lo que estaba diciendo guardaba relación con la destrucción del templo y de Jerusalén. Es asombroso que Jesús de Nazaret predijera clara e innegablemente uno de los sucesos históricos más importantes de la historia judía antes de que ocurriera. No fue simplemente alguna ambigua predicción como las de Nostradamus o del Oráculo de Delfos; Jesús predijo en forma vívida la caída de Jerusalén y la destrucción del templo que tuvo lugar en el año 70 d.C., cuando muchos de sus discípulos todavía estaban vivos. Fue también antes de que la propagación misionera hubiera alcanzado a todas las ciudades de Israel y antes de que esa generación hubiera desaparecido. Los sucesos cataclísmicos que Jesús había predicho en el monte de los Olivos tuvieron lugar, ciertamente, en el primer siglo.

• ¿Qué quiso decir Jesús al declarar que haríamos obras mayores que las suyas?

En primer lugar, les dijo eso a sus discípulos, y a nosotros sólo indirectamente, si acaso nos lo dijo. Está hablando a la iglesia del siglo I, y afirma que las obras de ellos serían mayores que las obras realizadas por él.

Permítanme decir lo que no creo que eso significa. En el mundo actual muchos creen que hay personas que están llevando a cabo milagros más grandes, y que los están haciendo en mayor abundancia, y que son actos de sanidad divina más extraordinarios que los que Jesús realizó. No puedo pensar en un engaño más serio que tal; que alguien en verdad crea haber sobrepasado a Jesús en cuanto a las obras que hizo. No hay nadie que haya hecho obras como las que hizo Jesús. Algunos dicen que tal vez no podemos hacer individualmente obras mayores que las de Jesús, pero que somos capaces corporativamente de superar en poder las cosas que él hizo.

En la iglesia del siglo I vemos que suceden cosas asombrosas mediante el poder que Cristo dio a los apóstoles. Pedro y Pablo levantaron a personas de la muerte. Yo desafiaría a cualquiera a que sumara todos los milagros que, según los registros del Nuevo Testamento, fueron realizados mediante las manos de Pablo, Pedro y del resto de los discípulos corporativamente, los pusieran todos juntos, y compararan si alcanzan una medida mayor que los realizados por nuestro Señor.

Si Jesús quiso decir que la gente haría milagros más grandes que los realizados por él en el sentido de desplegar más poder y hacer cosas más asombrosas que las que él hizo, entonces obviamente una de las obras que Jesús no consiguió realizar fue profetizar con precisión, porque eso sencillamente no ocurrió. Nadie superó las obras de Jesús. Esto me lleva a creer que no es eso lo que quiso decir.

Creo que está usando el término "mayores" de una forma diferente. Oí a un historiador de la iglesia decir que estaba convencido de que, cuando Jesús hizo la afirmación: "Hará las mismas obras que yo he hecho y aún mayores," se estaba refiriendo al alcance total del impacto del pueblo de Cristo y de su iglesia sobre el mundo a través de la historia.

Sé que mucha gente observa la historia de la civilización occidental y sostiene que la mayor parte de la influencia de la iglesia ha sido negativa: la mala fama de las Cruzadas, el episodio de Galileo, las guerras santas, etc. Si observamos el registro, veremos que fue la iglesia cristiana la que encabezó la abolición de la esclavitud, el fin de la arena romana, el concepto de la educación, el concepto de los hospitales benéficos y de los orfanatos, así como una gran cantidad de otras actividades humanitarias. Creo, personalmente, que eso es lo que Jesús quiso decir cuando habló de obras mayores.

• *Cuál fue la respuesta de Dios a la pregunta de Jesús cuando dijo: "Dios mío, Dios mío, ¿por qué me has abandonado?"*

Podemos entender esto de dos maneras. En un sentido, no hubo respuesta. Jesús gritó esa pregunta al cielo. Gritó audiblemente, pero no hubo respuesta audible. Hasta donde sabemos, de acuerdo al Nuevo Testamento, hay sólo tres ocasiones en las cuales Dios habló audiblemente, y esta circunstancia no fue una de ellas. El Hijo de Dios clamó en agonía mientras el Padre permaneció en silencio.

En otro sentido, podríamos decir que tres días más tarde Dios gritó su respuesta mediante la tumba vacía, trayendo a la vida al Santo. Creo que el dolorido grito de Jesús en la cruz es uno de los versículos más importantes y menos entendidos de la sagrada Escritura. Las explicaciones formuladas con respecto a él han cubierto la gama completa. Albert Schweitzer se sintió profundamente consternado al ver allí un indicio de que Jesús murió con un espíritu de amarga desilusión, pues había pasado su ministerio esperando que Dios instaurara su reino dramáticamente a través del ministerio de Cristo, y sin embargo Dios no lo hizo. Schweitzer creyó que Jesús se permitió a sí mismo ser arrestado y llevado directamente al Gólgota con la expectativa de que Dios lo rescataría de la cruz en el último momento. Repentinamente, cuando Jesús se dio cuenta de que no habría un rescate, gritó en amarga desilusión y murió de una forma heroica, aunque con un espíritu de amargura. Esa fue la visión de Schweitzer, pero otros han tenido una diferente.

Podemos observar que las palabras clamadas por Jesús en la cruz constituyen una cita exacta de lo que David escribió en el Salmo 22. Algunas personas dicen que en su agonía Jesús recurrió a su conocimiento de la Escritura y la recitó. Yo creo que Jesús no estaba simplemente citando versículos bíblicos en la cruz, aunque sin duda era apropiado para él usar una afirmación de la Escritura con el fin de expresar la profundidad de su agonía.

Cuando fui ordenado, se me dio la oportunidad de elegir mi propio himno de ordenación. Elegí "Es medianoche, y en la cima de los Olivos." Hay un verso en ese himno que dice que el Hijo del Hombre no fue abandonado por su Dios. Pese a lo mucho que me gusta el himno, aborrezco ese verso porque no es correcto. Jesús no sólo se *sintió* abandonado en la cruz; él *fue* totalmente abandonado por Dios mientras colgaba de la cruz porque en eso consiste exactamente la pena por el pecado.

Como lo desarrolla el apóstol Pablo, el pecado nos separa de la presencia y de los beneficios de Dios. Cristo exclamó: "¿Por qué he sido abandonado?" No era sólo una pregunta; era un grito de agonía. Cristo sabía la respuesta. El Padre le había dado la respuesta la noche anterior, en Getsemaní, cuando dejó en claro que le era necesario beber esa copa.

- **¿Rió Jesús alguna vez? ¿Qué nos dicen las Escrituras sobre su carácter y su sentido del humor?**

He oído a algunas personas responder esta pregunta de manera negativa diciendo que la risa es siempre un signo de frivolidad y un intento sutilmente velado de tomar livianamente las cosas serias. Dicen que la vida es un asunto serio. Jesús es descrito como un varón de dolores, como alguien experimentado en aflicción. Iba de un lado a otro con enormes cargas sobre sí mismo. Sumemos a eso el hecho de que no hay un solo texto en el Nuevo Testamento indicando explícitamente que Jesús riera. Hay textos, por supuesto, que nos dicen que lloró. Por ejemplo, Juan 13 nos dice que en el aposento alto Jesús estaba profundamente angustiado en espíritu. Sabemos que él experimentó estas emociones, pero, extrañamente, en ningún lugar se nos dice que haya reído.

Se me pregunta, también, si él tenía sentido del humor. Cuando traducimos de un lenguaje a otro, generalmente perdemos sutiles matices del idioma. Si no tenemos conocimiento del lenguaje original y de sus frases idiomáticas, podemos perdernos el humor. Además, las diferentes culturas tienen formas diferentes de humor. Jesús usó una forma de humor que llamamos sarcasmo. En sus respuestas a Herodes, por ejemplo, lo llamó zorro e hizo otras firmaciones que, según creo, tenían un toque de humor oriental. Si Jesús rió o no es pura especulación, pero no puedo imaginar que él no riera, por la siguiente razón: fue totalmente humano, y fue perfecto. No atribuiríamos a Jesús emociones o conductas pecaminosas, y me parece que la única razón para pensar que no rió sería llegar primero a la conclusión de que la risa es mala.

La Biblia dice que Dios ríe. En los Salmos, se trata de una risa desdeñosa. Cuando los reyes del mundo se vuelvan contra Dios, y se confabulen contra él, el que se sienta en los cielos se reirá. Dios hará escarnio de ellos. Es como una risa del tipo "¡Ja!" No es una respuesta jovial de felicidad, pero aun así es risa. En los Libros de la Sabiduría, en el Antiguo Testamento —por ejemplo, en Eclesiastés—, se nos dice que ciertas cosas son apropiadas en determinadas ocasiones. Hay tiempo para plantar, tiempo para cosechar, tiempo para edificar, tiempo para derribar; hay tiempo para bailar, tiempo para cantar, tiempo para reír, tiempo para llorar. Puesto que Dios estableció entre dichas ocasiones tiempos apropiados para la risa, y Jesús hizo siempre lo apropiado, me parece que cuando fue tiempo de reír, rió.

3

LA OBRA DEL ESPÍRITU SANTO

Es mejor para ustedes que me vaya porque,
si no me fuera, el Abogado Defensor no vendría.
En cambio, si me voy, entonces se lo enviaré a ustedes;
y cuando él venga, convencerá al mundo de pecado
y de la justicia de Dios y del juicio que viene.

JUAN 16:7-8

Preguntas en esta sección:

- *¿Tienen todos los seres humanos la capacidad para recibir el Espíritu Santo?*

- *¿Cuál fue el rol del Espíritu Santo en el Antiguo Testamento?*

- *¿Hay alguna diferencia entre ser bautizado con el Espíritu Santo y ser lleno del Espíritu Santo? Si es así, ¿cuál es la diferencia?*

- *¿Hay alguna diferencia entre decir que el Espíritu Santo está con alguien y decir que está en alguien?*

- *¿Podría explicar el bautismo del Espíritu Santo que vino sobre los ciento veinte reunidos en el aposento alto tras la ascensión de Cristo?*

- *En Gálatas 5, Pablo dice: "Andad en el Espíritu, y no satisfagáis los deseos de la carne" (RV60). Parece simple, pero en realidad ¿qué significa?*

- *¿Qué quiere decir la Biblia cuando habla de apagar el Espíritu Santo?*

- *¿Puede el Espíritu guiarnos de un modo contrario a la ética bíblicamente revelada?*

- *La Escritura dice que Cristo definió el pecado imperdonable como la blasfemia contra el Espíritu Santo. ¿Puede usted desarrollar este concepto? ¿Cómo se debería orar por alguien que comete ese pecado?*

- *Hechos 13:52 dice: "Y los discípulos estaban continuamente llenos de gozo y del Espíritu Santo" (BLA). ¿Por qué actualmente la mayoría de los cristianos no están "continuamente" en este estado?*

• ¿Tienen todos los seres humanos la capacidad para recibir el Espíritu Santo?

Hay un sentido en el que todo ser humano tiene ya el Espíritu Santo. No en el sentido redentor —el sentido en el cual los cristianos normalmente hablan de tener el Espíritu Santo—, sino en el sentido de que están vivos. La Biblia nos dice que el poder para la vida está fundado en el Espíritu Santo. Pablo dijo a los filósofos en el Areópago: "En él vivimos, nos movemos y existimos." En la historia de la teología cristiana hubo siempre una idea prácticamente universal de que el principio de la vida en el mundo es el Espíritu Santo, y nadie podría siquiera estar vivo sin tener al menos la fuente de vida que procede de Dios Espíritu Santo. Sin embargo, ese no es el sentido redentor en el cual hablamos de tener el Espíritu por conversión, por regeneración, por ser la morada del Espíritu Santo o por ser bautizados con el Espíritu Santo —obras distintivas de Dios Espíritu Santo.

Usted pregunta: "¿Tienen todos los seres humanos la capacidad para recibir el Espíritu Santo?" Hablemos del Espíritu Santo en términos de su entrada a una vida con el fin de regenerarla: convertir a la persona y morar en ella de una forma salvadora. ¿Tienen todos los seres humanos la capacidad para recibir el Espíritu Santo en ese sentido? Bueno, permítame parecerme a un confundido teólogo moderno, diciendo sí y no.

Sí, en el sentido de que todos los seres humanos tienen la capacidad para recibir el Espíritu Santo por el hecho de que fuimos hechos a la imagen de Dios. Aun cuando hemos caído, todo ser humano tiene la capacidad de ser un receptáculo para que more el Espíritu Santo.

No hay nada en una persona, grupo de personas, sexo o raza que les haga carecer de la capacidad para ser visitados por el Espíritu Santo. Dios Espíritu Santo puede venir, regenerar y morar en cualquier ser humano en que desee hacerlo.

Sí, todo ser humano tiene esta capacidad innata o intrínseca de ser llenado por el Espíritu Santo o regenerado por él. Sin embargo, el Espíritu Santo va donde quiere, donde el Padre lo envía y donde el Hijo lo envía, y no creo que Dios envíe al Espíritu Santo para regenerar a todos. No serán regenerados aquellos a quienes el Espíritu no sea enviado a regenerar. Y entonces, si Dios no elige morar en una persona mediante el Espíritu Santo, esa persona no será habitada por el Espíritu Santo.

• ¿Cuál fue el rol del Espíritu Santo en el Antiguo Testamento?

El rol del Espíritu Santo en el Antiguo Testamento no fue esencialmente diferente del rol del Espíritu Santo en el Nuevo Testamento. Aunque hay algunas diferencias, hay una unidad esencial entre los dos Testamentos.

El Espíritu Santo estuvo activo de muchas maneras en los tiempos del Antiguo Testamento. Primero, y por sobre todo, fue parte de la obra de creación llevada a cabo por la Trinidad. En el acto mismo de la creación, participaron tanto el Padre como el Hijo y el Espíritu Santo. El Espíritu se movió sobre las aguas generando orden y estructura a partir del aún desordenado universo que vemos en los primeros versículos del Génesis. La gente fue regenerada en el Antiguo Testamento tal como lo es en el Nuevo, y nadie puede ser regenerado excepto mediante la influencia de Dios Espíritu Santo. David necesitó el poder regenerador de Dios tanto como el apóstol Pablo lo necesitó en el Nuevo Testamento.

Sabemos también que el Espíritu fue muy activo en el sentido carismático; es decir, dotando a ciertas personas del Antiguo Testamento y equipándolas para tareas específicas. Por ejemplo, el rey de Israel era ungido con aceite, simbolizando que el Espíritu Santo lo ungía y lo capacitaba para llevar a cabo su vocación de manera piadosa. Lo mismo ocurría con los sacerdotes. Los profetas de Israel, que eran agentes de revelación, eran inspirados por Dios Espíritu Santo y equipados para ser mensajeros de Dios ante la gente y para darnos la Escritura sagrada básicamente en la misma forma que los apóstoles del Nuevo Testamento fueron dotados y supervisados por el Espíritu Santo. Así que vemos que el Espíritu estaba activo regenerando, santificando, preservando, intercediendo, haciendo en el Antiguo Testamento todas aquellas cosas que hace en el Nuevo Testamento.

¿Cuál es la diferencia? En el Antiguo Testamento, en el libro de Números, cuando Moisés se queja debido a que la carga de guiar a todo el pueblo se había vuelto tan pesada que lo aplastaba, ruega a Dios por alivio. Dios le ordena reunir a setenta ancianos de Israel con el propósito de tomar del Espíritu que estaba sobre Moisés y distribuirlo entre los setenta, para que pudieran ayudarlo a guiar al pueblo. Eso es exactamente lo que el texto dice que sucedió. Dios, entonces, concedió esta capacitación carismática, este don especial a otras setenta personas, no solamente a Moisés, de manera que todos pudieran participar en el ministerio. Eso no fue regeneración o santificación;

fue una capacitación para el ministerio dada solamente a individuos selec-cionados. La oración de Moisés fue: "Quisiera que todos los del pueblo del SEÑOR fueran profetas y que el SEÑOR pusiera su Espíritu sobre todos" (Nm. 11:29). Aquello por lo cual Moisés oró fue una profecía en la pluma del profeta Joel, quien dijo que en los postreros días ocurriría exactamente eso. Y ocurrió en el Día de Pentecostés. El apóstol Pedro dijo que era sobre esto que Joel estaba escribiendo, y que ahora el Espíritu que capacita a la iglesia para el ministerio es dado a todos, no sólo a los líderes.

- **¿Hay alguna diferencia entre ser bautizado con el Espíritu Santo y ser lleno del Espíritu Santo? Si es así, ¿cuál es la diferencia?**

A veces, cuando leemos el relato del Nuevo Testamento acerca de los que son bautizados en el Espíritu o llenos del Espíritu, parece que estos términos pueden intercambiarse y que se refieren al mismo fenómeno. Otras veces hay una pequeña distinción que no es del todo clara en el texto. A veces parece que discernir la diferencia requiere un cuchillo más afilado que el que tenemos.

Volvamos atrás y hagamos esta pregunta: ¿Qué quiere decir la Biblia con la expresión "bautizado en el Espíritu Santo"? En el Nuevo Testamento hay una distinción entre ser nacidos del Espíritu —que es la obra del Espíritu Santo para regenerarnos, cambiar la disposición de nuestros corazones y dar-nos vida espiritual—, y ser bautizados en el Espíritu Santo. Leemos sobre el bautismo del Espíritu Santo principalmente en el Día de Pentecostés y en los sucesos posteriores similares al Día de Pentecostés cuando aquellos que estaban reunidos eran bautizados en el Espíritu Santo. Entendemos que las personas que eran bautizadas en el Espíritu Santo ya eran creyentes y ya esta-ban regenerados. De modo que debemos distinguir entre la obra del Espíritu al volvernos espiritualmente vivos, y la obra del Espíritu al bautizarnos, sea lo que sea que signifique bautizar. La mayoría de las iglesias afirmaría que el significado primario del concepto de bautismo en el Espíritu Santo es la obra del Espíritu sobre un ser humano para dotar a esa persona con el poder necesario para llevar a cabo su misión y vocación como cristiano.

En el Antiguo Testamento, ese *charisma,* ese don de capacitación del Espíritu Santo, estaba limitado a ciertos individuos tales como los sacerdo-tes, los profetas y los mediadores como Moisés. Sin embargo, el punto del Nuevo Testamento es que el cuerpo completo del pueblo de Dios está siendo equipado y dotado desde lo alto para llevar a cabo su tarea. Observe que Pentecostés está estrechamente ligado a la gran comisión. Jesús dijo: "Vayan a Jerusalén, Judea, Samaria, y a los confines de la tierra, pero antes de que vayan, permanezcan en Jerusalén. Después de que el Espíritu Santo venga sobre ustedes, entonces podrán ir y llevar a cabo este mandato."

El "bautismo del Espíritu" se refiere a ser equipado o dotado por el Espíritu de Dios para llevar a cabo la tarea que Jesús ha dado a la iglesia. Cuando el Espíritu nos equipa o nos bautiza, somos sumergidos, por así decirlo, en el Espíritu Santo; a veces las Escrituras se refieren a esto como ser llenos del Espíritu Santo. Otras veces el término "ser llenos del Espíritu Santo" es usado en la misma forma que ser llenos de amor, o llenos de gozo, y alude a esta sensación de sobreabundancia de la presencia de Dios. Creo que a veces la Escritura está hablando de algo más que simplemente ser equipados para el ministerio; a tener conciencia, una aguda conciencia y percepción de la poderosa presencia del Espíritu.

• ¿Hay alguna diferencia entre decir que el Espíritu Santo está con alguien y decir que está en alguien?

Hay una diferencia, pero quiero ser cuidadoso al explicarla, por la siguiente razón: creo que muchos ven demasiado en la diferencia de preposición. La Biblia no es lo suficientemente precisa como para darnos una doctrina completa sobre la base de "con" y "en."

Se puede decir que el Espíritu Santo está con una persona no regenerada, es decir, que no es nacida del Espíritu; sin embargo el Espíritu puede obrar con esa persona o estar en la presencia de esa persona durante un período —tal como en el Antiguo Testamento usó a Ciro, que probablemente no era creyente. El Espíritu Santo puede venir y asistir a las personas mediante la gracia común en muchas formas y funciones en este mundo, sin morar en ellas como parte de su residencia permanente.

Cuando hablamos de la morada del Espíritu Santo, hablamos de su venida concreta al propio ser de un cristiano en una forma salvífica que es resultado de un renacimiento espiritual.

Sin embargo —y esto puede confundir a muchos—, en algún sentido el Espíritu Santo está en todos. El Espíritu Santo no es solamente el Espíritu de Dios morando en nosotros con el propósito de la santificación y la redención, sino que es además la fuente última de poder de *toda* vida. Sin alguna participación en el poder y la presencia del Espíritu de Dios, nada en este mundo existiría. El mundo permanece cohesionado mediante el poder del Espíritu de Dios. Si Dios retirara su Espíritu Santo por completo, todo moriría: creyentes y no creyentes por igual.

En la medida en que el Espíritu Santo es la fuente de poder o la fuente de la vida misma, está en todos. Estamos haciendo aquí una distinción entre creación y redención. Él no está obrando en personas no regeneradas espiritualmente para su santificación y consecuente redención final; estas actividades ocurren solamente en aquellos a los cuales ha regenerado. Esa es la diferencia básica.

• ¿Podría explicar el bautismo del Espíritu Santo que vino sobre los ciento veinte reunidos en el aposento alto tras la ascensión de Cristo?

Hacerlo brevemente sería cometer una severa injusticia contra un concepto muy importante del Nuevo Testamento, pero trataré de presentar una síntesis adecuada.

El Nuevo Testamento interpretó esa experiencia a través del discurso de Pedro. La gente preguntó qué estaba pasando cuando vieron y oyeron las lenguas de fuego, el sonido de la ráfaga de viento impetuoso y la gente predicando el evangelio en sus propios idiomas. Algunos creyeron ser testigos de una experiencia masiva de embriaguez. Pedro respondió diciendo: "Estas personas no están borrachas, como algunos de ustedes suponen. . . . No, lo que ustedes ven es lo que el profeta Joel predijo." Y luego los hizo volver a la profecía del Antiguo Testamento que fue escrita por el profeta Joel, donde afirmó que en los postreros días Dios derramaría su Espíritu sobre toda carne.

Debemos, también, entender esta experiencia a la luz de los comentarios preparatorios hechos por Jesús antes de su ascensión, cuando encargó a sus discípulos ir por el mundo y predicar el evangelio a toda criatura, yendo "en Jerusalén, por toda Judea, en Samaria y hasta los lugares más lejanos de la tierra." Les dijo, sin embargo, que antes de embarcarse en dicha tarea, debían permanecer en Jerusalén esperando el derramamiento del Espíritu Santo: "Recibirán poder cuando el Espíritu Santo descienda sobre ustedes."

Históricamente, toda denominación cristiana ha sostenido alguna doctrina acerca del significado del bautismo del Espíritu Santo. En general, las diferentes iglesias están de acuerdo en que el significado del bautismo del Espíritu

Santo es una capacitación del pueblo de Dios para llevar a cabo el ministerio que Cristo le ha encomendado a su iglesia.

En el Antiguo Testamento, el Espíritu era dado solamente a un puñado de personas, concretamente los sacerdotes y los profetas. Las masas no participaban. Aun en el caso de Moisés, como leemos en Números 11, Dios vino a Moisés, tomó del Espíritu que estaba sobre él y lo distribuyó entre otras setenta personas. Lo dio a los setenta ancianos con el fin de que pudieran ser partícipes del poder para ejecutar el ministerio que se necesitaba. En ese momento, Moisés elevó una oración. Dijo: "Quisiera que todos los del pueblo del SEÑOR fueran profetas y que el SEÑOR pusiera su Espíritu sobre todos." Esa oración fue una profecía en Joel, y creo que el libro de los Hechos interpreta ese suceso diciendo que Dios había cumplido su promesa. No había derramado su Espíritu únicamente sobre el clero, los sacerdotes, profetas o reyes, sino que había dado su Espíritu y otorgado dones a ciento veinte. Ahora todo el pueblo de Dios recibe el Espíritu Santo no sólo en la regeneración, el nuevo nacimiento y el morar del Espíritu, sino también en el don de la capacidad para participar y funcionar en el cuerpo de Cristo, en su ministerio.

- **En Gálatas 5, Pablo dice: "Andad en el Espíritu, y no satisfagáis los deseos de la carne" (RV60). Parece simple, pero en realidad ¿qué significa?**

Cada vez que vemos espíritu y carne puestos juntos en un pasaje ("el espíritu está dispuesto, pero la carne es débil" o "el espíritu se opone a la carne," como dice Pablo aquí), no estamos hablando de la guerra entre el cuerpo físico del hombre y sus inclinaciones internas, mentales o espirituales, sino más bien del conflicto que todo cristiano experimenta entre su antigua naturaleza —su naturaleza caída, que es corrupta y está llena de deseos que no agradan a Dios— y la nueva naturaleza que ha sido puesta en él mediante el poder del Espíritu Santo que vive en él.

Ahora bien, la vida se vuelve complicada una vez que somos renovados por el Espíritu Santo (cuando nos convertimos en cristianos); ahora tenemos dos principios combatiendo en nuestro interior: las inclinaciones antiguas y las inclinaciones nuevas. La antigua inclinación es contraria a Dios, y la nueva inclinación es obedecer a Dios y hacer lo que le agrada. En este pasaje de Gálatas, Pablo describe la batalla permanente que todos los cristianos experimentan. Nos amonesta y dice: "Sigan el nuevo principio; sigan el espíritu nuevo, no el antiguo modelo de conducta que era característico de su estado original caído." No está diciendo que nuestro cuerpo físico esté en guerra contra nuestra alma, sino que nuestras inclinaciones naturales están en guerra contra la transformación hacia la cual el Espíritu Santo está constantemente moviéndonos como hijos de Dios. Y eso implica una decisión y un acto de la voluntad. [Ver también este versículo en la NTV: "Dejen que el Espíritu Santo los guíe en la vida. Entonces no se dejarán llevar por los impulsos de la naturaleza pecaminosa."]

• ¿Qué quiere decir la Biblia cuando habla de apagar el Espíritu Santo?

Creo que, en primer lugar, debemos entender que el término *apagar* del Nuevo Testamento es una metáfora; supone un uso figurativo del lenguaje. Muy a menudo, el Espíritu es representado con la imagen de una ardiente y consumidora llama de fuego. Sabemos que el Espíritu Santo no es fuego. Es la tercera persona de la Santa Trinidad y no debe identificarse, en última instancia, con el fuego mismo. No adoramos el fuego. No obstante, el Nuevo Testamento usa estas imágenes para describir al Espíritu que viene sobre nosotros y mora en nosotros como cristianos. Debemos, por así decirlo, estar encendidos con una santa pasión por las cosas de Dios. Lo que sea que dificulte o reprima nuestra cooperación interna con el Espíritu de Dios que vive en nosotros de alguna manera apaga el Espíritu. Tal como usaríamos una manguera de jardín para extinguir un incendio en el patio, apagamos las llamas ahogándolas con agua.

Estoy convencido de que, cuando el Espíritu Santo viene inicialmente a nosotros —cuando somos nacidos del Espíritu—, su primer acto es venir a nuestras vidas en un momento soberano, instantáneo y efectivo mediante el cual nos trae a la vida espiritual. No colaboramos en ello. Somos tan pasivos como cuando somos concebidos y nacemos biológicamente. Estoy convencido de que esta obra de vida por la cual nacemos del Espíritu (lo que el Nuevo Testamento llama vivificación) es la obra soberana de Dios.

Una vez tuve la maravillosa experiencia de encontrarme con Billy Graham. Hablamos de muchas cosas en ese encuentro. Billy me contó cómo había venido a Cristo por primera vez. Allí estaba probablemente el más grande evangelista en la historia del mundo —al menos en términos de la cantidad de gente que ha alcanzado— contándome la historia de su conversión con la misma emoción que sentiría si hubiera ocurrido ayer en la tarde. Cuando me explicó cómo empezó Dios a obrar en su vida y a moverse en su corazón, cuando habló de ser trasladado desde el reino de las tinieblas al reino de la luz, sus palabras finales fueron: "El Espíritu Santo lo hizo todo." Coincido por completo con él.

Tras ese momento de ser vivificado para una nueva vida, de ser regenerado, el resto de la vida cristiana es una empresa cooperativa entre la nueva persona en Cristo y el poder del Espíritu Santo, el cual habita dentro de él o de ella. Mientras más cooperamos con el Espíritu, más crecemos en la gracia, pero podemos retardar y dificultar ese crecimiento al hacer aquellas cosas que podrían extinguir el fuego.

• ¿Puede el Espíritu guiarnos de un modo contrario a la ética bíblicamente revelada?

No, por supuesto que no. El Espíritu Santo no podría guiar a alguien a desobedecer la enseñanza del Espíritu Santo. Dios estaría actuando contra sí mismo. Creo que debería ser elemental y manifiestamente obvio para todo cristiano que Dios Espíritu Santo no nos guiaría como individuos a actuar desafiando la Palabra escrita de Dios.

Digo esto con tanta fuerza precisamente porque todo el tiempo me encuentro con personas que me dicen que Dios les ha dado una inclinación personal o una indicación privada que los excusa de las obligaciones morales que Dios ha establecido. Ciertas personas me han dicho que oraron a causa de algún adulterio y que Dios Espíritu Santo les ha dado paz al respecto. ¿Se puede llegar tan bajo? Eso no es la blasfemia contra el Espíritu Santo, pero ciertamente lo entristece. También se acerca de manera peligrosa a la blasfemia contra el Espíritu Santo el no arrepentirse del pecado y además atribuir a Dios la motivación y la licencia para cometerlo. Esta es la propensión que tenemos, llamar a lo bueno malo y a lo malo bueno.

He oído hablar de esta manera a cristianos normalmente serios y devotos. Eruditos bíblicos me han dicho de frente que el Espíritu Santo les dio permiso para hacer algo que Dios prohíbe claramente en su Palabra. Esta es una de las razones por las cuales las Escrituras nos dicen que probemos los espíritus para ver si son de Dios. ¿Cómo probamos un espíritu? ¿Cómo sé si tengo la guía del Espíritu Santo? Puede ser algo muy caprichoso y subjetivo. Creo que Dios en la persona del Espíritu inclina nuestro corazón en ciertas direcciones y nos ayuda a vivir esta vida, pero debemos ser muy cuidadosos para no confundir la guía del Espíritu con una indigestión o, lo que es peor, con la guía del anti-Espíritu, la guía del enemigo, que tratará de guiarnos al error. Recuerden que Satanás se disfraza como ángel de luz.

Si creemos que las Escrituras vienen por inspiración de Dios Espíritu Santo, y que él es el Espíritu de verdad, y que esa verdad toma cuerpo en la sagrada Escritura, entonces la forma más fácil de probar cualquier inclinación privada o grupal que provenga de otras personas es a través de la Palabra escrita de Dios. Estoy seguro de que allí tenemos la guía del Espíritu. El Espíritu ha sido infundido en ella. En los planteamientos de la Escritura, el Espíritu de verdad ha establecido para nosotros lo que agrada a Dios y está de acuerdo con su perfecta voluntad. No puedo concebir que Dios Espíritu Santo me indique que desobedezca algo que Dios ya ha dicho.

- **La Escritura dice que Cristo definió el pecado imperdonable como la blasfemia contra el Espíritu Santo. ¿Puede usted desarrollar este concepto? ¿Cómo se debería orar por alguien que comete ese pecado?**

Hay mucha confusión con respecto al pecado que Jesús califica como imperdonable tanto en este mundo como en el venidero. Algunos piensan que el pecado imperdonable es el asesinato, porque el Antiguo Testamento nos da sanciones muy fuertes contra él y dice que, si alguien ha cometido asesinato, aunque se arrepienta, debe ser ejecutado. Otros creen que es el adulterio porque el adulterio viola la unión de dos personas. Siendo estos pecados tan graves como puedan ser, no creo que se ajusten a la definición que tenemos aquí porque vemos que el rey David, por ejemplo, que fue culpable tanto de adulterio como de asesinato, fue perdonado.

Creo que Jesús es claro. Él lo identifica. Dice que ese pecado es la blasfemia contra el Espíritu Santo. ¿Qué significa eso? En primer lugar, entendamos que la blasfemia es un pecado que sólo puede ser cometido a través de palabras. Es un pecado que cometemos con la boca o al escribir —es un pecado verbal. Tiene que ver con decir algo contra el Espíritu Santo. Recordemos que los líderes religiosos —el clero, los fariseos y los saduceos— eran quienes se manifestaban constantemente hostiles hacia Jesús y conspiraban en su contra. Planearon matar a Jesús, y estuvieron constantemente atacándolo y acusándolo de una y otra cosa. En una ocasión, dijeron que Jesús estaba expulsando a Satanás mediante el poder de Satanás. Es casi como si Jesús les hubiera dicho: "Alto ahí, muchachos. He sido paciente con ustedes, he sido tolerante, he actuado resignadamente, pero ahora se están acercando peligrosamente a levantar contra mí una acusación que acabará con ustedes desde ahora y para siempre." Dijo que cualquier pecado contra el Hijo del Hombre sería perdonado, pero si blasfemamos contra el Espíritu Santo (atribuyendo la obra del Espíritu Santo a Satanás, o igualándolos), se acabó. Vea también que, cuando Jesús está en la cruz, ora por esos mismos hombres que lo han puesto en ella: "Padre, perdónalos" —¿por qué?— "porque no saben lo que hacen." Y en el Día de Pentecostés, cuando Pedro da su extraordinario sermón, habla sobre quienes mataron a Jesús, que no lo habrían hecho de haberlo sabido. Después de la Resurrección, el Espíritu Santo levantó a Jesús y con poder lo declaró como el Cristo. Si leemos el libro de Hebreos, veremos que no se hace ninguna diferencia entre blasfemar contra Cristo y blasfemar contra el Espíritu Santo.

En cuanto a aquellos que han cometido "el pecado de muerte," la Biblia dice que no se nos pide orar por ellos. Debemos orar por la gente que comete cualquier otro pecado, pero si vemos a una persona cometer el pecado de muerte, no se nos pide orar por ella. La Biblia no dice que no se nos permita orar por ella, sino que no se nos pide, y creo que esto se aplicaría a este pecado.

- ### *Hechos 13:52 dice: "Y los discípulos estaban continuamente llenos de gozo y del Espíritu Santo" (BLA). ¿Por qué actualmente la mayoría de los cristianos no están "continuamente" en este estado?*

En primer lugar, cuando leemos una afirmación así en el libro de los Hechos, ella describe la actitud y la posición de los discípulos en un momento particular de la historia de la redención. Creo que seríamos poco cuidadosos si pensáramos que el libro de los Hechos estaba tratando de decirnos que a lo largo de toda su vida, bajo toda circunstancia, y en cada momento, los cristianos de la iglesia primitiva estuvieron siempre y constantemente rebosando alegría. En sus cartas el apóstol Pablo expresa su profunda angustia, pesar y dolor en diferentes momentos de su ministerio. Habla sobre el hecho de que ha aprendido a estar contento en cualquier situación en la que pudiera encontrarse y nos recuerda que hay un sistema de gozo subyacente y sostenedor, esencial en la vida cristiana. Sin embargo, ese gozo regularmente sufre la intromisión del sufrimiento, la decepción y la frustración. Dice que a veces se halla perplejo, pero no desesperado; derribado, pero no destruido; debe luchar tal como usted y yo tenemos que hacerlo.

En la iglesia primitiva hubo un particular y breve período en el que había mucho por lo cual alegrarse y gozarse, cuando el Espíritu Santo era derramado y los triunfos se sucedían uno tras otro después de cada derramamiento del Espíritu Santo. Desde luego, fue un tiempo de celebración, un tiempo de júbilo a medida que el Espíritu era derramado sobre la iglesia y esta experimentaba la extraordinaria expansión de crecimiento y desarrollo que se dio en los primeros años.

Puede ser que, en general, los cristianos de hoy no estén tan felices o gozosos como lo estaban en el siglo I. No estoy seguro de eso, pero si así fuera, creo que sería algo de esperar después de dos mil años sin la presencia inmediata de Jesús en su ministerio. La iglesia primitiva tuvo la ventaja de ser testigo ocular de Jesús, razón por la cual él dijo: "Benditos los que creen sin verme," más dichosos que los que disfrutaron el privilegio de ser parte de la iglesia original. Obviamente, si la gente de la iglesia cristiana actual tuviera experiencias como las que tuvieron los padres y las madres de nuestra iglesia cristiana en el siglo I, creo que observaríamos un nivel de celo, compromiso y gozo más profundo.

Debemos tener cuidado de no idealizar la comunidad cristiana inicial descrita en los Hechos porque no siempre fue pura. Hubo muchos problemas, y en sus cartas Pablo los aborda, así como a las luchas que estaban teniendo lugar en la iglesia primitiva. No obstante, había en ella un espíritu cuya influencia necesitamos en la iglesia de hoy, un espíritu de gozo y un sentido de poder en la presencia del Espíritu de Dios. [Ver también Hch. 13:52 en la NTV: "Los creyentes se llenaron de alegría y del Espíritu Santo."]

4

EL LIBRO
DE LOS LIBROS

Toda la Escritura es inspirada por Dios
y es útil para enseñarnos lo que es verdad
y para hacernos ver lo que está mal en nuestra vida.
Nos corrige cuando estamos equivocados
y nos enseña a hacer lo correcto.
Dios la usa para preparar y capacitar a su pueblo
para que haga toda buena obra.

2 TIMOTEO 3:16-17

Preguntas en esta sección:

- *¿Cómo sabemos que la Biblia es veraz?*

- *¿Cómo fueron seleccionados y compilados los libros de la Biblia, y cómo se tomaron las decisiones en cuanto a lo que sería presentado como la Palabra de Dios?*

- *¿Cuál fue el proceso que siguieron los concilios de la iglesia para decidir qué manuscritos serían incluidos en la Biblia?*

- *Hablamos de la Biblia como la Palabra inspirada de Dios. En cuanto a los hombres que eligieron los libros para ser incluidos en ella, ¿habrán sido también inspirados por Dios?*

- *¿De qué manera la resurrección de Jesús respalda la autoridad de las Escrituras del Nuevo Testamento?*

- *¿Cómo podemos saber que la Biblia es la verdadera Palabra de Dios, si hay tantas interpretaciones?*

- *¿Por qué los cristianos —gente llena del Espíritu Santo— están en desacuerdo acerca de lo que dice la Biblia?*

- *Habiendo tantas interpretaciones diferentes de lo que dice la Biblia, ¿cómo puedo saber cuál es la correcta?*

- *Cuando comparto conceptos bíblicos con mis amigos, generalmente me dicen: "Esa es tu interpretación." ¿Cómo debo responder a eso?*

- *Recientemente, adquirí una Living Bible (La Biblia Viviente) adaptada para lecturas bíblicas diarias. Esta versión me ha parecido muy agradable, y detesto cuando se acaba la lectura del día. ¿Hay razones para desconfiar de esta versión?*

- *¿Reclama la Biblia autoridad sobre la vida de un creyente?*

- *¿Reclama la Biblia autoridad sobre la vida de un no creyente?*

- *¿Qué puede aprender un cristiano a partir del Antiguo Testamento? ¿Es tan pertinente a mi crecimiento como lo es el Nuevo Testamento?*

- *¿Cómo se aplica el Antiguo Testamento a los cristianos de hoy?*

- *¿Qué deberían pensar los cristianos sobre la evolución?*

- *¿Nos dice la Biblia cuán antigua es la tierra?*

- *Como educador cristiano, ¿cuáles son algunas de sus frustraciones en su esfuerzo por enseñar la Palabra?*

• ¿Cómo sabemos que la Biblia es veraz?

Esa es una excelente pregunta porque hay muchas cosas que están en juego en la fe cristiana en términos de la veracidad de la Escritura. La Biblia es nuestra fuente primaria de información sobre Jesús y sobre aquellas cosas que abrazamos como elementos de nuestra fe. Por supuesto, si la Biblia no es veraz, los cristianos profesantes estamos en un serio problema. Yo creo que la Biblia es veraz. Creo que es la Palabra de Dios. Como Jesús mismo declaró acerca de la Escritura: "Tu palabra . . . es verdad." Pero ¿por qué estoy persuadido de esto?

Primero debemos plantear una pregunta más amplia. ¿Cómo sabemos que algo es verdad? Estamos haciendo una pregunta técnica de epistemología. ¿Cómo sometemos a prueba las pretensiones de veracidad? Hay una cierta clase de verdad que comprobamos a través de la observación, la experimentación, el testimonio presencial, algún tipo de exámenes y de evidencia científica. En cuanto a la historia de Jesús, igual que en cualquier historia, desearemos comprobar los relatos de la Escritura usando aquellos medios de acuerdo a los cuales se prueba la evidencia histórica: la arqueología, por ejemplo. Hay ciertos elementos de la Escritura, como las afirmaciones históricas, que deben medirse usando los criterios comunes de la historiografía. Invito a la gente a hacer eso: comprobar.

En segundo lugar, desearemos probar las supuestas verdades mediante la prueba de la racionalidad. ¿Es lógicamente congruente, o tiene "lengua viperina"? Examinamos el contenido de la Escritura para ver si es coherente. Esa es otra prueba de la verdad. Una de las cosas más asombrosas, por cierto, es que la Biblia tiene literalmente miles de profecías históricas comprobables, casos en los cuales los sucesos habían sido claramente predichos, y tanto la predicción como el cumplimiento son asunto de registro histórico. La sola dimensión del pleno cumplimiento de las profecías del Antiguo Testamento debería bastar para convencer a cualquiera de que estamos tratando con una obra de literatura sobrenatural.

Por supuesto, algunos teólogos han dicho que, aun con toda la evidencia de que la Escritura es veraz, podemos aceptarla únicamente si el Espíritu Santo obra en nosotros venciendo nuestra tendencia parcial y nuestros prejuicios contra Dios y la Escritura. En teología, esto se conoce como el testimonio interno del Espíritu Santo. Quiero enfatizar que, cuando el Espíritu Santo me ayuda a ver y abrazar la verdad de la Escritura, no es porque el Espíritu Santo me dé alguna visión que no le da a otro o me dé información especial que nadie más puede tener. Lo que el Espíritu Santo hace es cambiar mi corazón, y mi disposición hacia la evidencia que ya está allí. Creo que Dios ha plantado dentro de las Escrituras una coherencia interna que da testimonio de que sí es su Palabra.

- ### ¿Cómo fueron seleccionados y compilados los libros de la Biblia, y cómo se tomaron las decisiones en cuanto a lo que sería presentado como la Palabra de Dios?

Aunque pensamos en la Biblia como un solo libro, es una colección de sesenta y seis libros, y sabemos que hubo un proceso histórico a través del cual estos libros particulares fueron reunidos y puestos en un solo volumen que ahora conocemos como la Biblia. Llamamos a la Biblia el canon de la sagrada Escritura. El término canon proviene de la palabra griega, *canon*, que significa "vara de medir." Eso quiere decir que es el estándar de verdad por el cual toda otra verdad debe ser juzgada en la vida cristiana.

Hubo muchas teorías en la historia de la iglesia con respecto a la forma exacta en que la mano de Dios estuvo involucrada en este proceso de selección. Los escépticos han señalado que hubo más de tres mil libros candidatos a la inclusión únicamente para el canon del Nuevo Testamento, y sólo se seleccionó a un puñado (veintitantos libros). ¿No plantea esto serios interrogantes? ¿No podría ser que ciertos libros que están en la Biblia no deberían estar allí, mientras que otros que fueron excluidos por la evaluación y el juicio humanos deberían haber sido incluidos? Debemos tener presente, sin embargo, que de los no incluidos en el análisis final, hubo apenas tres o cuatro que recibieron una consideración seria, de modo que hablar en términos de dos o tres mil reducidos a veintisiete o algo así es una distorsión de la realidad histórica.

Algunas personas adoptan la postura de que la iglesia es una autoridad más elevada que la Biblia porque la única razón de que la Biblia tenga autoridad es que la iglesia estableció los libros que contendría. La mayoría de los protestantes, sin embargo, tienen una visión diferente con respecto al tema y señalan que cuando se tomó la decisión en cuanto a cuáles libros eran canónicos, se usó el término latino *recipemus*, que significa "recibimos." Lo que la iglesia definió fue que recibimos estos libros en particular como canónicos y apostólicos tanto en autoridad como en origen, y por lo tanto, nos sometemos a su autoridad. Una cosa es conferirle autoridad a algo, y otra es reconocer algo que ya tiene autoridad. Aquellas decisiones humanas no hicieron que algo sin autoridad llegara repentinamente a tenerla, sino que la iglesia estaba sometiéndose y asintiendo a lo que reconocía como sagrada Escritura. No podemos evitar el hecho de que, aunque la mano invisible de la providencia de Dios estaba obrando, hubo un proceso histórico de destilación y evaluaciones humanas que pudieron haber errado, aunque no creo que sea el caso.

• ¿Cuál fue el proceso que siguieron los concilios de la iglesia para decidir qué manuscritos serían incluidos en la Biblia?

La iglesia se reunió en varios concilios históricos, durante los cuales los representantes de la iglesia examinaron los documentos que postulaban a una posible inclusión. Puedo mencionar que entre los pocos de aquellos que no habrían de ser incluidos estaba una de las primeras cartas de Clemente de Roma, quien fue obispo de Roma alrededor del año 95 d.C. Una de las razones por las cuales la carta de Clemente no se incluyó en el canon fue que Clemente, en su propio escrito, reconocía la superioridad de los escritos apostólicos.

¿De acuerdo a qué criterio los concilios evaluaron los candidatos a la admisión en el canon de la iglesia? Uno fue el origen apostólico; es decir, si se podía demostrar que un libro estaba escrito por un apóstol de Jesucristo, ese libro era aceptado en el canon. Por ejemplo, el Evangelio de Mateo fue escrito por uno de los doce discípulos y miembro del cuerpo apostólico, de manera que su libro fue aceptado como canónico desde el comienzo. Mateo no tuvo que esperar hasta el último concilio a fines del siglo cuarto para ser incluido. Estuvo allí desde el primer día.

Tenemos, también, libros como Marcos. Marcos no era un apóstol, pero fue el escriba de Pedro y sabemos que la autoridad de Pedro estaba detrás de Marcos, así que el Evangelio de Marcos fue aceptado muy tempranamente en la iglesia cristiana. Las cartas de Pablo fueron aceptadas desde el mismo comienzo; aun las cartas de Pedro calificaban a las de Pablo como "Escritura."

Otro criterio era la aceptación de un libro en la comunidad de la iglesia primitiva. Se requería, también, que estuviera en conformidad al núcleo de los libros sobre los cuales jamás hubo duda alguna. Los pocos libros que fueron cuestionados contrariaban lo que ya estaba claramente establecido como Escritura.

- **Hablamos de la Biblia como la Palabra inspirada de Dios. En cuanto a los hombres que eligieron los libros para ser incluidos en ella, ¿habrán sido también inspirados por Dios?**

Este es un importante punto de discusión entre la teología católica romana histórica y la teología protestante clásica. La iglesia católica romana declaró, concretamente en el Concilio de Trento, en el siglo XVI, que no sólo los autores en particular habían sido inspirados al escribir sus libros, sino que la iglesia procedió y funcionó infaliblemente en el proceso de selección y clasificación mediante el cual, por ejemplo, fue establecido el canon del Nuevo Testamento.

Para decirlo en pocas palabras, Roma cree que el Nuevo Testamento es una colección infalible de libros infalibles. Esa es una de las perspectivas. La erudición crítica moderna, que rechaza la infalibilidad de los volúmenes individuales de la Escritura así como de la Escritura en su conjunto, diría que el canon de la Escritura es una colección falible de libros falibles.

La posición protestante histórica, compartida por luteranos, metodistas, episcopales, presbiterianos y otros, ha sido que el canon de la Escritura es una colección falible de libros infalibles. Este es el razonamiento: en la época de la Reforma, en el siglo XVI uno de los puntos cruciales fue el asunto de la autoridad. Hemos visto el tema central de la justificación sólo por fe, que fue sintetizado en el lema de los reformadores: *sola fide*, "[somos justificados] sólo por fe." También se presentó el problema de la autoridad, y el principio que emergió entre los protestantes fue el de *sola scriptura*, que significa que sólo la Escritura tiene autoridad para condicionar nuestra conciencia. Sólo la Escritura es infalible porque Dios es infalible. La iglesia recibe la Escritura como la Palabra de Dios, y la iglesia no es infalible. Esa es la visión de todas las iglesias protestantes.

La iglesia tiene una rica tradición, respetamos a los padres de la iglesia y también a nuestro credo. Sin embargo, concedemos la posibilidad de que ellos pudieran haber errado en varios puntos; no creemos en la infalibilidad de la iglesia. Reconozco que algunos protestantes creen que hubo una obra especial de la divina providencia así como una obra especial del Espíritu Santo que protegió de los errores al canon y al proceso de clasificación. Yo, personalmente, no sostengo esa posición. Considero que es posible que se hubieran seleccionado libros incorrectos, pero ni por un instante creo que eso haya ocurrido. Creo que la tarea encarada y realizada por la iglesia fue notablémente bien hecha y que en el Nuevo Testamento tenemos todos los libros que debían estar.

• ¿De qué manera la resurrección de Jesús respalda la autoridad de las Escrituras del Nuevo Testamento?

La única forma en que la resurrección de Jesús puede validar la autoridad de las Escrituras del Nuevo Testamento es de una manera indirecta. Algunos autores del Nuevo Testamento afirman que lo que escriben no surge de una visión propia, sino que en verdad está escrito bajo la supervisión y superintendencia del Espíritu Santo. Esa es una afirmación radical de autenticidad que, para la mayoría de las personas, requiere alguna clase de verificación.

La única forma en que la resurrección verificaría las Escrituras es la sigiente: la resurrección verifica a Jesús. La resurrección, como afirma el Nuevo Testamento, muestra a Jesús como uno que hace milagros y ha de ser visto como un agente de revelación por el hecho de que Dios le da el poder para efectuar dichos milagros.

Por ejemplo, Nicodemo vino a Jesús, y dijo: "Rabí . . . , todos sabemos que Dios te ha enviado para enseñarnos. Las señales milagrosas que haces son la prueba de que Dios está contigo." Nicodemo estaba pensando correctamente. Esta era su línea de razonamiento: no podía concebir que Dios otorgara el poder de realizar milagros genuinos a un falso profeta. La presencia de los milagros indicaba el respaldo de aquello que llamamos el crédito del proponente. Mostraba el apoyo de Dios a este maestro en particular.

No había un respaldo más elevado posible para Jesús que ser levantado de entre los muertos, ser vindicado y exhibido como el Hijo de Dios que afirmaba ser, cumpliendo las predicciones que él mismo había hecho. En Hechos, Pablo sostiene que Dios ha confirmado a Jesús como el Cristo mediante la resurrección. ¿Qué tiene que ver eso con la Escritura? Si en verdad Cristo es confirmado mediante la resurrección como el Hijo de Dios, y luego descubrimos que Cristo —que es el Hijo de Dios, un profeta de Dios, un verdadero maestro verificado a través del milagro—, enseña que la Biblia es la Palabra de Dios, entonces su verificación de la Biblia es lo que valida las declaraciones de los apóstoles.

La única forma de conocer la resurrección de Jesús es a través de la Biblia. Si la resurrección de Jesús acredita a Jesús, y Jesús acredita a la Biblia, ¿cómo llegamos a la resurrección de Jesús si no es a través de la Biblia? No necesitamos tener una Biblia inspirada para ser persuadidos de la evidencia histórica de la resurrección. No creo en la resurrección porque una Biblia infalible me habla de una resurrección. Creo que la Biblia es infalible porque la resurrección autentifica a Jesús como una fuente infalible acerca de la Biblia.

• ¿Cómo podemos saber que la Biblia es la verdadera Palabra de Dios, si hay tantas interpretaciones?

La multiplicidad, la variedad e incluso las interpretaciones contradictorias de la Escritura tienen poco o nada que ver con la pregunta acerca de su origen. Permítame darle una analogía.

Hemos visto toda clase de interpretaciones de la Constitución de los Estados Unidos pero, aunque los partidos políticos y los diversos jueces tienen diferentes puntos de vista acerca de lo que la Constitución dice, significa y propone, ninguna de aquellas diferencias de opinión arroja una sombra sobre la fuente de la Constitución. Sabemos quién la escribió. Sabemos de dónde viene y qué es.

La gente se desalienta por las diferencias de opinión en cuanto a lo que la Biblia enseña. Si definimos que la Biblia es la Palabra de Dios, entonces la mitad de la batalla se acaba. Lo próximo que debemos resolver es ¿qué dice? ¿Podemos estar de acuerdo en lo que enseña? La hipótesis es que, si puedo convencerlos de que la Biblia en verdad enseña lo que yo digo que enseña, y ustedes están de acuerdo conmigo, entonces ustedes cambiarán su perspectiva porque reconocen que eso es la Palabra de Dios.

Mucha gente se aflige por el hecho de que la Biblia haya sido interpretada de tantas formas, y como resultado han caído en una perspectiva relativista que destruye completamente el verdadero significado de la Escritura. Puede ser muy difícil para nosotros encontrar la interpretación apropiada, y tal vez nos desanimemos ante tanto desacuerdo, pero parte de la razón por la cual discutimos tanto entre nosotros en materia de interpretación bíblica es que todos concordamos en que es crucial entender la Palabra de Dios correctamente.

• ¿Por qué los cristianos —gente llena del Espíritu Santo— están en desacuerdo acerca de lo que dice la Biblia?

En un libro que escribí hace un tiempo, titulado *La psicología del ateísmo* (editado posteriormente bajo el título *Si hay un Dios, ¿por qué hay ateos?*), dediqué un capítulo a comentar por qué los eruditos discrepan. No sólo encontramos cristianos discrepando sobre lo que la Biblia enseña, sino que algunos de los pensadores más grandes de la historia discrepan en ciertos temas muy significativos. Yo diría que hay tres razones principales por las cuales los grandes pensadores discrepan en los temas fundamentales.

Una es que somos propensos a los errores lógicos. Se nos ha dado la capacidad de razonar, pero no somos perfectos en nuestras facultades de razonamiento. Hacemos inferencias ilegítimas. Cometemos errores que violan las leyes de la lógica. Recuerdo cuando estudié Introducción a la Lógica en la universidad y se nos dieron ejemplos de falacias. Los ejemplos impresos en nuestros libros de texto no fueron sacados de periódicos o historietas, sino de los escritos de algunas de las personas más brillantes de la historia: Platón, John Stuart Mill y David Hume. Estos hombres son universalmente reconocidos entre las personas más brillantes que alguna vez pisaron la faz de la tierra. Cometieron errores lógicos flagrantes que sirvieron como ilustraciones en un libro de texto de "Introducción a la Lógica," acerca de cómo no se debe razonar. Los errores lógicos son la primera razón.

La segunda razón son los errores empíricos. Estamos limitados en nuestra perspectiva y campo de experiencia. Ninguno de nosotros es capaz de examinar toda la información. A veces el alcance de nuestra vista o audición fallan. Estamos limitados en los sentidos que usamos para percibir la realidad que nos rodea. Las limitaciones de la percepción sensorial contribuyen a cometer errores.

Y la tercera gran causa del error, sea que se trate de entender la Biblia o entender la ciencia, es la parcialidad. Tenemos prejuicios. A veces nos acercamos a un problema o al estudio predispuestos en contra de la información. No queremos creer lo que nos dirá la información. Cuando nos convertimos al cristianismo, no se nos quita la capacidad de pecar. No siempre queremos creer lo que la Biblia enseña, y de este modo cometeremos errores de interpretación como resultado de nuestro pensamiento nublado por la dureza de nuestros corazones o porque no conocemos las herramientas de estudio bíblico. No hemos aprendido suficientemente el lenguaje, no hemos sido instruidos o entrenados para las inferencias legítimas o para las leyes de las inferencias inmediatas, etc.

La principal razón por la cual los cristianos discrepamos sobre lo que la Biblia enseña es que somos pecadores. Es pecado malentender la Biblia y también lo es malinterpretarla porque, en última instancia, eso ocurre debido a que no somos diligentes para aplicarnos a buscar la verdad de la Palabra de Dios. Tenemos la asistencia del Espíritu Santo, y somos llamados a amar a Dios con toda nuestra mente. La persona que ama a Dios con toda su mente no actúa de manera descuidada al manejar las Escrituras.

- ### Habiendo tantas interpretaciones diferentes de lo que dice la Biblia, ¿cómo puedo saber cuál es la correcta?

Ese problema nos fastidia a todos. Hay algunas cosas teóricas que podemos decir al respecto, pero prefiero invertir tiempo en las prácticas.

La iglesia católica romana cree que una función de la iglesia es la de ser la intérprete autorizada de la Escritura. Entienden que no solamente tenemos una Biblia infalible, sino que además tenemos una interpretación infalible de la Biblia. Eso, en cierto modo, suaviza el problema, aunque no lo elimina del todo. Todavía nos el queda el problema de que interpretar las interpretaciones infalibles de la Biblia. Tarde o temprano, nos toca resolverlo a nosotros, que no somos infalibles. Tenemos este dilema porque hay muchas diferencias de interpretación acerca de lo que los papas dicen, y lo que los concilios de la iglesia dicen, así como hay muchas diferentes interpretaciones de lo que la Biblia dice.

Algunas personas se desesperan, diciendo: "Si los teólogos no pueden estar de acuerdo en esto, ¿cómo puedo yo, un simple cristiano, saber quién me está diciendo la verdad?"

Encontramos las mismas diferencias de opinión en la medicina. Un médico dice que necesito una operación, y otro dice que no. ¿Cómo sabré cuál de los médicos me está diciendo la verdad? Me estoy jugando la vida al depender del médico en el cual confío. Es problemático que los expertos difieran en cuestiones importantes, y los asuntos de interpretación bíblica son más importantes que sacarme el apéndice o no. ¿Qué hacemos cuando tenemos un caso así, con opiniones diferentes de parte de los médicos? Vamos a un tercer médico. Tratamos de investigar, de analizar sus credenciales para ver cuál tiene la mejor preparación, cuál es el más confiable; luego escuchamos el argumento con que el médico respalda su posición y decidimos cuál nos parece más convincente. Diría que lo mismo se aplica a las diferencias de interpretación bíblica.

Lo primero que quiero saber es ¿quién ofrece la interpretación? ¿Es instruido? Enciendo la televisión y veo toda clase de enseñanza entregada por predicadores que, con toda franqueza, no están preparados para la teología técnica o para los estudios bíblicos. No tienen calificación académica. Sé que personas sin calificación académica pueden hacer una correcta interpretación de la Biblia, pero es menos probable que sean tan exactas como aquellas que han pasado años y años de cuidadosa investigación y preparación disciplinada para tratar con los asuntos difíciles de la interpretación bíblica.

La Biblia es un libro abierto para todos, y cada uno tiene su justa opción de proponer cualquier cosa que quiera encontrar en ella. Debemos examinar las credenciales de los maestros. Y no sólo eso; no queremos descansar en la opinión de una sola persona. Por eso, cuando se trata de interpretación bíblica, generalmente aconsejo a la gente consultar tantas fuentes confiables como les sea posible, y no sólo fuentes contemporáneas sino a los grandes pensadores, las mentes reconocidas de la historia cristiana. Para mí, es sorprendente el tremendo nivel de acuerdo que hay entre Agustín, Aquino, Anselmo, Lutero, Calvino y Edwards —los titanes reconocidos en la historia de la iglesia. Siempre los consulto a ellos porque son los mejores. Si desea saber algo, acuda a los profesionales.

- **_Cuando comparto conceptos bíblicos con mis amigos, generalmente me dicen: "Esa es tu interpretación." ¿Cómo debo responder a eso?_**

Esa es una situación muy común. Usted se esmera en un pasaje, hace su tarea, luego presenta el pasaje y alguien lo mira y le dice: "Bueno, esa es tu interpretación."

¿Qué es lo que en realidad quieren decir con eso? ¿Que todo lo que usted dice es erróneo, y puesto que esta es su interpretación, entonces debe ser incorrecta? No creo que la gente esté tratando de insultarnos. El verdadero tema aquí es si una interpretación de la Escritura puede ser correcta e incorrecta. Cuando muchos dicen: "Esa es tu interpretación," lo que en realidad están diciendo es: "Yo lo interpretaré a mi manera, y tú interprétalo a la tuya. Todo el mundo tiene derecho a interpretar la Biblia como quiera. Nuestros antecesores murieron por el derecho a tener lo que llamamos interpretación privada: que cada cristiano tiene derecho a leer la Biblia por sí mismo e interpretarla para sí mismo."

Cuando la interpretación se convirtió en un asunto crucial durante el siglo

XVI en el Concilio de Trento, la iglesia católica romana lo desaprobó. Uno de sus cánones en la cuarta sesión señaló que nadie tiene el derecho a distorsionar las Escrituras aplicándole interpretaciones privadas. En cuanto a dicha afirmación registrada en Trento, la respaldo con todo mi corazón porque es absolutamente acertada. Aunque tengo derecho a leer la Biblia por mí mismo, y la responsabilidad de interpretarla con precisión, nadie tiene derecho a interpretarla *incorrectamente*.

Creo que hay solamente una interpretación correcta de la Biblia. Puede haber mil aplicaciones diferentes de un versículo, pero sólo una interpretación correcta. Mi interpretación puede no ser correcta, y la suya puede no ser correcta, pero si son diferentes, no pueden ser ambas correctas. Eso sería relativismo llevado a su extremo ridículo. Cuando alguien diga: "Bueno, esa es tu interpretación," yo le respondería: "Tratemos de establecer el significado objetivo del texto más allá de nuestros prejuicios personales."

- ***Recientemente, adquirí una Living Bible (La Biblia Viviente) adaptada para lecturas bíblicas diarias. Esta versión me ha parecido muy agradable, y detesto cuando se acaba la lectura del día. ¿Hay razones para desconfiar de esta versión?***

Pareciera que cada vez que aparece una nueva traducción de la Biblia en las librerías hay cierto grado de controversia ante su aparición. La gente tiende a preferir una traducción probada y aprobada. La primera traducción de la Biblia desde los idiomas originales al vernáculo llegó a ser un asunto tan polémico que los que se atrevieron a traducir la Biblia al alemán, al inglés o a otros idiomas fueron en muchos casos ejecutados.

Por muchos años, la versión inglesa autorizada fue la King James. Cuando apareció una traducción más actual, como la Revised Standard Version, hubo un tremendo grito de protesta contra ella. Esa protesta continúa hasta hoy por parte de quienes prefieren la edición King James.

Hay básicamente dos razones por las cuales tenemos esta proliferación de nuevas traducciones. Una es que en el siglo XX hemos experimentado una explosión del conocimiento y la información sobre la antigua lexicografía, o el significado de las palabras. Ha habido tantos descubrimientos que han arrojado luz sobre el significado preciso de las palabras hebreas y griegas que nuestra capacidad para traducir los documentos originales con precisión se ha incrementado notablemente. Cuando eso sucede, se requiere una nueva traducción. Cuando traducimos un documento de un idioma a otro, corremos el riesgo de perder parte de la precisión que hay en el original. Cada vez que aumentamos nuestro dominio del original, queremos reflejarlo en la próxima edición de nuestra traducción.

En segundo lugar, hemos descubierto muchos más textos del Nuevo Testamento griego, y para ser franco, los manuscritos griegos a partir de los cuales se tradujo la versión King James no eran los mejores. Desde que se introdujo la versión King James por primera vez, hemos progresado mucho en reconstruir los manuscritos originales de la Biblia, y esa es otra razón para una actualización.

Hay una razón más, y es que el lenguaje cambia, y las palabras que una vez significaron una cosa en una cultura ahora significan otra. *Gay* [homosexual] significaba "alegre" hace veinte años; no es eso lo que significa ahora. *Cute* [lindo] significaba "patizambo" hace doscientos años; no es eso lo que significa ahora. Las palabras experimentan una evolución, y eso debe reflejarse en nuevas traducciones. Algunas tratan de ser muy precisas, palabra por palabra, mientras otras brindan una paráfrasis. Considero a la *Living Bible* como un intento de simplificar y de hablar en términos corrientes. La gente la considera una deliciosa ayuda. Yo no la recomendaría como la versión más estrictamente exacta para un estudio técnico cuidadoso, pero en su propósito de simplificar el frecuentemente enigmático mensaje de la Escritura creo que ha hecho un excelente servicio al pueblo de Dios.

• ¿Reclama la Biblia autoridad sobre la vida de un creyente?

Creo que lo hace, obviamente, en lo que la Biblia dice sobre sí misma. Y lo que la Biblia dice sobre sí misma es muy importante para el debate moderno sobre su autoridad en la vida de la iglesia y en la vida del creyente individual.

Uno de los más grandes debates en nuestra época es esta pregunta de la autoridad bíblica. Aun si la Biblia no reclamara autoridad sobre nosotros, la iglesia puede reconocerla como su fuente primaria y decir: "Esta es la información original que tenemos de las enseñanzas de Jesús." Jesús, obviamente, reclama autoridad sobre todo creyente en la medida en que es el Señor de la iglesia y Señor de todo creyente. Y podríamos atribuir esa clase de autoridad a las Escrituras.

Pero la autoridad de la Biblia no se prueba por su propia afirmación. Es muy significativo, sin embargo, que afirme ser la Palabra de Dios. Ahora bien, todo lo que sea Palabra de Dios, me parece a mí, conlleva automáticamente nada menos que la autoridad de Dios. El gran debate actual es si la Biblia es o no inspirada, infalible o inerrante. Este es el tipo de controversias por las cuales están peleando las denominaciones en el mundo cristiano actual. Y detrás de este debate, en realidad, está la pregunta sobre el alcance que tiene la autoridad de la Biblia.

Para ilustrarlo, permítame compartir una breve anécdota sobre un amigo mío que dijo que había abandonado su confianza en la inspiración o infalibilidad de la Biblia. "Pero aún mantengo mi creencia en Cristo como mi Señor," dijo. "¿Cómo ejerce Jesús su señorío sobre ti?" le pregunté en forma directa. "¿Qué quieres decir?" me preguntó. Respondí: "Un Señor es alguien que tiene la autoridad de obligar a tu conciencia, de darte órdenes de movilización, de decir 'Debes,' 'Tienes que,' 'Se requiere esto de ti.' ¿Cómo llega Jesús a ser tu Señor? ¿Cómo te habla? ¿Te habla audiblemente, directamente, o cómo?" Finalmente, se dio cuenta de que el único mensaje que tenemos de Jesús llega a nosotros por medio de la Escritura.

Así que la autoridad que la Biblia tiene sobre mí es la autoridad que Cristo tiene sobre mí, porque cuando envió a sus apóstoles, les dijo: "El que los recibe a ustedes me recibe a mí." Lo que hallamos en la Escritura es la autoridad de Cristo dada a sus apóstoles. Y si viene de Cristo, y por lo tanto, de Dios, entonces, por supuesto, toda la autoridad de Dios está detrás de ella y por sobre mí.

• ¿Reclama la Biblia autoridad sobre la vida de un no creyente?

Dividimos la Biblia en dos secciones, a las que llamamos el Antiguo Testamento y el Nuevo Testamento, o el libro del antiguo pacto y el libro del nuevo pacto. En un sentido muy real, históricamente los textos de la Escritura son parte de los documentos escritos de un acuerdo de pacto entre Dios y cierto pueblo. El Antiguo Testamento es un acuerdo de pacto entre Dios y el pueblo judío. El nuevo pacto es el pacto de Cristo para su pueblo.

En la medida en que el no creyente no ha entrado en una relación de pacto con Dios, hay un sentido en el cual es ajeno a la ciudadanía de Israel o a la comunidad del nuevo pacto de Cristo, y por lo tanto no está formalmente ligado por un juramento a las estipulaciones de ese acuerdo de pacto, parte del cual son los textos de la sagrada Escritura. Sin embargo, también tenemos que reconocer que todo ser humano fue creado a la imagen de Dios. En virtud de la condición humana, él o ella están inextricablemente involucrados en una relación de pacto con el Creador. Así que si elijo no creer en Dios, o no servirle, o no participar de ningún modo en la religión, eso no destruye a Dios ni a su existencia, ni cambia el hecho de que he sido creado por Dios y que soy responsable ante él, y que él requiere de mí que lo obedezca, lo adore y preste atención a su voz. De modo que, viéndolo desde ese ángulo, diríamos que, pese a su incredulidad, el no creyente es responsable de prestar atención a todo lo que Dios diga. Y si las Escrituras son la Palabra de Dios, entonces ellas conllevan la autoridad de Dios. Si me preguntaran: "¿Tiene Dios autoridad sobre el no creyente?," yo diría: "Por supuesto que la tiene." Cualquier cosa que Dios diga tiene autoridad sobre todas las personas.

• ¿Qué puede aprender un cristiano a partir del Antiguo Testamento? ¿Es tan pertinente a mi crecimiento como lo es el Nuevo Testamento?

Las Escrituras no son un solo libro sino una colección de libros compuesta por sesenta y seis volúmenes en una particular biblioteca que llamamos la Biblia. El Nuevo Testamento cubre un período de tiempo de la historia humana de aproximadamente treinta y cinco años, y casi todo, menos cinco de aquellos años quedan cubiertos, en su mayor parte, por un par de capítulos iniciales. El grueso del Nuevo Testamento, entonces, cubre aproximadamente un período de cinco años de la historia humana. Es el período más importante en la historia del trato de Dios con la humanidad porque cubre el ministerio terrenal de Jesús y la expansión de la iglesia primitiva.

El Antiguo Testamento cubre un período de aproximadamente dos mil años de historia redentora a partir de, más o menos, Génesis 11. Reúne mucha información de cómo Dios ha actuado a favor de su pueblo y la redención de este mundo.

No creo que podamos decir que uno sea más pertinente que el otro. Hay una difundida sensación de que un cristiano sólo debe ocuparse del Nuevo Testamento, y que el Antiguo Testamento es anticuado, que ya no es verdaderamente relevante. Se extiende cada vez más una sensación de que hay dos Dioses diferentes. Está el Dios del Antiguo Testamento y el Dios del Nuevo

Testamento. El Dios del Antiguo Testamento es un Dios de cólera, ira, justicia y santidad. El Dios del Nuevo Testamento se centra en el amor, la misericordia y la gracia. Esa, por supuesto, es una distorsión grave. Hay una continuidad entre los dos Testamentos. Podemos distinguirlos, pero no nos atrevemos a separarlos. Se nos revela el mismo Dios tanto en el Antiguo como en el Nuevo Testamento. San Agustín dijo: "El Antiguo es revelado en el Nuevo; el Nuevo está oculto en el Antiguo."

El Antiguo Testamento es una preparación para la venida del Mesías y la revelación que recibimos en el Nuevo Testamento. Sería como preguntar: "¿Es importante el cimiento de una casa? ¿Es pertinente para el edificio?" Es esencial para la casa. La estructura descansa sobre ese cimiento, y eso es lo que el Antiguo Testamento hace por nuestra fe. Hay muchos elementos de la historia del Antiguo Testamento que no han de aplicarse directamente a la vida cristiana actual, como el sistema de sacrificios; pero aun la dimensión del sacrificio de toros o de machos cabríos, y cosas semejantes que hallamos en el Antiguo Testamento, revela algo que apunta a la venida de Cristo y enriquece nuestra comprensión de lo que fue consumado por Cristo. Aproximadamente tres cuartos de la información del Nuevo Testamento es, ya sea una cita de, una alusión a o un cumplimiento de algo que ya estaba en el Antiguo Testamento.

• ¿Cómo se aplica el Antiguo Testamento a los cristianos de hoy?

Una de las grandes debilidades de la iglesia de hoy es la tendencia a denigrar y descuidar el Antiguo Testamento. Es una pieza de literatura mucho más grande que el Nuevo Testamento, y cubre un enorme período de historia, la historia de la redención desde la creación del mundo hasta la aparición del Mesías. Es una revelación de la actividad de Dios en este planeta, y creo que fue inspirado por el Espíritu Santo y dado a la iglesia para su instrucción y su edificación.

Creo, también, que uno de los grandes problemas de la iglesia de hoy es la ignorancia abismal acerca de Dios el Padre. Nos relacionamos con Jesús. Él es nuestro Redentor. Él es Dios en carne, lo cual nos permite entender mejor a Jesús. Es más difícil cuando miramos a Dios el Padre y también al Espíritu Santo. La historia del Antiguo Testamento muestra algo del Mesías que ha de venir, pero está constantemente revelando el carácter de Dios el Padre, aquel que envía a Jesús a este mundo, aquel al cual Jesús llama Padre, aquel por el cual Jesús dijo haber sido enviado, esa persona con la cual somos reconciliados y por la cual somos redimidos. ¿Cómo, entonces, podríamos justificar el descuido de un cuerpo literario tan enorme que nos comunica el carácter, la naturaleza y la voluntad de nuestro Creador, quien envió al Redentor a este planeta?

San Agustín dijo que el Nuevo Testamento está oculto en el Antiguo, y el Antiguo Testamento es revelado por el Nuevo. Casi tres cuartas partes del material del Nuevo Testamento son citas o alusiones a lo que le precedió. No creo que podamos de verdad entender el Nuevo Testamento hasta que hayamos hecho un estudio muy exhaustivo del Antiguo Testamento.

Obviamente, hay cosas en el Antiguo Testamento que no se aplican al cristiano de la actualidad. Por ejemplo, no debemos continuar las ceremonias que se requerían de los judíos; aquellas ceremonias eran "tipos" que anticipaban su cumplimiento, una vez y para siempre, en la obra de Cristo. Así que, para nosotros, ofrecer animales como sacrificios sería un insulto a la consumación de la obra de Jesús en la cruz. Eso no significa que debido a que esa parte del Antiguo Testamento esté cumplida debamos descuidarla por completo. El Antiguo Testamento es una mina de conocimiento para el cristiano que se dedique a investigarlo.

• ¿Qué deberían pensar los cristianos sobre la evolución?

No existe una perspectiva única de la evolución. Se hace una diferencia, por ejemplo, entre macro evolución y micro evolución. La macro evolución afirma que toda la vida evolucionó fortuitamente a partir de una sola célula —una pequeña y palpitante célula de vida hecha de aminoácidos, ARN, ADN y todo eso—, y luego, por azar, explosiones, o lo que sea, hubo mutaciones. Primero, tuvo lugar una forma de vida inferior y simple, y luego, a partir de aquello, surgieron cosas más complejas, y todos nosotros emergimos del limo, por así decirlo, rezumando, hasta alcanzar nuestra humanidad presente. Esa es la visión radical de la evolución que ve surgir la vida como una suerte de accidente cósmico.

Esta visión de la evolución —la que oigo discutir públicamente tan a menudo en el mundo secular— es un disparate absoluto y será totalmente rechazada por la comunidad científica secular en el curso de la próxima generación. Mis objeciones con respecto a ella no son tanto teológicas, sino más bien racionales y lógicas. Quiero decir, la doctrina de la macro evolución es uno de los mitos más carentes de fundamento que haya visto perpetuarse en el medio ambiente académico.

Pero hay otras variedades mucho menos radicales, que simplemente indican que hay un cambio, una progresión hacia diferentes direcciones entre varias especies, que podemos incluso rastrear históricamente. Este último tipo de evolución no tiene gran consecuencia con respecto al cristianismo bíblico. La cuestión central tiene que ver con la perspectiva anterior, y la pregunta básica es la siguiente: ¿Es el hombre, en su origen, producto de un acto intencional de inteligencia divina, o se trata de un accidente cósmico? En otras palabras, ¿soy una criatura con dignidad o una criatura de insignificancia cósmica? Ese es un problema bastante serio porque, si yo simplemente aparecí, por así decirlo, de manera repentina, o emergí del limo y estoy destinado a la aniquilación, es sólo una fantasía considerar que, entre estos dos polos de origen y destino tengo un propósito, significado e identidad. Esas serían ilusiones de la peor clase. Obviamente, si vengo de la nada y voy hacia la nada, bajo cualquier análisis objetivo *soy* nada.

Un cristiano no puede considerarse a sí mismo como un accidente cósmico y creer al mismo tiempo en el Dios soberano y creador. Ser cristiano es ratificar no sólo a Cristo el Redentor sino a Dios el Creador. Y debemos ratificarlos a ambos. Permítame decir también, antes de abandonar esta pregunta, que algunas de las objeciones más grandes que tengo hacia esta visión más radical de la evolución no son los problemas teológicos, tan serios como sean, sino los problemas racionales. Creo que no solamente es mala teología; es mala ciencia.

Históricamente todos los cristianos, los judíos y los musulmanes han sostenido como un artículo central que este mundo y todas las personas que hay en él son el resultado de un acto divino de creación. En lo que al cristianismo se refiere, si no hay creación, no hay nada que redimir.

• ¿Nos dice la Biblia cuán antigua es la tierra?

¿Qué nos dice la Biblia sobre la edad de la tierra? Recuerdo una vez en que abrí una Biblia que estaba sobre el púlpito de una iglesia. La abrí en la primera página porque iba a predicar sobre el primer capítulo de Génesis; allí decía: "El Libro de Génesis," y luego, debajo de "El Libro de Génesis," en números gruesos, negros, decía: "4.004 a.C." Justo ahí, en la primera página de la Escritura. Me reí.

Me pareció divertido, porque hubo un hombre, el arzobispo Usher que, hace un par de siglos, al leer las genealogías en la Biblia, calculó un período de vida promedio de todos los mencionados en la genealogía y apareció con una cifra altamente especulativa de 4.004 como la fecha de la Creación, y luego trató de demostrar la tesis de que la Biblia establecía la creación del mundo en el 4.004 a.C. Lo que me perturbó fue ver ese número efectivamente impreso en la página de la sagrada Escritura. Ahora, si alguien que no conoce el origen de esa clase de especulación toma la Biblia, y lee allí "4.004 a.C.," y su madre o su maestro de escuela dominical le enseñan que el mundo fue creado 4.000 años antes de Cristo pero la evidencia científica indica que el universo tiene billones de años, se enfadará y pensará que alguien está atacando a la Biblia, cuando la verdad es que la Biblia no da la menor indicación de cuándo ocurrió la Creación. Así que no deberíamos preocuparnos por eso.

- ## *Como educador cristiano, ¿cuáles son algunas de sus frustraciones en su esfuerzo por enseñar la Palabra?*

Tengo muchas frustraciones con respecto a la enseñanza, pero diría que mi mayor frustración se debe a la presencia de un tremendo espíritu anti-intelectual en la cristiandad contemporánea. Es extremadamente difícil educar personas que se oponen a usar la mente. ¿De qué otra forma podríamos ser educados?

Hay razones para esta actitud. Los cristianos evangélicos, por ejemplo, han visto un ataque masivo a las cosas sagradas en las que creen y por las cuales viven —la Biblia y todo lo demás—, por parte de colegios y universidades, catedráticos y teólogos. Han llegado a desconfiar de la educación formal. Quieren mantener su fe de manera simple para que no esté abierta a ninguna clase de crítica o ataque. Oigo constantemente: "Debes aceptarlo por fe," como si tratar de entender algo fuera malo. ¿Cuántas veces hemos escuchado decir que debemos pensar como niños?

Lo que la Biblia dice, sin embargo, es que debemos ser "niños en la malicia," que debemos ser como niños pequeños en el sentido de no ser sofisticados en nuestra capacidad para pecar. Sin embargo, en el entendimiento debemos ser completamente desarrollados y maduros. Debemos dejar de lado las cosas de niños. Estoy muy frustrado por la resistencia que encuentro en la comunidad cristiana frente al estudio profundo de las cosas de Dios.

Mi segunda gran frustración es que tantos cristianos, con el fin de aprender las cosas de Dios, tengan primero que desaprender lo que ya han aprendido. No es casual que la mayor amenaza para la integridad del Israel del Antiguo Testamento y para la seguridad de la nación no eran las naciones opositoras como los filisteos y los babilonios sino el enemigo interno, el falso profeta. El falso profeta seducía al pueblo para alejarlo de la verdad de Dios. Eso ocurre en la actualidad, y ocurre a ambos lados del campamento: liberales y conservadores. Lo que sucede es que la gente es instruida con una enseñanza que no es sana, y eso es frustrante.

5

EL CAMINO
DE LA SALVACIÓN

Les daré un corazón nuevo
y pondré un espíritu nuevo dentro de ustedes.
Les quitaré ese terco corazón de piedra
y les daré un corazón tierno y receptivo.
Pondré mi Espíritu en ustedes
para que sigan mis decretos
y sean cuidadosos de obedecer mis ordenanzas.

EZEQUIEL 36:26-27

Preguntas en esta sección:

- *¿Por qué me salvó Dios?*

- *¿Cuándo decidió Dios darnos vida eterna?*

- *Si estoy contento con mi vida, ¿por qué necesito a Jesús?*

- *¿Qué es el verdadero arrepentimiento, y por qué es importante para nuestra vida?*

- *¿Puede uno arrepentirse en el momento de la muerte y aun así tener la misma salvación que alguien que ha sido cristiano durante muchos años?*

- *Si alguien ha rechazado el cristianismo a lo largo de toda su vida, pero luego, en su lecho de muerte, decide asegurarse y profesar a Jesús como su Señor y Salvador, ¿será esa persona realmente aceptada en el cielo?*

- *¿Es posible que un cristiano pierda su salvación a causa de los pecados que comete?*

- *¿Hay salvación para un cristiano que se ha apartado de Cristo y no muestra intención de arrepentirse?*

- *¿Nos da la gracia un pase libre a la salvación?*

- *¿Cómo puedo entender la gracia de Dios y el perdón de mis pecados?*

- *¿Qué importancia tiene que, cuando las personas reciben a Cristo, se les hable de él sólo como Salvador y no como Señor?*

- *En Marcos 16:16, Jesús dice: "El que crea y sea bautizado será salvo." ¿Cómo se encuadra el bautismo en nuestra salvación?*

- ¿Qué tienen que ver nuestras buenas acciones con nuestra salvación?

- ¿Qué rol juegan en la salvación los logros humanos o las buenas obras?

- ¿De qué forma usa Dios la culpa en nuestros días?

- Si desobedecemos, ¿Dios nos maldice o meramente retiene su bendición?

- Ayúdeme a comprender la doctrina de la elección.

- Mi comprensión de la doctrina de la predestinación es que el hombre natural sólo aceptará a Cristo si Dios planta dicho deseo en su corazón. Si Dios nunca planta ese deseo, ¿es justo que esa persona se pierda eternamente?

- En Juan 6:70, Jesús dice que él eligió a los Doce. ¿Significa esto que Judas era uno de los elegidos?

- ¿Cómo cumplió Dios la promesa que hizo a Abraham de que su descendencia sería salva?

- ¿Qué es la doctrina de la seguridad eterna?

- Si la justificación es sólo por fe, ¿cómo podemos aplicar Santiago 2:24, que dice que una persona es justificada por lo que hace, y no sólo por su fe?

- ¿No es una estrechez mental de parte de los cristianos decir que Cristo es el único camino?

• *¿Por qué me salvó Dios?*

No conozco una pregunta teológica más difícil de responder que ésta. He estudiado teología por muchos años, y aún no puedo sugerir una razón exhaustiva para explicar por qué Dios me salvaría a mí o a cualquier otra persona.

Algunas personas responden a esta pregunta de manera muy simple. Dicen que Dios nos salvó porque pusimos nuestra fe y confianza en Cristo al responder a la invitación del evangelio. Superficialmente, es una respuesta legítima porque somos justificados a través de la fe y se nos llama a responder de ese modo.

Pero la pregunta más profunda es ¿por qué usted respondió al evangelio cuando lo oyó, mientras que otro, que también lo oyó (aun durante la misma presentación, en el mismo instante), no respondió a él? ¿Qué cosa había en usted para moverlo a responder positivamente mientras otros son movidos a rechazarlo? Pregunto eso con respecto a mi propia vida. Podría decir que la razón por la cual respondí es que yo era más piadoso que los otros. Dios no permita que yo diga eso en el Día del Juicio. Podría pensar que soy más inteligente que otro, pero no querría decir eso tampoco. Alguien podría decir que yo reconocí mi necesidad más de lo que otro reconoció la suya, pero aun ese reconocimiento es una mezcla de al menos un grado de inteligencia y un grado de humildad, la mayor parte de lo cual tiene, en última instancia, sus raíces en la gracia de Dios. Debo decir, como el anciano aquél, que yo sólo vivo por la gracia de Dios. No puedo dar más razón que la gracia de Dios con respecto a por qué soy salvo.

La Biblia dice muchas cosas en cuanto a por qué Dios toma la iniciativa de nuestra salvación: él ama al mundo; tiene una actitud benevolente hacia sus criaturas caídas. Sabemos eso. Pero cuando vamos a lo específico, la Biblia habla de la soberana obra redentora de Dios y usa los términos *predestinación* y *elección*. Son palabras bíblicas. ¿Qué hay detrás de la gracia de Dios que predestina, o de su elección? Algunos dicen que Dios prevé las elecciones de las personas. Creo que eso desvirtúa el centro mismo de la enseñanza bíblica.

Cuando la Escritura dice que Dios elige a las personas, se refiere a elegirlas en Cristo; nuestra salvación está enraizada y fundada en Jesús. Eso me hace pensar en lo siguiente: usted y yo somos salvos no solamente por el interés de Dios en cuanto a nosotros, sino principal y finalmente por la determinación de Dios de honrar a su obediente Hijo. Somos los dones de amor que el Padre le da al Hijo, de modo que el Hijo, que vivió una vida de perfecta obediencia y murió en la cruz, verá la angustia de su alma y será satisfecho. Esa es la principal razón por la cual creo que Dios nos ha salvado: para honrar a Jesús.

• ¿Cuándo decidió Dios darnos vida eterna?

Cuándo es una palabra referida al tiempo, y la Biblia usa ese tipo de palabras. Y cuando la Biblia habla del marco de tiempo en que Dios tomó su decisión con respecto a nuestra vida eterna, generalmente ubica la decisión en la fundación del mundo; es decir, desde la eternidad Dios nos había elegido para estar entre los redimidos.

Creo que Pablo enfatiza eso muy claramente, en especial en el primer capítulo de su carta a los efesios. Fuimos elegidos en Cristo desde la fundación del mundo para ser conformados a Cristo y ser traídos a un estado de redención. Esto, por supuesto, toca inmediatamente la muy difícil y polémica doctrina de la predestinación. Diré al pasar, deslizándonos sobre la superficie de ella, que toda iglesia tiene alguna doctrina de la predestinación. Hay grandes desacuerdos entre las iglesias en términos de cómo entender la predestinación, pero históricamente cada iglesia ha tenido que elaborar y forjar alguna doctrina de la predestinación porque la Biblia habla de ella. Así que en algún sentido, desde la eternidad, Dios ha elegido a su pueblo para la salvación.

Eso nos introduce en algunos temas colaterales muy complicados. ¿Sobre qué base Dios toma una decisión así desde la eternidad? ¿Decidió Dios desde la eternidad que ciertas personas serían condenadas? ¿Destina gente al infierno? ¿Destina gente a caer? Creo que la iglesia no se ha atrevido a enfrentar ese concepto y es comprensible. Creo que Dios sabía desde la eternidad que el hombre caería, que el hombre se rebelaría contra él, y sabía también, desde la eternidad, que iba a efectuar una provisión para redimir a las personas. El conocimiento de Dios es antiguo y su omnisciencia es tan eterna como él. Todo lo que Dios sabe, lo sabe desde la eternidad. Es necesario tener presente esta idea.

Yo diría que la decisión de Dios de elegirnos fue tomada antes de la caída del género humano pero a la luz de la Caída. Permítame repetirlo. Dios tomó la decisión antes de la Caída sabiendo que ella se produciría y conociendo sus consecuencias. En otras palabras, Dios no podía haber tomado la decisión de salvar personas que no necesitaban la salvación. Sólo los pecadores necesitan la salvación, así que Dios, en su mente divina, debió habernos considerado como pecadores y caídos al tomarnos en cuenta para la salvación. En el fondo, la decisión de salvarnos fue tomada en la eternidad de acuerdo al conocimiento divino que Dios tiene de nosotros.

• Si estoy contento con mi vida, ¿por qué necesito a Jesús?

Oigo decir eso a mucha gente. Me dicen: "No siento la necesidad de Cristo." ¡Como si el cristianismo fuera algo que se empaquetara y vendiera en la Avenida Madison! Como si lo que estuviéramos tratando de comunicarle a la gente fuera: "Aquí hay algo que te hará sentir bien, y todo el mundo necesita tener un poco de esto en su armario o en su nevera," como si fuera alguna mercancía que va a añadir una pizca de felicidad a nuestras vidas.

Si la única razón por la cual un ser humano necesita de Jesús fuera estar feliz, y alguien ya lo está sin Jesús, entonces con seguridad no lo necesitaría. El Nuevo Testamento indica, sin embargo, que hay otra razón por la cual usted o quien sea necesita a Jesús. Hay un Dios que es completamente santo, perfectamente justo, y que declara que va a juzgar al mundo considerando a cada ser humano como responsable por su vida. Como Dios perfectamente santo y justo, requiere de cada uno de nosotros una vida de perfecta obediencia y perfecta rectitud. Si hay un Dios así y usted ha vivido una vida de perfecta rectitud y obediencia —es decir, si usted es perfecto—, entonces no necesita a Jesús. No necesita un Salvador porque sólo la gente inicua tiene ese problema.

El problema, sencillamente, es el siguiente: si Dios es justo y requiere la perfección de mi parte, y yo no alcanzo esa perfección y él va a tratarme de acuerdo a su justicia, entonces en el futuro me espera el castigo a manos de un Dios santo. Si la única forma en que puedo escapar del castigo es a través de un Salvador, y yo quiero escapar, entonces necesito un Salvador. Algunos dirán que sólo estamos predicando a Jesús como un boleto para evitar el infierno o como una forma de escapar del castigo eterno. Esa no es la única razón por la cual yo recomendaría a Jesús, pero es una de las razones.

Creo que mucha gente en la cultura actual no cree realmente que Dios va a considerarlos como responsables de sus vidas, que en realidad Dios no reclama rectitud. Cuando adoptamos esa visión, no sentimos el peso de la amenaza de un juicio. Si usted no teme enfrentar el castigo de Dios, entonces sea feliz como una almeja, si lo desea. Yo viviría terriblemente atemorizado y temblando ante la posibilidad de caer en manos de un Dios santo.

• ¿Qué es el verdadero arrepentimiento, y por qué es importante para nuestra vida?

Antes de definir el verdadero arrepentimiento, responderé la segunda pregunta: "¿Por qué es importante para nuestra vida?" Según el Nuevo Testamento, la razón de que tenga una importancia suprema en nuestra vida es que se trata del requisito indispensable para entrar en el reino de Dios. Enfatizo este punto porque en nuestra cultura se sostiene ampliamente la visión de que Dios perdona a todo el mundo de todos sus pecados tanto si se arrepienten como si no lo hacen. Ese concepto, sencillamente, no viene de la Escritura. Si algo enseñó Jesús es que, para alguien que ha ofendido a Dios, es absolutamente esencial apartarse de ese pecado y arrepentirse. Cuando Jesús comenzó su ministerio público, las primeras palabras con que predicó fueron: "Arrepiéntanse . . . , porque el reino del cielo está cerca." No hay nada más urgente y necesario que el arrepentimiento si uno pretende escapar de la ira de Dios. Dios llama a todo ser humano a arrepentirse; no es una opción.

Pablo habló de los antiguos tiempos de ignorancia que Dios había pasado por alto; en cambio Dios llama ahora a toda la gente, en todas partes, a que se arrepientan. ¿Eso a quién incluye? A todos. Todos tenemos esa responsabilidad, pero no todos lo estamos haciendo. Dios lo dijo en serio. Él exige el arrepentimiento.

Usted pregunta qué es el verdadero arrepentimiento. No sé si alguna vez ha oído la oración católica romana de la contrición, pero creo que es una oración excelente. Prácticamente todo católico romano la sabe de memoria. Yo no la sé de memoria, pero la he oído una cantidad de veces y retengo algunas frases de ella: "Oh Dios mío, me arrepiento de todo corazón de haberte ofendido, pero mucho más me pesa porque pecando ofendí a un Dios tan bueno y tan grande como tú."

En teología hacemos una distinción entre lo que llamamos atrición y lo que llamamos contrición. Atrición es apartarse del pecado o la culpa por la sola motivación de escapar del castigo. El niño no siente remordimiento por robar galletas hasta que lo sorprenden con la mano en el galletero y su madre viene con la vara. Hay algo sospechoso en esa clase de arrepentimiento. Es el arrepentimiento para evitar el castigo, lo que llamaríamos un boleto para escapar del infierno. El verdadero arrepentimiento va más allá de un mero temor al castigo, y alcanza lo que llamamos contrición. Cuando el corazón de David se quebrantó ante Dios y dijo: "No rechazarás un corazón arrepentido y quebrantado, oh Dios," él sintió un pesar verdadero, un pesar piadoso. El verdadero arrepentimiento es la conciencia de que hemos actuado mal, y nos conduce a la decisión de apartarnos de nuestra maldad.

• ¿Puede uno arrepentirse en el momento de la muerte y aun así tener la misma salvación que alguien que ha sido cristiano durante muchos años?

Es una pregunta astuta, pero la encuentro fascinante y le interesa a muchas personas. Hablamos de una fe de trinchera cuando la gente grita desesperada en momentos de crisis, o pospone hasta su lecho de muerte el momento de comprometer su vida con Cristo. Algunos dicen que no es coherente que alguien que ha sido cristiano toda su vida esté en la misma condición que alguien que hizo lo que le dio la gana y esperó hasta el último segundo para arreglar sus cuentas con Dios.

En el Nuevo Testamento hay una parábola en la que Jesús habla sobre aquellos que acuerdan trabajar por una cierta paga, y luego, en el último momento, son contratados otros que sólo alcanzan a trabajar unos pocos minutos pero reciben la misma paga. El primer grupo está agobiado, exasperado, y dice: "¿Qué está pasando aquí? ¡Esto no es justo!" ¿Recibe el segundo grupo la misma salvación? Sí y no. Alcanzan el estado de salvación; es decir, escapan del castigo del infierno y entran en el reino, si en verdad el arrepentimiento del último aliento es genuino. El requisito para entrar al reino de Dios es arrepentirse y creer en Cristo.

El ladrón en la cruz lo hizo en los últimos minutos de su vida, y Jesús le aseguró que estaría con él en el paraíso. Tenemos aquí la Evidencia A en el Nuevo Testamento acerca de alguien que en verdad se arrepintió y al cual nuestro Señor le prometió que participaría en su reino. Es posible que una persona, en el último momento de su vida, se arrepienta de verdad, crea, sea justificado y reciba todos los beneficios de la membresía del reino de los cielos.

Sin embargo, Pablo habla de aquellos que entran en el reino por un pelo. Creo que un creyente "de lecho de muerte" estaría en esa categoría. Tendemos a creer que lo único que importa es entrar allí porque hay un abismo insalvable entre llegar al cielo o perdérselo. No obstante, Jesús nos llama a trabajar y a almacenar tesoros para nosotros en el cielo porque promete enfáticamente que se entregarán recompensas a su pueblo conforme a la obediencia y a las buenas obras. No llegamos al cielo por buenas obras, pero según el Nuevo

Testamento nuestra recompensa en el cielo será proporcional a aquellas obras. Eso me dice que, aunque la gente lo logre por un pelo arrepintiéndose en el último aliento, su grado de felicidad no será tan grandioso como el de aquellos que han estado sirviendo a Cristo fielmente por muchos, muchos años.

- **Si alguien ha rechazado el cristianismo a lo largo de toda su vida, pero luego, en su lecho de muerte, decide asegurarse y profesar a Jesús como su Señor y Salvador, ¿será esa persona realmente aceptada en el cielo?**

Absolutamente no. Dicha persona no tiene esperanza de ir al cielo sobre la base de esa acción en la forma que usted la ha descrito. En primer lugar, entendamos que la redención no llega mediante una *profesión* de fe sino mediante una *posesión* de fe. Aquellos de nosotros que tenemos fe somos llamados a profesarla; sin embargo, la mera profesión de ella no garantiza que el artículo auténtico esté presente. Esto es especialmente así cuando alguien hace esta profesión verbal estrictamente como una forma de apostar sobre seguro protegiéndose de las consecuencias negativas. Desde un punto de vista bíblico, la salvación requiere un arrepentimiento auténtico. La fe que justifica es una fe con arrepentimiento. Si no hay arrepentimiento, eso indica que la profesión de fe es fraudulenta.

Si damos vuelta su consulta y preguntamos si una persona podría vivir su vida entera en pecado, rebelión y desobediencia, y luego en su lecho de muerte arrepentirse de verdad e ir al cielo, la respuesta es sí, tal como el ladrón en la cruz conoció a su Salvador en la hora de su muerte y recibió la garantía de ir a la eternidad con él. El Nuevo Testamento habla de aquellos que se salvan por un pelo. Ciertamente no es una buena medida posponer su arrepentimiento hasta el día de su partida porque no sabemos para cuándo está prevista. Aun cuando hacer una confesión simplemente por miedo no es suficiente, ese miedo debería provocar una pausa y hacernos pensar seriamente sobre nuestro estado futuro.

- **¿Es posible que un cristiano pierda su salvación a causa de los pecados que comete?**

La pregunta sobre la pérdida de la salvación es materia de gran controversia en la familia de la fe cristiana. Hay muchos cristianos que viven cada día con el terrible temor de perder lo que han hallado en Cristo porque la Biblia hace serias advertencias con respecto a apartarse, y el propio Pablo dice que él mismo debe ser muy cuidadoso para no quedar descalificado. Hay advertencias bíblicas sobre lo que ocurriría si le damos la espalda a Cristo después de haberlo conocido.

Por otro lado, hay también muchos cristianos que creen que nosotros nunca nos apartaremos, y me cuento en ese grupo. Estoy persuadido, por el estudio de la Escritura, de que podemos tener seguridad de nuestra salvación no solamente para hoy sino para siempre. Sin embargo, la seguridad que tenemos, o la confianza en nuestro futuro estado de salvación, debe estar basada en los cimientos correctos. En otras palabras, si mi confianza de que perseveraré está basada en mi confianza de que no pecaré, descansa en un terreno muy inestable. La Biblia me deja claro que, aun siendo redimido, con toda probabilidad, e inevitablemente, en alguna medida continuaré pecando. Si dependiera de mi fuerza perseverar para garantizar mi salvación futura, entonces tendría muy pocas esperanzas de perseverar.

Sin embargo, estoy convencido de que la Biblia enseña que lo que Dios empieza en nuestra vida, lo termina. Pablo dice por ejemplo, en Filipenses: "Dios, quien comenzó la buena obra en ustedes, la continuará hasta que quede completamente terminada." Mi confianza descansa en el hecho de que Jesús promete interceder por mí diariamente como mi gran Sumo Sacerdote. Mi confianza con respecto a mi salvación futura descansa en mi certeza de que Dios guardará su promesa y que Cristo intercederá por mí y me preservará. Repito, si dependiera de mí, seguramente me apartaría. Me gusta verlo de esta manera: estoy caminando en la vida cristiana con mi mano tomada por la de Dios. Si mi perseverancia dependiera de que yo me sujetara firmemente de su mano, con seguridad me apartaría porque en algún momento me soltaría. Pero creo que las Escrituras enseñan que Dios sostiene mi mano, y puesto que él la sostiene, no debo temer que finalmente caiga en forma definitiva.

Ahora bien, eso no significa que los cristianos no caigan en serios pecados y lo que en teología llamaríamos "una grave y radical caída"; lo que estamos analizando aquí es si un cristiano caerá alguna vez de forma total y definitiva. En el Nuevo Testamento, Juan nos dice que "esas personas [que] salieron de nuestras iglesias . . . en realidad nunca fueron parte de nosotros," y que "la voluntad de Dios es que [Cristo] no pierda ni a uno solo de todos los que él [le] dio." Así que mi confianza, otra vez, descansa en la intercesión de Cristo y en la capacidad de Dios así como en su promesa de sostenerme. En mí y por mí mismo soy capaz de pecar incluso hasta como para perder mi salvación, pero estoy persuadido de que Dios en su gracia me guardará de ello.

• ¿Hay salvación para un cristiano que se ha apartado de Cristo y no muestra intención de arrepentirse?

Creo que una vez que una persona es auténticamente redimida, y está verdaderamente en Cristo, jamás se perderá de Cristo. Esa persona tiene lo que llamamos seguridad eterna, no debido a la capacidad innata de la persona para perseverar, sino porque Dios promete preservar lo suyo y porque tenemos el beneficio de nuestro gran Sumo Sacerdote que intercede por nosotros cada día. Ahora, al mismo tiempo, los cristianos son capaces de cometer pecados notorios y atroces. Son capaces de apartarse muy seriamente de Cristo. Son capaces de cometer la peor negación y traición a nuestro Señor.

Consideremos, por ejemplo, la Evidencia A: el apóstol Pedro, que negó a Jesús con maldición. Fue tan enfático que profirió blasfemias para recalcar el hecho de que nunca había conocido a Jesús. Si pensamos en alguien que no parecía querer arrepentirse y que se había apartado de Jesús, San Pedro es nuestro ejemplo clásico. Aun su condiscípulo Judas traicionó también a Jesús apartándose de él, y por supuesto, ambas traiciones fueron predichas por Jesús en la última cena. Cuando Jesús habló de Judas, dijo: "Apresúrate a hacer lo que vaz a hacer." Y le dio permiso para que cometiera su traición. Mencionó que Judas era hijo de perdición desde el principio. Me parece claro que, en la oración sumo sacerdotal de Jesús, él entendía que Judas nunca fue cristiano. De manera que la traición de Judas no fue el caso de un cristiano que se volviera contra Cristo.

Cuando le anunció a Pedro que también lo traicionaría, le dijo: "Simón, Simón, Satanás ha pedido zarandear a cada uno de ustedes como si fueran trigo; pero yo he rogado en oración por ti, Simón, para que tu fe no falle, de modo que cuando te arrepientas y vuelvas a mí fortalezcas a tus hermanos." Y entonces Pedro dijo: "Oh no, Señor, yo no. Nunca te traicionaré." Y luego, por supuesto, lo hizo. Pero observe que cuando Jesús lo anticipó, dijo: "Cuando vuelvas a mí." No "Si vuelves a mí," sino "Cuando vuelvas a mí, fortalece a tus hermanos." Puesto que Jesús había orado como lo hizo en su oración sumo sacerdotal, nadie podría arrebatar a los suyos de su mano.

El Nuevo Testamento promete que el que comenzó la buena obra en nosotros la continuará hasta que quede completamente terminada (Flp. 1:6). Sé que hay muchos cristianos que creen que un verdadero cristiano puede perder su salvación. Yo no lo creo. Yo diría, con el apóstol Juan: "Esas personas [que] salieron de nuestras iglesias . . . en realidad nunca fueron parte de nosotros." Creo que un cristiano puede tener una caída seria y notoria, pero nunca una caída completa y definitiva; creo que puede ser restaurado tal como David cuando reconoció su pecado, o como cuando el Hijo Pródigo volvió en sí, o como Pedro, que finalmente, se arrepintió.

• ¿Nos da la gracia un pase libre a la salvación?

Podemos entender el concepto de "pase libre" de muchas formas. La gracia, por definición, es algo libre en el sentido de que no podemos ganarla, no podemos comprarla ni merecerla, y no hay mérito en nosotros por el cual Dios nos conceda su misericordia. Cada vez que Dios administra misericordia o favor inmerecido, que es la forma en que definimos la gracia, él hace algo que no tiene obligación de hacer. Estoy convencido de que, cuando recibimos la gracia de la salvación, nuestro destino eterno es seguro. Estoy convencido de que, una vez que somos vestidos con la justicia de Cristo y su mérito nos es imputado por Dios (lo cual es un acto de su gracia) y somos redimidos, recibimos prácticamente la garantía de la vida eterna. En otras palabras, no creo que un cristiano pueda perder su salvación. Digo esto porque estoy persuadido de que Dios ha prometido guardarnos hasta el fin. Si dependiera de nosotros perseverar, persistir, y ser fieles y obedientes hasta el fin para ser salvos, creo que ninguno de nosotros perseveraría lo suficiente como para merecer la salvación. Sin embargo, Dios promete terminar lo que ha comenzado.

¿Significa eso que tenemos un pase libre? Muy a menudo el concepto de pase libre se interpreta como que, puesto que Dios me ha dado su gracia y que él ha comenzado esta obra y promete terminarla, no me queda nada por hacer. Puedo hacer lo que quiera. Soy salvo y no tengo que preocuparme de nada. Desde ahora en adelante el camino está libre, voy en una montaña rusa sin frenos, y puedo hacer lo que quiera. Puedo pecar como se me antoje y disfrutar de ello por el resto de mi vida. Es una licencia para pecar.

Sin embargo, el apóstol Pablo señala que donde abunda el pecado, la gracia abunda mucho más. Es decir, mientras más peco, más actúa la gracia de Dios porque se necesita más gracia para que yo llegue al cielo.

Algunas personas dicen que si usted peca más, más gracia recibe, y lo mejor que puede hacer es seguir pecando y de esa forma obtendrá más gracia. Pablo pregunta: "¿Deberíamos seguir pecando para que Dios nos muestre más y más su gracia?" ¿Y cómo responde? "¡Por supuesto que no!" Pecar más es una respuesta totalmente opuesta a lo que Dios quiere. En realidad, mientras más gracia recibimos, más somos movidos hacia un sentido de gratitud; mientras más gratitud experimentamos, más deberíamos ser movidos a la búsqueda de la rectitud mediante la obediencia a la ley de Dios. Como dice Pablo en otro pasaje: "Esfuércense por demostrar los resultados de su salvación obedeciendo a Dios con profunda reverencia y temor," porque Dios promete obrar en nosotros el querer y el hacer lo correcto. Sin embargo, junto con la gracia de Dios se nos plantea el desafío de pelear con todas nuestras fuerzas para resistir las tentaciones del pecado y procurar una vida de justicia y obediencia. Mi salvación no depende de mi obediencia, pero mi obediencia debe ser una respuesta a la gracia de Dios.

• ¿Cómo puedo entender la gracia de Dios y el perdón de mis pecados?

Resulta fácil dar una definición teológica de la gracia. Decimos que gracia es favor inmerecido, o recibir de la mano de Dios algo positivo que no merecemos. Pero me parece que entender en alguna profundidad la graciosidad de la gracia es para el cristiano una empresa de toda la vida. Cuando estudiaba el doctorado en teología, en Europa, nuestro profesor en la Universidad Libre de Amsterdam, G. C. Berkouwer, afirmó una vez en la clase de teología sistemática: "Caballeros, la esencia de la teología es la gracia." Creo que tenía razón. Cuando llegamos a la esencia de nuestro estudio teológico, estamos estudiando la gracia de Dios, porque en primer lugar, es por la gracia de Dios que somos cristianos. Es por la gracia de Dios que respiramos a cada momento, y es por la gracia de Dios que recibimos cada beneficio de su mano.

No creo que entendamos esto instantáneamente cuando llegamos a ser cristianos. La Biblia habla de una progresión. Se supone que debemos movernos de vida en vida, de fe en fe, de gracia en gracia. De principio a fin, la vida cristiana es gracia, y por eso digo que mientras más estudiamos la gracia, más vemos la gracia.

He dicho mil veces que es fácil entender la justificación sólo por fe —en la cabeza. Sin embargo, no es tan fácil incorporarla al torrente sanguíneo; no es fácil darme cuenta de que la razón de que yo pueda estar en la presencia de un Dios santo es que soy una persona perdonada; ese perdón es algo que de ninguna manera podría comprar, robar, implorar, pedir prestado o ganar. No tengo mérito ante Dios. El único mérito que disfruto es el que Cristo ganó para mí. Vivo, me muevo y tengo el ser en virtud de la justicia de Cristo, el mérito de Cristo que Dios me da gratuitamente, graciosamente.

Hablamos sobre las doctrinas de la gracia. ¿Qué otras doctrinas hay sino las doctrinas de la gracia? Todo enfoca la atención en el hecho de que Dios es justo y yo no lo soy. La única forma en que una persona injusta puede siquiera existir en un universo gobernado por un Dios justo y santo es mediante la gracia. Sin embargo, es muy difícil transmitir esto porque somos un pueblo de dura cerviz, igual que el pueblo del Antiguo Testamento. Muy en lo profundo albergamos estos sentimientos de que Dios nos debe un mejor trato del que estamos recibiendo, o que Dios nos debe los dones y las bendiciones que hemos recibido. Sentimos que de alguna manera nos hemos merecido aquello. Que es correcto y apropiado que yo tenga un mejor empleo que usted, o más talentos de los que usted tiene, o viva en una mejor casa, porque eso es simplemente la justicia de Dios prevaleciendo en el mundo. Cada vez que las cosas salen mal, me vuelvo loco por causa de ello. Entonces es cuando descubrimos que no hemos aprendido lo que es la gracia.

- ### ¿Qué importancia tiene que, cuando las personas reciben a Cristo, se les hable de él sólo como Salvador y no como Señor?

Me parece inconcebible que una pregunta así pueda siquiera plantearse en la iglesia del Nuevo Testamento, como si fuera posible establecer una separación entre la condición de Cristo como Salvador y su señorío. Quiero decir, la primera confesión de fe del Nuevo Testamento fue *Iēsous kurios*, "Jesús es Señor."

Cuando una persona recibe a Cristo como Salvador, no sólo reconoce que le hace falta y necesita tener un salvador; se acerca con una actitud de humilde fe y arrepentimiento, confiando en Cristo. ¿Cómo puede una persona confiar en Cristo como Salvador y a la vez ignorar completamente o rechazar la clara enseñanza de Jesús en cuanto a que él no sólo es Salvador, sino también Señor?

Me temo que lo que se esconde en esta dicotomía entre Jesús como Salvador y Jesús como Señor es una distorsión muy grave de la doctrina protestante de la justificación sólo por fe, una distorsión llamada antinomianismo. *Antinomianismo* significa, sencillamente, estar contra las leyes. Algunas personas han sido tan celosas en propagar la doctrina de que somos salvos por fe y no por obras, que han concluido que la clase de fe que salva es una fe desnuda. Dicen que la fe no tiene que acompañarse de obras y que la obediencia no tiene trascendencia en la vida cristiana. En otras palabras, puedo pecar cuanto quiera sin arrepentirme y aun así tener la remisión de pecados porque el cielo es un don gratuito y la justificación es por fe. ¿Qué diferencia hay entonces si continúo pecando?

Este tipo de interpretación es la razón por la cual Lutero y los padres protestantes fueron tan cuidadosos en señalar que la justificación sólo por fe no se trata de una profesión barata sino de una fe auténtica, la clase de fe que despliega su naturaleza genuina mediante los frutos de obediencia. Las obras de obediencia no nos hacen merecer la salvación, pero si no hay fruto de obediencia al señorío de Cristo, es la indicación más evidente de que se trata de una fe muerta, la fe de la cual Santiago dice que no sirve de nada. Así que, si la gente dice: "No tienes que creer en el señorío de Cristo para ser salvo," lo que me comunican es una falsa doctrina de la justificación. Implica que podemos creer ciertas cosas pero luego vivir de cualquier manera.

A veces, los nuevos convertidos no perciben el significado del señorío de Cristo, sobre todo porque no se lo explican de una manera clara. Particularmente, cuando no están familiarizados con estos términos cristianos, y los cristianos que hay alrededor de ellos asumen que "aceptar a Cristo como Salvador" se entiende como algo que incluye su señorío, estos nuevos convertidos padecen una seria deficiencia en su conocimiento de las doctrinas básicas. Debemos ser cuidadosos y minuciosos al enseñar a los nuevos creyentes.

• **En Marcos 16:16, Jesús dice: "El que crea y sea bautizado será salvo." ¿Cómo se encuadra el bautismo en nuestra salvación?**

Este no sólo es un punto principal de disputa entre la iglesia católica romana y el protestantismo en general, sino que ha sido debatido intensamente incluso dentro del protestantismo.

Roma, por ejemplo, enseña que el bautismo es la causa instrumental de nuestra justificación. En otras palabras, es el instrumento por medio del cual una persona recibe gracia justificante y entra en reconciliación con Dios. Ese sacramento pasa a ser muy importante. Por eso la iglesia se apresurará a bautizar a los niños que nazcan moribundos o los bautizará incluso al morir. A la luz de ese texto, Roma no va tan lejos como para decir que sea absolutamente esencial para la salvación, porque toman en cuenta lo que llaman *votum baptisma*, el deseo de recibir el bautismo. Podría haber el caso de una persona que crea y quiera ser bautizada, pero encuentre obstáculos camino a la iglesia —por ejemplo, si es atropellada por un automóvil o muere antes de poder recibir el sacramento. Se la considera bautizada, como al ladrón en la cruz, que no tuvo oportunidad de serlo. Cuando el ladrón manifestó su fe, Jesús le prometió redención ese mismo día. El texto no dice que el bautismo sea un prerrequisito absoluto para la salvación.

Jesús simplemente dice que aquellos que crean y sean bautizados serán salvos. Todos los que tengan A y B recibirán C. Podríamos decir, también, que serán salvos todos los que tengan fe y se arrepientan.

La visión protestante generalizada, sin embargo, es que el bautismo es ordenado y necesario porque Cristo ordena que todo creyente sea bautizado. Es un asunto serio y se trata de un medio de gracia, y nosotros deberíamos ser diligentes en beneficiarnos de él.

La noción protestante generalizada es que la justificación es sólo por fe; es decir, el prerrequisito absolutamente esencial para la redención es que uno ponga su confianza en Cristo. Se da por sentado que si usted confía en Cristo, se somete a su señorío y entiende que él le ordena ser bautizado, añadirá el bautismo a esa fe. No es el bautismo lo que le otorga su salvación, y el bautismo no es necesario para la salvación.

• ¿Qué tienen que ver nuestras buenas acciones con nuestra salvación?

En un sentido, nuestras buenas acciones no tienen absolutamente nada que ver con nuestra salvación; en otro sentido, tienen una total relación con ella. Este es el debate central que sigue candente entre los cristianos desde la Reforma protestante.

Estoy persuadido de que nuestras buenas acciones jamás merecerán la salvación. Merecerla significaría ganarla. Las acciones tendrían que ser tan buenas, tan perfectas, y sin ningún matiz de pecado en ellas, que impusieran sobre Dios una obligación de concedernos la salvación. Creo que el Nuevo Testamento es extremadamente claro al enseñar que ninguno de nosotros vive una vida lo suficientemente buena como para ganar la salvación. Recibimos la salvación de Dios siendo pecadores (Ef. 2:1-6). Es por eso que necesitamos un Salvador, una expiación, y es la razón por la que necesitamos gracia.

La gente dice a menudo: "Nadie es perfecto." Todos estamos de acuerdo con eso. Pero ni siquiera una persona entre mil se da cuenta de cuán significativa es esa afirmación. De algún modo creen que Dios va a calificar sobre una curva y "mientras mi vida sea menos pecaminosa que la de otro, entonces, relativamente hablando, es lo suficientemente buena como para entrar en el reino de Dios." Olvidamos que Dios requiere una obediencia perfecta a su ley, y si fallamos en obedecerla de manera perfecta, tendremos que mirar hacia otro lado en busca de un camino a la salvación. Aquí es donde entra Cristo. Él hace que su mérito esté disponible para nosotros. Cuando yo confío en él por fe, entonces su justicia pasa a ser mi justicia a los ojos de Dios. Así que es su buena obra la que nos salva, no las nuestras.

Sin embargo, somos llamados a obedecer como respuesta de gratitud. Jesús dijo: "Si me aman, obedezcan mis mandamientos." Martín Lutero enseñó que la justificación es sólo por fe. Pero amplió el concepto al decir que la justificación es sólo por fe, pero que no es una fe que viene sola. Una persona que confía verdaderamente en Cristo y descansa en él para su redención, recibe por fe los beneficios del mérito de Cristo. Pero si esa persona tiene una fe auténtica, esa fe se manifestará en una vida de obediencia. Dicho en términos simples, llego al cielo por la justicia de Jesús, pero mi recompensa en el cielo será otorgada de acuerdo a mi obediencia o a la falta de ella.

• ¿Qué rol juegan en la salvación los logros humanos o las buenas obras?

Las buenas obras humanas juegan un rol tremendamente importante. No puede haber salvación alguna sin buenas obras, y nuestras buenas obras son cruciales para nuestra salvación. Ahora, ¿cómo puede un protestante hacer una afirmación así?

En primer lugar, las buenas obras son absolutamente cruciales y son, en realidad, *necesarias* para la salvación porque Dios requiere buenas obras para salvar. Dichas buenas obras son proporcionadas y provistas por Cristo, quien en su perfecta humanidad ganó el mérito infinito de Dios, la recompensa del cual es la base de mi salvación. Sin la justicia de Cristo, estoy en un problema muy grande. Así que mi salvación, inicialmente, está fundada sobre buenas obras, las buenas obras de Jesús.

¿Y qué hay de mis propias buenas obras? ¿Cumplen algún rol? La mayoría de los protestantes diría que no. La justificación es solamente una parte de la salvación. Salvación es la palabra mayor. Salvación es la palabra que cubre todo el proceso mediante el cual Dios nos lleva a la redención total. La justificación es ese punto del proceso en el que Dios me declara como una persona en estado de redención. El hecho es que estamos justificados, y hasta cierto grado estamos en un estado de salvación, pero aún queda más de nuestra salvación por venir. Aún no hemos ido al cielo. Aún no hemos sido perfectamente santificados. No hemos sido glorificados. Ninguna de estas cosas ocurrirá hasta que muramos y vayamos al cielo. Cuando eso ocurra, Dios nos dará una recompensa según el grado de obediencia que le hayamos rendido en nuestra vida cristiana. La recompensa que Dios nos otorga en el cielo será dada *conforme a nuestras obras* pero no porque nuestras obras sean tan perfectas y meritorias que le impongan a Dios una obligación de recompensarlas. Dios nos ha dado graciosamente la promesa de que recompensará nuestra obediencia. No tiene que hacerlo, pero por su gracia y su bondad, como dijo Agustín, él corona sus propios dones. Nuestra entrada al cielo será estrictamente por la justicia de Cristo. Nuestra recompensa en el cielo será concedida de acuerdo a las obras de obediencia que rindamos.

• ¿De qué forma usa Dios la culpa en nuestros días?

Cuando decimos que Dios usa la culpa, a mucha gente de nuestra sociedad le suena extraño porque hay una noción extendida de que la culpa es algo intrínsecamente destructivo para los seres humanos, y que imponer culpa sobre alguien está mal. Nace la idea, entonces, de que Dios jamás usaría algo semejante a la culpa para llevar a cabo su voluntad entre los seres humanos. Si lo hiciera, estaría por debajo del nivel de pureza que preferiríamos en la deidad.

En términos bíblicos, la culpa es algo real y objetivo, y creo importante distinguir entre culpa y sentimientos de culpa. Los sentimientos de culpa son emociones que experimento subjetivamente. La culpa es un estado objetivo de las cosas. Vemos esto en los tribunales de justicia. Cuando una persona es procesada por haber transgredido la ley, la pregunta que se hacen el jurado y el juez no es si el acusado se siente culpable. Más bien es: ¿Hay un estado real de las cosas al cual llamamos culpa? ¿Ha sido transgredida alguna ley? Sucede de la misma forma con Dios. La culpa es objetiva a los ojos de Dios en la medida en que se rompe su ley. Cuando quebranto su ley, soy culpable, aunque tenga o no sentimientos de culpa al respecto.

Sospecho que detrás de su pregunta hay una preocupación con respecto a cómo usa Dios los sentimientos de culpa y la verdadera culpa. Una de las obras más importantes del Espíritu Santo en la vida del creyente es lo que el Nuevo Testamento llama la convicción de pecado. Podemos ser culpables y no sentirnos culpables. David, por ejemplo, cuando se involucró con Betsabé, yendo incluso tan lejos como para tramar el asesinato de su marido, no sintió un gran remordimiento hasta que Natán, el profeta, se presentó ante él y le narró una parábola. La parábola se trataba de un hombre que se apropió de un corderito que pertenecía a un pobre. David se puso furioso y quiso saber quién era este hombre para poder castigarlo. Entonces Natán apuntó su dedo hacia David y le dijo: "¡Tú eres ese hombre!" Al comprender la gravedad de su culpa, David se quebrantó inmediatamente y escribió luego esa magnífica canción de penitencia, el Salmo 51, en la cual exclamó su convicción de pecado ante Dios.

Lo que Dios hace con nuestra culpa y nuestros sentimientos de culpa es traernos a ese estado en el que somos convencidos de pecado y de nuestra falta de rectitud. Él usa estos sentimientos para volvernos de la desobediencia a la obediencia. En ese sentido, la culpa y los sentimientos de culpa son saludables. Así como el dolor es una señal necesaria de la presencia de una enfermedad, los sentimientos de culpa pueden a menudo ser la forma divina de despertarnos a nuestra necesidad de redención.

• Si desobedecemos, ¿Dios nos maldice o meramente retiene su bendición?

¿Qué podría ser peor para usted que el hecho de que Dios retuviera total y absolutamente toda bendición que fluye de él y nadie más que él? Estaría en el peor estado de maldición posible, así que, en mi opinión, retener su bendición es lo mismo que maldecirnos.

¿Nos maldice Dios cuando le desobedecemos? En el Antiguo Testamento, Dios hace un pacto con su pueblo y le da su ley. Cuando lo hace, junto con la ley da lo que llamamos sanciones duales; es decir, una sanción positiva y una sanción negativa. Dice muy claramente: "Si obedeces mi ley, entonces te bendeciré." En efecto: "Bendito serás en la ciudad, bendito serás en el campo, bendito serás en la sala de estar, bendito serás en el comedor, bendito serás en la cocina, bendito serás cuando te levantes, bendito serás cuando vayas a casa, etc." Si leemos estos pasajes en Deuteronomio, por ejemplo, veremos que Dios promete bendición a quienes obedecen sus mandamientos.

Luego Dios dice: "Pero si quiebras mi ley, entonces maldito serás en el campo, maldito serás en la ciudad, maldito serás cuando te levantes, maldito serás cuando te acuestes, etc." Así que el Dios de la Escritura es un Dios que envía bendición y maldición. De hecho, el alcance total de la redención en la forma en que la explica el Nuevo Testamento se desarrolla usando este rasgo característico de bendición y maldición. ¿De qué se trata la cruz de Cristo? En Gálatas Pablo nos dice que, sobre la cruz, cuando Jesús es abandonado por el Padre, recibe sobre sí la maldición total de Dios sobre la desobediencia. Tenemos un Salvador que carga esa maldición por nosotros. Y el drama completo de la redención es: Cristo toma mi maldición sobre sí y me da a mí, a usted y a todos los que lo reciban, la bendición que Dios promete para aquellos que obedecen.

• Ayúdeme a comprender la doctrina de la elección.

Tratar de responder esa pregunta en este corto formato casi provocaría más daño que beneficio. Podría decir a manera de anuncio que Tyndale House publicó un libro escrito por mí, titulado *Chosen by God* (publicado en español por Unilit bajo el título *Escogidos por Dios*), dedicado al estudio de esta muy difícil doctrina bíblica de la elección.

Cuando analizamos el asunto de la elección, más conocida como predestinación, muy a menudo la palabra se asocia con teología presbiteriana o calvinismo. El apóstol Pablo nos dice en Efesios que hemos sido predestinados en Cristo para ser hechura suya, y sigue también muy de cerca ese tema en el libro de Romanos, de modo que, como cristianos, tenemos que luchar con el concepto de la soberana elección divina.

Creo que debemos entender el punto básico de la elección, es decir, que Dios considera a la raza humana en su condición caída y nos ve a todos en un estado de rebelión contra él. Si ejerciera su justicia en forma total y completa hacia el mundo entero, todos nosotros pereceríamos. Las Escrituras nos dicen que en nuestro estado natural caído, nos encontramos en un estado de esclavitud moral. Mantenemos la capacidad de hacer elecciones, pero dichas elecciones siguen los deseos de nuestros corazones, y lo que nos falta como criaturas caídas es tener incorporado en nosotros un deseo hacia Dios. Jesús dijo: "Nadie puede venir a mí a menos que el Padre me lo entregue." Pienso que la elección se trata de que Dios, soberana y gratuitamente, produce un deseo por Cristo en aquellos que aparta del mundo. La dificultad y el gran misterio es que, aparentemente, no lo hace por todos. Se reserva el derecho, como le dijo a Moisés, y como lo reitera Pablo en el Nuevo Testamento, de tener misericordia de quien quiera tenerla —tal como eligió a Abraham y no a Hammurabi, o tal como Cristo apareció ante Pablo en el camino a Damasco de una forma en que no se apareció ante Poncio Pilato. Es decir, Dios no trata a todos por igual. Nunca trata a alguien injustamente. Algunos reciben justicia y otros reciben misericordia, y Dios se reserva eternamente el derecho de dar su clemencia ejecutiva a aquellos que elige. Hay un gran debate al respecto, como usted sabe, pero creo que la elección hecha por Dios no está basada en mi justicia o la de usted, sino en su gracia.

- **Mi comprensión de la doctrina de la predestinación es que el hombre natural sólo aceptará a Cristo si Dios planta dicho deseo en su corazón. Si Dios nunca planta ese deseo, ¿es justo que esa persona se pierda eternamente?**

Yo diría que para acercarse a Cristo, el hombre natural necesita algo más que el deseo sembrado por Dios en su corazón. Creo que Dios debe hacer que ese deseo fructifique antes de que una persona elija a Cristo. No se trata de que Dios simplemente plante la semilla. Él la fertiliza y obtiene su fruto. Jesús afirmó: "Nadie puede venir a mí a menos que el Padre me lo entregue." ¿Qué quiso decir?

Los seres humanos tenemos una voluntad, y tenemos la capacidad de elegir lo que deseamos. Creo que Jesús quiso decir que, libradas a su voluntad, las personas no tienen el deseo de venir a Cristo. No tienen el deseo de arrepentirse, y no tienen el deseo de abrazar las cosas de Dios. Eso es lo que la Biblia quiere decir cuando señala que estamos esclavizados a nuestro propio pecado y que por naturaleza estamos muertos en delitos y pecados. A menos que Dios nos haga vivir para sí, nunca tendremos un deseo por Cristo.

Digamos que Dios observa a una raza humana que no siente deseo alguno por él, y sabe que, a menos que él intervenga y transforme la muerte espiritual en vida, nunca prestarán atención a su llamado ni responderán a su invitación, porque simplemente no quieren. Es su propia libertad lo que los mantiene lejos de Cristo. Tienen la libertad de elegir lo que deseen y rechazar lo que no deseen, y están constantemente rehusándose a venir a Cristo. Así que Dios decide que, para algunas de estas personas, proveerá una obra especial de gracia. Él cambiará la disposición de sus corazones. Creo que eso es exactamente lo que sucede. Creo que Dios vence mi hostilidad y mi falta de deseo por él y hace algo más que plantar ese deseo. Me da un deseo por Cristo, de modo que lo que originalmente me pareció odioso y repugnante, ahora es luz y dulzura, y me muero de ganas de abrazar a Cristo. Creo que eso es lo que sucede. Ese es el testimonio de cada corazón cristiano.

Hablamos de ser justo. Creo que Dios no está en deuda con nadie que no sienta deseo de Cristo, ni está obligado a plantarles el deseo de lo que necesitan. Dios no se lo debe a nadie. El problema es que, si Dios lo hace para algunos, ¿por qué no lo hace para todos? Sólo puedo decir que no tengo idea de por qué no lo hace por todos. Pero sé esto, y le pido que lo piense cuidadosamente: el hecho de que lo haga por algunos, de ninguna forma exige que lo haga por todos, porque la gracia nunca puede exigirse. Dios le dijo a Moisés, y Pablo nos lo recuerda, que Dios se reserva esta prerrogativa: "Tendré misericordia de quien yo quiera." No depende de nosotros dirigir la misericordia de Dios.

• En Juan 6:70, Jesús dice que él eligió a los Doce. ¿Significa esto que Judas era uno de los elegidos?

La elección implica que Dios elige personas, pero eso no significa que todo lo que Dios elige está relacionado con la elección. Cuando Jesús dice de los Doce: "Yo los elegí a cada uno de ustedes. No me eligieron ustedes a mí," en esa afirmación podríamos leer que Jesús dice: "Ustedes doce han sido elegidos desde la eternidad para recibir la gracia de la salvación." Si es eso lo que Jesús quiso decir al señalar: "Yo elegí a ustedes doce," entonces significaría que los doce discípulos, incluyendo a Judas, serían contados entre los elegidos y presumiblemente salvados.

Sin embargo, la Escritura parece ver con pesimismo la condición futura de Judas, quien, hasta donde podemos ver en el Nuevo Testamento, muere sin ser restaurado a la comunión con Cristo. Creo que lo que Jesús está diciendo allí es que él ha elegido a aquellos doce para ser sus discípulos. Sigue diciendo que él siempre supo que uno de ellos era el hijo de perdición. Jesús revela que él conocía muy bien el estado del alma de Judas cuando lo eligió para participar en su escuela rabínica de discípulos. Recordemos que un discípulo es simplemente un aprendiz. En la antigua comunidad judía, un discípulo era una persona que se afiliaba a la escuela de un rabí en particular y se convertía en su estudiante. Jesús fue un rabí peripatético, un rabí cuya escuela no estaba en un edificio, sino al aire libre. Él caminaba, y sus discípulos literalmente lo seguían. Tomaban notas y memorizaban lo que él enseñaba.

Jesús seleccionó a Judas para matricularlo en su escuela. Obviamente, el propósito de aquello era cumplir las Escrituras. Jesús aclara que este hombre era un "hijo de perdición" desde el principio para que las Escrituras se cumplieran, pues Jesús sería entregado mediante una traición. Jesús seleccionó a uno que él sabía que lo traicionaría y del cual sabía que su alma no estaba redimida. No creo que haya conflicto alguno o contradicción entre el hecho de que Jesús dijera que él había elegido a Judas y el hecho de que el resto de los discípulos habían sido elegidos al parecer no sólo como discípulos sino también para ser apóstoles. Fueron elegidos desde la eternidad para ser pilares del reino de Dios y, por lo tanto, elegidos para la salvación eterna.

• ¿Cómo cumplió Dios la promesa que hizo a Abraham de que su descendencia sería salva?

La forma en que Dios cumplió su promesa de salvar la descendencia de Abraham, fue salvándola. Eso es exactamente lo que Dios prometió, y es exactamente lo que Dios hizo en el comienzo de la historia y lo sigue haciendo actualmente. Pablo explica con mucho esfuerzo, en su Carta a los Romanos, que no todos los que son de Israel pertenecen al verdadero Israel (Rm. 9:6-13).

En primera instancia, la promesa de salvar a la simiente de Abraham se cumple en la salvación que Dios concede al pueblo de Israel. Eso no significa que todo descendiente de Abraham recibe la salvación, pero un punto cardinal tanto del Antiguo como del Nuevo Testamento es que la salvación es de los judíos, y que los judíos son los descendientes de Abraham. El mismo Cristo es un descendiente de Abraham. Los no judíos no están conectados a Abraham por sangre; sin embargo, son adoptados en la familia de Israel, y llegan a ser, en términos bíblicos, herederos espirituales de Abraham y son contados como hijos de Abraham mediante el principio de la adopción.

Buena parte de la dificultad para entender cómo Dios mantuvo su promesa a Abraham está en cómo debía entenderse la promesa en principio. Uno de los grandes errores de Israel como nación en el Antiguo Testamento fue asumir que el descender biológicamente de Abraham, en y por sí mismo garantizaba la salvación. Creo que eso es leer en las promesas de Dios algo que no está ahí. Este fue un gran tema de disputa entre Jesús y los fariseos. Jesús les dijo: "Ustedes son verdaderamente mis discípulos si se mantienen fieles a mis enseñanzas; y conocerán la verdad, y la verdad los hará libres." Los fariseos se disgustaron mucho con estas palabras. Preguntaron: "¿Qué quieres decir con eso de que seremos libres? Ya somos libres. No somos esclavos de nadie. Somos hijos de Abraham."

Jesús dijo: "No, ustedes son hijos de aquél a quien obedecen." Este concepto en torno a la calidad de hijos es coherente con la teología del Antiguo Testamento; no se define meramente, ni siquiera principalmente, en términos biológicos, sino en términos de obediencia. Así que, aquellos que desobedecían, eran desheredados y reemplazados por aquellos a los cuales Dios llamó de entre el mundo no judío, los que fueron adoptados en la familia de Dios como herederos de Abraham.

• ¿Qué es la doctrina de la seguridad eterna?

Cuando hablamos de la doctrina de la seguridad eterna, estamos usando una descripción popular de una doctrina clásica que llamamos la perseverancia de los santos. Lo que significa es que, cuando una persona ha sido vivificada por el Espíritu Santo, nacida del Espíritu, justificada a través de la fe en Cristo y por lo tanto trasladada a un estado de salvación, esa persona jamás perderá su salvación. Este es un tema muy polémico en el contexto del cristianismo histórico.

Hay muchos cristianos que no creen que, una vez que la persona está en un estado de gracia, permanecerá en ese estado. La iglesia católica romana, por ejemplo, históricamente ha enseñado la distinción entre pecados veniales y mortales. El pecado mortal se define con ese término porque tiene la capacidad de matar o destruir la gracia justificante que hay en el alma, y un pecado así hace necesario que la persona sea restaurada a la justificación a través del sacramento de la penitencia. Otros grupos cristianos también creen que un cristiano puede perder su salvación.

Los partidarios de la seguridad eterna dicen que nuestra salvación es segura una vez que es obrada mediante la fe, y que nada nos separará del amor de Cristo. Esto se basa en algunos pasajes de la Escritura, tales como la enseñanza de Pablo en Filipenses. Dijo: "Dios, quien comenzó la buena obra en ustedes, la continuará hasta que quede completamente terminada." Además, las Escrituras hablan de la obra del Espíritu Santo en la vida cristiana. El Espíritu no sólo nos regenera, o nos vivifica, comenzando de esa manera el proceso de la vida cristiana, sino que, como la Biblia dice, Dios le da a cada cristiano el sello del Espíritu Santo y la "prenda" del Espíritu Santo. Este término es un poco oscuro para el vocabulario cotidiano, aunque cuando compramos una casa, el agente de bienes raíces podría pedirnos un pago inicial que llamamos dinero en prenda. Esa es una frase común de la economía, y en la Escritura se usa de la misma manera. Una prenda era un pago inicial, una garantía absoluta de que el saldo sería efectivamente pagado. Cuando Dios Espíritu Santo realiza un pago inicial con respecto a algo, no elude los pagos posteriores. Dios Espíritu Santo no nos da una prenda de escasa importancia. Es absolutamente honesto para terminar lo que ha comenzado en nosotros.

Además, el concepto de ser sellado por el Espíritu está tomado del idioma antiguo y se refiere al anillo que el emperador usaba para sellar. Cuando algo era sellado y firmado con la aprobación del rey o del propietario, aquello se convertía en posesión suya. Creo que debemos hacer esta distinción: si dependiera de nosotros, creo que nadie perseveraría, y tendríamos muy poca seguridad. Sin embargo, el concepto, de la forma en que yo lo entiendo bíblicamente, es que Dios promete que nadie nos arrebatará de las manos de Cristo y que él nos preservará.

• Si la justificación es sólo por fe, ¿cómo podemos aplicar Santiago 2:24, que dice que una persona es justificada por lo que hace, y no sólo por su fe?

Esa pregunta no sólo es decisiva en la actualidad, sino que estuvo en el ojo de la tormenta que llamamos Reforma protestante, la cual atravesó y dividió la iglesia cristiana en el siglo XVI. Martín Lutero declaró su posición: la justificación es sólo por fe, nuestras obras no añaden nada a nuestra justificación, y no tenemos mérito alguno que presentar a Dios para mejorar nuestra justificación. Esto dio origen al cisma más grave en la historia de la cristiandad.

Al no aceptar la visión de Lutero, la iglesia católica romana lo excomulgó y luego respondió al estallido del movimiento protestante con un importante concilio eclesiástico, el Concilio de Trento, que fue parte de la así llamada Contrarreforma y que tuvo lugar a mediados del siglo XVI. La sexta sesión de Trento, durante la cual se escribieron los cánones y decretos sobre la justificación y la fe, apeló específicamente a Santiago 2:24 para refutar a los protestantes, que decían ser justificados sólo por fe: "Vosotros veis, pues, que el hombre es justificado por las obras, y no solamente por la fe" (rv60). ¿Santiago podría haberlo dicho más claramente? Ese texto parecería dejar fuera de combate a Lutero para siempre.

Por supuesto, Martín Lutero estaba muy consciente de que existía este versículo en el libro de Santiago. Lutero estaba leyendo Romanos, donde Pablo define que no es mediante las obras de la ley que un ser humano se justifica y que somos justificados por fe y sólo por fe. ¿Qué tenemos aquí? Algunos eruditos dicen que tenemos un conflicto irreconciliable entre Pablo y Santiago, que Santiago escribió después de Pablo, y que Santiago trató de corregir a Pablo. Otros dicen que Pablo escribió Romanos después de Santiago y que estaba tratando de corregirlo.

Estoy convencido de que en verdad aquí no tenemos conflicto alguno. Lo que Santiago está diciendo es esto: si una persona dice que tiene fe, pero no da evidencia externa de esa fe mediante obras justas, su fe no lo justificará. Martín Lutero, Juan Calvino o John Knox estarían absolutamente de acuerdo con Santiago. No somos salvos por una profesión de fe o por decir que la tenemos. La fe de alguien debe ser genuina para que el mérito de Cristo le sea imputado. No podemos simplemente decir que tenemos fe. La verdadera fe producirá absoluta y necesariamente frutos de obediencia y obras de justicia. Lutero estaba diciendo que dichas obras no aportan nada a la justificación de esa persona ante el trono del juicio de Dios. Lo que sí hacen es justificar su afirmación de fe ante los ojos de los hombres. Santiago no está diciendo que un hombre sea justificado ante Dios por sus obras, sino que su afirmación de fe demuestra ser genuina en la medida en que él da evidencia de esa afirmación a través de sus obras. [Ver también St. 2:24 en la ntv: "Como puedes ver, se nos declara justos a los ojos de Dios por lo que hacemos y no sólo por la fe."]

• ¿No es una estrechez mental de parte de los cristianos decir que Cristo es el único camino?

Ciertamente, puede ser una expresión de estrechez mental que un cristiano diga que Cristo es el único camino. Nunca olvidaré la primera vez que me lo preguntaron. Estaba en la universidad, y la profesora me miró directo a los ojos y me dijo: "Señor Sproul, ¿usted cree que Jesús es el único camino para llegar a Dios?" Quería saltar por la ventana o encontrar un hoyo para esconderme, porque la pregunta me enfrentó a un dilema. Fue una situación terriblemente incómoda porque yo sabía lo que decía el Nuevo Testamento. Sabía que Jesús había dicho: "Yo soy el camino, la verdad y la vida; nadie puede ir al Padre si no es por medio de mí." Y otros pasajes en el Nuevo Testamento dicen: "Dios no ha dado ningún otro nombre bajo el cielo, mediante el cual podamos ser salvos."

Yo estaba consciente de aquellos pasajes de exclusividad que encontramos en el Nuevo Testamento y su enfoque en la singularidad de Jesús. Esta profesora me presionó al respecto y preguntó si yo creía que Jesús era el único camino. Si decía que sí, obviamente todos en la clase me verían como alguien increíblemente arrogante. Yo no quería cargar con esa etiqueta durante mi carrera universitaria. Pero si decía que no, sería culpable de negar esa exclusividad que Cristo reclama para sí mismo. Así que, en cierto modo, quise protegerme un poco apenas susrrando mi respuesta: "Sí, creo que Jesús es el único camino." Bueno, la ira de esa profesora cayó sobre mi cabeza, y comenzó a mortificarme diciendo: "Esa es la afirmación más intolerante, estrecha de mente y arrogante que he oído jamás."

Cuando la clase terminó, fui hasta la profesora y hablé en privado con ella. "Yo sé que usted no se entusiasma con el cristianismo, pero ¿acepta la posibilidad de que gente que no es arrogante y que no es estrecha de mente pudiera, por una u otra razón, estar persuadida de que Jesucristo es al menos un camino a Dios?" La profesora dijo: "Oh sí, puedo entender que personas inteligentes crean eso." Era la estrechez mental lo que la molestaba. Dije: "¿No se da cuenta que llegué a la conclusión de que Jesús era *un* camino a Dios, y luego descubrí que Jesús decía que él es *el* camino?"

Si creyera que Jesús es el único camino a Dios simplemente porque fuera mi forma de verlo, entonces la conclusión tácita sería que cualquier cosa que crea R. C. ha de ser cierta. Esto excluiría a cualquiera que no concordara con lo que cree R. C. Sproul, y esto, por supuesto, sería increíblemente arrogante. ¿Por qué tendría que haber un camino de redención? A veces actuamos como si Dios no hubiera hecho lo suficiente.

6

EL PECADO
Y EL PECADOR

El SEÑOR mira desde los cielos
a toda la raza humana;
observa para ver si hay alguien realmente sabio,
si alguien busca a Dios.
Pero no, todos se desviaron; todos se corrompieron.
No hay ni uno que haga lo bueno,
¡ni uno solo!

SALMO 14:2-3

Preguntas en esta sección:

- *¿Qué significa el término pecado original?*

- *¿Cómo puede ser justo que la humanidad entera nazca en pecado debido a la caída de Adán?*

- *¿Hay grados de pecado?*

- *El pecado original ¿ha cambiado la esencia de nuestra humanidad en relación a cómo fuimos creados originalmente?*

- *Sé que Dios me ha perdonado por mis pecados, pero ¿cómo puedo empezar a perdonarme a mí mismo?*

- *¿Cómo deberíamos tratar con aquellos focos rebeldes de pecado que hay en nuestra vida y que parecen no desaparecer ni siquiera después de mucha oración, a pesar de tener un deseo sincero y honesto de cambiar?*

- *Las Escrituras nos dicen que "cual es su pensamiento en su corazón, tal es él" (Pr. 23:7, RV60). Generalmente mis pensamientos parecen estar llenos de pecado, y a pesar de eso soy cristiano. ¿Cómo resuelvo esto?*

- *Cuando la Biblia dice que seremos responsables de todos nuestrs actos, ¿eso incluye los pecados por los cuales ya hemos sido perdonados?*

- *¿Es la "vieja naturaleza" nuestra familiaridad con el pecado como fruto de las experiencias pasadas y nuestro conocimiento de él?*

- *Santiago 5 dice: "El que haga volver al pecador del error de su camino, salvará de muerte un alma" (RV60). ¿Puede explicar lo que quiere decir Santiago en este pasaje?*

- En el Sermón del Monte, Jesús nos advierte: "No juzguen a los demás, y no serán juzgados." ¿Qué quiso decir?

- En el primer capítulo de Romanos dice que Dios "abandonó [a los pecadores] para que hicieran todas las cosas vergonzosas que deseaban en su corazón." ¿Qué significa que Dios abandone a alguien al pecado? Este abandonar ¿es activo o pasivo?

- ¿Por qué la tierra carga con la maldición de la caída de la humanidad? ¿Qué hizo de malo?

• ¿Qué significa el término pecado original?

El pecado original tiene que ver con la condición caída de la naturaleza humana. Jonathan Edwards escribió un enorme tratado sobre el pecado original. No sólo se dedicó a desarrollar una extensa exposición de lo que la Biblia enseña sobre el carácter caído del hombre y su propensión a la maldad, sino que hizo un estudio desde una perspectiva secular y racional que abordó la filosofía difundida en sus días: en el mundo todos nacen inocentes, en un estado de neutralidad moral en el cual no tienen inclinación hacia lo bueno ni hacia lo malo. Por decirlo de alguna manera, es la sociedad la que corrompe a estos nativos inocentes. A medida que somos expuestos a conductas pecaminosas a nuestro alrededor, nuestra inocencia normal y natural es socavada por la influencia de la sociedad. Eso, sin embargo, plantea la siguiente pregunta: "Para empezar, ¿cómo se corrompió la sociedad?" La sociedad está formada por personas. ¿Por qué tanta gente ha pecado? En nuestra cultura, es casi un axioma decir que nadie es perfecto. Y Edwards hizo preguntas como ¿por qué no? Si todo el mundo naciera en un estado de neutralidad moral, esperaríamos estadísticamente que aproximadamente el 50 por ciento crecería sin pecar jamás. Pero no es eso lo que encontramos. En todas partes encontramos seres humanos actuando en contra de los preceptos y estándares morales del Nuevo Testamento. Sean cuales fueran los estándares morales de la cultura en que viven, nadie los guarda a la perfección. Aun el código que se establece entre los ladrones es violado por los ladrones. Sin importar cuán bajo sea el nivel de moralidad en una sociedad, la gente lo rompe.

Así que hay algo indudable sobre la condición caída de nuestro carácter humano. Toda la gente peca.

La doctrina del pecado original enseña que las personas pecamos porque somos pecadores. No se trata de que seamos pecadores porque pecamos, sino que pecamos porque somos pecadores; es decir, desde la caída del hombre, hemos heredado una condición corrupta de pecaminosidad. Ahora tenemos una naturaleza de pecado. El Nuevo Testamento dice que estamos bajo pecado; tenemos una disposición hacia la maldad, así que todos cometemos pecado porque nuestra naturaleza es cometer pecado. Pero esa no es la naturaleza que originalmente nos fue dada por Dios. Originalmente fuimos inocentes, pero ahora la raza ha caído en picada hacia un estado de corrupción.

• ¿Cómo puede ser justo que la humanidad entera nazca en pecado debido a la caída de Adán?

Creo que el Nuevo Testamento enseña que el mundo entero nace bajo las consecuencias de una naturaleza caída debido al pecado de Adán y Eva. El Nuevo Testamento repite esta idea frecuentemente: "Cuando Adán pecó, el pecado entró en el mundo . . . [e] introdujo la muerte." Esto ha ocasionado muchas protestas teológicas. ¿Qué clase de Dios castigaría a todas las personas con las consecuencias del pecado de un solo individuo? De hecho, parece ser contrario a la enseñanza del profeta Ezequiel. Él reprendió al pueblo de Israel cuando dijeron que los padres habían comido las uvas agrias y los hijos tenían la dentera. El profeta dijo que Dios trata a cada persona conforme a su propio pecado. No me castiga por lo que hizo mi padre, ni castiga a mi hijo por lo que hice yo, aunque las consecuencias puedan extenderse sobre tres o cuatro generaciones. El mensaje en Ezequiel parece ser que la culpa no se transfiere de una persona a otra.

Esto hace que la pregunta sea aun más desconcertante. A manera de protesta, queremos decir: "No a la condenación sin representación judicial." No queremos ser considerados responsables por algo que hizo otro, aunque en nuestro propio sistema de justicia hay ocasiones en que reconocemos un cierto nivel de culpabilidad por lo que otra persona hace mediante una conspiración criminal.

Por ejemplo, yo puedo contratarlo a usted para matar a alguien. Pese a estar lejos de la escena del crimen y a no apretar el gatillo, puedo ser enjuiciado por asesinato en primer grado. Lo que usted hizo fue cumplir mi deseo. Aun cuando yo no apreté el gatillo, soy culpable del intento y la intención maliciosa que usted ejecutó.

Usted puede decir que es una analogía pobre de la Caída porque nadie contrató a Adán para pecar contra Dios en mi nombre. Obviamente no lo hicimos. Él fue designado para ser el representante de toda la raza humana. Nuevamente, pensamos que eso es difícil de aceptar porque no nos gusta ser considerados responsables por lo que hace nuestro representante si no hemos tenido la oportunidad de elegirlo. No elegimos a Adán para representarnos. Esa es una de las razones por las cuales nos gusta tener el derecho de elegir a nuestros representantes en el gobierno: las acciones que ellos llevan a cabo en el ámbito político tienen consecuencias tremendas sobre nuestra vida. No podemos estar todos en el Congreso promulgando las leyes. Nos gusta elegir a nuestros representantes con la esperanza de que representarán con acierto nuestros deseos y aspiraciones.

No hay momento de la historia humana en que fuéramos representados más perfectamente que en el Jardín del Edén, porque nuestro representante fue elegido infaliblemente por un Dios perfectamente santo, perfectamente justo y omnisciente. Así que no puedo decir que yo habría actuado en forma diferente a Adán.

Un último punto: si objetamos que Dios permite a una persona actuar en lugar de otra, eso sería el fin de la fe cristiana. Nuestra redención completa descansa sobre el mismo principio, que somos redimidos a través de las acciones de Cristo.

• ¿Hay grados de pecado?

Me sobresalto un poco al oír esa pregunta porque mi memoria guarda recuerdos no muy gratos de las veces en que la he respondido en el pasado y algunas personas se disgustaron con lo que dije. Lo que me confunde es que parece haber muchos cristianos que sostienen que no hay grados de pecado, que todo pecado es pecado y que no hay diferencia entre pecados más graves y menos graves.

La iglesia católica romana históricamente ha hecho una distinción entre pecado venial y pecado mortal, expresando que algunos pecados son más atroces que otros. El pecado mortal se llama así porque es lo suficientemente grave como para destruir la gracia salvadora en el alma. Mata la gracia, y por eso se llama pecado mortal.

Los reformadores protestantes del siglo XVI rechazaron el concepto de la distinción entre pecado venial y mortal. Calvino, por ejemplo, dijo que todo pecado es mortal en el sentido de que merece la muerte; pero ningún pecado es mortal, excepto la blasfemia contra el Espíritu Santo, puesto que destruiría la salvación que Cristo llevó a cabo para nosotros. En la reacción protestante contra la distinción católica romana entre pecado venial y mortal, los Reformadores protestantes no negaron los grados de pecado. Siguieron manteniendo un concepto de grados más y menos graves de pecado. Lo que estoy diciendo es que, en el cristianismo ortodoxo, tanto la denominación católica romana como la protestante han adoptado la postura de que hay algunos pecados peores que otros. Hacen esta distinción porque se la enseña muy claramente en las Escrituras. Si observamos la ley del Antiguo Testamento, vemos que ciertas ofensas han de ser tratadas en este mundo mediante la pena capital, y otras mediante castigo corporal. Hay distinciones, por ejemplo, entre asesinato con premeditación y lo que llamaríamos homicidio involuntario. Hay por lo menos veinticinco ocasiones en que el Nuevo Testamento hace una distinción entre formas menores y mayores de maldad. Jesús, por ejemplo, en su propio juicio dice: "El que me entregó en tus manos es el que tiene el mayor pecado."

Hay evidencia abundante en las Escrituras para postular un enfoque de gradaciones en cuanto al pecado. Y no sólo eso, sino que aun los principios de la justicia lo indicarían. Sin embargo, creo que la gente tropieza en este punto por dos razones. Una es la afirmación de Santiago, que dice: "El que obedece todas las leyes de Dios menos una es tan culpable como el que las desobedece todas." Eso suena como si Santiago estuviera diciendo que si usted dice una mentirilla blanca, es tan malo como matar a alguien a sangre fría. Sin embargo, lo que en realidad está diciendo Santiago es que todo pecado es grave en la medida en que todo pecado es una ofensa contra el legislador, y eso es así aun en el más ligero pecado que yo cometa contra la ley de Dios. He violado el contexto total de esa ley en múltiples formas. Así que todo pecado es grave, pero no se concluye lógicamente que todo pecado es igualmente grave.

La gente también se refiere a la afirmación hecha por Jesús de que si usted codicia a una mujer, ha violado la ley contra el adulterio. Jesús no dice que codiciar sea tan malo como cometer el hecho concreto. Él simplemente dice que si usted tan solo se refrena de cometer el pecado no está totalmente limpio; usted ha violado elementos menores de la ley.

- ### El pecado original ¿ha cambiado la esencia de nuestra humanidad en relación a cómo fuimos creados originalmente?

No. Si hubiera cambiado la esencia de nuestra humanidad creada, entonces sería impropio seguir llamándonos humanos. Hay vastas diferencias de opinión entre las denominaciones, grupos religiosos y teólogos en cuanto a la extensión del daño que el pecado original produjo a la raza humana. Los debates giran en torno al alcance del mismo. Pese a sus diferencias con respecto al grado que alcanza la condición caída del hombre, la mayoría de las denominaciones hace alguna clase de distinción entre lo que llamaríamos el sentido más amplio de la imagen de Dios conforme a la cual fuimos originalmente creados, y la imagen de Dios en el sentido más limitado.

En el sentido más amplio, la condición humana en la que fuimos creados se refleja en ciertos rasgos que nos hacen humanos: nuestra capacidad para pensar, el hecho de que tenemos alma, etc. Aun después de la Caída seguimos pensando, todavía decidimos, todavía tenemos pasiones, todavía caminamos, todavía miramos y actuamos como personas, todavía somos seres humanos. Nuestra humanidad permanece esencialmente intacta.

Sin embargo, en el sentido más limitado, la Caída alteró la imagen de Dios que debíamos reflejar y para lo cual fuimos creados. Originalmente teníamos la capacidad singular de reflejar el carácter y la santidad del Creador. Esa capacidad de actuar como un espejo, mencionada en la Bilbia, fue radicalmente nublada por el pecado, de modo que actualmente el retrato de Dios que damos al mundo es una distorsión. No reflejamos la integridad de Dios. Sufrimos una importante pérdida de fuerza moral y justicia, a tal punto que en el Nuevo Testamento se nos dice que por naturaleza somos hijos de ira, estamos muertos en delitos y pecados, y estamos por naturaleza enemistados y alejados de Dios nuestro Creador. Eso es trascendente. Sin embargo, no significa que nuestra humanidad haya sido destruida. Nuestra humanidad está intacta, pero es una humanidad debilitada, una humanidad caída.

Creo que la Caída ha penetrado en el corazón mismo, en la médula de nuestras vidas espirituales y morales. Afecta todo nuestro ser. Afecta nuestras mentes y nuestros cuerpos. Nuestros cuerpos no envejecerían ni morirían si no fuera por el pecado; la muerte vino como resultado del pecado. Toca nuestra humanidad. Causa sufrimiento, dolor, maldad, y todo lo demás. La vida humana ha sido radicalmente afectada por el pecado, pero en su esencia, la humanidad permanece.

• *Sé que Dios me ha perdonado por mis pecados, pero ¿cómo puedo empezar a perdonarme a mí mismo?*

En sus epístolas, el apóstol Pablo con frecuencia se extiende al describir lo que llamamos libertad cristiana. En estos asuntos Dios nos da libertad; él no establece leyes prohibiendo u ordenando cosas. El apóstol nos advierte contra el juicio hacia nuestros hermanos, dando un ejemplo de la comunidad corintia en la cuestión sobre comer carne ofrecida a los ídolos. Pablo dice que esto no tiene nada que ver con el reino de Dios. Dice: "Aquellos de ustedes que tengan escrúpulos al respecto, no juzguen a los que no los tienen" y viceversa. Este es un caso en el que simplemente tenemos que respetarnos mutuamente.

En dichas amonestaciones, Pablo toma como base la siguiente declaración: "No debemos juzgar a las personas por las cuales Cristo murió." Nos recuerda que "tu hermano o tu hermana pertenecen a Cristo. Dios los ha perdonado. ¿Quién eres tú para negarte a concederle el perdón a alguien que Dios ha perdonado?"

Mirémoslo de esta forma. Si alguien peca contra mí y esa persona se arrepiente, Dios la perdona. Si rehúso perdonarla, ¿se imagina cuán horrible es eso a los ojos de Dios? Dios no está obligado a perdonar a esa persona. Esa persona ha pecado contra Dios, y Dios nunca ha pecado contra nadie. Heme aquí, una persona pecadora, rehusando perdonar a otros pecadores, mientras Dios, que no tiene pecado, está dispuesto a perdonar. ¿Se ha detenido a pensar en la arrogancia que hay en mí cuando rehúso perdonar a alguien a quien Dios ha perdonado?

Ahora, ¿cómo puede usted perdonarse a sí mismo después de que Dios lo ha perdonado? Algunas personas me han dicho: "R. C., he cometido tal y tal pecado, y le he pedido a Dios que me perdone. He acudido diez veces a él pidiéndole que me perdone, pero aún no me siento perdonado. ¿Qué puedo hacer?" No tengo una respuesta teológica brillante para eso. Sólo puedo decirles que una vez más le pidan a Dios que los perdone. Cuando dicen que lo han hecho, entonces les digo que le pidan a Dios que los perdone por su arrogancia. "¿¡Arrogancia!?," preguntan, "¿Qué quiere decir con arrogancia? Soy el hombre más humilde de América. He confesado este pecado diez veces." ¿No dice Dios que si usted confiesa su pecado una vez, él lo perdonará? ¿Quién es usted para rechazar el perdón de Dios, y para condenar a aquel que Dios ha perdonado? Eso es arrogancia. Usted puede no sentirse arrogante, no tener la intención de ser arrogante, y tal vez está revolcándose en humildad mientras se confiesa, pero le digo que si Dios lo ha perdonado, es su deber perdonarse a sí mismo. No es una opción. Usted debe perdonar a aquellos a quienes Dios perdona, incluyéndose a usted mismo.

- **¿Cómo deberíamos tratar con aquellos focos rebeldes de pecado que hay en nuestra vida y que parecen no desaparecer ni siquiera después de mucha oración, a pesar de tener un deseo sincero y honesto de cambiar?**

Uno de los grandes clásicos cristianos es un libro devocional breve escrito por santo Tomás de Kempis llamado *Imitación de Cristo*. En ese libro, él habla sobre la lucha que muchos cristianos tienen con los hábitos pecaminosos. Dice que la lucha por la santificación es a menudo tan difícil, y las victorias que alcanzamos parecen ser tan escasas y esporádicas, que aun entre los más grandes santos hubo pocos que fueron capaces de superar los patrones habituales. Estamos hablando de gente que comía en exceso y tenía ese tipo de tentaciones, no de aquellos que están esclavizados a pecados groseros y atroces. Las palabras de Tomás de Kempis no son la sagrada Escritura, pero nos transmiten la sabiduría de un gran santo.

El autor de Hebreos dice que somos llamados a resistir el pecado que tan fácilmente nos asedia, y se nos amonesta y exhorta simplemente a esforzarnos más para vencer estos pecados. Usted pregunta ¿cómo escapamos de estos focos de pecado contra los cuales luchamos tanto, y que sincera y honestamente deseamos no cometer? Si el deseo de no hacerlo es realmente honesto y penetra el corazón, tenemos 90 por ciento del camino recorrido. En realidad, no deberíamos estar atrapados por nada. La razón por la cual continuamos con estos focos rebeldes es porque tenemos un deseo sincero de continuar en ellos, no un sincero deseo de abandonarlos. Me pregunto cuán honestamente nos comprometemos a renunciar a ellos. Hay en nosotros una tendencia al auto engaño cada vez que sucumbimos ante un pecado preferido. Debemos enfrentar el hecho de que cometemos el pecado porque queremos cometerlo, más de lo que queremos obedecer a Cristo en ese momento. Eso no significa que no tengamos deseos de escapar de él, pero el nivel de nuestro deseo oscila. Es fácil ponerse a dieta luego de un banquete, pero es difícil permanecer en la dieta no habiendo comido en todo el día. Eso es lo que sucede con los pecados habituales que involucran apetitos físicos o sensuales. Los altibajos del deseo aumentan y disminuyen. Se incrementan y se desvanecen. Nuestra resolución de arrepentirnos es grande cuando nuestros apetitos han sido satisfechos, pero cuando no lo han sido, experimentamos una atracción cada vez mayor a practicar esos pecados particulares.

Creo que lo que tenemos que hacer es, en primer lugar, ser honestos sobre el hecho de que en verdad tenemos un conflicto de intereses entre lo que queremos hacer y lo que Dios quiere que hagamos. Creo que tenemos que alimentar nuestras almas con la Palabra de Dios para que podamos tener claro en nuestra mente lo que Dios quiere que hagamos, y así construir un fuerte deseo de obedecer.

- **Las Escrituras nos dicen que "cual es su pensamiento en su corazón, tal es él" (Pr. 23:7, RV60). Generalmente mis pensamientos parecen estar llenos de pecado, y a pesar de eso soy cristiano. ¿Cómo resuelvo esto?**

El versículo que usted ha citado es crucial. Suena extraño porque cuando hablamos de pensar, habitualmente identificamos los pensamientos y el proceso de pensamiento con la cabeza, con el cerebro. ¿Por qué la Biblia dice: "cual es su pensamiento en su corazón"? No pensamos en nuestros corazones; pensamos en nuestras cabezas. Creo que las Escrituras usan el término *corazón* para describir lo que llamaríamos el centro. Indica el foco de nuestro pensamiento; de manera que el centro, el núcleo, el corazón de nuestros pensamientos es lo que produce lo que somos. En otras palabras, aquello en lo cual mi mente se concentra determina lo que llego a ser como persona.

Este es un concepto crítico porque la gente siempre me dice que no quiere estudiar teología; no quieren estudiar asuntos intelectuales porque lo que realmente les preocupa son las dimensiones prácticas de la vida cristiana. Sin embargo, para toda práctica hay siempre una teoría. Cada uno de nosotros hace práctica alguna teoría significativa de vida. Vivimos conforme a lo que pensamos. Podemos no ser capaces de articular esa teoría de una manera técnica, pero todos tenemos una teoría según la cual vivimos el lado práctico de nuestra vida. Es por eso que Jesús nos dice que enderecemos nuestro pensamiento. Lo que consideremos como importante controlará las normas prácticas de nuestro vivir.

Usted mencionó la frustración que tiene con el conflicto entre lo que sabe que su mente debería estar pensando y las cosas que realmente se deslizan al interior de ella. Uno de los mejores tratados sobre la oración que he leído viene de la pluma de Juan Calvino, el teólogo francés de la Reforma, en su *Institución*. Yo acostumbraba a pedir que mis alumnos leyeran su capítulo sobre la oración antes de que leyeran cualquier otra cosa, de modo que pudieran familiarizarse con Calvino, el gigante espiritual, el hombre que tenía una pasión tan grande por el corazón de Dios. Tenía una intensa vida devocional. Calvino lamenta el hecho de que aun en medio de su oración, su mente era invadida por pensamientos pecaminosos. Esto es normal en el ser humano, y debemos aprender a superar dichos pensamientos invasivos tal como aprendemos a tratar con otros aspectos de nuestra naturaleza pecaminosa. El apóstol nos dice que deberíamos prestar la mayor atención a todo lo puro, todo lo verdadero y todo lo amable. En el terreno de la computación, tenemos una expresión que se conoce como el principio GIGO: *Garbage in, garbage out* —basura entra, basura sale. Si llenamos nuestras mentes con basura, nuestras vidas comenzarán a manifestar el hedor de esa basura. Creo que la clave es llenar nuestra mente con las cosas de Dios.

- **Cuando la Biblia dice que seremos responsables de todos nuestros actos, ¿eso incluye los pecados por los cuales ya hemos sido perdonados?**

Pienso que sí. Algunos señalarán rápidamente que la Biblia dice: "Llevó nuestros pecados tan lejos de nosotros como está el oriente del occidente," y que las ha arrojado en el mar del olvido. Cuando Dios perdona nuestros pecados, los olvida. No los vuelve a recordar contra nosotros. A partir de esos pasajes, entonces, parece que deberíamos llegar a la conclusión de que, una vez que se nos perdona un pecado, es el absoluto fin del mismo y nunca seremos responsabilizados por él.

Cuando Dios nos perdona un pecado, hay dos cosas que debemos entender. En primer lugar, cuando la Biblia habla de que Dios perdona nuestros pecados, debemos ser cuidadosos con respecto a cuán lejos llevamos eso. No significa que repentinamente el Dios eterno, verdadero Dios de Dios verdadero, omnisciente e inmutable, experimente un lapsus y se vuelva súbitamente ignorante con respecto a lo que una vez supo íntimamente. Si insistimos en eso, tendríamos una horrible perspectiva acerca de Dios. En realidad, la Biblia usa esta clase de lenguaje para decir que ya no levanta ese pecado en nuestra contra. Trata con nosotros sin tocar el tema que se refiere a la administración de un castigo. El castigo justo para cualquier pecado sería estar eternamente separados de Dios. Cuando somos perdonados, se nos retira toda culpa y castigo eterno, de modo que no tenemos que preocuparnos de ir al infierno por haber pecado.

Al mismo tiempo, el Nuevo Testamento nos dice al menos veinticinco veces que la distribución de recompensas en el cielo será hecha de acuerdo a nuestro grado relativo de obediencia o a las obras que hicimos. Jesús nos dice frecuentemente que en el último día todas las cosas serán traídas a la luz. Lo que hemos hecho en secreto será manifiesto; toda palabra frívola será traída ante el juicio. No creo que eso signifique que voy a ser castigado por aquellos pecados que he confesado y que han sido perdonados: están cubiertos por la justicia de Cristo, mi Mediador. Sin embargo, tendré que comparecer ante Dios para una evaluación total y completa de mi obediencia como cristiano.

En cuanto a si en ese momento de evaluación él mencionará el historial completo, o solamente dirá: "Este es el balance, vas a recibir muchas recompensas," no sé cómo va a suceder. No obstante, voy a ser sometido a una contabilidad final, y ciertamente cada detalle de mi vida estará en la mente de Dios. Aun cuando soy perdonado y no seré castigado, cualquier pecado que haya cometido implica que recibiré menos recompensa de la que tendría si hubiera sido obediente.

• ¿Es la "vieja naturaleza" nuestra familiaridad con el pecado como fruto de las experiencias pasadas y nuestro conocimiento de él?

Cuando la Biblia habla de la "vieja naturaleza," es fácil suponer que se refiere a los recuerdos de lo que pasaba en nuestra vida, con nuestros antiguos patrones de conducta. Creo que significa mucho más que eso. El contraste entre la vieja y la nueva naturaleza del que Pablo se ocupa con frecuencia en las Escrituras se expresa generalmente en otros términos: el viejo hombre y el nuevo hombre. El apóstol lo describe con las expresiones carne y espíritu.

Creo que cuando Pablo habla del viejo hombre, se está refiriendo a la naturaleza humana caída que es un resultado directo del pecado original; es decir, el pecado original no es el primer pecado cometido por Adán y Eva sino su consecuencia. El hecho es que somos seres caídos y que, por causa de esta naturaleza caída, nacemos en un estado de separación de Dios. Estamos muertos a las cosas del Espíritu. Pablo nos dice en Romanos que la mente carnal no puede agradar a Dios. No tenemos la inclinación ni la disposición de obedecer a Dios en un sentido espiritual. Esa es nuestra vieja naturaleza, y es así como nacemos. Somos por naturaleza hijos de ira; estamos por naturaleza en ese estado de separación. Es por causa de esa naturaleza que el Nuevo Testamento nos describe como esclavos de esta inclinación, esta tendencia o disposición a pecar.

Este fue el debate que Jesús sostuvo con los fariseos cuando les dijo que, si permanecían en las palabras de él, serían libres. Ellos se indignaron mucho, y dijeron: "Nunca hemos sido esclavos de nadie." Jesús les dijo: "Ustedes son esclavos de aquello a lo cual sirven." Les dijo que eran esclavos del pecado.

Pablo afirma que estamos bajo pecado; es decir, bajo su peso, bajo su carga, porque la única disposición e inclinación que tenemos es la de la carne. No tenemos una inclinación natural hacia las cosas del Espíritu hasta que nacemos del Espíritu. Cuando una persona es regenerada, el Espíritu de Dios viene y actúa sobre ella, de manera que llega a ser una nueva persona. El que está en Cristo es una nueva criatura; las cosas viejas pasaron; he aquí todas son hechas nuevas.

Eso no significa que la vieja naturaleza de pecado, con su disposición alejada de Dios, sea aniquilada. Para todos los efectos, ha sido entregada a la muerte. Sabemos que la batalla ha terminado. Pablo dice que la vieja naturaleza muere diariamente y que en un sentido ha sido crucificada con Cristo sobre la cruz. No hay duda en cuanto a su destrucción final. Mientras tanto, enfrentamos esta lucha diaria entre el viejo hombre y el nuevo hombre, la vieja naturaleza y la nueva naturaleza, el viejo deseo de pecar y la nueva inclinación que el Espíritu de Dios ha hecho vivir en nuestros corazones. Ahora hay una sed y una pasión por la obediencia que antes no teníamos.

- ### Santiago 5 dice: "El que haga volver al pecador del error de su camino, salvará de muerte un alma" (RV60). ¿Puede explicar lo que quiere decir Santiago en este pasaje?

Hay varias posibilidades con respecto a lo que Santiago pudo haber querido decir. Este texto no nos da una información lo suficientemente precisa como para ser dogmáticos. Pudo estar diciendo que el que lleva una persona a Cristo —el que trae a alguien al evangelio y lo guía a la salvación— ha jugado el rol de intermediario y ha salvado el alma de esa persona. No es el Salvador de esa alma, pero de alguna manera ha intervenido para rescatar a esa persona de su perdición y del castigo eterno. Quizás eso es todo lo que significa este pasaje.

Podría significar, también, que el que guía al arrepentimiento a un hermano cristiano que ha errado el camino ayuda a salvar de la muerte el alma de esta persona. Por lo general, cuando hablamos de salvar el alma de la muerte, automáticamente asumimos que el escritor está hablando sobre el cielo o el infierno porque pensamos en el alma como aquello que sobrevive a la muerte biológica. Pasamos por alto el hecho de que en la Biblia hay ocasiones en que la palabra *alma* se refiere simplemente a la persona en su totalidad. Todavía usamos la palabra de esa forma. Puedo decir: "¿Quién vino a la reunión de la otra noche?" y ustedes responder: "Ni un alma." No era una reunión de fantasmas; era de seres humanos. O podríamos decir: "Qué lástima esa pobre alma." No estamos viendo un espíritu incorpóreo, sino un ser humano. La Biblia hace lo mismo, así que no necesariamente se refiere al estado de una persona después de esta vida. La muerte a la que puede estar refiriéndose aquí es una muerte física.

Oscar Cullman, el brillante teólogo del Nuevo Testamento e historiador eclesiástico suizo, escribió sobre el pasaje de 1 Corintios que trata la institución de la Cena del Señor y la amonestación con respecto a comer y beber indignamente de la misma. Pablo dice a los corintios: "Esa es la razón por la que muchos de ustedes están enfermos y han muerto, por no honrar el cuerpo de Cristo." Cullman dice que este es el pasaje que más se ha descuidado en la Biblia, porque hay una afirmación clara de que algunas personas de la comunidad del Nuevo Testamento habían enfermado y muerto como resultado directo de una violación de la Cena del Señor, y son pocos los que están conscientes de ello.

En el Nuevo Testamento leemos el relato de Ananías y Safira, quienes sufrieron la muerte biológica (Hch. 5:1-11). Cuando la Biblia dice que Dios juzga a las personas y las hace morir, eso no significa necesariamente que son condenadas. Puede ser la pena capital infligida por él sobre los suyos, que siguen estando redimidos pero pierden una medida de gozo en esta vida terrenal. Santiago puede estar diciendo solamente que, si sacamos a un hermano de sus malos caminos, lo hemos salvado de la muerte biológica prematura que es a veces la manifestación del juicio de Dios. [Ver también este versículo en la NTV: "Quien haga volver al pecador de su mal camino salvará a esa persona de la muerte."]

- **En el Sermón del Monte, Jesús nos advierte: "No juzguen a los demás, y no serán juzgados." ¿Qué quiso decir?**

Jesús amplía este dicho breve y medular. La medida con la cual juzgamos a otras personas es la forma en que nos arriesgamos a ser juzgados por Dios. Si me falta misericordia y gracia en el trato con otras personas, difícilmente puedo esperar que Dios muestre misericordia y gracia conmigo.

Encontramos la misma idea en el Padre Nuestro: "Perdona nuestros pecados, así como hemos perdonado a los que pecan contra nosotros." En la vida cristiana debe haber un espíritu de misericordia característico porque nuestra existencia en el reino de Dios está basada sola y exclusivamente en la gracia. Si alguien debiera evitar tener un espíritu crítico, es aquel que ha experimentado la misericordia de Dios.

Cuando Jesús dice: "No juzguen a los demás, y no serán juzgados," usa una palabra que en su sentido más técnico indica el juicio de condenación. En el Nuevo Testamento encontramos una importante diferencia entre lo que llamaríamos el juicio de discernimiento o evaluación y el juicio de condenación. El pasaje donde Jesús dice: "No juzguen a los demás, y no serán juzgados" no es una prohibición absoluta contra estar consciente de lo que es malo en contraposición a lo bueno o justo. Somos llamados a conocer la diferencia entre lo bueno y lo malo, y eso significa que debemos hacer juicios todo el tiempo —juicios de la fidelidad de mi conducta, de la suya o la de un grupo a los principios de Dios.

A veces la gente se pone muy nerviosa cuando digo: "Creo que es algo que no deberíamos hacer porque sería una violación a la ética." Alguien podría saltar y decir: "¿Quién eres tú para juzgar? No juzgues para que no seas juzgado." En la práctica, lo que estamos tratando de hacer es discernir y evaluar el peso ético de una situación. Sin embargo, lo que Jesús está diciendo es que no debemos tener una actitud condenatoria hacia la gente, lo que se llama un espíritu crítico.

Una de las mejores formas que conozco para resolver esto en la práctica es entender la diferencia entre lo que llamamos un juicio con caridad y uno que carece de caridad. Es la diferencia entre lo que vemos al hacer un análisis del mejor-caso y el peor-caso. El juicio con caridad consiste en que yo le doy a usted el beneficio de la duda cuando hace algo que quizás no es obviamente lo correcto, en lugar de interpretar su conducta de la peor forma posible. Lamentablemente la mayoría de nosotros reserva el juicio con caridad para nuestras propias acciones, y somos mucho más comprensivos con nosotros mismos que con los demás. Es ese espíritu y esa actitud lo que Jesús aborda aquí.

- **En el primer capítulo de Romanos, dice que Dios "abandonó [a los pecadores] para que hicieran todas las cosas vergonzosas que deseaban en su corazón." ¿Qué significa que Dios abandone a alguien al pecado? Este abandonar ¿es activo o pasivo?**

¿Qué significa que Dios abandone a alguien a su pecado? Encontramos esto no sólo en el primer capítulo de Romanos sino también en el Antiguo Testamento. Jeremías advirtió al pueblo de Israel que su castigo sería así exactamente, que Dios no sería tolerante con ellos para siempre, sino que vendría un tiempo en que los abandonaría. Habría un punto en que los entregaría a su propio pecado.

Anteriormente, en Génesis, en el tiempo del Diluvio, se nos advierte que el Espíritu de Dios no contiende interminablemente con los hombres. Dios es paciente, pero su lentitud para airarse tiene la intención de darnos tiempo para volver en nosotros mismos, arrepentirnos, reconocerlo y ser restaurados a la comunión con él. Sin embargo, al mismo tiempo, se nos advierte que esa paciencia no se prolonga eternamente, y que, en algún punto de nuestra obstinada negativa a arrepentirnos y responder ante Dios, él dirá que ya es demasiado tarde y nos abandonará a nuestro pecado, negándose a concedernos su gracia salvadora. Es aterrador pensarlo.

La idea de entregar una persona a su pecado es una parte significativa de los capítulos finales del libro de Apocalipsis, en el cual leemos sobre la visión que Juan tuvo del *inner sanctum* del cielo y del juicio final. Se nos dice que aquellos que han respondido a Cristo reciben maravillosos beneficios, mientras aquellos que se han endurecido obstinadamente en su negativa a arrepentirse reciben el juicio a manos de Dios. Dios dice: "Deja que el malo siga haciendo el mal." Hay una suerte de justicia poética aquí. A los que quieren ser malos y no quieren dejar de pecar, Dios les dice: "No voy a restringirlos más. Voy a quitar las restricciones. Voy a quitar la correa y les daré su libertad. Les permitiré hacer exactamente lo que quieren hacer. Será para su eterna destrucción; será para su deshonra y su consternación final, pero si eso es lo que ustedes quieren, los entregaré a ello."

¿Es esta entrega activa o pasiva? Es activa en el sentido de que Dios actúa para llevarla a cabo. Dios realmente entrega esa persona a sus propios deseos. Es pasiva en el sentido de que Dios permanece pasivo en cuanto a la autodestrucción de esa persona.

• *¿Por qué la tierra carga con la maldición de la caída de la humanidad? ¿Qué hizo de malo?*

Esa es una pregunta provocativa, y es una pregunta que me gusta porque el Nuevo Testamento deja claro que la creación entera gime y sufre dolores de parto esperando la redención de los hijos de los hombres (Rm. 8:22). Este conmovedor versículo indica que en un sentido el mundo natural completo sufre como consecuencia del pecado de la humanidad.

¿Qué fue lo malo que hizo la tierra para ser maldecida junto con sus pecaminosos habitantes? La Biblia dice claramente que la tierra no hizo nada malo. Con frecuencia, los profetas de Israel hacían que el pueblo de Dios prestara atención al reino animal y a los elementos de la naturaleza que siguen el curso establecido por Dios. Cuando dejamos caer una piedra, esta obedece la ley de gravedad. La naturaleza obedece las leyes de la naturaleza, que de hecho son las leyes de Dios. No hay desobediencia. Si usted le agrega agua al polvo, obtiene lodo —tal como debería ser. Se nos dice también que consideremos a la hormiga, que es diligente, mientras que nosotros somos perezosos. Se nos dice que el buey conoce su lecho y el pesebre de su amo mientras que nosotros ni siquiera conocemos a nuestro Creador. Una y otra vez encontramos estas analogías en las Escrituras, mediante las cuales se nos llama a emular a los elementos de la naturaleza que practican la obediencia en lugar de practicar la persistente desobediencia por la cual somos conocidos.

¿Por qué el sufrimiento aflige a la inocente naturaleza? En la creación, cuando Adán y Eva fueron creados como cabeza de la raza humana, Dios les dio dominio sobre toda la tierra. El primer trabajo o tarea que se les asignó a nuestros padres originales fue dar nombre a los animales. El acto de poner nombres fue un indicador simbólico de la autoridad del hombre sobre el reino animal. La Escritura describe a la naturaleza como aquello que Dios hizo para satisfacer las necesidades de la humanidad.

En el Nuevo Testamento, Jesús habla del hecho de que cada vez que un pajarillo cae a tierra Dios lo advierte y su ojo está sobre él. Dios se preocupa por los animales en este mundo. Sin embargo, Jesús dice: "¿Cuánto cuestan dos gorriones: una moneda de cobre?," indicando que nosotros somos mucho más valiosos a la vista de Dios porque sólo el hombre ha recibido el sello de la imagen divina.

Lamentablemente, cuando pecamos, los que están por debajo de nosotros sufren las consecuencias de nuestra caída. Sufren inocentemente, y es por eso que gimen, esperando nuestra redención. Tal como participa de las consecuencias de nuestra caída, la naturaleza participará en las consecuencias de nuestra renovación.

7

FE Y FILOSOFÍA

En cambio, adoren a Cristo como el Señor de su vida.
Si alguien les pregunta acerca de la esperanza cristiana que tienen,
estén siempre preparados para dar una explicación;
pero háganlo con humildad y respeto.

I PEDRO 3:15-16

Preguntas en esta sección:

- *¿Hay alguna distinción entre cristianismo y religión?*

- *Siempre hubo tendencias filosóficas infiltrándose en nuestra cultura, pero como cristianos, ¿qué tipo de tendencias filosóficas deberíamos prepararnos para enfrentar en la sociedad actual?*

- *Actualmente curso mi segundo año en la universidad, y mientras estudiamos diferentes religiones y filosofías del mundo, veo que muchos de mis amigos aceptan estas cosas. No sólo me asusta verlos adoptar estas líneas de pensamiento sino que me pregunto, ¿son las otras filosofías y religiones del mundo una amenaza para el cristianismo?*

- *¿Qué es el existencialismo, y cómo debería responder a él?*

- *¿Podría comentar algunas herejías del movimiento de la Nueva Era sobre las cuales el cristiano debería estar informado?*

- *¿Cómo deberían responder los cristianos a la creencia en la reencarnación?*

- *¿Qué es el narcisismo, y qué impacto tiene en nuestra sociedad y el futuro de nuestros hijos?*

- *¿Cree que el humanismo secular es una verdadera amenaza para el cristianismo? ¿Cómo debemos tratar con él en lo concerniente a nuestro sistema de escuelas públicas?*

- *¿Cómo deben ver los cristianos a los masones y a otras fraternidades?*

- La ciencia ¿refuta al cristianismo?

- ¿Puede algo suceder por casualidad?

- Asumiendo que tengo una buena relación con un amigo que realmente no cree en Dios, ¿cómo puedo razonar con él sobre la existencia de Dios?

- ¿Cómo se puede convencer a un no creyente de que la Biblia es la Palabra de Dios?

- A la luz de la inerrancia de las Escrituras, ¿cómo explica usted las discrepancias, como las que hay entre los cuatro Evangelios?

• ¿Hay alguna distinción entre cristianismo y religión?

En el primer capítulo de Romanos, la ira de Dios se manifiesta contra las distorsiones acerca de Dios que culminan en variadas prácticas religiosas denominadas como idolatría. En forma alguna se siente Dios siempre complacido con las operaciones y funciones que llamamos religión. Yo diría que, ante todo, el cristianismo no es una religión, aun cuando usamos ese término para describirlo desde una perspectiva sociológica.

El término *religión* describe prácticas humanas —prácticas de adoración, de participación cúltica, de creencia en un dios, y de obediencia a ciertas reglas que provienen del dios o de los dioses. Hay varias clases de religiones en este mundo.

En el cristianismo hay un aspecto religioso. Adoramos y nos comprometemos en ciertas actividades humanas tales como la oración y los estudios bíblicos. Nuestras prácticas religiosas son similares a las prácticas de otras religiones. Sin embargo, el cristianismo es mucho más que una religión; es vida.

El solo hecho de que una persona sea religiosa no significa necesariamente que agrade a Dios; el pecado principal del hombre es la idolatría, y la idolatría es la adoración de algo que, en realidad, no es Dios. La adoración de ídolos implica una práctica religiosa. Eso es exactamente de lo que habla Romanos 1; Dios no se complace con las actividades religiosas, ni separadas ni en conjunto. A veces nuestra actividad religiosa puede ser ofensiva para Dios. El cristianismo en sí mismo puede degenerar hasta convertirse en una mera religión; es decir, puede tener las actividades formales externas y las prácticas sociológicas sin la sustancia que las motiva: devoción y amor profundo hacia Dios y una confianza plena en la obra de Cristo.

• Siempre hubo tendencias filosóficas infiltrándose en nuestra cultura, pero como cristianos, ¿qué tipo de tendencias filosóficas deberíamos prepararnos para enfrentar en la sociedad actual?

En cualquier momento dado, en una determinada cultura, hay una amplia gama de tendencias filosóficas o escuelas filosóficas compitiendo por la supremacía. Una vez leí un ensayo académico que afirmaba que toda cultura debe tener algo que la unifique, una suerte de punto de vista armonizador. Y si estudiamos las civilizaciones de la historia, veremos que cada una tenía alguna idea filosófica o religiosa predominante que vinculaba entre sí a la gente. Ese concepto unificador puede ser religioso, filosófico, incluso mitológico, pero debe haber alguna idea que ligue todo. Los eruditos entienden eso. Existe el eterno debate del huevo y la gallina: ¿Son las ideas las que moldean la cultura y los sucesos, o son los sucesos los que producen la idea? Creo que sería muy tonto ignorar el impacto obvio que tienen las ideas en la formación de una cultura.

Yo diría que, en este momento, la civilización occidental está disponible. No hay una filosofía, teología o religión dominante que haya producido un consenso como el que tuvimos en la Edad Media, cuando le fe judeocristiana dominaba la comprensión que la gente tenía del mundo. Hoy, mientras la gente se aparta masivamente de la visión judeocristiana del hombre y del mundo, las más diversas escuelas filosóficas pugnan para tratar de llenar el vacío. Es casi como sucede con la Asociación Mundial de Boxeo: una asociación tiene su campeón de peso pesado y la otra asociación el suyo. No hay un único campeón mundial de peso pesado que todo el mundo reconozca. De la misma manera, hoy tenemos en competencia un poco de pragmatismo, un poco de hedonismo y un poco de existencialismo.

He planteado que si hay un concepto predominante en nuestra cultura, es lo que llamaría secularismo. En el mundo cristiano oímos cómo esa palabra va de boca en boca aunque se aprecia un escaso entendimiento de lo que significa. La palabra *secularismo*, siendo un *ismo*, significa simplemente lo siguiente: este tiempo, y este mundo, es todo lo que hay. No hay una dimensión eterna. El mundo es lo que vemos. El mundo en que vivimos es el único medio ambiente que alguna vez habitaremos; no hay un cielo, o si lo hay, no hay posibilidad de que sepamos algo sobre él, así que el énfasis está en el aquí y en el ahora. Eso, creo yo, es lo que compite más fuertemente por la lealtad de la gente.

- **Actualmente curso mi segundo año en la universidad, y mientras estudiamos diferentes religiones y filosofías del mundo, veo que muchos de mis amigos aceptan estas cosas. No sólo me asusta verlos adoptar estas líneas de pensamiento sino que me pregunto, ¿son las otras filosofías y religiones del mundo una amenaza para el cristianismo?**

Permítame decirle algo que puede ofenderlo totalmente o agredir su sensibilidad. No quiero hacerlo, pero reconozco que el mundo en que vivimos tiene ciertos valores y puntos de vista en los cuales todos hemos sido enseñados. El siglo XIX fue una época de estudio sin paralelo sobre las religiones en el mundo. A medida que el mundo se hizo más pequeño y hubo más contactos entre las culturas, fue necesario que la gente de las diversas religiones conviviera pacíficamente en lugar de derramar sangre en guerras y enfrentamientos religiosos. El mundo ya había tenido suficiente de aquello, de manera que en el siglo XIX se intentó estudiar las diferentes religiones mundiales para penetrar en la esencia de lo que tenían en común. Emergió la ciencia de la religión comparativa, y con ella, la tan famosa analogía de la montaña, es decir, que Dios está en la cima de la montaña y que hay diferente tipo de senderos llegando a esa cumbre. Algunas siguen una ruta directa y otras son más indirectas, pero todos estos caminos llegan finalmente al mismo lugar, así que en verdad no importa el camino por el cual viaje usted. Sólo permítame decir que, si eso es cierto, no creo que el cristianismo sea uno de esos caminos, porque Jesús dice que el camino que usted siga tiene una profunda importancia. El Nuevo Testamento colisiona con aquellos que dicen que no importa el camino por el cual usted va.

Dios se enfureció con Aarón y los hijos de Israel por adoptar el becerro de oro. El principio del Antiguo Testamento era la lealtad y la devoción exclusiva al Dios de Israel, y no debía haber sincretismo ni mezclas entre los elementos de la fe de Israel con los de las religiones paganas, con los de aquellos que seguían a Baal, con la religión filistea o con cualquier otra. Sin embargo, el mundo no toma muy en serio la pureza de la fe religiosa. Una de las tradiciones del islam señala que, para un musulmán celoso, matar a un infiel es una muestra de virtud. Eso es radicalmente diferente a la enseñanza de Jesús. Hay gente que se me ha acercado y me ha dicho que en realidad no hay una gran diferencia entre el islam y el cristianismo. Cuando la gente dice eso, sus palabras me muestran que, o no saben nada del cristianismo, o no saben nada del islam. Un examen superficial de estas religiones muestra que son radicalmente diferentes en aspectos importantes.

¿Estoy acaso inquieto y preocupado por esta atmósfera pluralista que prevalece en nuestra cultura? Muchísimo. En efecto, otras filosofías pueden ser una amenaza para la fe cuando impiden que la gente vea la verdad claramente. Pero eso sucede cuando no estamos convencidos de que el contenido de la religión es importante.

• ¿Qué es el existencialismo, y cómo debería responder a él?

A veces subestimamos el poder de las ideas humanas. Tendemos a desestimar a los eruditos alejados de la realidad que dedican su vida a pensar en los profundos interrogantes de la filosofía, y decimos: "¿Qué tiene que ver eso con el mundo práctico en que vivo?" No conozco filosofía alguna en la historia, con la posible excepción del marxismo, que haya tenido un impacto tan radical, tan amplio y tan veloz sobre la formación de la cultura humana como la filosofía del existencialismo. El existencialismo contiene muchas variantes. Centra su interés en la existencia humana, y por eso que se llama existencialismo.

Esta filosofía está construida primariamente sobre la pregunta: "¿Qué significa existir como persona en este mundo?" Al centrarse en la tragedia del ser humano, el existencialismo tiende a ser pesimista y ateo, aunque hay formas religiosas de existencialismo y formas más optimistas de existencialismo. Pero lo principal es esto: el existencialismo tiende a ver al hombre en una atmósfera o estado anímico de desesperación.

Dos de los grandes pensadores del existencialismo en el siglo veinte fueron Albert Camus y Jean-Paul Sartre. Ellos reaccionaron al Holocausto de la Segunda Guerra Mundial, y sus ideas comunicaron una gran desesperanza. Por ejemplo, llegaron a la conclusión de que la existencia del hombre es una pasión inútil, y que la vida humana, en el fondo, carece de sentido. Según esta visión, en cuanto a las cosas de Dios, la idea es que en el cielo no hay nadie.

Hace un par de décadas, el partidario del existencialismo de Greenwich Village le dijo sarcásticamente a un reportero de la revista *Time*: "Mira, viejo, busqué a Dios en las Páginas Amarillas, pero no aparecía en la lista." La idea es que no hay nadie en el universo y estamos abandonados en esta existencia en una atmósfera de desesperación final.

¿Cómo deberíamos responder al existencialismo? Algo por lo cual estoy agradecido es que el existencialismo produce un terreno tremendamente fértil para la predicación del cristianismo, porque el cristianismo es muy optimista. Nosotros creemos que la existencia humana es significativa y que en el fondo lo es porque Cristo ha definido el significado de nuestra existencia. Entonces, al preguntarnos cómo deberíamos responder al existencialismo, la respuesta es, simplemente, enfrentarlo con la esperanza del evangelio.

- ## ¿Podría comentar algunas herejías del movimiento de la Nueva Era sobre las cuales un cristiano debería estar informado?

En primer lugar, permítame decirle que el movimiento de la Nueva Era, como cualquier movimiento de base amplia, tiene varias dimensiones. Me limitaré a comentar un solo elemento.

Una de las más inquietantes visiones del mundo que hallamos en el movimiento de la Nueva Era es la concepción que tiene de la capacidad del ser humano para tener un poder casi mágico sobre su medio ambiente. No hace mucho, estaba en el campo de golf, y el instructor me preguntó: "R. C., cuando vas por el campo, dando los golpes de bastón, ¿cuáles son tus claves de balanceo? ¿En qué estás pensando cuando das el golpe?" Respondí: "No tengo claves de balanceo; no tengo una mecánica en la cual piense en términos de dónde poner mis manos, mis muñecas y todo eso. Lo único que hago es repetir el procedimiento: antes de dar el golpe, visualizo mentalmente el tipo de trayectoria que quiero darle a la bola, y luego envío, por así decirlo, ese mensaje a mi cuerpo con la mente, y entonces, al dar el golpe, trato de reproducir la sensación que acabo de experimentar."

Ahora bien, eso puede sonar muy similar al tipo de pensamiento de la Nueva Era —casi como algo del tipo mente-sobre-la-materia. Prácticamente toda herejía es algo que lleva la verdad a un extremo, a un punto de distorsión. Es cierto que nuestra actitud mental tiene una influencia tremenda sobre la forma en que experimentamos la vida. Y es cierto que Tiger Woods experimenta los golpes antes de efectuarlos porque lo que trata de hacer es programar su cuerpo en función de una imagen positiva construida a partir de tiros que ha efectuado en el pasado.

Sin embargo, eso no es lo mismo que creer que si pienso en dinero voy a volverme rico, o que si concentro mi atención sobre algún objeto voy a ser capaz de moverlo sólo con el poder de mi mente. Los cristianos debemos ser muy cuidadosos, y entender que el cristianismo promete el poder y la presencia de Dios el Espíritu Santo, pero no magia. En la Escritura hay una línea muy marcada entre la realidad espiritual y la hechicería. Y en el Antiguo Testamento, todas las formas de magia y hechicería eran abominaciones capitales contra el carácter de Dios. El movimiento de la Nueva Era incorpora elementos religiosos y elementos místicos orientales en una suerte de mezcla de verdad espiritual con una enorme cantidad de magia. Lo he visto invadir el mundo evangélico al punto de llegar a sentirme profundamente inquieto al respecto.

• ¿Cómo deberían responder los cristianos a la creencia en la reencarnación?

En la historia del mundo ha habido partidarios de la reencarnación mucho más formidables que Shirley MacLaine y otros recientes convertidos a esta creencia. Por ejemplo, el filósofo Platón, después de instruirse con la escuela pitagórica, se convenció de lo que él llamó la "trasmigración del alma." Hay religiones orientales que creen y están tremendamente comprometidas con la reencarnación del alma. Esta visión no forma parte de la fe cristiana ortodoxa.

La fe cristiana enseña que "cada persona está destinada a morir una sola vez y después vendrá el juicio" (Hb. 9:27). El concepto de reencarnación generalmente conlleva alguna noción de justificación por obras; es decir, usted tiene que ganar la recompensa de ser puesto en un nivel más alto en su próxima reencarnación antes de que pueda finalmente salir de ese nivel e ingresar en un mundo espiritual. La idea es que, en la medida en que usted vaya subiendo la escalera, si es lo suficientemente bueno, ya no tendrá que encarnarse. El cristianismo cree en una resurrección del cuerpo, de manera que no estamos buscando una existencia final puramente inmaterial sin un cuerpo.

• ¿Qué es el narcisismo, y qué impacto tiene en nuestra sociedad y el futuro de nuestros hijos?

El concepto de narcisismo tiene sus raíces en la mitología antigua. Narciso era simplemente un joven, no una deidad menor. Rechazó el amor de la ninfa Eco, y el castigo de los dioses fue que suspiraría por su propia imagen.

Esta derivación de su nombre ha sido usada ahora para describir un síndrome, una mentalidad cúltica de autoadoración, actualmente presente en nuestro país. Hemos contemplado cantidades sin precedentes de libros de autoayuda que se ocupan de una gran preocupación por la autoestima y la imagen que la gente tiene de sí misma. Hay quienes están preocupados de que esta introspección y preocupación por nuestra autoestima acabe en distorsiones de la personalidad que nos lleven a estar tan enamorados de nuestra propia imagen, y tan enamorados de nosotros mismos, que no podamos desarrollar una verdadera comunidad ni relacionarnos unos con otros. La gente, viendo tal muestra de soberbia, dirá de nosotros que "allí, si no fuera por la gracia de Dios, anda Dios."

Si observamos la historia del pensamiento teórico y la filosofía en la civilización occidental, veremos que las preocupaciones más grandes de los pensadores de la sociedad estuvieron concentradas en diversos asuntos. Los primeros filósofos estuvieron preocupados en la epistemología, la ciencia del conocimiento. En el siglo XIX, el tema dominante fue la filosofía de la historia. Sin embargo, el tema central de la investigación académica y especulativa contemporánea ha sido, en gran medida, la pregunta: "¿Cuál es el significado del hombre?" Hay una razón para ello. Estamos en crisis porque Dios ya no está en el centro de nuestro pensamiento. Si es cierto (como lo dice el cristianismo) que el hombre fue creado a la imagen de Dios, eso significa que no puedo entender verdaderamente quién soy o lo que soy sin tener una comprensión previa del carácter de Dios. Si Dios está eclipsado en mi pensamiento, entonces me quedo con la pregunta: ¿Quién soy? Si me dicen que emergí del limo y estoy destinado a la nada, entonces, si me pongo a pensar, voy a tener una crisis de identidad, y voy a leer cada libro que pueda sobre autoestima, dignidad y todo lo demás. Eso es lo que se teme, que esta preocupación termine en un complejo narcisista. No creo que sea ése el problema. No creo que la gente esté realmente enamorándose de sí misma y de su propia imagen. Creo que están sintiendo el peso de la pérdida de Dios en sus vidas.

- **¿Cree que el humanismo secular es una verdadera amenaza para el cristianismo? ¿Cómo debemos tratar con él en lo concerniente a nuestro sistema de escuelas públicas?**

No estoy seguro de cuán amenazante sea, pero no cabe duda que compite con el cristianismo por la mente y el corazón de la gente. El humanismo secular, como visión del mundo, colisiona con el sistema de valores y creencias del cristianismo. Estas dos visiones adoptan posiciones radicalmente diferentes en lo concerniente a cómo Dios se relaciona con el mundo y con nosotros.

Constantemente estoy tratando de recordarles a mis hermanos cristianos que nuestros antepasados, al escribir la Constitución de Estados Unidos de América, estuvieron de acuerdo en vivir unos con otros aceptando las diferencias con los no creyentes acerca de asuntos como éste. Tanto los cristianos como los no cristianos están protegidos por la declaración de derechos. La Primera Enmienda nos garantiza como cristianos el derecho a la libre expresión de nuestra fe. Garantiza, también, al no cristiano, una protección contra aquellos cristianos que quisieran establecer el cristianismo como la fe religiosa oficial de Estados Unidos de América. Los constituyentes estuvieron de acuerdo en no establecer una religión de estado.

Creo que, cuando tratamos, como cristianos, de usar los tribunales para insistir en que la literatura cristiana sea enseñada en el sistema de escuelas públicas, estamos violando la Primera Enmienda, tal como sentimos que algunos de nuestros derechos son violados en ciertas ocasiones por algunas de las recientes prácticas legislativas de este país. A propósito, la mayoría de las veces, aquellos que han procurado que se enseñe la Creación en el sistema de escuelas públicas lo hacen con el pretexto de que la Creación es la explicación científica autorizada para el origen del universo y no porque sea particularmente cristiana. A pesar de eso, se percibe como un intento de cristianizar el sistema escolar.

Pero ¿qué hay del retiro de libros de texto "ofensivos" para el sistema escolar público? Esta pregunta somete a una seria consideración un problema con el cual hemos estado luchando en este país durante los últimos treinta años: ¿Qué posición filosófica adopta el sistema escolar público en su instrucción?

La Corte Suprema determinó que el humanismo es una religión, y dijo también que es incorrecto enseñar religión en las escuelas públicas. El problema es que cualquier cosa que se enseñe en las escuelas públicas podría ser interpretado como religión. Mucha gente va por ahí acariciando el mito de que, de alguna forma, en el sistema escolar público puede enseñarse una visión neutral del mundo. Jamás ha habido algo que se parezca a una educación neutral en cuanto a los valores. La ironía es que la pregunta de fondo, en el marco de esta polémica, es si acaso es o no posible tener un sistema escolar público que se enmarque dentro de los límites de la Constitución. Esa es la lucha, pero debemos ser cuidadosos para no tratar de usar la ley con el fin de imponer nuestra fe a los no creyentes.

• ¿Cómo deben ver los cristianos a los masones y a otras fraternidades?

Mi padre, mi abuelo, mi tío y mi suegro fueron masones. Me aflige en alguna medida el conflicto que parece haber ahora con respecto a los masones y a otras organizaciones fraternas. La controversia demanda alguna explicación.

En primer lugar, hay diferentes clases de organizaciones fraternas, algunas de las cuales son estrictamente sociales. No hay nada malo en que la gente se junte con fines sociales. En la iglesia lo llamamos comunión, y reconocemos que es una parte muy importante de nuestra humanidad. Otras organizaciones fraternas se han agrupado con el expreso propósito de constituir organizaciones de servicio para mitigar el sufrimiento, por ejemplo ayudando a los ciegos o a los huérfanos. Participan en actividades humanitarias. ¿Cómo debería responder un cristiano a eso? Creo que con la mayor cooperación posible. No puedo imaginar cómo un cristiano podría objetar eso.

Usted puede tener problemas con algunas de las organizaciones puesto que sus orígenes históricos conllevan fuertes matices religiosos y han elaborado credos y ceremonias. ¿Qué pasa cuando un cristiano se une a una organización que tiene un credo que no es del todo compatible con sus propias creencias cristianas? Es obvio que tendrá un conflicto. Ese conflicto puede ser muy difícil de entender para otras personas.

Por ejemplo, en Estados Unidos de América existe esta visión ecléctica y pluralista que dice que no importa lo que usted crea mientras sea sincero. Algunos de estos grupos tienen credos que dicen que, en última instancia, no hay diferencia entre el cristianismo y el islam u otras religiones. Eso es ofensivo para un cristiano porque hay diferencias significativas entre estas religiones, siendo la principal de ellas la visión que tienen de Cristo. Somos devotos a Cristo. Estamos convencidos de que es el Hijo unigénito de Dios. Así que, si el domingo en la mañana yo confieso que Cristo es el Hijo unigénito de Dios, y en otro momento confieso algo contrario, en una reunión de una orden fraterna, tengo un conflicto en mi profesión religiosa de fe. La gente sensible a eso tiene grandes luchas.

Para ser justos con otras personas, algunos dicen que eso sólo es parte del ritual y la ceremonia y que en verdad no es algo relacionado con la esencia de lo que trata el club. Creo que la gente es muy sincera cuando dice eso. Los cristianos tenemos que ser cuidadosos al escuchar eso y al decir que la razón por la cual estas personas se involucran en la orden no es que estén tratando de convertirla en una religión sustituta. Sin embargo estas organizaciones tienen credos, y a la gente se le pide que los recite, y sea que quieran considerarla como una actividad religiosa o no, sigue siendo una actividad religiosa que aplica una presión sobre aquellos que tienen una convicción religiosa diferente.

• La ciencia ¿refuta al cristianismo?

Sin duda ha habido conflictos obvios entre la comunidad científica y la comunidad religiosa con respecto a ciertos temas. Desde luego, la disputa más notable históricamente fue el bochornoso episodio de Galileo y la teoría de si el centro del sistema solar era la tierra o el sol. Sabemos que muchos obispos se negaron incluso a considerar la evidencia de un telescopio porque ya habían canonizado a otra tradición científica, que en realidad no era bíblica. Digamos que este fue un caso en que la comunidad científica corrigió la interpretación teológica así como la mala interpretación de la Escritura, porque la Escritura no enseña que la tierra es el centro del sistema solar, y le correspondió a la comunidad científica corregirnos en ese punto.

Decir que a veces la ciencia corrige ideas erróneas es una cosa, pero de ahí a refutar el cristianismo . . . Hay muy pocos puntos de la fe cristiana vulnerables al ataque científico. Si una persona dice: "Bueno, podemos comprobar científicamente que la gente no regresa de la muerte," por ejemplo, y la ciencia pudiera probar que es imposible para el Dios del universo levantar a su Hijo de entre los muertos, obviamente el cristianismo sería desacreditado y refutado. No veo cómo un científico podría siquiera comenzar a emprender esa tarea. Lo único que un científico puede hacer es decir que, bajo condiciones normales y procedimientos estándar, la gente que muere permanece muerta. Por supuesto, no se necesita un científico del siglo XX para entender eso; la gente del siglo I estaba muy consciente del hecho de que, cuando la gente muere, permanece muerta. Así que, a menos que el científico pudiera, de algún modo, refutar la existencia de Dios o la resurrección de Cristo, no veo cómo podría en forma alguna demostrar falsas las afirmaciones de la fe cristiana. Obviamente, el que no sean falsas no significa que estén verificadas, pero no creo que tengamos que sentir algún temor en ese nivel.

El punto habitual de tensión, sin embargo, tiene que ver con el origen del universo y el origen de la vida. Si la ciencia prueba que el mundo no fue creado, creo que eso destruiría la fe cristiana. El cristianismo está comprometido con el concepto de la creación divina, es decir, que hay un Creador eterno ante el cual todos somos responsables, y por el cual todos fuimos creados, y que todo lo hecho ha sido hecho por él y que el universo no es eterno. Si el científico pudiera probar que el universo es en realidad eterno, sería el fin de la fe cristiana. Sin embargo, no creo que tengamos la menor razón de estar preocupados al respecto.

• ¿Puede algo suceder por casualidad?

¿Es posible que algo suceda por casualidad? Mi respuesta a esa pregunta es: "Ni por casualidad." Nada ocurre por casualidad. Si con eso queremos decir que la casualidad puede provocar cosas, eso es absolutamente imposible desde el punto de vista científico, racional y teológico.

¿Por qué haría yo una afirmación como ésa? Parece muy radical y, de hecho, incluso grandilocuente declarar que *nada* podría suceder por casualidad. La razón que tengo para decirlo es ésta: la casualidad no es una cosa. La palabra *casualidad* es meramente una palabra que usamos para describir posibilidades matemáticas. Digamos que lanzamos una moneda al aire; no sabemos si va a salir cara o cruz, pero decimos que, por casualidad, podría salir cara en una probabilidad de cincuenta y cincuenta. Sin embargo, la casualidad no tiene nada que ver con que salga cara o salga sello. La casualidad no tiene poder para influenciar nada; no tiene poder para hacer cosas, y esto se debe a que la casualidad no es una cosa. Es nada. Para que algo tenga poder o influencia, primero debe *ser* antes de que pueda *hacer*, pero la casualidad no es una entidad. No tiene poder alguno, y no puede hacer nada porque ella misma no es nada.

El otro lado de la pregunta es: ¿Suceden accidentalmente las cosas que ocurren en el mundo? Bueno, debemos entender que hay una causa para todo lo que ocurre. Algunos científicos están desconcertados por experimentos de partículas subatómicas que involucran lo que en los círculos sofisticados se llama el principio de incertidumbre o indeterminación de Heisenberg. Ciertos estudios muestran que no tenemos idea de por qué estas partículas subatómicas se comportan de la forma en que lo hacen. Algunos han llegado a la conclusión de que, puesto que no sabemos por qué estas partículas se comportan de la manera en que lo hacen, nada las hace comportarse de esa manera.

¿Cuánto conocimiento tendríamos que tener antes de decir que nada está provocando un efecto observable? Tendríamos que agotar cada rincón y rendija del universo y luego volver a hacerlo para asegurarnos de que no pasamos por alto al culpable la primera vez.

- ### *Asumiendo que tengo una buena relación con un amigo que realmente no cree en Dios, ¿cómo puedo razonar con él sobre la existencia de Dios?*

Vivimos en una época en la que el uso de la razón genera sospechas entre los cristianos, y en cierta forma resulta sencillamente más admirable afirmar nuestra fe y pedirle a la gente que tome lo que le decimos estrictamente sobre una fe ciega. Sin embargo, la Biblia nos dice: "Venid ahora, y razonemos" (Is. 1:18, BLA), y las Escrituras nos mandan estar preparados para dar una explicación de la esperanza que hay en nosotros (1 P. 3:15).

Recuerdo que, en la escuela primaria, a veces podíamos tener pruebas de matemática con el libro abierto. La ventaja era que podíamos ir rápidamente a la parte posterior del libro en donde estaban las respuestas a los problemas. Si no sabíamos cómo llegar a la respuesta correcta, al menos sabíamos cuál era la respuesta correcta. Hay una suerte de "parte posterior del libro" en la manera en que podemos acercarnos a nuestros amigos con respecto a la existencia de Dios.

El apóstol Pablo nos dice en Romanos 1 que Dios se ha revelado a sí mismo a cada ser humano, y que cada persona sabe que hay un Dios. El juicio de Dios no se debe a que la gente falle en llegar al conocimiento de Dios, sino a que se niegan a reconocer lo que saben que es cierto. Si eso es verdad, entramos en la discusión armados con la información —ese medio a través del cual la persona ya sabe que hay un Dios, aunque él o ella aún no lo reconozca. Entonces, ¿qué podemos hacer? ¿Podemos simplemente decir: "Eres un sucio mentiroso. ¿Por qué no dices la verdad y admites que en realidad sabes que hay un Dios?" Esa no es la aproximación que sugiero. A veces este conocimiento de Dios está tan reprimido o ahogado, que la gente tiene solamente una comprensión ambigua del carácter o la existencia de Dios. Muchas de las preguntas que plantean son preguntas honestas.

Es importante que respetemos las preguntas de la gente. El difunto Francis Schaeffer tenía un ministerio en L'Abri, Suiza, en el cual se especializó en alcanzar con la verdad del evangelio a intelectuales que profesaban ser ateos. Él sentía que era su obligación dar respuestas honestas a las preguntas honestas. Cuando discutimos preguntas como la existencia de Dios, debemos estar preparados para explicar por qué estamos persuadidos de que Dios existe.

Este espacio no alcanza para tratar el argumento cosmológico de la existencia de Dios, pero creo que es válido. Dicho brevemente, si algo existe ahora, algo ha existido siempre, desde la eternidad, o de lo contrario no habría nada. De alguna forma, en algún lugar, alguien o algo debe tener el poder de ser en sí mismo, y a aquel que tiene el poder de ser en sí mismo lo llamamos Dios. Así es como yo iniciaría el diálogo: "¿Cómo llegó a ser este mundo? ¿Cómo ha llegado a ser esta copa? ¿Cómo ha llegado a ser cualquier cosa?" Y luego centraría la atención allí.

• ¿Cómo se puede convencer a un no creyente de que la Biblia es la Palabra de Dios?

Antes de intentar responder esa pregunta directamente, permítame hacer una distinción que es importante para empezar. Hay una diferencia entre la prueba objetiva y la persuasión o convicción que se deriva de ella. Juan Calvino argumentó que la Biblia conlleva tanto persuasión como convicción en términos de su testimonio interno —las marcas de la verdad que podrían hallarse simplemente examinando el libro mismo—, así como también las evidencias externas que corroborarían esa evidencia sustancial para dar una prueba sólida de que es la Palabra de Dios.

Sin embargo, lo último que la gente querría es que un libro les diga que están en una desesperada necesidad de arrepentimiento, de cambiar de vida y de inclinarse humildemente ante Cristo. No querríamos que ese libro sea la verdad. Calvino afirmó que hay una inclinación y prejuicio tremendos en el corazón humano, que sólo la influencia de Dios Espíritu Santo puede vencer. Calvino hizo la distinción entre lo que llamó *indicia* —las evidencias objetivas para la confiabilidad de la Escritura— y lo que llamó el testimonio interno del Espíritu Santo, el cual es necesario para hacer que nos rindamos ante la evidencia y reconozcamos que es la Palabra de Dios.

Creo que este es un tema crítico del cual depende buena parte de la fe cristiana. La Biblia afirma que es la Palabra de Dios pura, que es la verdad de Dios y que viene de él. Dios es su autor y fuente final, aunque sabemos que él usó autores humanos para comunicar ese mensaje.

Al hablar con la gente acerca de esto, debemos pasar por el laborioso proceso de mostrar primeramente que la Biblia, como colección de documentos históricos, es básicamente fiable. A los registros bíblicos deberíamos aplicarles las mismas pruebas que aplicaríamos a Heródoto o a Suetonio o a cualquier otro historiador antiguo. El cristiano no debería sentir temor de aplicar esas pautas de credibilidad a las Escrituras, porque, a pesar de haber recibido una carga tremenda de críticas desde ese punto de vista, su credibilidad permanece intacta. Sobre esa base, llegamos a una idea. Si el libro es básicamente fiable, no necesita ser inerrante o infalible; nos da un retrato fiable de Jesús de Nazaret y de lo que enseñó.

Desde aquí avanzamos en forma lineal. Si podemos, sobre la base de la fiabilidad general, llegar a la conclusión de que Jesucristo hizo las cosas que la historia dice que hizo, esto indicaría que Jesús es más que un ser humano ordinario y que su testimonio sería incuestionable. En primer lugar, yo estudiaría la persona de Jesús y luego preguntaría ¿Qué enseñó Jesús en cuanto a la Escritura? Para mí, en el análisis final, nuestra doctrina de la Escritura se extrae de la enseñanza de Jesús y nuestra comprensión de quién es él.

- ## A la luz de la inerrancia de las Escrituras, ¿cómo explica usted las discrepancias, como las que hay entre los cuatro Evangelios?

Gran parte del debate sobre la integridad de las Escrituras se centra específicamente en dichos problemas. Cuando tenemos relatos paralelos de algo, esperamos que estén de acuerdo, particularmente si sostenemos que dichos relatos son inspirados por Dios Espíritu Santo. Sabemos que Dios puede usar diferentes autores para registrar el mismo suceso, o sucesos similares, y los autores pueden describir el evento desde su perspectiva, con sus lenguajes y estilos literarios respectivos; sin embargo, aun así esperaríamos una concordancia en la esencia de lo que se está enseñando, si todos los relatos están hablando bajo la superintendencia de Dios Espíritu Santo.

Por eso me parece interesante que, muy tempranamente en la historia de la iglesia, hubiera intentos de escribir armonías de los Evangelios. Hay tres Evangelios sinópticos —Mateo, Marcos y Lucas— que dan un bosquejo biográfico de la vida y ministerio de Jesús. Entre estos tres autores hay muchos sucesos paralelos aunque no siempre concuerdan en cada detalle (cuántos ángeles había en la tumba el día de la Resurrección, qué decía el letrero sobre la cruz, en qué día de la semana celebraron la Pascua Jesús y los discípulos en el aposento alto, y cosas así).

Estas cosas han recibido una atención cuidadosa por parte de los eruditos bíblicos, habiendo llegado algunos a la conclusión de que no hay manera de armonizarlas y que simplemente tenemos que aceptar que hay contradicciones entre los escritores bíblicos, lo cual parecería, entonces, echar por tierra cualquier supuesto de inspiración divina. Otros han pensado que en realidad pueden reconciliarse. Por ejemplo, un escritor del Evangelio nos dice que hubo dos ángeles en la tumba el día de la Resurrección, y otro menciona solamente uno. Ahora, la palabra decisiva ausente en el texto es la palabra "solamente." Si un escritor dice que hubo dos ángeles en la tumba, y el otro dice que hubo *solamente* uno, tenemos una contradicción seria entre los dos. Si uno dice que hubo dos ángeles en la tumba y el otro dice: "Vinimos y vimos un ángel," obviamente al haber dos ángeles tiene que haber un ángel. No hay contradicción. Hay una discrepancia; es decir, ellos no dicen exactamente la misma cosa. La pregunta es: ¿pueden armonizarse los dos relatos? ¿Son lógicamente compatibles el uno con el otro?

Un buen amigo mío en el seminario estaba muy preocupado por estos asuntos y se refirió a uno de nuestros profesores, que dijo: "La Biblia está llena de contradicciones." Entonces le dije: "Vete a casa y nos encontraremos aquí mañana a la una. Regresa con cincuenta contradicciones. Si la Biblia está llena de ellas, será una tarea fácil encontrarlas." Al día siguiente nos reunimos y le pregunté: "¿Tienes tus cincuenta?" Había estado despierto toda la noche y dijo: "No, pero encontré treinta." Y fuimos revisando cada una, aplicando rigurosamente los principios de la lógica y la lógica simbólica. Para su satisfacción, le demostré que en realidad ninguna de esas supuestas contradicciones violaba la ley de las contradicciones.

Ahora bien, debo decir que a mi juicio él podría haber expuesto algunos pasajes más difíciles. Hay algunos pasajes extremadamente difíciles en las Escrituras, y no siempre estoy satisfecho con algunas de las resoluciones, pero creo que en la mayor parte de los casos, esas difíciles discrepancias han sido totalmente reconciliadas por medio de la erudición bíblica.

8

EL PODER
Y PROPÓSITO
DE LA ORACIÓN

No se preocupen por nada; en cambio, oren por todo.
Díganle a Dios lo que necesitan
y denle gracias por todo lo que él ha hecho.
Así experimentarán la paz de Dios,
que supera todo lo que podemos entender.
La paz de Dios cuidará su corazón y su mente
mientras vivan en Cristo Jesús.

FILIPENSES 4:6-7

Preguntas en esta sección:

- *Se nos ha enseñado que la oración cambia las cosas. A la luz de la soberanía de Dios, ¿cuál es el papel de la oración en la vida de un cristiano?*

- *La Biblia dice: "Pidan en mi nombre y recibirán y tendrán alegría en abundancia." También se especifica que debemos pedir conforme a la voluntad de Dios. No estoy seguro en cuanto a si eso significa su voluntad moral o su voluntad soberana. ¿Podría aclarar cuándo puedo esperar recibir lo que pido?*

- *En Números 14 pareciera que Moisés hizo que Dios cambiara de actitud. ¿Cómo se explica esto?*

- *¿Nos habla Dios? Y si es así, ¿cómo se comunica con nosotros?*

- *¿Es correcto decir "si es tu voluntad" cuando oramos?*

- *Como cristianos, ¿deberíamos preocuparnos por repetir oraciones? En Mateo 6:7, Jesús llama "parlotear de manera interminable" a las oraciones de los paganos.*

- *¿Hay alguna diferencia si en un día oro cinco minutos, cincuenta minutos, cinco horas o incluso más? ¿Hay alguna diferencia si ora una sola persona, cincuenta o quinientas?*

- *En el Nuevo Testamento, Jesús habla de orar por la gente. ¿Podemos estar seguros de que Cristo orará por ellos si se lo pedimos?*

- *¿Oye Dios las oraciones de un no cristiano?*

- *¿Se niega Dios a contestar las oraciones de un cristiano que peca deliberadamente, aun después de un arrepentimiento sincero?*

- Como cristianos, ¿cómo podemos tener más poder en nuestra vida de oración?

- ## *Se nos ha enseñado que la oración cambia las cosas. A la luz de la soberanía de Dios, ¿cuál es el papel de la oración en la vida de un cristiano?*

En primer lugar, debemos establecer que es el Dios soberano el que no sólo nos invita, sino que nos ordena orar. La oración es un deber, y a medida que cumplimos ese deber, hay algo que seguramente cambiará, y ese algo somos nosotros. Una vida de oración es una vida de obediencia a Dios.

Además, debemos entender que la oración no se limita a la intercesión y la súplica. Cuando los discípulos le dijeron a Jesús: "Señor, enséñanos a orar," vieron una conexión entre el poder de Jesús y el impacto de su ministerio, y el tiempo que él pasaba en oración. Obviamente, el Hijo de Dios sabía que la oración era una empresa muy valiosa porque se entregó a ella de manera muy profunda y apasionada. Sin embargo, me sorprende que haya respondido la petición diciendo: "Deberían orar de la siguiente manera" y les haya dado el Padre Nuestro. Hubiera esperado que Jesús respondiera en forma diferente: "¿Quieren saber cómo orar? Lean los Salmos," porque allí tenemos oración inspirada. El mismo Espíritu que nos ayuda a orar inspiró las oraciones registradas en los Salmos. Cuando leo los Salmos encuentro intercesión y súplica, pero lo que más encuentro es un especial interés por la adoración, por la acción de gracias y la confesión. Si tomamos aquellos elementos de la oración, ¿qué le sucede a una persona que aprende cómo adorar a Dios? Esa persona cambia. ¿Qué le sucede a una persona que aprende a expresar su gratitud a Dios? Esa persona se volverá más y más consciente de la mano de la Providencia en su vida y crecerá en su sentido de gratitud hacia Dios. ¿Qué le sucede a la persona que dedica tiempo a confesar sus pecados? Tiene presente la santidad de Dios y la necesidad de mantener las cuentas claras delante de él.

Pero ¿pueden nuestras peticiones cambiar el plan soberano de Dios? Por supuesto que no. Cuando Dios declara soberanamente que va a hacer algo, ni siquiera todas las oraciones del mundo lograrán que Dios cambie de idea. Sin embargo, Dios no solamente ordena los fines, sino que también ordena los medios para aquellos fines, y las oraciones de su pueblo son parte del proceso que usa para que se cumpla su voluntad soberana. Por eso debemos orar.

- **La Biblia dice: "Pidan en mi nombre y recibirán y tendrán alegría en abundancia." También se especifica que debemos pedir conforme a la voluntad de Dios. No estoy seguro en cuanto a si eso significa su voluntad moral o su voluntad soberana. ¿Podría aclarar cuándo puedo esperar recibir lo que pido?**

Es difícil reunir en un solo paquete todo lo que la Biblia dice sobre la oración. Gran parte de la instrucción que hallamos en el Nuevo Testamento acerca de la oración nos llega a través de una forma literaria conocida como *aforismo*, que es una afirmación breve y concisa de un principio general, casi como un proverbio que es cierto en general, pero no se trata de una promesa absoluta.

Jesús dijo: "Si dos de ustedes se ponen de acuerdo aquí en la tierra con respecto a cualquier cosa que pidan, mi Padre que está en el cielo lo hará." Eso tiene una larga historia de requisitos en la tradición del Antiguo Testamento acerca de ponerse de acuerdo sobre algún asunto. Sin embargo, a primera vista una lectura sencilla de la Escritura le hará pensar que todo lo que tiene que hacer es encontrar a otra persona que esté de acuerdo con lo que usted haya dicho y será hecho. ¿A cuántos de nosotros nos gustaría ver la cura de un cáncer, o que todas las guerras del mundo se acabaran para siempre? Si pudiéramos hallar dos personas que estuvieran de acuerdo en ello, conforme a lo que Jesús dijo allí se llevaría a cabo instantáneamente. Obviamente, no es eso lo que quiso decir. ¿Cuándo podemos estar categórica y absolutamente seguros de que vamos a obtener lo que pedimos?

Creo que hay ocasiones en las que Dios efectivamente establece promesas de manera categórica. Por ejemplo, se nos dice que si confesamos nuestros pecados, Dios es fiel y justo para perdonarnos y limpiarnos de toda maldad. Creo que la Escritura deja en claro que, cuando una persona se arrepiente de su pecado, viene ante Dios con un espíritu sincero de contrición, y confiesa y reconoce ese pecado ante él, esa persona puede creer con absoluta certeza que su oración ha sido oída y contestada.

En otro pasaje, cuando Jesús nos anima a orar y dice: "Ustedes no tienen porque no piden," hace esta analogía: "Ustedes, los que son padres, si sus hijos les piden un pedazo de pan, ¿acaso les dan una piedra en su lugar? O si les piden un pescado, ¿les dan una serpiente?" Él dice esa clase de cosas. Jesús nos anima a traer nuestras peticiones ante Dios, tal como Pablo dice: "Hagan sus peticiones con acción de gracias y traigan ante Dios aquellas cosas que están en sus mentes y corazones." Hay determinadas cosas que Dios promete dar siempre.

Hay otras cosas que está demás pedir. Si conocemos las Escrituras, hay ciertas cosas que no pediremos. Recuerdo haber visto en la televisión una entrevista a un hombre que mantenía una serie de prostíbulos. Decía que había hecho un acuerdo con Dios al entrar en este negocio: daría un porcentaje de sus ingresos a Dios si él bendecía su negocio; Dios había bendecido su negocio, y él devolvía el favor mediante todo el dinero que daba a la iglesia. Bueno, pedir a Dios que bendiga algo que aborrece es orar contra la voluntad moral de Dios.

Hay muchas otras peticiones que quedan entre aquellas cosas por las cuales no debemos pedir y aquellas por las cuales debemos orar con seguridad. Traiga la petición ante Dios en humildad, y luego deje que Dios sea Dios. A veces dice que sí, y otras veces dice que no. Traiga su petición, y luego deje que el Padre decida.

• En Números 14 pareciera que Moisés hizo que Dios cambiara de actitud. ¿Cómo se explica esto?

En el Nuevo Testamento, "cambiar de actitud" significa *arrepentirse*. Cuando la Biblia habla de mi arrepentimiento, o del suyo, significa que somos llamados a cambiar nuestras actitudes o disposiciones con respecto al pecado, que debemos alejarnos del mal. *Arrepentirse* conlleva esta clase de connotaciones, y cuando hablamos del arrepentimiento de Dios, de alguna forma sugiere que Dios debe alejarse de hacer algo perverso. Sin embargo, no siempre es eso lo que la Biblia quiere decir cuando usa esta palabra.

Usar una palabra como *arrepentimiento* con respecto a Dios suscita algunos problemas. Cuando la Biblia describe a Dios, usa términos humanos, porque el único lenguaje que Dios tiene para hablarnos de sí mismo es nuestro lenguaje humano. El término teológico para esto es *lenguaje antropomórfico,* que es el uso de formas y estructuras humanas para describir a Dios. Cuando la Biblia habla sobre los pies de Dios o el brazo derecho del Señor, de inmediato lo reconocemos simplemente como una forma humana de hablar sobre Dios. Sin embargo, cuando usamos términos más abstractos como *arrepentirse,* nos confundimos.

Hay un sentido en el cual parece que Dios cambia de actitud, y hay otro en el cual la Biblia dice que Dios nunca cambia de actitud, porque es omnisciente. Él sabe todo desde el comienzo, y es inmutable. No cambia. No hay sombra de variación en él. Él sabe lo que Moisés va a decirle antes de que Moisés siquiera abra su boca para interceder por esa gente. Entonces, luego de que Moisés habló, ¿cambió Dios repentinamente de actitud? No tiene más información de la que tenía un momento antes. Nada ha cambiado en el conocimiento de Dios o su evaluación de la situación.

¿Qué cosa en las palabras y acciones de Moisés podría haber motivado a Dios a cambiar de actitud? Creo que lo que tenemos aquí es el misterio de la providencia por el cual Dios ordena no solamente los fines de las cosas que acontecen sino también los medios. En la Biblia, Dios establece principios en los cuales pronuncia amenazas de juicio para motivar a su pueblo al arrepentimiento. A veces dice específicamente: "Si ustedes se arrepienten, no daré cumplimiento a la amenaza." No siempre añade esa variante, pero está ahí. Creo que esta es una de aquellas instancias. Se entiende tácitamente que Dios pronunciaba una amenaza de juicio sobre este pueblo, pero si alguien intercedía sacerdotalmente por ellos, él concedería gracia en lugar de aplicar la justicia. Creo que eso yace en el corazón de aquel misterio.

¿Se confunde Dios? ¿Tropieza en medio de tantas opciones como *¿Debería hacer esto? ¿No debería hacer aquello?* ¿Se decide por una línea de acción y luego piensa *Bueno, después de todo, quizás no sea una buena idea,* y cambia de opinión? Obviamente Dios es omnisciente; Dios es todo sabio. Dios es eterno en su perspectiva y en su conocimiento cabal de todo, de manera que no modificamos la actitud de Dios. Sin embargo, la oración cambia las cosas. Nos cambia a nosotros. Y hay momentos en los que Dios espera que nosotros pidamos las cosas porque su plan es que obremos con él en el glorioso proceso de llevar a cabo su voluntad en la tierra.

• ¿Nos habla Dios? Y si es así, ¿cómo se comunica con nosotros?

En primer lugar, permítanme decir que sí, hay un sentido en el cual Dios nos habla, pero también hay un sentido en el cual no nos habla. Cuando la gente me dice: "El Señor me dijo que hiciera algo," me gustaría preguntarles: "¿Cómo suena la voz del Señor? ¿Me está diciendo que oyó una voz del cielo tan audible como la voz que habló en el bautismo de Jesús diciendo: 'Este es mi Hijo amado, quien me da un gran gozo,' o la voz que le habló a Saulo en el camino a Damasco?" En la Biblia leemos que hubo ocasiones en las que Dios le habló audiblemente a la gente. Pero aun en la vida de Jesús, en el Nuevo Testamento se registran sólo tres ocasiones en las cuales Dios habló audiblemente a su Hijo unigénito.

En la vida de los más grandes santos, tales incidentes son extremadamente escasos. Sin embargo, no hay manera más fácil de lograr que la gente apruebe lo que quiero hacer, o de eludir cualquier crítica posible, que encabezar mis ideas diciendo: "El Señor me dijo que hiciera esto." Con eso estoy diciendo, en esencia, que si alguien cuestiona lo que digo, es como si estuviera discutiendo con Dios. Creo que tenemos la obligación unos con otros de no enjuiciar sino preguntar amablemente: "¿Cómo sabe usted que el que le habló era Dios?" ¿Cuál es la diferencia entre la voz interna de Dios y una indigestión? Dios puede hablarnos (y nos habla —quiero recalcar eso), pero la forma principal a través de la cual Dios habla con su pueblo es a través de su Palabra escrita. A veces no queremos pasar por la dificultad de estudiar la Palabra; eso requiere trabajo. La gente puede simplemente guiarse por corazonadas, intuiciones y sentimientos, y bautizar dichos sentimientos e intuiciones como si fueran un mandato divino proveniente del cielo.

Recuerdo un momento muy difícil de mi propio ministerio y mi propia vida en que la escuela en la que yo era docente se estaba trasladando y yo no quería ir al lugar al cual se mudaban, de manera que pasé seis meses sin empleo. La pregunta más difícil de mi vida en ese tiempo era: "Dios, ¿qué quieres que haga?" Aquello me tenía en agonía, orando desesperadamente durante varias horas cada día. Hubo cinco amigos cercanos bien intencionados y profundamente espirituales que se me acercaron y me dijeron que Dios les había dicho que se suponía que yo debía hacer X, Y, o Z. Pensé que eso era extraordinario porque las cinco cosas que el Señor les dijo que me dijeran me habrían hecho tomar cinco diferentes empleos en cinco ciudades diferentes. Lo único que me gustó de aquello fueron los cinco diferentes salarios, pero no sabía cómo estar en cinco lugares al mismo tiempo. Obviamente, había alguien que no tenía la mente de Cristo.

Exhorto a los cristianos a ser muy, muy cuidadosos antes de decirle a la gente: "Dios me dijo esto." Usted puede decir: "Creo que tal vez Dios me está guiando en esta dirección." Esa es una forma mucho más humilde de expresarlo.

• ¿Es correcto decir "si es tu voluntad" cuando oramos?

No creo que al orar haya muchas cosas más apropiadas que decir "si es tu voluntad." Sé que algunas personas desaprueban esa clase de afirmaciones en la oración, diciendo que es una especie de resignación y que debemos orar creyendo que nuestras oraciones son oídas y contestadas incluso antes de que veamos los resultados. Piensan que decir "si es tu voluntad" es un acto de incredulidad.

Hay situaciones en las que no debemos decir "si es tu voluntad." A veces acudimos a Dios en oración con respecto a cosas sobre las cuales él claramente ha hecho una promesa —por ejemplo, cuando Dios dice que si confesamos nuestros pecados, él es fiel y justo para perdonarnos—, de modo que cuando nos arrepentimos, confesamos nuestros pecados a Dios y pedimos su perdón, no es necesario añadir "si es tu voluntad."

La única regla absoluta que creo que todos deberíamos llevar a nuestro rincón de oración es que, cada vez que le hablamos a Dios, debemos recordar en todo momento quiénes somos nosotros y quién es él. No ofendemos al Omnipotente al expresar el hecho de que estamos dispuestos a someternos a su voluntad.

El mejor de todos los precedentes posibles para decir "si es tu voluntad" está registrado en el Nuevo Testamento. En la gran pasión de nuestro Señor, cuando entró en agonía en el Huerto de Getsemaní y debatió con su Padre, dijo: "Que pase de mí esta copa de sufrimiento." Jesús casi retrocedió la noche anterior a su muerte. Recuerden, no estaba simplemente enfrentando la muerte; estaba enfrentando el castigo del infierno por los pecados de todos. Me resulta absolutamente imposible entender la medida total del sufrimiento que Jesús enfrentaría al día siguiente. En el huerto Jesús exclamó: "Que pase de mí esta copa de sufrimiento. Sin embargo, quiero que se haga tu voluntad, no la mía." Eso es lo mismo que decir: "Si es tu voluntad, no me pidas que haga esto." Siendo así, el Hijo estaba diciendo: "En verdad me gustaría que esta copa terminara en otra parte, pero si no es eso lo que quieres, entonces dame la copa, y la beberé hasta su amargo final." Creo que es así como deberíamos respetar a Dios cuando acudimos a él en oración.

Dios nos anima a traer nuestras peticiones con acción de gracias y confesión, y se nos dice que no tenemos porque no pedimos. Jesús nos dice que Dios, en algunos aspectos, es como un padre humano, y ¿qué padre nos daría una piedra si le pedimos pan? Dios quiere contestar nuestras oraciones; quiere acudir en nuestra ayuda. Sin embargo, al mismo tiempo debemos ser respe-tuosos y humildes cuando venimos ante su presencia. Decir "si es tu voluntad" expresa simplemente nuestro respeto por la soberanía de Dios.

- ## Como cristianos, ¿deberíamos preocuparnos por repetir oraciones? En Mateo 6:7, Jesús llama "parlotear de manera interminable" a las oraciones de los paganos.

Esta es parte de la enseñanza de Jesús en el Sermón del Monte, en la cual des-cribe la diferencia entre la clase de adoración y conducta espiritual que agrada a Dios, y la que habían hecho popular los fariseos; un ejercicio de hipocresía y, por lo tanto, desagradable para Dios.

Jesús alude a "parlotear de manera interminable," el recitar prolongada-mente invocaciones y oraciones creyendo que hay algún poder en las caden-cias o la mera pronunciación de las palabras. Jesús nos advierte contra eso.

No se deduce, sin embargo, que nunca se nos permita repetir una oración. Esta pregunta surge a raíz de la práctica de la iglesia, por ejemplo, en que repe-timos frecuentemente el Padre Nuestro. Algunos han señalado que, cuando los discípulos le dijeron a Jesús: "Enséñanos a orar," Jesús dijo: "Deberían orar de la siguiente manera"; no dijo: "Deberían orar esto." Él no nos mandó repe-tir exactamente esa oración una y otra vez. Sin embargo, no creo que la iglesia haya hecho algo malo usándola así, siempre y cuando seamos cuidadosos de no permitir que nuestra práctica de repetir oraciones le haga perder sentido.

Recordemos, por ejemplo, cuando Jeremías reprende al pueblo de Israel en su famoso discurso del templo, registrado en Jeremías 7:1-4, cuando dice: "Ellos repiten: '¡El templo del SEÑOR está aquí! ¡El templo del SEÑOR está aquí!'." Ellos lo recitaban varias veces, y Jeremías dijo: "No se dejen engañar." Su reprensión al pueblo de Israel en ese punto era que ellos habían puesto su confianza en la mera pronunciación de estas fórmulas externas. Ellos creían que tenían una especie de poder espiritual por el simple hecho de recitar mecánicamente las palabras una y otra vez.

Eso se acerca peligrosamente a la magia, y lo vemos en otras religiones en las cuales la gente cree que hay una fórmula mágica o algún conjuro (por ejemplo, la recitación de la palabra *om*) que encierra alguna clase de poder. El cristianismo ve la oración como un acto de comunicación, una situación en la que nos dirigimos personalmente a Dios usando palabras que encierran un contenido, cuestiones reales. Deberíamos ser extremadamente conscientes de lo que le decimos a Dios cuando oramos, o de lo contrario nuestras oraciones se volverán repeticiones vanas y fútiles.

- **¿Hace alguna diferencia si en un día oro cinco minutos, cincuenta minutos, cinco horas o incluso más? ¿Hace alguna diferencia si ora una sola persona, cincuenta o quinientas?**

Hace años, cuando estaba en el seminario, me angustié un poco cuando uno de los profesores del Nuevo Testamento usó el Padre Nuestro como modelo. Dijo: "Aquí Jesús nos está dando una oración. Dice: 'Ora de la siguiente manera.'" Dijo que, en promedio, orar el Padre Nuestro toma dieciocho segundos, y que nuestras oraciones no deberían ser largas, prolongadas y elaboradas, sino muy breves y directas. Uno de los propósitos de darnos el Padre Nuestro era decirnos que no necesitábamos darle a Dios un informe detallado de todo lo que había en nuestra mente, y que dieciocho segundos ya era un lapso suficientemente prolongado que ocupar en el tiempo de la Deidad. Uno de los estudiantes levantó inmediatamente su mano y dijo: "Pero, Profesor, las Escrituras nos dicen que Jesús, antes de seleccionar a sus discípulos, oró toda la noche," a lo cual el profesor respondió en forma algo cínica: "Bueno, usted no es Jesús."

No creo que podamos establecer una regla señalando cuánto tiempo deberíamos ocupar en la oración. Sin embargo, la gente con una rica vida de oración tiene la tendencia a no orar superficialmente. El testimonio de las diferentes épocas muestra que aquellos que oran y luchan con Dios en oración tienden a pasar más de dieciocho segundos (y más de cinco minutos) sobre sus rodillas. Lutero solía decir que cuando tenía un día ocupado, se levantaba una hora más temprano para entregarse a la oración, y si tenía un día *realmente* pesado, se levantaba dos horas más temprano para asegurarse de comenzar con dos horas de oración. No digo que Lutero sea el ejemplo que toda persona debería seguir. Si tenemos presente que la oración no es solamente un ejercicio sino un tiempo pasado en la presencia de Dios aprendiendo sobre Dios y sobre nosotros mismos, entonces se entenderá que cualquier creyente serio querrá pasar mucho tiempo en oración. Para alguien, mucho tiempo podrán ser quince minutos dependiendo de su nivel de crecimiento y de su llamado; para otra persona, puede ser un día entero o incluso más.

¿Es más efectiva la oración cuando hay más gente orando por lo mismo? Santiago 5:13-18 nos recuerda la eficacia de un solo hombre. Allí usa a Elías como su ejemplo. Sólo aquel hombre detuvo el agua por tres años y medio a través de su ardiente oración, siendo un hombre justo. Me gusta que ciertas personas oren por mí, personas de las cuales sé que son guerreros de oración. Un anciano que acostumbraba orar por nosotros era un misionero retirado, con más de ochenta años. Ya no estaba en condiciones físicas como para continuar con las rigurosas actividades del campo misionero, pero no quería retirarse por completo. Todos los días se entregaba a la oración durante ocho horas. Ahora bien, ese hombre realmente sabía orar, ¡y yo quería que él orara por mí! Si hubiera podido encontrar otros cinco como él, los hubiera agregado también. Me gusta contar con todo el apoyo que me sea posible. No sé si Dios cuenta las narices cuando escucha las oraciones, pero hay un valor, que obviamente se deduce de las Escrituras, en la oración colectiva, en la cual los creyentes oran unánimemente. Los discípulos se reunieron en el aposento alto y oraron juntos, elevando una petición colectiva a Dios. Yo diría, entonces, que tal como hay sabiduría en una multitud de consejeros, hay una mayor eficacia cuando movilizamos nuestras oraciones juntos.

- ### *En el Nuevo Testamento, Jesús habla de orar por la gente. ¿Podemos estar seguros de que Cristo orará por ellos si se lo pedimos?*

Creo que podemos decir con certeza que los cristianos no sólo pueden estar seguros de que Jesús orará por la gente si se lo pedimos, sino también de que orará por ellos aun si no lo pedimos. Esa es la promesa que nos hizo. Muy a menudo pasamos por alto esta dimensión del ministerio de Jesús. Nos emocionamos con la Navidad, y está bien hacerlo; y nos emocionamos con la crucifixión y la resurrección. Sin embargo, pasamos por alto la ascensión de Jesús y lo que eso significa para nosotros. Después de resucitar, él ascendió al cielo. *Ascender,* en el Nuevo Testamento, es un término técnico que significa que una persona pasa a ocupar un lugar de autoridad. Jesús es investido como Rey de reyes y Señor de señores. Asiste a su coronación, en la cual Dios le da toda autoridad sobre el cielo y la tierra. Pero este no es el único rol que juega.

Como nuestro Mesías y Salvador, él es un Rey-Sacerdote. A la vez que es Rey de reyes, se desempeña como el gran Sumo Sacerdote. La principal tarea del Sumo Sacerdote en el cielo es interceder por su pueblo. Esto significa que Jesús ora por nosotros y lleva tanto nuestras peticiones como nuestras preocupaciones ante el trono de Dios. En la noche de su traición, cuando Jesús celebró la Pascua con sus discípulos por última vez, predijo que Judas lo traicionaría y que Simón Pedro lo negaría. En Lucas 22, dijo: "Simón, Simón, Satanás ha pedido zarandear a cada uno de ustedes como si fueran trigo; pero yo he rogado en oración por ti, Simón, para que tu fe no falle, de modo que cuando te arrepientas y vuelvas a mí fortalezcas a tus hermanos." Aquí vemos un ejemplo de Cristo orando por Pedro incluso antes de que Pedro lo pidiera. Pedro ni siquiera se daba cuenta de que necesitaba una oración intercesora. Negó que alguna vez fuera a hacer algo semejante, pero Jesús ya había orado por él.

Un capítulo excelente para leer acerca de las oraciones de Cristo por nosotros es Juan 17. Esta es la oración de Jesús más extensa registrada en la Escritura. Se le llama la Oración Sacerdotal de Cristo, y es una magnífica oración de intercesión. Puedo decirle a cualquier cristiano: en ese momento de la historia, Cristo oró por usted. Así como intercedió por sus discípulos, él rogó al Padre no sólo por el bienestar de ellos, sino para que la bendición del Padre viniera sobre todos aquellos que creerían por medio de ellos, y eso nos incluye a nosotros.

• ¿Oye Dios las oraciones de un no cristiano?

Dios oye las oraciones de todos en la medida en que ellas alcanzan sus nervios auditivos (aunque él no tiene nervios auditivos). Quiero decir que Dios es agudamente consciente de todo lo que decimos. En ese sentido, Dios oye cada oración. Sin embargo, presumo que la verdadera pregunta aquí es ¿Oye Dios y honra las oraciones de los no creyentes?

En la Escritura hay evidencia de que a veces Dios no solamente oye las oraciones de los no creyentes, sino que las responde. La Biblia deja muy claro que Dios no se agrada en absoluto con las oraciones hipócritas. Dios nos dice en su Palabra que él no despreciará un corazón contrito y humillado (Sal. 51:17). A la inversa, él aborrece la arrogancia y las oraciones de los soberbios, sean cristianos o no. En numerosos pasajes, la Biblia nos dice que Dios se agrada y honra solamente aquellas oraciones que provienen de un corazón verdaderamente penitente. Cuando oramos como personas reconciliadas, tenemos la promesa de que Dios nos oirá. ¿Realmente un no creyente ha tratado con el Mesías que Dios envió al mundo? Dios manda a todos los hombres, en todas partes, que vengan a los pies de la cruz en busca de redención y reconciliación. Esta no es una condición que podamos negociar. Como cristianos, estamos comprometidos con el Hijo de Dios porque creemos en él y sólo en él, y creemos que él es el único medio de redención que Dios ha provisto para la raza humana. Si oramos, Dios quiere que lo hagamos a través del Hijo. El acceso al Padre es a través del Hijo.

• ¿Se niega Dios a contestar las oraciones de un cristiano que peca deliberadamente, aun después de un arrepentimiento sincero?

Cuando nos referimos a cristianos que pecan deliberadamente, estamos hablando de todos los cristianos que han vivido, y hablamos de algo que los cristianos hacen cada día de sus vidas. Podemos hablar de pecados cometidos por ignorancia, y cosas así, pero espero que reconozcamos que la gran mayoría de los pecados que cometemos son acciones deliberadas. Pecamos porque queremos, porque elegimos pecar.

La distinción "peca deliberadamente" me inquieta, porque mucha gente no confesaría el hecho de que su pecado es intencional. Dicen: "Oh, no quería hacerlo." En realidad, sí querían. Lo que hace del pecado una ofensa tan grave contra Dios es que lo desobedecemos deliberadamente en incontables ocasiones a lo largo de nuestra vida. Si Dios rehusara oír las oraciones de los cristianos que han pecado deliberadamente contra él y luego se han arrepentido, Dios no escucharía demasiadas oraciones.

Por el contrario, la Biblia nos dice que si pecamos, deliberadamente o no, y confesamos ese pecado, tenemos la promesa de Dios: si en verdad nos arrepentimos, Dios nos perdonará esos pecados. Si nos arrepentimos no nos dará la espalda ni se negará a oír nuestras oraciones.

Pero, ¿qué sucede si, como cristiano, estoy envuelto en constantes pecados voluntarios sin arrepentirme? Esa es una contradicción. Quizás atravesemos un período de impenitencia, pero si permanecemos dilatadamente en actitud impenitente, es una indicación de que Cristo no está de ningún modo en nosotros. Cuando un cristiano verdadero es confrontado por la Palabra de Dios, tarde o temprano experimenta el arrepentimiento.

Los cristianos verdaderos pueden tener períodos prolongados de pecado impenitente; sabemos eso. ¿Qué sucede durante ese tiempo? Se nos advierte que Dios resiste a los soberbios y da gracia a los humildes (Pr. 3:34). No hay un despliegue más evidente de soberbia y arrogancia que cuando una persona peca voluntariamente contra Dios, mostrando una falta de inclinación a arrepentirse y continuando en una desobediencia desafiante. Cuando hacemos esto, adoptamos una postura según la cual Dios dice que nos resistirá. Durante ese tiempo, nuestras oraciones lo insultan y ofenden. Cualquier oración hipócrita es ofensiva a Dios, tanto si es ofrecida por un cristiano como por un no cristiano. Cuando pecamos, debemos arrepentirnos y venir a Dios humildemente. Si lo hacemos así, podemos estar seguros de que nos oirá.

• Como cristianos, ¿cómo podemos tener más poder en nuestra vida de oración?

Estoy asumiendo que esta pregunta significa ¿Cómo podemos obtener resultados más efectivos a partir de las oraciones que traemos ante el Padre? Creo que encontramos algunas pistas en el Nuevo Testamento. La primera es que "no tenemos lo que deseamos porque no se lo pedimos a Dios" o porque pedimos equivocadamente (St. 4:2-3). Se nos dice que Dios da gracia a los humildes mientras que resiste a los soberbios. Eso me dice que cuando venimos ante Dios en oración, como señala la Escritura más extensamente en muchos pasajes, debemos venir en una actitud adecuada. La oración es uno de los momentos de adoración más profundos que experimenta un individuo. Creo que, con el fin de experimentar la actitud adecuada en la cual venimos ante Dios, debemos recordar quién es aquel a quien le estamos hablando. Debemos ser agudamente conscientes de quién es Dios.

En una oportunidad, Martín Lutero respondió una pregunta similar. La gente estaba frustrada porque no recibía las respuestas que quería a sus oraciones. Veían a Dios como una especie de servidor cósmico que trabajaba veinticuatro horas al día para satisfacer cada deseo y antojo que presentaran ante él. Al aconsejar a su parroquia, Lutero dijo: "Dejen que Dios sea Dios." Esa es la actitud que debemos tener cuando acudimos a Dios en oración. Recordar quién es él, y dejarlo ser Dios. Él es el que tiene el poder.

Debemos también recordar quiénes somos nosotros. Cuando oramos, deseamos poder presentarnos ante Dios como nuestro Padre y llamarlo "Abba," tal como el Espíritu nos permite hacerlo. Debemos acudir valientemente ante el trono de gracia, pero nunca de manera arrogante. En un sentido, los cristianos modernos actuamos casi con demasiada familiaridad al hablar con Dios en oración, como si fuera un compadre. Yo, por lo menos, soy lo suficientemente anticuado como para apreciar el viejo lenguaje castizo, las antiguas formas que existían en el lenguaje para dirigirse a alguien. Tenemos que recordar siempre el espíritu de temor y reverencia con el cual debemos acudir a Dios. Creo que si venimos en la actitud correcta, buscando fervorosamente ser obedientes a él, podemos esperar que las cosas sucedan.

9

LA VIDA ESPIRITUAL EN CRECIMIENTO

Ya que han sido resucitados a una vida nueva con Cristo,
pongan la mira en las verdades del cielo,
donde Cristo está sentado en el lugar de honor,
a la derecha de Dios.
Piensen en las cosas del cielo,
no en las de la tierra.
Pues ustedes han muerto a esta vida,
y su verdadera vida está escondida con Cristo en Dios.
Cuando Cristo —quien es la vida de ustedes—
sea revelado a todo el mundo,
ustedes participarán de toda su gloria.

COLOSENSES 3:1-4

Preguntas en esta sección:

- ¿Qué es lo que más le preocupa con respecto al cristiano de hoy?

- ¿Cómo puedo darle a Jesús el primer lugar en mi vida?

- ¿Cómo puedo evitar que se estanque mi crecimiento personal como cristiano?

- ¿Cómo puedo, siendo un cristiano nuevo, obtener una perspectiva equilibrada de lo que dice la Biblia?

- ¿Qué hace usted diariamente en su vida devocional?

- ¿Los cristianos en la actualidad deberían ayunar? Y si es así, ¿por qué razón y con cuánta frecuencia?

- Vivimos en una época en que la gente está muy preocupada por el aspecto y la belleza física. ¿Qué dice la Biblia en cuanto a una persona que cuida su cuerpo? ¿Deberían los cristianos preocuparse de asuntos como el sobrepeso?

- ¿Cómo puedo enfrentar la envidia?

- ¿Cómo debería enfrentar mis dudas en cuanto a la presencia de Dios en mi vida?

- ¿De qué manera afectan el crecimiento espiritual nuestras emociones?

- ¿Cuál es la perspectiva bíblica acerca de la psicología? ¿Cumple la psicología un rol provechoso en el cristianismo?

- ¿Está el hombre compuesto de dos partes: cuerpo y alma; o de tres partes: mente, cuerpo y alma?

- ¿Qué significa ser justo?

- Cuando Jesús dice: "Tú debes ser perfecto, así como tu Padre en el cielo es perfecto," ¿significa eso que podemos alcanzar la perfección? ¿Deberíamos alcanzarla?

- Romanos dice que "los que todavía viven bajo el dominio de la naturaleza pecaminosa nunca pueden agradar a Dios." ¿Significa esto que si un no cristiano hace una obra justa, no agrada a Dios?

- Si el Espíritu Santo vive en nosotros, ¿por qué no podemos vivir vidas perfectas?

- ¿Es posible para los cristianos ser puros en las cosas que dicen y hacen?

- Jesús llama a los cristianos a ser "sal de la tierra" y "luz del mundo." ¿Podría usted señalarnos algunas formas prácticas en las que podemos ser sal y luz?

- ¿Cómo deberíamos estar en el mundo sin ser de él? ¿Qué significa "no ser de él"?

- ¿Cómo podemos demostrar la piedad en nuestra vida?

- ¿Cómo podemos ser audaces en nuestra fe y entusiasmarnos con ella, disfrutando nuestra condición de pueblo elegido, sin volvernos orgullosos?

- Si realmente amamos a Dios, ¿por qué ignoramos sus mandamientos?

- ¿Cómo puede un cristiano encontrar el término medio entre definir sus objetivos y ser guiado por el Espíritu?

- ¿A qué se refiere la Biblia cuando dice que deberíamos esperar en el Señor?

- *La firma para la cual trabajo recientemente llevó a cabo un retiro de planificación a largo plazo, en el cual estableció objetivos para la empresa. Al hacerlo, comencé a revisar los objetivos que tengo tanto en mi vida como en mi carrera, y ahora estoy en conflicto y me pregunto cómo puedo desarrollar en mi vida aquellos objetivos que satisfacen lo que Dios ha planificado para mí. ¿Cómo puedo vivir de la manera más apropiada para su gloria?*

- *Si alguien quisiera leer tres libros cristianos este año, ¿cuáles le recomendaría?*

- *¿Cuál es la mejor manera de prolongar mi vida cristiana útil a medida que envejezco?*

• ¿Qué es lo que más le preocupa con respecto al cristiano de hoy?

Como teólogo y educador, soy parcial, pero mi mayor frustración con los cristianos en general es que parece haber muy pocos de ellos interesados profundamente en aprender las cosas de Dios. Algunos dirán: "Mi pasión es evangelizar," o "Mi pasión es trabajar en los barrios marginales, donde hay seres humanos con necesidades y aflicciones evidentes," todo lo cual me parece valioso.

La reciente Encuesta Gallup acerca del cristianismo norteamericano ha sido el estudio más amplio de la religión que se haya hecho en esta nación, y una de sus deslumbrantes conclusiones fue que, si bien vemos un incremento en el celo público por la actividad religiosa, no vemos una profundidad equivalente en la comprensión de los principios religiosos o una preocupación por la verdad bíblica. Diría que esto me preocupa más que cualquier otra cosa.

Ahora, no sé si eso es lo que más le preocupa a Dios. Si reducimos la experiencia cristiana a lo medular, creo que Dios está más preocupado de la manera en que vivimos. Independiente de cuán instruidos seamos, ¿estamos obedeciendo los mandamientos de Dios? Jesús dijo: "Si me aman, guardarán mis mandamientos; síganme, hagan lo que les digo."

Me preocupa el conocimiento y la comprensión que la gente tiene de la Palabra de Dios porque estoy convencido de que detrás de cada práctica hay una teoría. Esa teoría puede ser muy bien pensada y cuidadosamente diseñada, o puede ser algo que, por así decirlo, sencillamente adoptamos sin un sentido crítico, algo a lo cual respondemos por alguna impresión que nos produjo y en lo cual continuamos automáticamente. No obstante, la manifestación más clara de cuáles son nuestras más profundas teorías es la manera en que vivimos. Practicamos ciertas cosas porque creemos que es lo que hay que hacer.

Cuando me convierto en cristiano, mi corazón es transformado inmediatamente. Ahora tengo una pasión por Dios que antes no tenía. Pero Dios no me hace un agujero en la cabeza para llenarla con información nueva y enseñarme de la noche a la mañana todo lo que él quiere que sepa sobre su identidad y lo que quiere que yo haga. En lugar de eso, nos da las Escrituras en dosis simples y a veces en dosis más completas. La metáfora que usa la Biblia es la distinción que hay entre carne y leche. Primeramente nos llama a comenzar con la leche como nutriente y luego pasar a los asuntos más complejos, la carne. Mi principal preocupación es que parecemos haber adoptado una dieta basada en la leche y nos aterra comer cualquier otra cosa más sustanciosa.

• ¿Cómo puedo darle a Jesús el primer lugar en mi vida?

Tenemos el mandamiento en Mateo 6:33 (RV60): "Buscad primeramente el reino de Dios y su justicia, y todas estas cosas os serán añadidas."

A propósito, la palabra que usa Jesús en ese mandamiento es la palabra griega *protos,* que tiene un poco más de fuerza que la palabra *primeramente* en nuestro idioma. Para nosotros, la palabra *primeramente* parece ser sencillamente un número en una secuencia. En el mandamiento de Jesús hay un importante concepto de prioridad fundamental, y lo que nos dice es que debemos darle a este asunto la prioridad suprema. Se trata de establecer prioridades y objetivos, y eso debe ser lo primero.

Ahora, ¿cómo llevamos esto a la práctica? ¿Cómo puede un cristiano crecer en gracia, devoción, amor, aprecio y obediencia a las cosas de Dios? En teología hablamos de los medios de gracia: la oración, la lectura de las Escrituras, el compañerismo con otros cristianos, la adoración en la congregación de los santos. Esta es la clase de cosas que nos ayudan a ordenar nuestras prioridades.

Permítanme tratar esto de manera muy práctica e incluso psicológica, si se quiere. Todos somos personas con diversos deseos. Tenemos conflictos de deseos. Como cristianos, a todos nos gustaría poder apretar un botón y decir: "Desde ahora voy a darle a Dios el primer lugar en mi vida." Eso funciona hasta que alguna otra cosa ocupa nuestros deseos, y luego ya no queremos que Dios sea lo primero en nuestra vida. Si le diéramos a Dios el primer lugar en nuestra vida de manera permanente, nunca pecaríamos. Sin embargo, cada vez que pecamos se debe a que en ese momento preferimos hacer otra cosa en lugar de obedecer a Dios.

¿Cómo llegamos a ser más constantes en elevar a Dios al lugar correcto que le pertenece en nuestra vida? O, siendo más directos, ¿cómo llegamos a ser más obedientes? Diría que una de las cosas que debemos hacer es reconocer nuestras flaquezas y debilidades, así como el hecho de que tenemos un constante deseo e inclinación a pecar, pero que dichos deseos de pecar y desobedecer no son constantes. Es como con los apetitos físicos. Aquí tenemos una analogía. Sé que para mí es fácil adoptar una dieta después de cenar. Lo difícil para mí es ponerme a dieta antes de cenar. Mis deseos físicos no son constantes; cambian de acuerdo a cuándo comí por última vez, y así por el estilo. Conozco ese aspecto de mí mismo, y sé que si quiero desarrollar una mayor constancia, quizás deba recibir ayuda. Podría entrar por ejemplo en un programa donde se me provea de un sistema de apoyo que me ayude, tal como Weight Watchers [Vigilantes del Peso].

Lo mismo sucede con el desarrollo espiritual. Sabemos que nuestros deseos espirituales no son constantes. Es por eso que cuando tenemos el ánimo alto y deseamos ser obedientes, alimentamos al hombre nuevo y matamos de hambre al hombre viejo utilizando diligentemente los medios de gracia que Dios nos ha dado. [Ver también Mt. 6:33 en la NTV: "Busquen el reino de Dios por encima de todo lo demás y lleven una vida justa, y él les dará todo lo que necesiten."]

• ¿Cómo puedo evitar que se estanque mi crecimiento personal como cristiano?

Conozco una sola forma de evitar que su crecimiento cristiano se estanque, y consiste en morir. La única vez que el crecimiento cristiano se detiene por completo es con la muerte. Eso sucede porque no necesitamos seguir creciendo; somos trasladados al estado de glorificación. Si una persona está en Cristo y Cristo está en esa persona, es imposible que el cristiano deje de moverse o crecer. A veces puede parecer que nuestro crecimiento cristiano se ha detenido y se halla estancado, pero creo que eso es una mera apariencia externa.

Obviamente, la velocidad de nuestro crecimiento cristiano puede variar, y tendemos a pasar por altibajos. A veces avanzamos dando grandes pasos y otras veces lo hacemos a paso de caracol. Cuando avanzamos de una manera penosamente lenta, tal vez pensemos que nos hemos estancado por completo. Nuevamente, si no hay evidencia de crecimiento alguno, diría que es tiempo de examinar nuestra alma y nuestro corazón para ver si estamos o no en Cristo porque, cuando el espíritu de Cristo habita en una persona, nunca permitirá el estancamiento total.

Si queremos acelerar el paso de nuestro crecimiento cristiano, creo que debemos incorporar algunas claves prácticas importantes. El crecimiento cristiano, bíblicamente, se describe habitualmente en términos de discipulado. Ser un discípulo de Jesús significa ser un estudiante en la escuela de Cristo. Eso no significa simplemente acumular información o conocimiento intelectual, sino llegar a un entendimiento de lo que agrada a Dios y lo que agrada a Cristo. Significa aprender a imitarlo en nuestras diferentes formas de andar con él.

La palabra *discipulado* está muy cercana a la palabra *disciplina*. Crecer requiere alcanzar una disciplina espiritual. ¿Cómo lo logramos? Cuando tratamos de progresar en algún área, muchas veces eso requiere disciplina, sea para dominar la técnica del piano, un esfuerzo atlético o el aprendizaje en una universidad o escuela pública. Debemos entender que la disciplina no surge por arte de magia. La mejor forma que conozco de llegar a ser disciplinado es aprendiendo primero patrones de disciplina bajo la tutela de otra persona. Si usted tiene problemas para crecer, involúcrese tan pronto como pueda en un grupo de crecimiento cristiano, donde esté bajo la disciplina de un pastor o de un líder espiritual, y donde, al formar parte de un grupo, aprenderá junto a otros las técnicas del crecimiento personal.

• *¿Cómo puedo, siendo un cristiano nuevo, obtener una perspectiva equilibrada de lo que dice la Biblia?*

Cada vez que los cristianos nuevos leen la Biblia por su cuenta, están expuestos a una distorsión. Uno de los grandes artículos de fe de la Reforma fue el principio de la interpretación privada, es decir, que a cada cristiano se le reconoció el derecho a leer la Biblia por su cuenta. La iglesia católica romana resistió aquello porque entendía que una persona sin instrucción ni preparación podía llegar muy fácilmente a malas interpretaciones y distorsiones de la Escritura. Advirtió, por ejemplo, que dejar a los laicos leer la Biblia podría abrir la compuerta de la iniquidad. Lutero respondió a eso diciendo que sí, la gente sin instrucción podría abrir la compuerta de la iniquidad, y que por eso Dios ha puesto maestros en la iglesia. Sin embargo, dijo también que el mensaje básico y esencial que todo cristiano debía entender era tan claro, y tan manifiesto, que hasta un niño podía entenderlo. Es tan importante, y vale tanto la pena, que si conlleva el riesgo de abrir la compuerta de la iniquidad, dijo Lutero, que así sea.

Estoy de acuerdo con ello, pero al mismo tiempo, también soy consciente de las grandes dificultades que acompañan a la lectura inicial de la Escritura, particularmente cuando no se tiene una tutela sana.

La Biblia es un libro grande, pero no es lo suficientemente grande como para no poder ser leído en su totalidad. Es importante que entendamos las partes individuales de la Escritura a la luz del conjunto. Lutero, cuidadoso como era de prestar una detallada atención a cada pasaje y versículo, siguió considerando como parte de su tarea anual leer la Biblia completa. Siempre tenía en mente la escena completa —la extensión total de la Escritura— mientras trabajaba en las secciones individuales. Es como andar a través de un extenso bosque. Dijo que en la primera recorrida, lo único que pretendemos es llegar al otro extremo. A medida de que aumenta nuestro conocimiento, comenzamos a notar agrupaciones separadas de árboles, y luego de un tiempo habrá ciertos árboles que se destacarán en forma especial. A medida que examinemos individualmente los árboles, y quizás los trepemos, examinaremos las diferentes ramas. El estudio bíblico, dijo él, no es tan divertido hasta que llegamos a examinar cada hoja por separado, disfrutando y explorando aquella hoja en todo lo que ofrece. Eso es lo que a Lutero le gustaba hacer como erudito bíblico, observar aquellas palabras y pasajes tan llenos de vida. Dijo que, para evitar obsesionarse con una sola porción de ella, hay que "dejar que el viento de la totalidad a veces sople a través de la mente."

Escribí un libro titulado *Knowing Scripture* (disponible en español bajo el título *Cómo estudiar e interpretar la Biblia*), en el cual expongo una pauta práctica para alguien que lee la Escritura por primera vez. La mayoría de la gente comienza en Génesis, y lo encuentra divertido, interesante, y fácil. Llegan a Éxodo y está lleno de aventuras. Pero tan pronto como llegan a Levítico y Números, se extravían y renuncian. Hay una forma de leer la historia del Antiguo Testamento en la cual podemos saltearnos algunos de estos pasajes difíciles y extraños para hacerlo en una versión más resumida. De esa forma captamos el sentido general, y podemos, entonces, volver para llenar los espacios vacíos.

• ¿Qué hace usted diariamente en su vida devocional?

Para ser franco, no tengo lo que alguien llamaría devocionales diarios en términos de una rutina establecida. Mi patrón de actividades varía día tras día, semana tras semana y mes tras mes. Cada día paso un período de tiempo en oración. En algunas ocasiones, ese período es más largo y a veces más intenso que en otras. Sin embargo, no soy la clase de persona que funcione bien en un ambiente altamente estructurado. Otras personas tienen una agenda diaria más similar a una rutina y a ellas les resulta muy útil.

Diría que si tomamos la cantidad de tiempo que ocupo en las Escrituras en el transcurso de una semana, probablemente sería considerado mucho estudio. Sin embargo, no hago una distinción entre una lectura devocional de la Escritura y el estudio de la misma. Para mí, todo estudio de la Escritura es un acto devocional, y toda práctica devocional de lectura debería ser un estudio serio. No hay nada mágico en pasar diez minutos leyendo la Escritura.

Sé que la gente sufre sintiéndose culpable con respecto a esto porque en ciertas subculturas cristianas se espera que todo el mundo tenga cada día un período establecido de tiempo para la lectura bíblica y la oración. Ahora bien, las Escrituras nos dicen que meditemos en la Palabra de Dios de día y de noche, de manera que nuestra atención a las Escrituras debería ser devota, seria y rigurosa. Yo recomiendo pasar mucho más de diez o quince minutos al día estudiando las Escrituras. Sin embargo, debemos ser cuidadosos de no imponer sobre la comunidad cristiana un patrón establecido de estudio bíblico u oración. No debemos imponer a otros sistemas personales de devoción como pruebas de espiritualidad. Esto le ha causado mucho daño a la gente que no funciona bien siguiendo un método estructurado de oración y estudio.

Por otro lado, algunos de nosotros somos tan indisciplinados que no prestamos una adecuada atención a la importante cuestión de orar y estudiar la Escritura. Estos son nuestros deberes como cristianos, y también es nuestro deleite el pasar tiempo con Dios. Debemos "nunca dej[ar] de orar." Jesús adoptó como una práctica apartar un tiempo para tener momentos devocionales de oración. Si la oración fue algo que Jesús consideró necesaria para sí mismo, ¿cuánto más necesaria debería ser para nosotros? No le recomendaría mi rutina a otros, pero recuerden que mi trabajo, mi llamado y mi vocación es ser maestro de la Palabra de Dios, de modo que se me pide ocupar grandes cantidades de tiempo en ello. Cada persona debe descubrir por sí misma lo que funciona mejor para integrar la oración y el estudio bíblico en la vida diaria.

• ¿Los cristianos en la actualidad deberían ayunar? Y si es así, ¿por qué razón y con cuánta frecuencia?

De los medios de gracia dados por Dios a la iglesia, creo que el ayuno es uno de los más descuidados. Tiene un tremendo trasfondo y apoyo bíblico. El ayuno era una práctica regular en la casa de Israel, y dicha tradición fue trasladada a la iglesia del Nuevo Testamento. Cuando los discípulos no lograron tener éxito en su intento de expulsar ciertos demonios en una ocasión, Jesús les dijo: "Este género con nada puede salir, sino con oración y ayuno."

Jesús respaldó el ayuno. Durante su tentación ayunó cuarenta días, y santificó el medio de gracia ayunando él mismo. Creo que no deberíamos descuidarlo. En la iglesia católica romana, el ayuno es una disciplina regular. Hasta no hace mucho, en la iglesia católica romana aún existía la tradición de no comer carne los viernes. Algunos católicos lo continúan practicando. En ese nivel, el ayuno no implicaba dejar de comer por completo, sino que dejaba a un lado ciertos elementos de la comida. Muchos protestantes objetaron la forma católica romana de ayunar porque el ayuno era visto, además, como una obra meritoria en la iglesia católica romana, y la gente pensaba que al participar en esta práctica estaban sumando puntos para entrar al reino de Dios. Los protestantes, celosos de la justificación sólo por fe, arrojaban al bebé junto con el agua de la bañera, y descartaban el ayuno para que no se malinterpretara como una forma de ganar por obras la entrada al reino de Dios. Sin embargo, el ayuno está reapareciendo.

¿Cómo llevamos esto a cabo de una manera práctica? Algunos están de acuerdo con el concepto del ayuno, pero se enferman al practicarlo. Hay personas —como los diabéticos— para las cuales sería irresponsable el ayuno total y completo. Deberían practicar sólo tipos parciales de ayuno, y solamente bajo el control de un médico. Somos responsables de administrar bien nuestros cuerpos, y nuestro ayuno debería ser efectuado inteligentemente. Recuerdo la primera vez que ayuné. Simplemente decidí que no comería nada durante cuatro días, y fue una tremenda experiencia espiritual para mí pasar esos cuatro días sin una pizca de alimento, pero al cabo de los cuatro días estaba casi muerto. Tuve toda clase de problemas. Tuve problemas estomacales porque fue insalubre para mí pasar cuatro días sin comida en el estómago. Pienso, entonces, que cada persona debe resolver esto en su conciencia ante Dios y no sentir una compulsión a ayunar de una manera que podría producirle daño. Hay varios libros buenos disponibles con respecto a la disciplina del ayuno, y todo cristiano debería incorporar esta disciplina en alguna medida.

- **Vivimos en una época en que la gente está muy preocupada por el aspecto y la belleza física. ¿Qué dice la Biblia en cuanto a una persona que cuida su cuerpo? ¿Deberían los cristianos preocuparse de asuntos como el sobrepeso?**

Cuando usted pregunta si los cristianos deberían preocuparse del sobrepeso, ¡me está pisando los callos! Pero eso me recuerda la historia de un amigo mío. Era un clérigo episcopal y un hombre muy desinhibido, que fumaba un cigarrillo tras otro. Una dama de su congregación estaba muy disgustada con el hábito de fumar que tenía este hombre, y entre paréntesis, ella lucía un notable sobrepeso. Ella se presentó al sacerdote y le dijo: "¿No sabe usted que al fumar está manchando el templo del Espíritu Santo con nicotina?" Mi amigo miró a la mujer y respondió: "Sí, señora, supongo que estoy manchando el templo, pero usted lo está hinchando." No sé de qué manera continuó la relación entre el pastor y aquel miembro de su congregación tras el intercambio, pero ilustra que a veces somos selectivos en cuanto a definir cuales hábitos son saludables y cuáles no. Establecemos algunos como prueba de espiritualidad porque nosotros no los practicamos. El punto al cual el clérigo estaba tratando de llegar, no tan sutilmente, por cierto, era que si bien él practicaba este hábito autodestructivo, aquella mujer también estaba dañando su cuerpo con su sobrepeso.

Vivimos en una cultura que tiende a glorificar los cuerpos esbeltos y a denigrar a la gente que no satisface dichos estándares estéticos. No veo en qué lugar de la Biblia se nos dice que se supone que deberíamos satisfacer los estándares estéticos de cierta cultura, o que todos deberíamos lucir de la misma manera, moldeados por los símbolos sexuales de turno. Sin embargo, desde una perspectiva bíblica, la condición de nuestros cuerpos realmente importa. Se nos ordena cuidar nuestros cuerpos, ser buenos administradores de nuestro bienestar físico, y creo que si tenemos dudas acerca de si nuestro peso es adecuado o no, probablemente sea algo que deberíamos consultar con nuestro médico. Nuestros médicos se están preocupando cada vez más por algunos de los problemas ocasionados por el peso excesivo. Las ciencias médicas han descubierto muchos vínculos entre nuestro bienestar emocional, mental y físico. Yo diría que una mala salud o condición en cualquier área de la vida —incluyendo la espiritual— afectará la vida entera, y debemos prestar atención a las áreas que presenten problemas.

• ¿Cómo puedo enfrentar la envidia?

Me alegra que haya preguntado eso porque es la clase de pregunta que casi nunca oímos en la comunidad cristiana. Obviamente es un asunto que a Dios le preocupa grandemente. La Biblia tiene mucho que decir sobre la envidia y otros sentimientos similares que tenemos los unos hacia los otros.

Esta es una de las cosas que a menudo pregunto a mis alumnos del seminario: "Supongan que tienen la oportunidad de escribir una nueva constitución para el gobierno de Estados Unidos de América y que vamos a empezar todo de nuevo. En lugar de tener enmiendas variadas y una carta de derechos, sólo se nos permite tener diez reglas básicas por las cuales nuestra nación ha de ser gobernada. ¿Qué incluirían entre aquellas diez reglas para gobernar una nación?"

Cuando hacemos esa pregunta, la mayoría de la gente incluye reglas tales como la prohibición del asesinato, del robo y de aquellas clases de violación a las personas y a la propiedad, que todos reconocemos como malas. Sin embargo, también me pregunto cuánta gente incluiría entre las diez principales una regla para honrar a los padres, o una regla para proteger la santidad del nombre de Dios. Me pregunto cuántos incluirían una regla prohibiendo codiciar la propiedad ajena.

La envidia no es exactamente lo mismo que la codicia, pero está muy cerca. La envidia implica abrigar malos sentimientos hacia otro ser humano a causa de sus posesiones, o de sus logros, o de algo que quisiéramos para nosotros y que no tenemos. Abrigamos sentimientos de desagrado en relación con estas personas porque codiciamos lo que poseen. Puedo agregar también que la envidia es uno de los pecados cardinales de los cuales la Escritura habla muy frecuentemente. Creo que una de las razones por las cuales la envidia es un asunto tan serio para Dios, aunque pueda no serlo para nosotros, es que en la raíz de los sentimientos de envidia hacia otras personas hay una crítica tácita e implícita hacia Dios. Estamos, en un sentido, expresando nuestra insatisfacción frente al hecho de que a Dios le ha placido permitirles a otras personas tener cosas que nosotros no tenemos o lograr cosas que nosotros no hemos logrado. En lugar de estar agradecidos por las cosas que Dios nos ha provisto (los dones, los talentos y las posesiones), en nuestra envidia no sólo herimos a otras personas, sino que cuestionamos la soberanía y la misericordia de Dios. Creo que debemos examinarnos con integridad si queremos tener la fuerza para superarla.

• ¿Cómo debería enfrentar mis dudas en cuanto a la presencia de Dios en mi vida?

Esta pregunta me recuerda una experiencia que tuve al principio de mi ministerio. Había sido ordenado apenas unos pocos meses antes y estaba enseñando en una universidad. Una iglesia tenía un ministro muy amado por su congregación; había servido allí por veinticinco años, pero ahora se hallaba gravemente enfermo. El hombre estaba a punto de morir. Ocupé su púlpito por varios meses y ayudé a la congregación a enfrentar esta tragedia que estaban viviendo.

Un sábado por la noche, antes del servicio del domingo por la mañana en el que celebraríamos la comunión, recibí una llamada urgente avisándome que posiblemente el ministro no llegaría con vida al día siguiente. Yo estaba consciente de la profunda preocupación que había en la congregación. Sentí el enorme peso de tratar de llevar a cabo el más significativo servicio de comunión que me fuera posible. Oré agónicamente, diciendo: "Dios, permíteme contar con una unción especial al presentarme ante esta gente en su necesidad." Creo que, a lo largo de todo mi ministerio, jamás subí al púlpito con un deseo mayor de reconocer la presencia de Dios que en esa mañana de domingo.

Prediqué, adminstré el sacramento, y fue un desastre. ¡Fue terrible! Sentí una ausencia total de Dios, como si hubiera sido entera y completamente abandonado por él. Mi predicación no tenía vida, y sentí como si hubiera estado hablando sólo para mí mismo. Cuando pronuncié la bendición y me dirigí al fondo del templo, deseé que hubiera habido un hoyo en la tierra para saltar en él y no verme obligado a enfrentar a aquella gente. Me sentía miserable por haberlos decepcionado.

Me paré en la puerta de entrada, y a medida que salían de la iglesia en fila, uno por uno, ¡no pude creer lo que pasó! A medida que salían, lucían como si algo les hubiera golpeado en medio de los ojos. Estaban estupefactos, estaban en shock. ¡Uno tras otro dijeron que nunca habían sido conmovidos por la poderosa presencia de Dios como lo habían experimentado en ese servicio de adoración! Una señora me dijo: "Hoy la presencia del Espíritu Santo fue tan espesa que la podríamos haber cortado con un cuchillo." No podía creerlo. Me sentí como Jacob, cuando despertó de su sueño y dijo: "¡Ciertamente el SEÑOR está en este lugar, y yo ni me di cuenta!" Eso tuvo un verdadero impacto sobre mí en aquel día. Me dije: "Un momento. Dios prometió que estaría aquí." No sentí su presencia, y por lo tanto creí que no estaba allí. Me había comportado como un cristiano sensual al dejar que mi fuerza de convicción estuviera determinada por la fuerza de mis sentimientos.

Me di cuenta de que debo vivir por la Palabra de Dios, no por lo que siento. Creo que así es como debemos tratar con la duda. Debemos centrarnos en lo que Dios dice que hará y no en nuestros sentimientos.

• ¿De qué manera afectan el crecimiento espiritual nuestras emociones?

Nuestra sociedad se guía mucho por las emociones, pero al mismo tiempo desconfía mucho de las expresiones emocionales, particularmente en el área religiosa. Si usted grita y patalea en el estadio un domingo por la tarde, se dirá que es un hincha, pero si expresa cualquier interés emocional en las cosas de Dios, lo llamarán fanático. Pareciera que tenemos permiso para ser emotivos con respecto a ciertas cosas, pero no para otras.

Dios nos ha creado con la capacidad de pensar y entrar en procesos cognitivos de razonamiento, pero también somos criaturas con sentimientos. Cuando tomé cursos de consejería pastoral con psiquiatras, decían: "Cuando le hagas una pregunta a alguien para establecer un diagnóstico, no digas: '¿Qué piensa usted de tal y tal cosa?,' sino '¿Cómo se siente?'" Trataron de enseñarnos cómo entrar en contacto con los sentimientos de la gente porque la gente vive en el nivel de los sentimientos. Ahora bien, una parte de mí estimó que había cierto valor en aquella idea, pero otra parte la rechazó porque estoy convencido de que en la iglesia vivimos una época de tanto énfasis en los sentimientos, que nos hemos vuelto muy negativos hacia todo lo que exija pensar. Creo que si tratamos de convertir el cristianismo en algo puramente intelectual, lo distorsionaremos, pero si tratamos de convertirlo en algo puramente emocional, lo distorsionaremos en la otra dirección.

¿Qué relación debería haber entre los sentimientos y el pensamiento? Si alguien me preguntara cuál de los dos es más importante, diría que la mente está primero con respecto al orden que sigue nuestro desarrollo espiritual, pero el corazón está primero en cuanto a la importancia. Permítanme decirlo de otra forma: si mi teología es correcta, y mi comprensión intelectual del cristianismo es correcta, pero mi corazón está separado de Cristo, estoy fuera del reino de Dios. Si mi corazón está enamorado de Cristo, pero mi teología es confusa, estoy en el reino de Dios. De manera que el corazón es más importante que la mente, pero Dios nos ha hecho de tal modo que mientras mejor lo entendamos con nuestra mente, más se inflamará nuestro corazón de emoción en amor a Dios.

• ¿Cuál es la perspectiva bíblica acerca de la psicología? ¿Cumple la psicología un rol provechoso en el cristianismo?

Debemos entender desde el comienzo que en la actualidad no existe lo que llamaríamos un solo y monolítico sistema de psicología. Hay diferentes escuelas de teorías psicológicas que compiten, y todas tratan de entender las complejidades y los sutiles matices del mecanismo más complejo que se haya encontrado en el universo: la personalidad humana.

En el mejor de los casos, la psicología como disciplina académica y como ciencia es relativamente joven e inexacta. En los inicios de la historia de la iglesia, los eruditos cristianos estaban interesados en comprender los intrincados patrones de comportamiento de las personas. Por ejemplo, San Agustín es generalmente reconocido, incluso en las universidades seculares, como el antiguo padre de la psicología. Él se interesó mucho en lo que hoy llamaríamos introspección, tratando de explorar las profundidades de las motivaciones y sentimientos humanos así como descubrir lo que forma la personalidad humana.

Ahora, ¿existe lo que llamaríamos psicología bíblica? Hay una visión bíblica del hombre, y una visión bíblica de la conducta humana. Podemos aprender mucho de las Escrituras en cuanto a la conducta y el desarrollo de la personalidad humana, las emociones y la forma en que ellas nos impactan. En la Biblia hay una gran cantidad de información que nos puede ayudar para aconsejar a otros. Sabemos, por ejemplo, que la culpa es uno de los problemas más tratados por los psicólogos y los psiquiatras. Nunca hubo un libro más adecuado para tratar el problema de la culpa que la Biblia.

Yo creo que toda la verdad confluye en el punto más alto. Creo que la Biblia es infalible. Creo que la Biblia nos da una visión del hombre que viene del Hacedor del hombre; viene de la mente misma de Dios. Por esa razón en las Escrituras encontramos una visión profunda de la personalidad humana que nunca encontraremos en otro lugar.

Sin embargo, Dios nos ha dado también la naturaleza como un libro de texto, y a través del estudio de la conducta humana podemos aprender verdades válidas. Pienso, entonces, que un cristiano debería tener un ojo en las Escrituras y otro en lo mejor de lo que se está descubriendo a través del estudio científico, la experiencia y las observaciones de los profesionales en el área de la psicología y la psiquiatría.

• ¿Está el hombre compuesto de dos partes: cuerpo y alma; o de tres partes: mente, cuerpo y alma?

En la superficie esta pregunta puede parecer inofensiva, pero ha sido materia de controversias significativas tanto en los comienzos de la historia de la iglesia como en el siglo XX. Parece un tema extraño como para enfrentarse por él, pero hay razones para este debate.

En primer lugar, el enfoque clásico, compartido por cristianos ortodoxos de diversas creencias denominacionales, ha entendido al hombre como dicótomo; es decir, tiene una dimensión física, la cual llamamos cuerpo, y un aspecto no físico, al cual llamamos alma. Es tanto físico como no físico. Un peligro de este enfoque es que podemos caer en un dualismo, según el cual podemos considerar que el cuerpo y el alma son intrínsecamente incapaces de unirse. Es el enfoque dualista el que con frecuencia ha considerado todo lo físico como algo completamente malvado en lugar de verlo como algo que fue creado bueno y ha sido afectado por el pecado. Para los antiguos griegos era un problema que el espíritu estuviera de algún modo unido con la materia. Para el mundo griego, el gran escándalo del evangelio no fue la resurrección sino la encarnación, porque no podían concebir que un espíritu se contaminara uniéndose de manera tan estrecha con cosas físicas como un cuerpo humano.

En 1 Tesalonicenses 5:23, Pablo dice: "Que todo su espíritu, alma y cuerpo se mantenga sin culpa." Al leer esto, un teólogo saltó y dijo: "Oh, el hombre se compone de tres partes: cuerpo, alma y espíritu," y en los primeros siglos del cristianismo se desarrolló este enfoque tripartito. La teoría señalaba que el cuerpo y el alma son básicamente incompatibles y que hay una disposición dualística de tensión entre lo físico y lo no físico. La única forma en que podían combinarse era tener una tercera sustancia que actuara como pegamento para unir estas dos sustancias contradictorias. Se llegó a la conclusión de que el cuerpo y el alma estaban unidos mediante el espíritu.

La iglesia condenó como herejía este enfoque tripartito del hombre, que es cuerpo, alma y espíritu, debido a la forma en que se desarrolló a partir de un dualismo griego que la iglesia quería evitar. Este enfoque, sin embargo, hizo una reaparición en el siglo XX, y se ha vuelto muy popular en algunos círculos cristianos.

Lo veo, por ejemplo, en la enseñanza de Watchman Nee, en la cual Nee pone a la par de su visión cristiana ciertas ideas propias del pensamiento oriental. Él las combina, de cierta forma, con el cristianismo clásico, y ha sido muy influyente como un maestro entre los cristianos. También hemos visto que esta idea se usa mucho en la así llamada teología neopentecostal y en algunos de los movimientos vinculados a la extensa influencia de la Cruzada Estudiantil y Profesional para Cristo, por ejemplo, la cual ha tenido un enorme impacto en el cristianismo norteamericano.

Una de las cosas más atractivas con respecto a la idea de que el hombre no se divide en dos sino en tres es que hace posible construir un enfoque basado en dos niveles diferentes de cristianos: aquellos cristianos que son nacidos del Espíritu Santo, pero en los cuales el Espíritu todavía no mora en ellos por el bautismo del Espíritu Santo, y aquellos que son nacidos del Espíritu Santo y además son morada del Espíritu. Aquellos grupos que ponen un gran énfasis en el bautismo del Espíritu Santo como una obra posterior de la gracia de Dios tras la conversión dirán entonces que hay tres clases de personas en el mundo. Existen aquellos que no tienen el Espíritu Santo en absoluto; luego aquellos que reciben al Espíritu Santo en la conversión o el nuevo nacimiento pero carecen de esta segunda bendición, esta segunda morada o llenura del Espíritu Santo; y finalmente aquellos que tienen el Espíritu tanto por la conversión como por la llenura.

Si podemos hablar de tres clases diferentes de personas, entonces resulta conveniente encontrar un modelo de ello en cuanto a las tres partes del hombre. A veces lo encontraremos fragmentado de esta manera: aquellos que no son cristianos llenos del Espíritu Santo tienen el Espíritu Santo en sus almas pero no en sus espíritus. Se hace una distinción, entonces, entre nuestros compartimientos internos en los cuales el Espíritu mora, y eso explica la distinción entre el así llamado cristiano carnal y el cristiano lleno del Espíritu Santo.

Creo que este es un caso en que la teología dicta nuestra comprensión de la Escritura; tenemos un enfoque de la teología, y tratamos de construir un enfoque del hombre que se ajuste. Sencillamente, creo que no es una manera sana de entender la Biblia. En una ocasión la Biblia dice cuerpo, alma, y espíritu, pero también habla de la mente, las entrañas, y el corazón.

El mensaje total de la Biblia es que tenemos un cuerpo físico y una existencia no física, algunas veces llamada espíritu y otras veces llamada alma, y que esta parte no física abarca todo nuestro ser: personalidad, emociones, mente, espíritu, voluntad, etc. Dios nos creó con ambas partes; ambas fueron afectadas por la Caída, y ambas serán redimidas por la gracia y el poder de Dios.

• ¿Qué significa ser justo?

Ser justo significa hacer lo que Dios nos dice que hagamos. Justicia significa obedecer la ley de Dios. Jesús llama a su pueblo a un estándar extremadamente alto de justicia. En uno de los textos más aterradores del Nuevo Testamento, nos dice que a menos que nuestra justicia supere a la justicia de los escribas y fariseos, de ninguna manera entraremos en el reino de Dios. Algunos nos zafamos fácilmente diciendo que tenemos la justicia de Cristo —que ciertamente supera la justicia de los escribas y fariseos, lo cual es cierto—, pero no creo que Jesús esté hablando de eso allí. Creo que está hablando acerca de la justicia que debemos manifestar como personas regeneradas y justificadas: conformidad a la imagen de Dios y conformidad en imitación a Cristo. La evidencia de nuestra vida es la clase de estándar de justicia que Jesús nos llama a poseer y practicar. Creo que tenemos una tendencia a trivializarla.

Un día recibí una carta de un hombre que se quejaba de las personas que bailan, beben y fuman. "¿Cómo pueden ser cristianas?," decía. Como si esas cosas tuvieran finalmente algo que ver con el reino de Dios. Es verdad que están relacionadas con asuntos éticos, pero son triviales. Esa fue la gran falla de los fariseos, cuya justicia somos llamados a superar. Ellos se especializaban en cosas de menor importancia. Medían la justicia estrictamente en función de lo externo. Jesús los reprendió por pasar por alto los asuntos que tenían más peso dentro de la ley.

Obviamente, hay asuntos de mayor o menor importancia de los cuales debemos estar conscientes si aspiramos a una justicia auténtica. Por ejemplo, Jesús elogió a los fariseos en cuanto al pago del diezmo. Eran escrupulosos al respecto. Diezmaban incluso de lo más pequeño, mientras hoy apenas 3 por ciento de los cristianos lo hace. Sin embargo, Jesús consideró eso un asunto menor. Dijo que al menos ellos diezmaban, pero omitían aspectos más importantes de la justicia y la misericordia. Creo que lo que en última instancia significa la justicia es la producción del fruto del Espíritu de Cristo. Una persona justa es alguien en quien se puede confiar, que manifiesta integridad, una persona cuya palabra vale y que no es deshonesta. Dichas cosas son espirituales, pero tendemos a juzgar a la gente por cosas más evidentes y visibles.

- ### *Cuando Jesús dice: "Tú debes ser perfecto, así como tu Padre en el cielo es perfecto," ¿significa eso que podemos alcanzar la perfección? ¿Deberíamos alcanzarla?*

Hay un par de cosas que debemos entender con respecto a esta afirmación. En primer lugar, la palabra traducida como "perfecto" significa literalmente "ser completo." Muy a menudo, el Nuevo y el Antiguo Testamento describirán a la gente como justa y recta, no en el sentido de que ya hayan alcanzado la perfección moral absoluta, sino de que han alcanzado un nivel singular de madurez en su crecimiento en términos de integridad espiritual. Sin embargo, en esta afirmación es válido traducir la expresión usando la palabra *perfecto*. Por ejemplo: "Tú debes ser completo, así como tu Padre en el cielo es completo." No obstante, ¡recordemos que nuestro Padre celestial es perfectamente completo! Así que, si hemos de reflejar a Dios de esa manera, debemos reflejarlo tanto en su excelencia moral como en otras formas. De hecho, el llamado básico para una persona en este mundo es ser un reflejo del carácter de Dios. Eso es lo que significa ser creados a la imagen de Dios. Mucho antes del Sermón del Monte, Dios exigió al pueblo de Israel que reflejara su carácter cuando les dijo: "Sé santo porque yo soy santo." Él los apartó para ser santos. El Nuevo Testamento también usa la palabra *santos*.

Ahora, vayamos a la pregunta de si podemos alcanzar una perfección moral en este mundo. Si Jesús habla de ser perfectos, se supondría que él no nos exigiría algo que nos fuese imposible alcanzar. Por lo tanto, hay cristianos, muchos cristianos, que creen que realmente es posible alcanzar un estado de perfección moral en esta vida. Esta visión se denomina perfeccionismo, y la gente desarrolla una teología según la cual hay una obra especial del Espíritu Santo que les da la victoria sobre todo pecado o pecado intencional, lo cual los hace moralmente perfectos en este mundo. La corriente principal del cristianismo, sin embargo, ha resistido la doctrina del perfeccionismo, principalmente porque vemos el registro de los más grandes santos de la historia bíblica y de la historia de la iglesia, quienes confesaron que hasta el día en que murieron, luchaban contra pecados vigentes en sus vidas. Nada menos que el apóstol Pablo habló de su lucha continua contra el pecado.

¿Puede una persona ser perfecta? Teóricamente, la respuesta es sí. El Nuevo Testamento nos dice que junto a cada tentación que enfrentamos, Dios nos da una vía de escape. Él siempre nos da gracia suficiente para derrotar al pecado. Yo diría que en la vida cristiana el pecado es inevitable a causa de nuestra debilidad y la gran cantidad de oportunidades que tenemos para pecar. Sin embargo, en ninguna ocasión ocurrirá necesariamente, así que, en ese sentido, teóricamente podríamos ser perfectos, aunque ninguno de nosotros lo sea actualmente.

- ### Romanos dice que "los que todavía viven bajo el dominio de la naturaleza pecaminosa nunca pueden agradar a Dios." ¿Significa esto que si un no cristiano hace una obra justa, no agrada a Dios?

Pablo está describiendo aquí a la persona no regenerada; desde una perspectiva bíblica, cualquiera que no es nacido del Espíritu de Dios estaría "bajo el dominio de la naturaleza pecaminosa." Usted infiere que el pasaje dice que aquellos que están bajo ese dominio no pueden agradar a Dios. ¿Significa eso que una obra justa hecha por alguien que está bajo el dominio de la naturaleza pecaminosa no agradaría a Dios? Si nadie que esté bajo ese dominio puede agradar a Dios, entonces resulta obvio que una persona en esa condición sería incapaz de agradar a Dios en la circunstancia que sea. ¿Qué sucede si hace una obra justa? Esa pregunta representa lo que yo llamaría una condición contraria al hecho. Es como preguntar si un incrédulo sería rechazado si tuviera fe. Si tuviera fe, no sería un incrédulo. Sería una condición imposible para un incrédulo ser al mismo tiempo creyente.

El punto al que voy es el siguiente: ¿Puede realmente una persona no regenerada, que nunca ha sido vivificada por el Espíritu de Dios, practicar justicia verdadera? Hay dos formas de abordar esto. Por un lado, el Nuevo Testamento describe la justicia y las buenas obras de una manera amplia que considera tanto la acción externa como la motivación interna. La Biblia señala claramente que los que aún están bajo el dominio de la naturaleza pecaminosa pueden y de hecho realizan actividades que se conforman exteriormente a las exigencias de la ley de Dios. Hay personas no cristianas que no roban, que no matan y que muestran misericordia. Manifiestan toda clase de conductas virtuosas: lo que los Reformadores llamaban rectitud civil, una rectitud que encierra una obediencia externa a la ley de Dios.

Sin embargo, el Nuevo Testamento transmite una visión más estrecha de lo que demanda la auténtica justicia. Por ejemplo, el joven rico pensaba que había guardado los Diez Mandamientos desde que era niño porque en verdad no era culpable de asesinato, robo, adulterio, etc. Le dijo a Jesús: "He obedecido todos esos mandamientos."

Al mismo tiempo la Biblia dice: "No hay ni un solo justo, ni siquiera uno." No hay nadie que haga lo bueno estando bajo el dominio de la vieja naturaleza, porque la demanda de justicia hecha por Dios no es meramente una obediencia externa a la ley sino que la motivación de la conducta procede de un corazón que desea verdaderamente agradar a Dios. Si no soy movido por el Espíritu de Dios y estoy meramente en la carne, jamás seré motivado a hacer nada que proceda de un amor genuino a Dios. Siendo así, debo decir que, estando bajo el dominio de la naturaleza pecaminosa, ninguna persona podrá exhibir jamás una justicia verdadera en el sentido de actuar por una motivación apropiada.

• Si el Espíritu Santo vive en nosotros, ¿por qué no podemos vivir vidas perfectas?

Permítame señalarle que sí podemos vivir vidas perfectas. Eso puede sonar como lo más indignante que usted haya oído jamás, porque una de las pocas cosas en que tanto los cristianos como los no cristianos concordamos es ¡el hecho de que nadie es perfecto!

Lo que enseña el Nuevo Testamento, según lo entiendo, es que, una vez que el Espíritu Santo viene a mi vida, una vez que el Espíritu Santo viene a morar en mí, dentro de mí vive el poder para obedecer a Dios. El Espíritu Santo me da el poder para obedecer los mandamientos de Dios; el Nuevo Testamento dice que no me ha asediado tentación alguna que no sea común a los hombres, y agrega que con la tentación Dios siempre provee una vía de escape. No creo que alguien viva una vida perfecta, pero creo que la gracia de Dios hace de la perfección una posibilidad.

Yo diría que tengo oportunidades para pecar literalmente mil veces al día. Cada vez que soy confrontado con una oportunidad de pecar, hay una batalla en mi alma. El Espíritu Santo me inclina hacia la justicia y la obediencia. Sin embargo, recordemos que el Espíritu Santo vive en mí, en R. C. Sproul; mora en una criatura imperfecta, que no ha sido totalmente limpiada de las inclinaciones malvadas. De esta manera, dadas las múltiples oportunidades que tengo para pecar, y sabiendo que en cada una de estas oportunidades se desata una guerra entre lo que la Biblia llama mi carne y el Espíritu, según la estadística es prácticamente inevitable que yo peque y sea mucho menos que perfecto. Si las miramos individualmente, nos damos cuenta de que en cada circunstancia Dios ha provisto el poder para resistir la tentación. Por eso nunca puedo presentarme delante de Dios y decir: "Dios, tendrás que excusarme; el diablo me hizo hacerlo," o "El Espíritu Santo no obró en mí con el poder suficiente para resistir ese pecado," así que, aun cuando creo que ni siquiera el apóstol Pablo alcanzó la perfección en su vida, eso no se debe a alguna falta de poder, de capacidad o de orientación del Espíritu que mora en mí.

• ¿Es posible para los cristianos ser puros en las cosas que dicen y hacen?

No quiero ser evasivo ni pasarme de listo; al hacer la pregunta siguiente hablaré muy seriamente: ¿Cuán puro es lo puro? Hablamos de un 99,44 por ciento de pureza cuando se trata de una cierta marca de jabón; hablamos de diversos grados de pureza en el caso de la plata, el oro u otros metales preciosos. Cuando hablamos de pureza en un sentido moral o espiritual, diría que no es posible para un cristiano ser 100 por ciento puro en lo que haga o diga, debido a lo siguiente: cuando Dios considera una acción que realizamos o una palabra que hablamos, no considera sólo la acción visible; también considera los motivos. Los motivos encierran un análisis de la inclinación y la disposición más profunda de nuestros corazones. Desde una perspectiva espiritual ideal y absolutamente pura, un motivo perfecto provendría de un corazón que está 100 por ciento inclinado hacia Dios, un corazón que ama totalmente a Dios, de todo corazón, con toda la mente y con toda el alma. Nunca en mi vida he realizado una acción en que al momento de hacerla haya estado amando a Dios con todo mi corazón, con toda mi alma y con toda mi mente. Cualquier acción que haya realizado y cualquier palabra que haya dicho ha estado siempre contaminada por algún grado de imperfección y pecaminosidad.

Si usamos el término *puro* de una manera vaga, se vuelve un asunto relativo. Sospecho que hay algún grado de interés egoísta en casi todo lo que hacemos. Conocemos gente asombrosamente altruista en la superficie, y diría que, en términos relativos, encontramos altruismo genuino en el mundo. Sin embargo, no creo que alguna vez lleguemos a ver una obra perfecta, un pensamiento perfecto o una palabra perfecta mientras nuestro ser interior no sea perfeccionado. Ese es el punto: Dios juzga nuestras acciones no sólo externamente, sino que también se preocupa por el corazón. Si todo lo que le interesara fueran las acciones externas, en las cuales por cierto se interesa, encontraríamos gente que, sin tener un particular amor por Cristo, de alguna forma superaría a los cristianos tanto en sus acciones justas como en sus intereses y compasiones altruistas. El panorama completo implica la disposición interior del corazón, y es ahí donde todos fallamos.

• Jesús llama a los cristianos a ser "sal de la tierra" y "luz del mundo." ¿Podría usted señalarnos algunas formas prácticas en las que podemos ser sal y luz?

La sal es lo que le da gusto y sabor a la vida. Creo que los cristianos, muy especialmente, deberían manifestar una especie de deleite, de entusiasmo por la vida, una pasión por vivir; deberían ser personas con las cuales uno pudiera pasarlo bien. Hasta los apóstoles nos dicen que nuestro hablar debería ser sazonado con sal. Ahora, eso no significa que deberíamos hablar como marineros, sino con algo de ingenio, color y vitalidad. Hemos recibido la bendición de una vida nueva y abundante, la vida misma de Cristo.

Creo que ser sal de la tierra significa ser personas con las cuales resulta emocionante compartir, personas que añaden algo a la vida. Menciono esto porque muy a menudo se nos percibe como aburridos, severos, mojigatos, moralistas, todas esas cosas que no deberíamos ser. Debemos ser como la sal, añadir gusto y sabor. Y no sólo sal, sino también luz. El significado básico de *luz* en las Escrituras es la iluminación que trae la verdad de Dios. Los cristianos somos llamados a tener una pasión por la verdad. Deberíamos interesarnos en la verdad y en aprender la forma correcta de hacer las cosas.

Muy a menudo la iglesia se muestra como un eco de la cultura. Dejamos que el progreso esté en las manos de aquellos que se encuentran fuera de la iglesia. Creo que la Biblia llama a la iglesia a ocupar el puesto de avanzada en la vida; deberíamos guiar la cultura en lugar de seguirla, y creo que eso es lo que significa ser luz, una luz que muestre a la gente cómo salir de las tinieblas. Cuando vemos, por ejemplo, el campo de las relaciones laborales saturado de hostilidad y conflictos, nosotros, como cristianos, deberíamos exhibir modelos de relaciones laborales en que esa hostilidad estuviera en alguna medida, superada. Eso es lo que significa ser luz para el mundo: mostrarle al mundo un camino más excelente.

• ¿Cómo deberíamos estar en el mundo sin ser de él? ¿Qué significa "no ser de él"?

El Nuevo Testamento nos dice que no debemos conformarnos a este mundo sino que debemos ser transformados mediante la renovación de nuestra mente (Rm. 12:2).

Observemos esas dos palabras que resultan cruciales para el análisis en la Escritura: la diferencia entre conformidad y transformación. El prefijo *con* significa precisamente "con," y de esta manera, conformarse a este mundo significa literalmente estar con él. Este es uno de los impulsos y tentaciones más fuertes que tenemos como cristianos. Nadie quiere estar fuera de mundo; queremos estar "con él." Queremos estar al día. Queremos encajar en él. Y además generalmente somos acorralados por la presión de nuestros semejantes que quieren que imitemos y participemos en todas las estructuras y estilos de este mundo. La Biblia dice que no debemos conformarnos a los esquemas de este mundo.

Ahora bien, cuando oímos eso como cristianos, muy a menudo pensamos que lo que tenemos que hacer es transformarnos en francos disidentes, de modo que, si el mundo usa cuello y corbata, nosotros no usamos cuello ni corbata, y si el mundo usa lápiz labial, nosotros no usamos lápiz labial. Tratamos de mostrar formas en las cuales somos diferentes al mundo; pero la Biblia no está hablando de eso. No se trata simplemente de ser diferentes del mundo; debemos ir más allá de la disidencia y llegar a la transformación. Eso encaja con lo que la Escritura nos habla acerca de ser sal y luz para el mundo. Algo transformado es algo cambiado. El prefijo *trans* significa "más allá de." Debemos estar más allá de los estándares de este mundo, no en el sentido de que debamos elevarnos a una categoría superior que la del resto, sino que somos llamados a una forma más excelente de vida.

Eso no significa que no participemos del mundo; este mundo es el mundo de mi Padre, y es el escenario de la redención de Dios. La tendencia siempre ha sido huir del mundo y esconderse en el aposento alto, pero Dios Espíritu Santo no tolerará eso. Él envía su pueblo al mundo. Lutero lo dijo así: "Hay un patrón normal de conducta cristiana. La persona que es convertida y separada del mundo pasa sus primeros días como cristiano siguiendo una tendencia a apartarse completamente del mundo, así como Pablo fue a Arabia, por ejemplo; o quizás sintamos el deseo de alejarnos tanto de la corrupción y la contaminación de este mundo que adoptamos una actitud monástica, alejándonos, separándonos por completo del mundo."

Sin embargo, Lutero explicó que un cristiano no alcanza la madurez hasta que reingresa al mundo y lo acepta nuevamente, no en su mundanalidad ni en sus esquemas impíos, sino como el teatro y escenario de la redención de Dios. Eso es lo que hizo Jesús: él entró en el mundo para salvar al mundo. Este mundo es el mundo que Dios se ha comprometido a renovar y redimir, y nosotros debemos participar con él en esta tarea.

• ¿Cómo podemos demostrar la piedad en nuestra vida?

Me alegra que haya usado la palabra "demostrar." No quiero jugar demasiado con ella ahora, pero pienso que con demasiada frecuencia estamos tan preocupados de cuán visible es nuestra piedad que comenzamos a usar formas artificiales y externas que aseguren que la gente vea nuestra piedad. Esa fue una de las piedras de tropiezo más serias de los fariseos, aquellos que recibieron la acusación más severa por parte de Jesús debido a que estaban constantemente ocupados en manifestaciones públicas de su piedad. Jesús dijo que se habían desvirtuado a tal punto que las oraciones que elevaban no eran para el beneficio de los oídos de Dios, sino para el beneficio de los oídos de los espectadores. Así que Jesús dijo: "Cuando ores, ve a tu aposento para orar. No ores en las esquinas de las calles como hacen los fariseos para ser vistos por los hombres." Los fariseos ayunaban y luego se paseaban con la cara larga, dando la impresión de estar sufriendo espantosamente, de manera que todos pudieran decir: "Mira esos pobres fariseos, lucen demacrados a causa del riguroso ayuno espiritual que practican." Jesús dijo: "Cuando ayunes, unge tu cabeza, ve con una sonrisa en tu rostro y no permitas que nadie se entere de que estás involucrado en esa clase de vida espiritual." En un sentido, entonces, Jesús estaba en contra de las demostraciones públicas.

Sin embargo, al mismo tiempo, nuestro Señor nos dijo que permitiéramos que nuestra luz brille ante los hombres. Mientras por un lado no deberíamos hacer un despliegue ostentoso de nuestra espiritualidad o piedad, por otro debemos hacer un despliegue visible de nuestra integridad. La gente debe ver cómo enfrentamos la crítica, cómo reaccionamos cuando alguien se cuela por delante de nosotros en una fila, o cómo reaccionamos cuando alguien rompe una promesa que nos ha hecho. ¿Cumplimos nuestras promesas? ¿Pagamos nuestras cuentas a tiempo? Esa clase de cosas es muy visible. Lutero lo dijo de esta manera: "Todo cristiano es llamado a ser Cristo para su prójimo." No se trata de que debamos ser crucificados por nuestro prójimo, sino que nuestra vida (nuestra confiabilidad, nuestra amabilidad, nuestra bondad, nuestra integridad) debe demostrar a nuestros amigos cómo es Jesús. Esa es una gran responsabilidad.

• ¿Cómo podemos ser audaces en nuestra fe y entusiasmarnos con ella, disfrutando nuestra condición de pueblo elegido, sin volvernos orgullosos?

Es significativo que Pablo, en 1 Timoteo 3:6, nos advierta que no muchos jóvenes en la fe deberían ocupar posiciones de liderazgo en la iglesia. De hecho, el concepto de anciano tiene sus raíces en el Antiguo Testamento y está ligado a cierto nivel de madurez que viene sólo a través del tiempo que se ha pasado creciendo espiritualmente. En nuestra juventud espiritual, y en nuestro entusiasmo, tenemos una tendencia a volvernos engreídos y comportarnos de manera arrogante e intolerante con aquellos que no pertenecen a la familia de la fe. Gran parte de aquello se atribuye a la sensación normal de emoción y entusiasmo que acompaña el descubrimiento reciente de Cristo.

El primer año de mi vida cristiana fue el más apasionante; ansiaba desesperadamente que conocieran a Cristo todos aquellos a quienes conocía y amaba, y cada persona con la que me encontraba, incluyendo a extraños. En un sentido me gustaría tener aún esa clase de entusiasmo que acompañó el primer año que siguió a mi descubrimiento de Cristo. Sin embargo, junto a ese entusiasmo había una cierta insensibilidad: no sólo quería que todos abrazaran la fe, sino que deseaba que lo hicieran *inmediatamente,* y sentía como si yo hubiera sido el que Dios había designado para asegurarse de que ellos abrazaran la fe. Arrinconaba a la gente y me ocupaba de ellos cuando en realidad no era apropiado. Hubo ocasiones en las que fui completamente descortés. No puedo culpar de todo eso al entusiasmo legítimo.

No hay nada malo en ser celoso por Cristo. Somos llamados a ser un pueblo celoso. Debería haber pasión en nuestro compromiso cristiano. Pero repito, ese celo puede mezclarse muy fácilmente con nuestro orgullo y hacernos creer que somos el emisario especial de Dios para el mundo y que el mundo no será redimido sino mediante nuestros esfuerzos. Ciertamente tanto el Antiguo como el Nuevo Testamento prestan atención al poder destructivo del orgullo en la vida espiritual. En una de las más famosas declaraciones se nos dice que "el orgullo va delante de la destrucción, y la arrogancia antes de la caída." Se nos dice que Dios da gracia a los humildes, pero resiste a los soberbios. Debemos estar en guardia a cada minuto para que el orgullo no destruya el crecimiento espiritual que disfrutamos.

• Si realmente amamos a Dios, ¿por qué ignoramos sus mandamientos?

Si ignoramos sus mandamientos en forma absoluta, total y completa, en realidad eso sería la prueba más clara de que no amamos a Dios. Como dijo Jesús: "Si me aman, obedezcan mis mandamientos." Guardar los mandamientos es una manifestación de nuestro amor a Dios, y la obediencia es algo que fluye de un corazón que está inclinado hacia Dios y abraza a Dios en amor. Sin embargo, habiendo dicho esto, debemos también reconocer que aun en la vida del santo más grande, de aquel cuyo corazón palpita de amor a Dios, hay todavía un nivel de desobediencia y desacato a los mandamientos de Dios.

¿Por qué sucede esto? Porque aún no hemos sido completamente santificados. Una vez que somos redimidos en Cristo, se nos da un nuevo principio de vida, el poder residente del Espíritu Santo. Comenzamos a andar bien, pero la obra completa de santificación es un proceso gradual, que lleva tiempo, y antes de que lleguemos a la gloria, antes de llegar al cielo, no alcanzaremos un estado completo de perfección moral o espiritual (esto es lo que cree la mayoría de los cristianos; hay algunos que creen que los cristianos pueden y de hecho alcanzan la perfección en este mundo).

Una de las grandes distorsiones de la fe cristiana en nuestros días (cada generación y cada siglo tiene su desviación particular del cristianismo clásico) es un enfoque defectuoso de la santificación. A menudo oímos afirmaciones como la siguiente: "No es la doctrina, sino la vida. Lo que a Dios le interesa no es mi teología sino mi conducta." Por supuesto que Dios se interesa en nuestra conducta, pero el patrón emergente que estoy viendo es la separación de estos dos elementos de creencia y conducta; se los opone, como si la vida cristiana no tuviera nada que ver con la comprensión cristiana de la verdad. Esa es una dicotomía falsa. En el Nuevo Testamento, el Espíritu Santo, que también es llamado el Espíritu de Verdad, es el principal agente de nuestra santificación. Una de las grandes razones por las cuales fallamos en obedecer a Dios es que ignoramos sus mandamientos; carecemos de comprensión en cuanto a lo que Dios nos ha revelado. En nuestra santificación, la verdad y la práctica están inseparablemente relacionadas.

• ¿Cómo puede un cristiano encontrar el término medio entre definir sus objetivos y ser guiado por el Espíritu?

Creo que la principal manera en la cual el Nuevo Testamento habla de ser guiados por el Espíritu es cuando somos guiados a la santificación. Cuando la Biblia habla de la guía del Espíritu, es la guía del Espíritu hacia la santidad. Ahora bien, yo sé que en la jerga cristiana contemporánea, así como en nuestros patrones de lenguaje, hablamos de ser guiados por el Espíritu en cuanto a si hemos de girar a la izquierda o a la derecha en la señal de alto, o si hemos de vivir en Omaha, Nebraska, o Saint Louis de Missouri. Constantemente buscamos dirección como si Dios todavía usara la columna de nube o la columna de fuego para guiar cada uno de nuestros pasos.

En la historia de la redención, hubo ocasiones en las que Dios guió visiblemente a su pueblo a través de señales, maravillas y esa clase de cosas. Sabemos por el libro de Hechos que el Espíritu comunicó directamente su voluntad a los apóstoles para guiarlos de una nación a otra. Sin embargo, la principal manera en la cual ha de ser guiada la vida cristiana es mediante el Libro del Espíritu. La "lámpara que guía nuestros pies" es la ley de Dios. En otras palabras, debemos ser guiados por los principios de conducta que Dios nos revela. Algunos de estos principios implican que debemos ser administradores y planificadores responsables del futuro.

Por una parte, Jesús dijo: "No se preocupen por el mañana, porque el día de mañana traerá sus propias preocupaciones," pero al mismo tiempo, Jesús nos anima a poner nuestra confianza en el cuidado de Dios para con nosotros respecto del mañana y a dejar nuestras ansiedades atrás. Jesús no nos está enseñando que no debemos definir objetivos. Por el contrario, en sus parábolas dice: "¿Qué general, antes de ir a la batalla, no consulta primero un reporte de inteligencia en cuanto al tamaño del enemigo y la fuerza relativa de éste antes de entrar en el combate, o qué constructor no calcula primero el costo de la construcción antes de comenzar su edificio?" Eso implica una especie de definición de objetivos en la cual analizamos la situación. Evaluamos los pros y los contras de un determinado curso de acción y luego planificamos en consecuencia. Vivir de manera responsable implica definir objetivos que sean coherentes con los principios bíblicos. Creo que lo que el Espíritu nos lleva a hacer primariamente es a vivir y a movernos hacia los objetivos que Dios establece para nuestra vida.

Pablo lo dijo así: "Olvido el pasado y fijo la mirada en lo que tengo por delante, y así avanzo hasta llegar al final de la carrera para recibir el premio celestial al cual Dios nos llama por medio de Cristo Jesús." Eso es hablar en el lenguaje de los objetivos. Proseguir hacia la meta es proseguir hacia los propósitos que Dios tiene para nuestra vida.

• ¿A qué se refiere la Biblia cuando dice que deberíamos esperar en el Señor?

Generalmente tomamos este consejo de la Escritura como un llamado a posponer ciertas actividades hasta tener alguna orientación definida o una señal concreta de Dios. El mandato de esperar en el Señor fue dado al pueblo de Dios en un momento particular de la historia: a Israel en el Antiguo Testamento y a la iglesia en el Nuevo Testamento. En el Antiguo Testamento, Dios prometió ir delante de su pueblo, y que ellos no debían mover el campamento mientras Dios no diera la señal. El consejo, entonces, llama a no precipitarse en empresa alguna mientras no se sepa que Dios está en ella.

En el Nuevo Testamento, encontramos la instrucción que Jesús le dio a la iglesia de permanecer en Jerusalén antes de dedicarse a cumplir la gran comisión. Les dijo que esperaran hasta que el Espíritu Santo fuera derramado sobre ellos. Una vez que el Espíritu Santo fuera dado a la iglesia, entonces ella cumpliría las órdenes de marchar y salir. Así que tenemos situaciones históricas en las que Dios está claramente a cargo, guiando de manera directa e inmediata a su pueblo.

Hoy, como cristianos del siglo XX, encontramos nuestra orientación básica en la enseñanza de las Escrituras y vivimos de acuerdo a los principios revelados en ellas. Creo que es muy importante estudiar las Escrituras para asegurarnos de que todo lo que estamos haciendo y esforzándonos por hacer se ajusta a los patrones y principios que Dios ha establecido para nosotros. Eso es lo que creo que significa esperar en Dios: no se trata de buscar una señal especial de aprobación ni de permanecer inactivos, sino asegurarnos de que lo que estamos haciendo se ajusta a los principios bíblicos.

- **_La firma para la cual trabajo recientemente llevó a cabo un retiro de planificación a largo plazo, en el cual estableció objetivos para la empresa. Al hacerlo, comencé a revisar los objetivos que tengo tanto en mi vida como en mi carrera, y ahora estoy en conflicto y me pregunto cómo puedo desarrollar en mi vida aquellos objetivos que satisfacen lo que Dios ha planificado para mí. ¿Cómo puedo vivir de la manera más apropiada para su gloria?_**

El principio de establecer objetivos, fijando una meta en pos de la cual poder esforzarnos, es algo saludable y tiene amplios precedentes bíblicos. La gente que vaga sin rumbo ni objetivos definidos tiende a rodar y ser llevada de acá para allá por todo viento de doctrina. Creo que establecer metas es un principio piadoso. Sin embargo, debemos limitarlo. Santiago nos dice que no debemos decir con demasiada seguridad que el próximo año haremos esto y aquello, sino que siempre deberíamos decir: "_Deo volente,_" "Dios mediante." Como dijo Pablo: "Hice planes de venir; mi objetivo era venir y visitarlos, pero fui obstaculizado providencialmente. No me fue posible saludarles, y Dios tenía otros planes." Ni siquiera el apóstol Pablo sabía siempre cuál era el plan de Dios para su vida, y eso debería decirnos algo.

Pasamos mucho tiempo tratando de descubrir el consejo secreto de Dios, aun cuando, para todos los efectos prácticos, no es asunto nuestro. Aunque hay situaciones en las que necesitamos saber si algo cuenta con la aprobación de Dios, otras veces exageramos esta búsqueda de su consejo.

Lo primero que Dios quiere para mi vida es mi santificación. Dios me llama a la obediencia. Esa es mi meta. Ahora, ¿cómo trazo mis objetivos para alcanzar aquello? Los trazo a la luz de los principios que me presenta la Escritura, de modo que al establecer los objetivos del desarrollo espiritual, míos y de mi familia, cuando los trazo en función de mi llamado, lo que debo hacer es preguntarme: *¿Están alineados estos objetivos con los principios de obediencia que Dios ya ha revelado en su Palabra?*

Lo que a Dios le agrada no tiene mucho de misterio: él nos ha dado páginas y páginas de instrucciones en cuanto a lo que le agrada. De esta manera, el objetivo final de nuestra vida es servirle fielmente. Mientras sigamos los objetivos de una vida piadosa conforme a la Escritura, hay una gran amplitud en cuanto a los objetivos específicos que podemos alcanzar, tanto en relación con nuestra carrera como con nuestra familia y los pasatiempos.

• Si alguien quisiera leer tres libros cristianos este año, ¿cuáles le recomendaría?

Una vez escribí un ensayo para una revista cristiana y traté el asunto del mundo editorial cristiano. Expresé allí la profunda preocupación que tengo en cuanto al descuido actual de las grandes obras clásicas cristianas. Parece que estuviéramos atravesando un problema económico en que la gente busca literatura muy simple que se pueda digerir rápidamente; no parecen estar dispuestos a masticar un material más difícil. Así, muchas de las editoriales y librerías cristianas desincentivan tanto la publicación como la promoción de la gran literatura cristiana de todos los tiempos. Creo que eso es una vergüenza para nosotros, y al mismo tiempo una gran pérdida. Si alguien tuviera el propósito serio de leer tres libros este año, le recomendaría leer cosas como la *Institución de la religión cristiana* de Calvino, *La esclavitud de la voluntad* de Martín Lutero y, tal vez, el tratamiento que hace Atanasio de la encarnación de Cristo, o algo como *La ciudad de Dios,* de Agustín, o incluso las *Confesiones de San Agustín.*

Hay muchos maestros en este mundo, y parece que no somos lo suficientemente exigentes respecto a cuáles elegimos para que nos enseñen. No quisiera que mi cuerpo fuera operado por cualquier médico. Me gustaría saber que el médico conoce de medicina y se preocupa por mí. Cuando busco enseñanza e instrucción teológica, quisiera saber que quien me va a enseñar conoce su materia y ama a Dios. Esas son las dos cosas que quiero encontrar en mis maestros. Es muy difícil averiguar acerca de personas cuyos escritos gozan de un ascenso meteórico y luego desaparecen de la escena. Quizás soy simplemente demasiado tradicional, pero me gusta el material que ha pasado la prueba del tiempo y los gigantes de la fe como Agustín, Atanasio, Aquino, Calvino, Lutero y Edwards. Esa es la gente cuyos productos yo respaldaría más.

Como dije en el ensayo, yo estaría plenamente dispuesto a que todos mis libros fueran quemados y enterrados (o puestos en el sótano de las librerías) si fueran reemplazados por los grandes maestros, porque sólo soy un enano que descansa sobre los hombros de gigantes, y sé que Jim Packer, Jim Boice, Charles Colson, Chuck Swindoll y otros hombres cuyos libros han sido ampliamente distribuidos entre los cristianos harían lo mismo, se desharían gustosamente de sus libros si pudieran persuadir a la gente que estudiara a los grandes maestros.

• ¿Cuál es la mejor manera de prolongar una vida cristiana útil a medida que envejezco?

Detrás de esa pregunta se halla el dolor de las personas que han alcanzado cierta edad en la cual la sociedad les dice que ya no son capaces de contribuir de manera útil. La ley dice que las personas deben retirarse a los sesenta y cinco. Por cierto, hay excepciones: hubo presidentes de más edad. Pero de algún modo nuestra sociedad está centrada en los jóvenes y, cuando mucho, parece tratar a los ciudadanos mayores con cierta condescendencia.

Sabemos que con la edad vienen ciertas debilidades, y que hay ocasiones en que la gente ya no puede cumplir los deberes que han estado acostumbrados a llevar a cabo durante los años precedentes. Eso no significa que su utilidad en el reino de Dios llegue a su fin. En la Biblia hay un énfasis con respecto a honrar a los ancianos porque se les debe ese honor. Eso me pone muy sentimental. Difícilmente veo una persona de pelo cano sin experimentar una honda sensación de respeto porque, si no tuviese otra razón, a lo menos se trata de gente que ha resistido y sobrevivido. Puede que ni siquiera sean cristianos, pero de alguna forma han subsistido en la vida. El otro día vi un hombre así y pensé: *¿Cuántas veces habrá ido al dentista? ¿Cuántas veces se habrá* *sometido al bisturí? ¿Cuántas tragedias habrá presenciado y experimentado en su familia y en su propia vida? Pese a todo, aún es útil en nuestra sociedad.*

Mientras enseñaba en la universidad, en la ciudad había un hombre que era misionero jubilado. Había estado en el campo misionero durante cincuenta años. Eso es mucho tiempo. Durante cincuenta años se había entregado en cuerpo y alma. Cinco de aquellos años los había pasado en una prisión, lejos de su esposa, quien a su vez estaba encarcelada en otra prisión. Y al final, cuando ya no estuvo en condiciones de servir en el campo misionero, se jubiló, por decirlo de algún modo. Lo que hizo hasta el día de su muerte fue levantarse cada día y pasar ocho horas en oración. Su cuerpo funcionaba con dificultad, pero decía: "Aún puedo pensar, aún puedo hablar, aún puedo orar." Así que se dedicó al ministerio de la oración durante ocho horas al día. Lo hacía de tal manera que, los que vivíamos en esa ciudad no conocíamos mayor privilegio que ese hombre orara por nosotros, porque sabía cómo orar y era un verdadero guerrero de oración. Ahora pregunto, ¿fue útil su ministerio? Probablemente los años más útiles de su vida fueron los últimos, cuando se transformó en un guerrero de oración.

Creo que la clave para continuar siendo útiles a medida que envejecemos no es concentrarnos en lo que ya no podemos hacer, sino en lo que aún podemos hacer. Nunca sabemos si Dios ha reservado algunos de sus mejores dones y capacidades para cuando estemos en nuestros últimos años. Algunas personas pasan gran parte de su vida aprendiendo y acumulando sabiduría hasta que, en sus últimos años, reciben la oportunidad de compilar y entregar lecciones de vida, sea mediante la enseñanza o el discipulado o a través de la escritura y la exposición. Algunas de las personas más adecuadas para pasar tiempo escuchando y entregando amor a otros son aquellos que ya no viven abrumados por sus carreras ni por sostener a sus familias. En la maravillosa economía de Dios, siempre hay trabajo que hacer y amor para dar. Sin embargo, por su sesgada visión, la sociedad no siempre reconoce ese trabajo y amor.

10

ENTENDIENDO A SATANÁS

¡Estén alerta! Cuídense de su gran enemigo,
el diablo, porque anda al acecho como un león rugiente,
buscando a quién devorar.
Manténganse firmes contra él y sean fuertes en su fe.
Recuerden que sus hermanos en Cristo, en todo el mundo,
también están pasando por el mismo sufrimiento.

1 PEDRO 5:8-9

Preguntas en esta sección:

- *En Isaías 45:7 (RVA), Dios dice: "Formo la luz y crío las tinieblas, . . . hago la paz y crío el mal." ¿Por qué creó a Lucifer?*

- *La Biblia dice que todo poder es dado por Dios. ¿Cómo podemos explicar, entonces, el poder que Satanás y hombres como Hitler han tenido en el pasado?*

- *¿Se le ha dado dominio a Satanás sobre la tierra hasta que Jesús regrese? Si es así, ¿por qué se le ha dado esta autoridad?*

- *A la luz de la soberanía de Dios, ¿cuál debería ser la actitud o respuesta del cristiano cuando es sometido a los ataques de Satanás?*

- *¿Puede el diablo leer mi mente?*

- *¿Por qué retratamos a Satanás de manera tan cómica, como un hombre de traje rojo y tridente, cuando en realidad es el enemigo de nuestras almas?*

- ### En Isaías 45:7 (RVA), Dios dice: "Formo la luz y crío las tinieblas, . . . hago la paz y crío el mal." ¿Por qué creó a Lucifer?

Permítame primero comentar el texto. Este es uno de los textos peor entendidos de la Biblia, y parte del problema se origina en el inglés isabelino de la antigua versión King James (el texto de la Reina Valera Antigua es muy semejante). La otra parte del problema está en la traducción del hebreo. El hebreo tiene unas siete palabras características que pueden traducirse con el término *mal*. Hay diferentes clases de mal. Existe el mal moral. Existe lo que llamaríamos mal metafísico: la finitud, por ejemplo. Cada vez que la Biblia habla de que Dios trae el mal sobre la gente, es el mal desde la perspectiva de ellos. Cuando el fuego cayó sobre Sodoma y Gomorra, la gente no vio aquello como algo bueno. Fue una mala noticia. Sin embargo, en el fondo fue bueno porque fue una expresión del juicio de Dios sobre la maldad de ellos. Fue un castigo que la mano de Dios obró sobre el mal. Eso no significa que Dios hizo algo incorrecto o moralmente malo al enviarles juicio.

Además, este texto de Isaías está escrito en forma poética. Usa el paralelismo, un tipo de poesía común en el judaísmo del Antiguo Testamento. Incluso hay diferentes clases de paralelismo.

Un ejemplo se encuentra en el Padre Nuestro, cuando Jesús dice: "No permitas que cedamos ante la tentación, sino rescátanos del maligno." Estos dos pensamientos son paralelos y básicamente sinónimos; dicen lo mismo, sólo que usando palabras diferentes. En los Salmos encontramos eso a menudo.

En Isaías 45 tenemos un ejemplo de dos afirmaciones muy cercanas entre sí que son paralelismos antitéticos. El primer verso dice: "Formo la luz y crío las tinieblas." La luz y las tinieblas son opuestos; son contrastes, una cosa es la antítesis de la otra. Es por eso que se llama paralelismo antitético.

La próxima afirmación tiene la misma clase de antítesis, pero ¿cuál es la redacción? "Hago la paz y crío el mal." No parece correcto porque, en nuestro vocabulario, la paz y el mal no son antónimos, ¿verdad? Mientras la luz y las tinieblas son opuestos, estos no lo son. Lo que el texto dice es que, así como Dios hace que sucedan cosas buenas en este mundo, también trae calamidades en su juicio. No está hablando de la creación original. Es lamentable que ese lenguaje persista en esa traducción particular. [Ver este versículo en la NTV: "Yo formo la luz y creo las tinieblas, yo envío los buenos tiempos y los malos."]

Ahora, ¿por qué creó a Lucifer? No lo sé, pero Lucifer no fue creado malo. Debemos recordar que Lucifer fue creado como un ángel, el cual se rebeló más tarde contra el cielo.

- ### *La Biblia dice que todo poder es dado por Dios.*
  ### *¿Cómo podemos explicar, entonces, el poder que*
  ### *Satanás y hombres como Hitler han tenido en*
  ### *el pasado?*

Dios no solamente dice que él es omnipotente, todopoderoso en y de sí mismo, sino también que él es la fuente de todo poder y autoridad en este mundo. Y siendo así, el diablo mismo está subordinado y depende de Dios con respecto al poder o autoridad que ejerce en este mundo.

La pregunta que usted plantea no es diferente a la que hizo el profeta Habacuc cuando estaba en su atalaya y se quejó contra Dios porque veía cómo una nación extranjera, conocida por su indescriptible maldad, atacaba y masacraba al pueblo judío, el pueblo de Dios. Habacuc le recordó a Dios que Dios era demasiado puro para siquiera contemplar la iniquidad. ¿Cómo podía Dios permitir que este poder extranjero, este malvado poder, fuera usado de esa manera? Dios dijo: "Espera un minuto, yo no he usado a esta nación enemiga como un instrumento para castigar a Israel porque Israel sea más malvado que la otra nación. Simplemente estoy usando a esta nación para castigar a mi propio pueblo, que tanto se lo merece. Sin embargo, esta otra nación ya tendrá lo suyo." Es por eso que debemos tener mucho cuidado al decir que Dios está siempre de nuestro lado. Él puede levantar a China para castigar a los Estados Unidos como un instrumento de juicio en contra de sus habitantes, porque todo el poder está en sus manos.

Mientras yo estudiaba en Europa durante los años sesenta, aun cuando habían pasado veinte años desde el fin de la Segunda Guerra Mundial, las librerías de Amsterdam estaban llenas de literatura sobre la Segunda Guerra. Los recuerdos aún eran muy vivos y fuertes para esta gente, que había sufrido mucho más que nosotros en ese tiempo. Recuerdo haber leído un libro que era el resultado de la publicación de documentos clasificados, y se titulaba *Hitler, the Scourge of Europe* (Hitler, el azote de Europa), donde aparecían documentos privados de Hitler fotocopiados e impresos. Uno era una antigua anotación tomada de su diario, en la cual aparecía, garabateado por la mano del propio Hitler: "Esta noche he hecho un pacto con Satanás." No estaba bromeando. Era un esfuerzo serio de Adolfo Hitler para comprometer la ayuda del príncipe de las tinieblas en los planes que él urdía. Obviamente todo eso ocurría bajo la soberanía de Dios. Dios tiene sus razones para permitir que eso ocurra durante un tiempo, pero obviamente él tiene reservado un momento en que su poderoso juicio caerá sobre Satanás y sobre personas como Hitler, y el justo poder de Dios será finalmente reivindicado.

- ### ¿Se le ha dado dominio a Satanás sobre la tierra hasta que Jesús regrese? Si es así, ¿por qué se le ha dado esa autoridad?

Hay sólo un Señor supremo sobre todo el mundo, y ése es Dios. En el Antiguo Testamento se nos dice que todo este concepto del dominio era compartido con Adán y Eva. Al hombre se le dio dominio sobre la tierra para ser un vice-regente de Dios, es decir, actuar como virrey para representar el reino de Dios sobre este planeta. Por supuesto, lo echamos a perder terriblemente y fuimos sometidos cada vez más al poder de Satanás. Ese poder de Satanás sufrió un golpe no sólo significativo, sino fatal a través de Cristo en su encarnación.

Se nos dice, en primer lugar, que Dios el Padre le da a Jesús toda autoridad en el cielo y en la tierra. En su ascensión, Cristo se sienta a la diestra de Dios, donde es coronado como el Rey de reyes y el Señor de señores. Ese fue un golpe tremendo para todos los poderes de este mundo y los satánicos, los principados y las huestes espirituales de maldad en las regiones celestiales. De modo que, si me preguntan quién tiene el dominio de este mundo en este momento, creo que el Nuevo Testamento lo señala con perfecta claridad. El que tiene el dominio es el Señor. El Señor Dios omnipotente reina, y el Señor Cristo reina sobre este mundo ahora mismo. Su reino puede no ser de este mundo, pero incluye a este mundo, y Jesús tiene toda autoridad sobre el cielo y la tierra.

Aun en este momento, mientras respondo esta pregunta, la autoridad y el poder de Satanás están limitados y subordinados a la autoridad que posee Cristo. Ahora mismo Cristo es el rey de esta tierra. Su reino es invisible, y no todos lo reconocen. La gente le rinde más lealtad al príncipe de las tinieblas que al Príncipe de Paz, pero ese es un acto de usurpación por parte de Satanás. Su poder es restringido, limitado y temporal. Resumiendo, lo que ha sucedido es esto: el poder y la autoridad de Satanás han recibido un golpe fatal por parte de Cristo. La cruz, la encarnación, la resurrección y la ascensión debilita-ron tremendamente cualquier poder y autoridad que Satanás disfrutara, pero no lo aniquilaron. Eso vendrá después, cuando Cristo complete su obra de redención mediante la consumación de su reino. Todas las cosas serán puestas cautivas delante de él, y toda rodilla se doblará ante él, incluyendo los ángeles caídos, los cuales se inclinarán en sumisión a su autoridad.

- ### *A la luz de la soberanía de Dios, ¿cuál debería ser la actitud o respuesta del cristiano cuando es sometido a los ataques de Satanás?*

Una de las dificultades que enfrenta el cristiano es reconocer un ataque de Satanás cuando éste se avecina. Recordemos que Satanás es un ser angélico; es un ser espiritual e invisible. No siempre es fácil discernir la presencia del enemigo, aunque el Nuevo Testamento nos advierte que la lucha en la cual estamos envueltos no es contra carne y sangre, sino contra principados, potestades y huestes espirituales de maldad en las regiones celestiales, incluyendo ataques provenientes de fuentes satánicas.

Martín Lutero experimentó en su propia vida el ataque violento de Satanás a un grado tal que le era casi tangible. En una ocasión, al menos, tomó un tintero y lo arrojó a través de la habitación, supuestamente, a Satanás. No podía ver materialmente la presencia de Satanás, pero estaba seguro de estar experimentando la opresión y el ataque desenfrenado del príncipe de las tinieblas, el enemigo mortal de todos los cristianos. Así que uno de los grandes problemas, es saber cuándo sucede esto.

La Biblia nos advierte que Satanás se disfraza como ángel de luz; es decir, se manifiesta amparado por lo bueno. Satanás no actúa bajo la apariencia de una persona caricaturesca y grotesca que viste un traje de franela roja, que tiene cuernos y un tridente, sino que es mucho más seductor y astuto, presentándose, como nos dicen las Escrituras, como un ángel de luz para engañar, si es posible, aun a los elegidos de Dios. Así que necesitamos estar conscientes de los ardides de aquel que es el príncipe de las tinieblas y de la falsedad.

Satanás es descrito como un acusador, un mentiroso y un tentador. Lo vemos mintiendo, distorsionando la verdad, involucrado en la tentación y acusando a los santos.

Ahora bien, el Espíritu Santo nos declara culpables de pecado, de tal manera que reconoceremos ese pecado y nos arrepentiremos de él. Pero si un pecado nos perturba, podría ser la obra del Espíritu Santo, o podría ser Satanás acusándonos. ¿Cómo reconocemos la diferencia? Sabemos que la acusación del Espíritu Santo nos llega como algo dulce y positivo. El objetivo del Espíritu es hacernos recobrar el juicio. Él nos humilla y nos lleva al arrepentimiento, pero no nos aniquila. Satanás en cambio, busca llevarnos a la desesperación. Su objetivo es nuestra desesperanza y destrucción, y uno de sus principales métodos para alcanzar ese objetivo es la acusación. La Escritura nos dice en

1 Pedro 5:8 que Satanás anda como león rugiente buscando a quien devorar. Sin embargo, la otra imagen que tenemos nos lo muestra huyendo con el rabo entre las piernas cuando las Escrituras nos dicen que si lo resistimos, se apartará de nosotros. Aquí es donde necesitamos la armadura de Dios, la Palabra de Dios, y la aplicación de esa Palabra a través del poder del Espíritu, porque tenemos la promesa de que Satanás huirá.

• ¿Puede el diablo leer mi mente?

No tengo la certeza, ni un conocimiento exhaustivo de los poderes de Satanás. Sé que Satanás tiene más poder del que uno encontraría normalmente en los seres humanos. Al mismo tiempo, sé que Satanás no es divino; no es Dios ni tiene poderes o atributos divinos. Es una criatura con las limitaciones que se hallan normalmente en la condición de un ser creado. Es un ángel.

La Biblia no nos da una lista exhaustiva de los poderes de los ángeles. Son más poderosos que las personas, pero mucho menos poderosos que Dios. Obviamente Dios puede leer nuestra mente. Dios es omnisciente. Él conoce nuestros pensamientos cada vez que ellos surgen: "Sabes lo que voy a decir incluso antes de que lo diga, SEÑOR" (Sal. 139:4). Los cristianos tienden a creer que, puesto que Dios es un ser sobrenatural y puede leer nuestras mentes, Satanás, que es un ser sobrenatural, también es capaz de leerlas. Sin embargo, los poderes de Satanás no son iguales a los de Dios.

Una pregunta similar sería: "¿Puede Satanás estar en más de un lugar a la vez?" Yo me inclinaría a decir que no. Dudo que en mi vida tenga que llegar alguna vez a preocuparme de que Satanás lea mi mente, porque probablemente nunca lo conoceré. Él sólo puede estar en un lugar a la vez. Es una criatura, y por definición las criaturas están espacial y temporalmente limitadas. Así que Satanás no puede estar en más de un lugar a la vez. Él tiene pequeños ayudantes de menor rango, y puede enviar uno de ellos a hostigarme, tentarme y acusarme, pero va a guardar su tiempo y energía para gente de mayor influencia que yo.

En el Nuevo Testamento, Satanás centró sus ataques en Jesús. En la tentación entró en diálogo con Jesús. Él supo lo que Jesús estaba pensando basado en lo que Jesús dijo. Pero de otro modo, no veo razón alguna para creer que él podría leer su mente o la mía. Repito, puede que eso no necesariamente sea un poder divino. Puede que sea capaz de hacerlo, pero no tengo una razón para creer que pueda.

- **¿Por qué retratamos a Satanás de manera tan cómica, como un hombre de traje rojo y tridente, cuando en realidad es el enemigo de nuestras almas?**

Aun una lectura superficial de las Escrituras indica que semejante visión de Satanás es ajena a la Biblia. La Biblia no presenta en absoluto a Satanás vistiendo un traje cómico, sino que lo describe como alguien que se disfraza de ángel de luz. No hay nada de tonto ni frívolo en cuanto a él. Bajo el disfraz de la bondad, él simula lo bueno y puede seducir a las personas no sólo mediante su astucia sino también con su aparente belleza.

Creo que la última forma en que deberíamos esperar que Satanás apareciera sería en ropa interior de lana roja áspera y con las pezuñas hendidas, cuernos, cola y tridente. ¿De dónde vino esa descripción, y por qué tenemos la imagen de un Satanás de apariencia tan tonta? En la Edad Media, el pueblo de Dios estaba muy preocupado por la influencia de Satanás en sus vidas. Trataban de proteger sus almas del archienemigo, que procuraba destruirlas. La iglesia desarrolló con detalle ritos y rituales de exorcismo y protección contra los malos espíritus. Invocaban a ciertos ángeles, como a San Miguel, para que los protegiera de los ataques de Satanás. También surgió la idea de que el punto de vulnerabilidad más grande de Satanás, el punto que lo hizo caer del cielo en el principio, fue su orgullo.

La Biblia da diferentes imágenes de Satanás. Dice que anda como un león rugiente buscando a quien devorar. Jesús le dijo a Simón Pedro: "Satanás ha pedido zarandear a cada uno de ustedes como si fueran trigo." Tenemos esta imagen del poder abrumador de Satanás. Sin embargo, la otra imagen que las Escrituras nos muestra dice: "Resistan al diablo, y él huirá de ustedes." Así que, en mi mente, tengo la imagen de este león rugiente que lanza su feroz gruñido, pero cuando es resistido por nosotros corre calle abajo con el rabo entre las piernas.

La iglesia pensaba que la mejor forma de librarse de los ataques de Satanás era burlándose de él, insultando su orgullo. Para conseguir eso, aparecieron esas absurdas caricaturas. Lo que sucedió fue que la generación siguiente vio las caricaturas y aquellas grotescas sátiras y pensó que nuestros padres realmente creían que el diablo era así. Por supuesto que no lo creían, sabían muy bien que no era así, pero hemos recibido la tradición sin la explicación.

11

EL CIELO
Y EL INFIERNO

La ciudad no tiene necesidad de sol ni de luna,
porque la gloria de Dios ilumina la ciudad. . . .
Las naciones caminarán a la luz de la ciudad,
y los reyes del mundo entrarán en ella con toda su gloria. . . .
No se permitirá la entrada a ninguna cosa mala
ni tampoco a nadie que practique la idolatría y el engaño.
Sólo podrán entrar los que tengan su nombre escrito
en el Libro de la Vida del Cordero.

APOCALIPSIS 21:23-24, 27

Preguntas en esta sección:

- *Los santos del Antiguo Testamento ¿estaban seguros de una vida personal después de la muerte?*

- *Los judíos "creyentes" del Antiguo Testamento ¿fueron al cielo, o hubo una "sala de espera" para ellos hasta la muerte y la resurrección de Jesús?*

- *¿Nos enseña la Biblia cómo será el cielo?*

- *Si el cielo es el destino final del cristiano, ¿por qué se lo describe tan poco en la Biblia?*

- *¿Hay categorías en el cielo, de acuerdo a las cuales un cristiano, como resultado de una vida de buenas obras, tendría un rango más alto o una mejor calidad de vida en el cielo que alguien que tan sólo llega dificultosamente con su último aliento?*

- *¿Nos reconoceremos unos a otros en el cielo?*

- *¿Qué sucede con los animales cuando mueren? Sé que algunas personas se encariñan mucho con ellos.*

- *¿Puede entrar al cielo alguien que ha cometido suicidio?*

- *Cuando una persona muere, ¿dónde van su espíritu y su cuerpo hasta la Segunda Venida?*

- *¿Qué sucede con los niños que mueren antes de poder aceptar el evangelio?*

- *¿Qué sucede con los millones de bebés abortados cada año? ¿Dónde pasarán la eternidad?*

- *El rey Saúl visitó a una hechicera que hizo aparecer la imagen de Samuel. ¿Significa esto que hoy la gente podría invocar a los difuntos, o se trató simplemente de un acto llevado a cabo por Dios solamente esa vez?*

- *¿Cómo explica usted las experiencias fuera-del-cuerpo similares a viajes a través de un túnel, que muchas personas afirman haber tenido antes de ser revividas?*

- *¿Qué es lo primero que usted desearía saber al llegar al cielo?*

- *¿Irán al infierno aquellos que nunca han oído de Cristo?*

- *¿Podría usted describir cómo ve el infierno, y, del mismo modo, describir el cielo?*

• *Los santos del Antiguo Testamento ¿estaban seguros de una vida personal después de la muerte?*

Algunas formas de judaísmo contemporáneo no incluyen una creencia en la vida después de la muerte. Sabemos que en los días de Jesús hubo un gran debate con respecto a ese punto entre dos partidos de la nación judía contemporánea, los fariseos y los saduceos. Los fariseos creían en la vida después de la muerte; los saduceos no. Uno pensaría que los líderes de la casa de Israel estarían de acuerdo acerca de un punto como ése si estuviera explicado con claridad en el Antiguo Testamento.

Uno de los debates que había entre aquellos dos partidos se refería a cómo estaba constituido el Antiguo Testamento. ¿Sólo abarcaba los primeros cinco libros de Moisés, o incluía todo lo que el cristiano de hoy consideraría como el Antiguo Testamento (los Profetas y los Libros de la Sabiduría)? En el Antiguo Testamento, el concepto de la vida después de la muerte (indicado generalmente por las referencias al Seol) es algo vago y oscuro; la muerte es retratada como un lugar más allá del sepulcro al cual van tanto los buenos como los malos. No encontramos en el Antiguo Testamento la claridad con que se proclama la vida después de la muerte en el Nuevo Testamento. Sin embargo, creo que está allí, y si estudiamos a los Profetas Mayores, particularmente a Isaías, veremos que la enseñanza de la vida después de la muerte es claramente establecida en el Antiguo Testamento. Veo el Antiguo Testamento con el beneficio de la información que me llega a través del Nuevo Testamento.

Ciertamente mucha gente leyó el mismo material del Antiguo Testamento y no vio referencias a la vida venidera tan claramente. Durante la lucha que mantuvo Job en sus pruebas terrenales, preguntó: "¿Pueden los muertos volver a vivir?" Más tarde vemos que Job dice, en una nota de triunfo y como expresión de confianza y fe: "Sé que mi Redentor vive, y un día por fin estará sobre la tierra." Los cristianos han leído esta declaración y dicen: "Bueno, si Job confía en un Redentor que lo liberará en un futuro lejano, entonces obviamente se trata de una expresión muy antigua que refleja confianza en la vida después de la muerte." Sin embargo, la palabra de Job que se traduce como "redentor" significa en verdad "vindicador." Job está simplemente diciendo que está seguro de que será vindicado. Ahora, si estaba en la mente de Job una vindicación final en el cielo, es algo que, nuevamente, estaría sujeto a algún debate.

Sin embargo, la confianza de David en un futuro reencuentro con su hijo que había muerto, es una clara indicación de su confianza en una vida venidera. Entre los santos del Antiguo Testamento no era desconocido que habría una vida futura. Simplemente no está tan claro como lo está en el Nuevo Testamento.

- ### *Los judíos "creyentes" del Antiguo Testamento ¿fueron al cielo, o hubo una "sala de espera" para ellos hasta la muerte y la resurrección de Jesús?*

Por un lado, la enseñanza del Antiguo Testamento con respecto a la vida venidera es algo ambigua. Encontramos el uso de la palabra *Seol* que parece incorporar tanto los elementos negativos como positivos de la vida después de la muerte. Ciertamente hallamos referencias más claras al cielo en el Nuevo Testamento, pero muchos pasajes en el Antiguo, incluyendo algunos salmos de David y partes del libro de Isaías, dirigen la atención a la realidad del cielo.

¿Se fueron los fieles de aquel tiempo al cielo o a un lugar de espera? La iglesia católica romana tiene la doctrina del limbo que hemos escuchado, referida principalmente a los bebés. El concepto más amplio incluía el "limbo de los padres," un lugar al cual tenía que ir la gente del Antiguo Testamento que moría en fe, y en el cual debían esperar hasta que Cristo cumpliera su obra de redención en la cruz.

Hay un vínculo entre esa visión, sostenida en muchos círculos, y la muy enigmática referencia en los escritos de Pedro a lo que sucedió con Jesús después de que murió: que fue y predicó a los espíritus encarcelados (1 P. 3:19). Algunos interpretan "los espíritus encarcelados" como una alusión a los santos del Antiguo Testamento que estaban cautivos hasta que la obra redentora de Cristo se completara. Él los liberó para que entraran al paraíso con él. Jesús fue el "primero de todos los que murieron"; él fue primero al lugar donde se hallaban los muertos y sacó de allí a los cautivos, trasladándolos a su estado de gloria futura.

Me inclino a creer que los santos del Antiguo Testamento tenían acceso inmediato al paraíso porque el cielo mismo es llamado "el seno de Abraham" en el Nuevo Testamento. No sería un término descriptivo adecuado para el cielo si fuera un lugar donde Abraham estuviera ausente.

Además, basado teológicamente en nuestra doctrina de la redención, creo que Pablo enseña en Romanos 3 y 4 que la salvación en el Antiguo Testamento ocurre exactamente de la misma manera que en el Nuevo: a través de la fe. La única diferencia es que la fe del Antiguo Testamento descansaba en una promesa futura que aún no se había cumplido. Las personas creían, y cuando creían era justificadas y tenidas por dignas para estar en la presencia de Dios. En el Nuevo Testamento, miramos hacia atrás a una obra que está cumplida. Sabemos que los sacrificios del Antiguo Testamento no tenían eficacia en y por sí mismos; ellos representaban la obra futura de Jesús, quien pagó de manera final por todos los pecados. Puesto que la salvación nos es dada sobre la base de los méritos de Cristo, no veo nada que pudiera evitar que Dios abriera las puertas del cielo antes de la cruz, aun cuando lo hiciera a la luz de la cruz.

• ¿Nos enseña la Biblia cómo será el cielo?

Cuando estaba en el seminario, tuve un profesor extremadamente erudito, del cual yo estaba convencido en ese tiempo que tenía la respuesta para cada pregunta teológica posible. Recuerdo que yo lo admiraba tanto, que un día, con mis ojos brillando, le pregunté: "¿Cómo es el cielo?" ¡Se lo pregunté como si él hubiera estado allí y hubiera podido darme un informe de primera mano! Por supuesto, me condujo inmediatamente a los dos últimos capítulos del Nuevo Testamento, Apocalipsis 21 y 22, en los cuales encontramos una amplia imagen visual de cómo es el cielo. Algunos la desestiman como si se tratara de simbolismo puro, pero debemos recordar que los símbolos del Nuevo Testamento apuntan más allá de sí mismos hacia una mejor y más profunda realidad de la que describen. Es aquí donde leemos de las calles de oro y de los grandes tesoros de joyas que adornan la Nueva Jerusalén que desciende del cielo.

En la descripción de la Nueva Jerusalén, vemos que no hay sol, ni luna, ni estrellas, porque la luz que irradia la presencia de Dios y de su ungido es suficiente para iluminar todo el lugar mediante la refulgencia de su gloria. Se nos dice que no hay muerte ni dolor, y que Dios enjuga las lágrimas de su pueblo.

Recuerdo haber tenido cuando niño la tierna experiencia (poco frecuente en los adultos) de haberme causado un rasguño en la rodilla, o de que algo saliera mal, y luego haber entrado llorando a la casa, donde mi madre se agachaba y secaba mis lágrimas. Eso me consolaba mucho. Por supuesto, aunque mi madre secaba mis lágrimas, al día siguiente siempre había una posibilidad de que yo volviera a llorar. Sin embargo, en el cielo, cuando Dios enjuga las lágrimas de los ojos de la gente, es el fin de las lágrimas: ya no hay más lágrimas después de eso. El cielo se describe como un lugar de completa felicidad y lleno de la radiante majestad y gloria de Dios, donde el pueblo de Dios ha sido santificado, donde la justicia ha sido aplicada y su pueblo ha sido vindicado. No hay más muerte, ni enfermedad, ni dolor, ni odio, ni maldad. Hay una experiencia de sanidad en ese lugar. Y ésa es sólo una primera mirada, pero es suficiente para empezar.

• Si el cielo es el destino final del cristiano, ¿por qué se lo describe tan poco en la Biblia?

No estoy seguro de que el cielo sea descrito tan poco como nos parece. A veces tenemos la sensación de no encontrar mucho acerca del cielo, pero si examinamos la Escritura encontraremos una abundancia de material que habla de ese tema; particularmente en las enseñanzas de Jesús en el Nuevo Testamento, como también en el libro de Apocalipsis. Quizás no hay tanto sobre el cielo como nos gustaría encontrar. Puesto que es el destino final del cristiano, pensamos que se podría explicar un poco más la naturaleza del cielo.

Como se lo describe en las Escrituras, el cielo representa un cambio radical a partir de lo que experimentamos en este mundo. En otras palabras, hay una discontinuidad tremenda entre la vida que vivo en esta tierra y lo que me espera en el cielo. Cada vez que tenemos una discontinuidad entre experiencias, la única forma que tenemos de hablar significativamente acerca de ellas es mediante una especie de analogía. Nunca hemos experimentado esta vida diferente que se llama cielo. Es muy difícil analizar algo que nunca hemos experimentado. Es por eso que creo que la Biblia usa analogías. Los escritores dirán que el cielo es de esta manera o de esta otra porque están tratando de hallar algún punto de referencia significativo en el mundo presente que nos hable de aquello que "ningún ojo ha visto, ningún oído ha escuchado, ninguna mente ha imaginado." Es algo que trasciende nuestra capacidad de anticipación.

A veces aprendemos acerca de algo a medida que descubrimos lo que no es. Por ejemplo, en Apocalipsis la Biblia nos dice que en el cielo no hay llanto, ni dolor, ni muerte, ni oscuridad. Por un lado, no puedo concebir cómo sería la vida sin ninguna de aquellas cosas; pero al mismo tiempo tengo alguna idea de la diferencia entre la luz y las tinieblas, la paz y el conflicto, el gozo y el pesar, etc. Creo que la principal razón por la cual no se nos da más información es que somos demasiado limitados en nuestra capacidad de anticipar aquello que es mucho más grande de lo que alguna vez podríamos imaginar en este mundo.

- **¿Hay categorías en el cielo, de acuerdo a las cuales un cristiano, como resultado de una vida de buenas obras, tendría un rango más alto o una mejor calidad de vida en el cielo que alguien que tan sólo llega dificultosamente con su último aliento?**

Esto puede sorprender a mucha gente, pero yo respondería a esa pregunta con un rotundo sí. En el cielo hay grados de recompensa. Me asombra que esta respuesta sorprenda a tanta gente. Creo que hay una razón por la cual los cristianos se escandalizan cuando digo que hay varios niveles de cielo y asimismo grados de severidad en los castigos del infierno.

Debemos gran parte de esta confusión al énfasis protestante en la doctrina de la justificación sólo por fe. Insistimos en esa doctrina, enseñando enfáticamente que una persona no llega al cielo a través de sus buenas obras. Nuestras buenas obras no nos reportan ningún mérito, y la única forma que tenemos de llegar al cielo es mediante la fe en Cristo, cuyos méritos se nos atribuyen. Enfatizamos esta doctrina al punto de que la gente concluye que las buenas obras son insignificantes y no guardan relación alguna con la vida futura del cristiano.

La forma en que el protestantismo histórico ha explicado esto es que la única manera de llegar al cielo es a través de la obra de Cristo, pero se nos prometen recompensas en el cielo *de acuerdo a nuestras obras*. San Agustín dijo que sólo por la gracia de Dios logramos hacer algo que se aproxime siquiera a una buena obra, y ninguna de nuestras obras son lo suficientemente buenas como para esperar que Dios las recompense. El hecho de que Dios haya decidido conceder recompensas sobre la base de la obediencia o la desobediencia es lo que Agustín describió como la coronación que Dios hace de sus propias obras en nosotros. Si una persona ha sido fiel en muchas cosas a través de muchos años, entonces será recompensada por su Maestro, quien le dirá: "Bien hecho, mi buen siervo fiel." El que llega apenas, a último momento, tiene preciosas pequeñas buenas obras por las cuales puede esperar recompensa.

Creo que la distancia entre el nivel uno y el nivel diez en el cielo es infinitesimal comparada con la brecha que hay entre llegar allá o no llegar. Alguien lo dijo de esta manera: en el cielo todos tienen sus copas llenas, pero no todos tienen una copa del mismo tamaño. De nuevo, esto puede sorprender a muchos, pero diría que hay al menos veinticinco ocasiones en que el Nuevo Testamento enseña claramente que seremos recompensados conforme a nuestras buenas obras. Jesús mantiene frecuentemente el tema de la recompensa como la zanahoria frente al caballo: "Les espera una gran recompensa en el cielo" si hacen esto o aquello. Somos llamados a trabajar, a hacer tesoros para nosotros en el cielo, así como Pablo nos dice en Romanos que los malvados "va[n] acumulando un castigo terrible para [sí] mismo[s]."

• ¿Nos reconoceremos unos a otros en el cielo?

Ninguna referencia bíblica concreta declara de manera explícita que nos reconoceremos los unos a los otros. Sin embargo, la enseñanza implícita de la Escritura es tan abrumadora que no creo que haya duda alguna en cuanto a que seremos capaces de reconocernos en el cielo. Hay un elemento de discontinuidad entre esta vida y la vida por venir: seremos transformados en un abrir y cerrar de ojos; tendremos un cuerpo nuevo, y lo viejo pasará. Sin embargo, la visión cristiana de la vida después de la muerte no es como la visión oriental de la aniquilación, según la cual perdemos nuestras identidades personales en una especie de mar del olvido. Si bien hay un elemento de discontinuidad, en que lo viejo es reemplazado por lo nuevo, hay un fuerte elemento de continuidad en el hecho de que el individuo seguirá viviendo por la eternidad.

Parte de lo que significa ser un individuo es estar involucrado en relaciones personales. En uno de los artículos del Credo de los Apóstoles decimos que creemos en la comunión de los santos. Esa afirmación no se aplica solamente al compañerismo que disfrutamos los unos con los otros en este momento, sino que indica la comunión que todos aquellos que están en Cristo tienen los unos con los otros. Incluso ahora, en este mundo, entro místicamente en comunión con Martín Lutero, Juan Calvino o Jonathan Edwards, los cuales son parte de la compañía total de los santos. No hay razón para esperar que esta comunión haya de cesar.

Cuando entramos en un nivel de comunión más alto con Cristo y con aquellos que están en Cristo, deberíamos pensar que, naturalmente, la comunión habría de intensificarse en lugar de menguar.

Aunque debemos ser cuidadosos con respecto a cuánto podemos extraer de una parábola, la parábola de Jesús sobre el rico y Lázaro nos da una perspectiva interna acerca de la vida venidera. Habla de un hombre rico al cual le iba muy bien en este mundo y un hombre pobre que mendigaba a la puerta del rico. El rico ignoraba las súplicas del pobre. Ambos murieron, y el pobre, Lázaro, fue llevado al seno de Abraham, mientras el rico permaneció en las tinieblas de afuera. Sin embargo, aun allí, este hombre que según suponemos estaba en el infierno, podía ver el seno de Abraham a través del abismo infranqueable y contemplar el estado de felicidad que ahora disfrutaba este mendigo. Rogó a Abraham, llorando a través del abismo, que tuviera misericordia y le permitiera volver a la tierra o enviar un mensaje de advertencia a sus hermanos para que no cayeran en el mismo juicio en que él había caído. Por supuesto, Jesús dice que ya es demasiado tarde. Al menos en la parábola, las personas se reconocen y también reconocen el lugar donde están y dónde no están.

- ## ¿Qué sucede con los animales cuando mueren? Sé que algunas personas se encariñan mucho con ellos.

No puedo responder esa pregunta con seguridad, pero no quiero que usted piense siquiera por un minuto que es una pregunta frívola. La gente se encariña mucho con sus mascotas, particularmente si la mascota ha estado con ellos durante un largo tiempo. En nuestra cultura actual están apareciendo cada vez más cementerios de mascotas, y la gente está incurriendo en grandes gastos y ceremonias, lápidas y todas esas cosas, cuando se desprenden de los cuerpos de sus mascotas.

Dentro de la iglesia cristiana hay diferentes escuelas de pensamiento con respecto a este tema. Algunos creen que los animales simplemente se desintegran; pasan a la nada y son aniquilados, lo cual se basa en la premisa de que los animales no tienen almas que puedan sobrevivir a la muerte. Sin embargo, en ninguna parte de la Escritura se afirma explícitamente que los animales no tengan alma.

La Biblia nos dice que tenemos la imagen de Dios en una forma que los animales no la tienen. Ahora, ¿es la "imagen de Dios" lo que marca la diferencia entre un alma y una no alma? Los que adoptan la visión griega del alma —que es esta sustancia la que continúa indestructiblemente para siempre— querrían restringir aquello a los seres humanos. Pero, nuevamente, en la Escritura no sé de nada que pueda excluir la posibilidad de una existencia continuada en el caso de los animales.

La Biblia nos da alguna razón para esperar que los animales que han muerto sean restaurados. Leemos en la Biblia que la redención es una cuestión cósmica. La creación entera está destinada a ser redimida mediante la obra de Cristo (Rm. 8:21), y vemos las imágenes de cómo será el cielo; pasajes hermosos de la Escritura nos hablan de que el león, el cordero y otros animales estarán en paz unos con otros. Cada vez que se describe el cielo, aunque pueda ser en un lenguaje imaginativo, es un lugar en donde los animales parecen estar presentes. Si estos son animales creados nuevamente para los cielos nuevos y la tierra nueva, o si son las almas redimidas de nuestras mascotas que han perecido, no podemos saberlo con certeza.

Todo esto es pura especulación, pero me gustaría pensar que un día veremos nuevamente a nuestras amadas mascotas participar de los beneficios de la redención que Cristo ha obtenido para la raza humana.

• ¿Puede entrar al cielo alguien que ha cometido suicidio?

Creo que es posible que alguien que ha cometido suicidio entre al cielo. Lo digo por varias razones. Los psiquiatras han estudiado personas que han hecho serios intentos de quitarse la vida pero no lo lograron. Al ser entrevistados, la gran mayoría de estas personas (90 por ciento, según los psiquiatras) dijo que no habrían intentado el suicidio si hubieran esperado veinticuatro horas. Muy a menudo el acto del suicidio es una rendición ante un abrumador pero momentáneo ataque de depresión aguda. No sabemos realmente cuáles son los últimos pensamientos que pasan por la mente de una persona antes de que muere. Supongamos que un hombre decide ponerle fin a su vida y salta desde un edificio de treinta pisos, y al pasar por el piso dieciséis piensa: *Esto es un error; no debería estar haciendo esto.* Obviamente, en la gracia de Dios hay lugar para el arrepentimiento final de ese hombre con respecto a aquel pecado.

Aun cuando las Escrituras son muy claras en cuanto a que no debemos quitarnos la vida, no encuentro nada en la Escritura que identifique al suicidio como el pecado imperdonable. Ahora, si una persona le pone fin a su vida en total posesión de sus facultades, este acto puede representar un acto final y absoluto de incredulidad; una rendición ante la desesperación y la desesperanza en lugar de mostrar confianza en el Dios viviente. Sin embargo, no creo que podamos asumir que este sea el estado mental de todos los que cometen suicidio.

Algunas personas que intentan suicidarse no están en su plena facultad de pensar y no son culpables de su conducta en el último momento. Dado que la Biblia guarda un relativo silencio al respecto, no me gusta precipitarme a sacar conclusiones. Preferiría que, en casos como esos, nuestra esperanza descansara en la gracia y en la bondad de Dios.

• *Cuando una persona muere, ¿dónde van su espíritu y su cuerpo hasta la Segunda Venida?*

A lo largo de su historia, la iglesia ha luchado con el concepto de lo que se llama el "estado intermedio," la situación en que estaremos entre el momento en que muramos y el momento en que Cristo consume su reino y cumpla las promesas que confesamos en el Credo de los Apóstoles. Nosotros creemos en la resurrección del cuerpo. Creemos que habrá un momento en que Dios reunirá nuestra alma y nuestro cuerpo, y que tendremos un cuerpo glorificado tal como Cristo salió de la tumba como el "primogénito de los muertos." Entretanto, ¿qué sucede?

La visión más común ha sido que, en la muerte, el alma parte inmediatamente a estar con Dios y hay una continuidad de la existencia personal. No hay una interrupción de la vida al final de esta vida sino que, cuando morimos, nuestra alma continúa viva.

Sabemos de aquellos que han sido influenciados por la idea de la denominada *psicopaniquia*, más conocida como el sueño del alma. La idea es que al morir el alma parte a un estado de animación suspendida. Permanece dormida, en un estado inconsciente, hasta que es despertada en el momento de la gran resurrección. El alma aún sigue viva, pero está inconsciente, de manera que no es consciente del paso del tiempo. Creo que esta conclusión ha sido extraída inadecuadamente a partir de la manera eufemística en que el Nuevo Testamento habla de la gente muerta como si estuviera dormida. La expresión judía común de que se hallan "dormidos" significa que están disfrutando la tranquilidad reposada y pacífica de aquellos que han pasado más allá de las luchas de este mundo y han entrado en la presencia de Dios.

Sin embargo, la enseñanza general de la Escritura, aun considerando el Antiguo Testamento, muestra que el seno de Abraham era visto como el lugar de la vida venidera, y hay una noción persistente de continuidad. Pablo lo señaló de la siguiente manera: vivir en este mundo es bueno; la cosa más grande que podría suceder es participar de la resurrección final. Sin embargo, el estado intermedio es aun mejor. Pablo dijo que se hallaba atrapado entre dos cosas. Por un lado, su deseo era partir y estar con Cristo, lo cual es mucho mejor, y por el otro, tenía el deseo de permanecer vivo y continuar su ministerio en esta tierra. Sin embargo, el juicio del apóstol en cuanto a que traspasar el velo de la muerte y llegar a ese estado intermedio es mucho mejor que éste nos da una pista, junto con una gran cantidad de otros pasajes. Jesús le dijo al ladrón en la cruz: "Te aseguro que hoy estarás conmigo en el paraíso." La imagen del rico y Lázaro en el Nuevo Testamento (Lc. 16:19-31) me indica que hay una continuidad de la vida y la conciencia en ese estado intermedio.

• ¿Qué sucede con los niños que mueren antes de poder aceptar el evangelio?

En mi tradición teológica, creemos que aquellos hijos de creyentes que mueren durante la infancia son contados entre los redimidos. Es decir, esperamos y tenemos un cierto nivel de confianza en que Dios mostrará una gracia particular hacia aquellos que nunca han tenido la oportunidad de estar expuestos al evangelio, tales como los infantes o los niños que tienen una discapacidad para oír y entender.

El Nuevo Testamento no nos enseña esto explícitamente. Nos dice mucho sobre el carácter de Dios —sobre su misericordia y su gracia— y nos da buenas razones para tener esa clase de confianza en su trato con los niños. Algunos hacen una distinción entre los infantes en general y aquellos que son hijos de creyentes, teniendo en cuenta que cuando Dios hizo un pacto con Abraham, lo hizo no sólo con Abraham, sino también con sus descendientes. Tan pronto como Dios entró en esa relación con Abraham, incorporó en ella a Isaac, cuando Isaac aún era un infante y no tenía un entendimiento de lo que estaba pasando. Esta es la razón, entre paréntesis, de que un gran número de grupos cristianos practique el bautismo de infantes; ellos creen que los hijos de los creyentes deben ser incorporados en una membresía plena en la iglesia. Podemos ver esta relación dentro de la familia en la historia bíblica.

Encontramos también la situación de David en el Antiguo Testamento cuando su hijo muere siendo infante. Pese a ello, a David se le da la seguridad de que verá nuevamente a ese niño en el cielo. Esa historia de David y su hijo que muere les da un tremendo consuelo a los padres que han perdido sus hijos por causa de la muerte.

Ahora, el punto que debemos establecer es que los infantes que mueren reciben una dispensación especial de la gracia de Dios; no es por causa de su inocencia sino por la gracia de Dios que son recibidos en el cielo. Hay grandes controversias que se ciernen sobre la doctrina del pecado original. Los luteranos discrepan con los católicos romanos, quienes a su vez discrepan con los presbiterianos y con otros sobre el alcance y la medida de lo que llamamos pecado original. El pecado original no se refiere al primer pecado que se cometió, sino a su resultado: la entrada del pecado en el mundo, de manera que todos nosotros como seres humanos nacemos en un estado caído. Llegamos a este mundo con una naturaleza de pecado, y de este modo, el bebé que muere, muere como un niño en estado pecaminoso. Cuando ese niño es recibido en el cielo, es recibido por gracia.

• ¿Qué sucede con los millones de bebés abortados cada año? ¿Dónde pasarán la eternidad?

Usted plantea una pregunta sobre la cual la iglesia cristiana ha estado seriamente dividida a lo largo de su historia por varias razones. Hay poca información en la Escritura que trate el asunto directamente. La iglesia católica romana tiene su tradicional doctrina del limbo, y hay dos clases de limbo. Está el limbo para la gente del Antiguo Testamento que murió antes de la venida de Cristo, y luego el limbo de los infantes. En este caso, el limbo se define como una suerte de rincón menor del infierno. No es el cielo, pero la definición histórica indica que es un lugar no alcanzado por el fuego del juicio. Los bebés no bautizados son asignados a ese lugar, en el cual pierden las bendiciones del cielo pero no participan de los castigos del infierno.

Las iglesias protestantes difieren en cuanto a lo que sucede con los bebés que mueren. Algunas distinguen entre aquellos que son bautizados y aquellos que no lo son. En mi denominación, sostenemos como un artículo de fe que los hijos de los creyentes reciben una dispensación especial de gracia y son llevados al cielo, no porque sean inocentes, sino porque son receptores de gracia.

¿Son los niños no nacidos lo mismo que los bebés? Otra vez, la controversia polemiza acerca de si estos fetos no nacidos son o no considerados por Dios como vidas humanas. Algunos adoptan la posición de que un bebé abortado es una persona humana real, y parecería coherente decir que todo lo que pensemos que les sucede a los niños que mueren en la infancia se aplicaría, entonces, a los niños no nacidos. Mi creencia personal es que los niños no nacidos que mueren a través del aborto son tratados por Dios como seres humanos, y que la misma gracia que se dispensa a los bebés que mueren en la infancia se aplicaría a los niños no nacidos. Eso no depende de si el aborto es intencional o no. El término *aborto* es además una expresión que usamos para describir a un aborto espontáneo. Mi esposa ha tenido cuatro abortos espontáneos, y esperamos y anhelamos de todo corazón encontrarnos en el cielo con aquellos niños no nacidos. Asumimos que tenemos seis niños y no sólo dos, y esperamos reunirnos con los niños que no pudimos conocer personalmente.

- **El rey Saúl visitó a una hechicera que hizo aparecer la imagen de Samuel. ¿Significa esto que hoy la gente podría invocar a los difuntos, o se trató simplemente de un acto llevado a cabo por Dios solamente esa vez?**

No creo que haya sido un acto de Dios. Recientemente escribí un capítulo para un libro sobre aquella pregunta referida a la bruja de Endor teniendo en cuenta que se trata de una porción de la Escritura sumamente provocativa y difícil de abordar. Este relato nos cuenta que, tras la muerte de Samuel, Saúl se disfrazó y buscó una médium. Dichos médiums estaban prohibidos en Israel, y la práctica de esta clase de actividad era una ofensa capital. No sólo era una ofensa capital bajo la ley mosaica, sino que Saúl mismo había hecho respetar aquello e insistido en que todos los nigromantes abandonaran la tierra. Es por eso que Saúl se disfrazó. Él fue donde estaba esta bruja, o médium, y le pidió que invocara a Samuel. El texto dice que Samuel apareció y se quejó de haber sido molestado. La mujer, entonces, se dio cuenta de que era el rey el que la había inducido a hacer esto, y se aterrorizó.

Cuando pienso en eso, debo plantear la siguiente pregunta: ¿Qué fue realmente lo que sucedió allí? ¿Está la Biblia hablando en un lenguaje fenomenológico, describiendo lo que apareció, o trata de decir que en verdad la médium fue capaz de hacer volver a Samuel de entre los muertos? ¿Fue el hábil truco de un mago? ¿Fue una capacidad natural, algo que ciertas personas podrían tener hoy? ¿Es posible actualmente establecer un contacto con los muertos, o es una actividad de simulación hecha por el propio Satanás? No estoy seguro en absoluto acerca de cuál de estas posibiliades, si hubiera alguna, explicaría esta situación.

Permítanme decir lo que sabemos con certeza. Si podemos contactar a los muertos hoy en día e invocarlos, como usted señala, es algo que no nos está permitido en absoluto. De ello no hay duda alguna. Es una radical ofensa a Dios. No se nos permite involucrarnos en sesiones de espiritismo ni en el uso de médiums. Eso es anatema delante de Dios, y de hecho, la gente que lo hace está incluida en el capítulo final del Nuevo Testamento entre quienes estarán excluidos del reino de Dios. Las advertencias son severas y de mucho peso con respecto a involucrarse en este tipo de actividades.

No obstante, ¿es posible? No lo creo. No creo que podamos llamar a los espíritus de los muertos. Creo que todos los médiums recurren al engaño para llevar a cabo estas hazañas. A fines del siglo XIX, Sir Arthur Conan Doyle se mostró encantado con la posibilidad, y el gran Harry Houdini le ofreció una gran suma de dinero a cualquier médium que pudiera hacer ocurrir algún fenómeno que él no pudiera duplicar con su propio arte de la ilusión. Nadie pudo cobrar el dinero de Houdini. Los mejores "cazafantasmas" son los magos. Se necesita un ladrón para reconocer a un ladrón. Estoy persuadido de que aquellos que practican esto son unos embusteros.

• ¿Cómo explica usted las experiencias fuera-del-cuerpo similares a viajes a través de un túnel, que muchas personas afirman haber tenido antes de ser revividas?

No estoy seguro de poder explicar el así llamado fenómeno de Kübler-Ross. Ha habido una gran cantidad de investigación al respecto. He oído reportes que señalan que hasta el 50 por ciento de aquellos que han sufrido una muerte clínica y han sido resucitados a través de RCP [Reanimación Cardiopulmonar] u otros tratamientos médicos presentan una especie de extraña experiencia que podría llamarse una vivencia fuera-del-cuerpo. Relatan la sensación de estar mirando desde el cielo raso hacia abajo a medida que su alma deja el cuerpo y ven su propio cuerpo tendido en la cama mientras el médico los declara muertos o una enfermera no les encuentra el pulso. Hablan, entonces, de pasar a través de este túnel y ver esa maravillosa luz. La mayoría de aquellos que han sido investigados guardan un recuerdo muy positivo, aunque hay algunos que no ven luces agradables al final del túnel sino cosas espantosas y horrendas que les hacen preocuparse de lo que pueda haber detrás del velo.

No sé cómo responder a estas preguntas. Hay varias respuestas posibles. Una podría ser que una persona que está cerca de la muerte podría tener un cortocircuito en el sistema nervioso eléctrico de su cerebro y quedar con sus secuencias de tiempo alteradas. Podría estar recordando un sueño muy vívido e intenso que le haga sentir como si realmente lo hubiera vivido. Todos tenemos algunos sueños que son cualitativamente diferentes de otros, y son tan intensos que sentimos como si de verdad hubieran ocurrido. Podría ser el resultado de algún tratamiento medicinal o la falta de oxígeno en el cerebro.

Para abordar adecuadamente estas posibles explicaciones haría falta un médico competente que pudiera hablar de si es posible que dichos cortocircuitos ocurrieran y si podría darse una explicación en términos naturales. No he descartado la experiencia.

Otra explicación posible es que la gente tenga realmente un vistazo de algo que va a suceder en la transición desde la muerte a donde sea que vayamos luego de ella. Como cristianos creemos que hay una continuidad de la existencia personal y que el cese de la vida física no es el fin de la vida actual. Seamos buenos o malos, redimidos o no, vamos a continuar en un estado de vida aunque no lo estemos en el sentido biológico. El cristiano no debería escandalizarse cuando la gente que experimenta la muerte clínica y luego revive y regresa con ciertos recuerdos. Yo he tratado de mantener mi mente abierta, y espero que este interesante fenómeno se beneficie de los avances en las investigaciones, los análisis y las evaluaciones. Se han reportado demasiadas experiencias de este tipo como para que simplemente las descartemos creyendo que son imaginarias o engañosas.

• ¿Qué es lo primero que usted desearía saber al llegar al cielo?

Desde luego, la primera cosa que quiero saber es: ¿Qué debo hacer para ver a Jesús? Quiero ver al Señor. En tiempos pasados les he preguntado a mis amigos y familiares: "Supón que después de tener la oportunidad de ver a Jesús en el cielo, él dijera: 'Bueno, ahora puedes ver a tres personas que están aquí y pasar un tiempo hablando con ellos cara a cara.' ¿A quién te gustaría ver?" La primera persona que quisiera ver sería mi padre. Este es uno de los grandes consuelos de la fe cristiana: tenemos la promesa de reunirnos con nuestros seres queridos que han partido antes. Después de ver a mi padre, me gustaría conocer al salmista David. Me gustaría conocer a Jeremías. Y la lista sigue.

Una de las primeras preguntas que voy a hacer es: "¿Quién escribió el libro de Hebreos?" ¡Me muero por saberlo! Otra pregunta: "¿De dónde procede el mal?," porque no he sido capaz de descifrarlo. Y, por supuesto, querría saber: "¿Hay campos de golf aquí?"

Me gustaría estudiar pintura durante los primeros diez mil años, música durante los siguientes diez mil, literatura en los diez mil siguientes y continuar así absorbiendo todo lo que Dios haya hecho y todo lo que haya ordenado. Me encantaría sentarme allí y aprender teología con la plena seguridad de que nunca seré engañado ni cometeré errores, y que ya no voy a ver todo de manera imperfecta, como reflejos desconcertantes, porque ahora estaré en la presencia de la Verdad misma, en toda su pureza. Sin embargo, sospecho que aquellas cosas que pienso hacer tendrán que esperar a causa del puro gozo de estar en la presencia de Dios y disfrutar la visión beatífica, de ver a Cristo cara a cara. No sé si me cansaría de eso. Creo que estaría satisfecho haciendo solamente eso por la eternidad.

• ¿Irán al infierno aquellos que nunca han oído de Cristo?

Esa es una de las preguntas de mayor carga emocional que se le puedan hacer a un cristiano. No hay nada más aterrador ni espantoso que considerar la posibilidad de que algún ser humano vaya al infierno. Cuando hacemos una pregunta así, la pregunta subyacente es: "¿Cómo podría Dios enviar al infierno a alguien que nunca tuvo la oportunidad de oír sobre el Salvador? No parece justo."

Diría que la porción más importante de la Escritura que se puede estudiar con respecto a esa pregunta es el primer capítulo de la carta de Pablo a los Romanos. El tema del libro de Romanos es declarar la Buena Noticia: la maravillosa historia de la redención que Dios ha provisto para la humanidad en Cristo, las riquezas y la gloria de la gracia de Dios, el extremo al cual Dios ha llegado para redimirnos. Sin embargo, cuando Pablo presenta el evangelio, comienza en el primer capítulo declarando que la ira de Dios es revelada desde el cielo y esta manifestación de la furia de Dios está dirigida contra una raza humana que se ha vuelto impía e injusta. Así que la razón de la furia de Dios es la furia contra la maldad. Dios no está enojado con la gente inocente; está enojado con la gente culpable. La razón específica por la cual se les acusa de maldad está en el rechazo de la autorrevelación de Dios.

Pablo insiste en el punto de que, aun desde el primer día de la creación y por medio de la creación, Dios ha manifestado claramente su eterno ser, poder y carácter a todo ser humano en este planeta. En otras palabras, todo ser humano sabe que hay un Dios y que es responsable ante él. Aun así, todo ser humano desobedece a Dios. ¿Por qué Pablo comienza su exposición del evangelio en este punto? Lo que trata de hacer, y lo que desarrolla en el libro de Romanos, es lo siguiente: Cristo es enviado a un mundo que ya va camino al infierno. Cristo es enviado a un mundo perdido, culpable de rechazar al Padre al cual conocen.

Ahora, volvamos a su pregunta original: "¿Envía Dios al infierno a gente que nunca ha oído de Jesús?" Dios no castiga a las personas por rechazar a Jesús si jamás han oído de él. Cuando digo eso, la gente lanza un suspiro de alivio y dice: "Entonces mejor no le hablemos a nadie de Jesús porque alguien podría rechazarlo; eso los pondría en un gran problema." Sin embargo, hay otras razones para ir al infierno. Rechazar a Dios el Padre es algo muy serio. Y nadie podrá decir en el día final: "Yo no sabía que existías," porque Dios se ha revelado a sí mismo claramente. Ahora bien, la Biblia establece con claridad que la gente necesita desesperadamente a Cristo. En cualquier momento Dios puede conceder su misericordia unilateralmente, pero no tengo razón alguna para abrigar muchas esperanzas en cuanto a eso. Creo que debemos prestar una seria atención al vehemente mandato de Cristo de ir por todo el mundo, a toda criatura viviente, y hablarles de Jesús.

• ¿Podría usted describir cómo ve el infierno, y, del mismo modo, describir el cielo?

Una vez oí esa pregunta de parte de un estudiante que me la planteó de la siguiente manera: "¿Cree usted que el infierno es un lago de fuego literal, donde la gente arde y es atormentada? ¿Cree usted que hay llanto y crujir de dientes, tinieblas y un lugar donde el gusano nunca muere?" Me preguntó si yo creía que el infierno era literalmente así, y le dije que no lo creía. Dio un tremendo suspiro de alivio. Y luego le dije que pensaba que una persona en el infierno haría todo lo que estuviera a su alcance para estar en un lago de fuego en vez de estar allí. No tengo una imagen gráfica del infierno en mi mente, pero me resulta imposible concebir un concepto más aterrador para la consciencia humana que ése. Sé que es un concepto muy impopular y que aun los cristianos retroceden horrorizados ante la sola idea de la existencia de un lugar llamado infierno.

Siempre me han intrigado dos fenómenos que encontramos en el Nuevo Testamento. Uno, que Jesús habla más del infierno que del cielo. Dos, que casi todo lo que sabemos del infierno en el Nuevo Testamento viene de los labios de Jesús. Supongo que, en la economía de Dios, la gente no lo aceptaría si viniera de cualquier otro maestro. No escucharían si R. C. Sproul les advertiera de las espantosas consecuencias del infierno o si alguna otra persona lo hiciera. La gente no lo cree aunque el mismo Jesús lo enseña. Es como si se cumpliera la parábola del rico y Lázaro. El rico quería volver y advertir a sus hermanos de la ira que vendría. Jesús dijo que ellos no creerían aun si alguien regresara de entre los muertos. La gente sencillamente no quiere prestarle atención alguna a aquello.

Me pregunto lo siguiente: ¿Por qué Jesús, cuando enseñó la naturaleza del infierno, usó los símbolos y las imágenes más terribles que pudiera pensar para describir ese lugar? Cada vez que hablamos de símbolos o imágenes, usamos un símbolo para representar una realidad. La realidad siempre excede lo que expresa el símbolo. Si las imágenes correspondientes a la visión del infierno que proporciona el Nuevo Testamento no son más que imágenes y símbolos, eso significaría, según mi percepción, que la realidad es mucho peor de lo que son los símbolos literales que se nos dan.

De la misma manera, diría que las buenas noticias son las maravillosas imágenes que tenemos del cielo: calles de oro, lagos de cristal, una ciudad con edificios de piedras preciosas. El cumplimiento literal sería deslumbrante y maravilloso, pero creo que será incomparablemente más grandioso. De nuevo, en este caso, la realidad superará ampliamente las imágenes que la Biblia usa para comunicárnosla, imágenes que están limitadas a una perspectiva terrenal.

12

COMPARTIENDO LA FE

Por lo tanto, vayan y hagan discípulos de todas las naciones,
bautizándolos en el nombre del Padre y del Hijo
y del Espíritu Santo. Enseñen a los nuevos discípulos a
obedecer todos los mandatos que les he dado.
Y tengan por seguro esto: que estoy con ustedes siempre, hasta el fin de los tiempos.

MATEO 28:19-20

Preguntas en esta sección:

- *¿Qué es la fe?*

- *¿Es racional la fe cristiana?*

- *¿Es el evangelismo una actividad obligatoria para el cristiano?*

- *¿Qué hace del cristianismo (y no del budismo, ni del hinduismo u otras) la religión correcta?*

- *¿Cómo se le podría presentar el evangelio a un amigo o a un miembro de la familia que fuera ateo?*

- *¿Cómo puedo hablarle a otros de Jesús de una manera que no resulte amenazante pero sí convincente?*

- *Mi padre no es cristiano, y nunca presta atención cuando le hablo, sin importar de qué tema se trate. He llegado al punto en que ni siquiera intento entablar conversaciones con él. ¿Qué debería hacer al respecto?*

- *Si un no cristiano plantea una pregunta concerniente a la moral, ¿deberíamos referirnos inmediata y específicamente a la Biblia, o simplemente darle nuestro consejo basándonos en principios escriturales?*

- *¿Es posible que una persona se encuentre en un estado de regeneración antes de llegar a la fe?*

- *¿Cómo debería considerar a los predicadores callejeros?*

• ¿Qué es la fe?

Creo que el concepto de la fe es una de las ideas menos entendidas que tenemos; malentendida no sólo por el mundo sino por la iglesia misma. La base de nuestra redención, la forma en que somos justificados por Dios, es a través de la fe. La Biblia nos habla constantemente acerca de la fe, y si entendemos mal eso, estamos en un serio problema.

El gran tema de la Reforma protestante en el siglo XVI fue: ¿Cómo es justificada una persona? La polémica posición de Lutero fue que somos justificados sólo por fe. Cuando dijo eso, muchos de los piadosos líderes de la iglesia católica romana se inquietaron mucho. Dijeron: "¿Significa eso que una persona puede sencillamente creer en Jesús y luego vivir como quiera?" En otras palabras, la iglesia católica romana reaccionó ferozmente porque temió que la visión de Lutero fuera entendida como asunto de creencia facilista en que una persona sólo tendría que creer y jamás preocuparse de rendir frutos de justicia. Era crucial que aquellos que estaban involucrados en la Reforma protestante definieran cuidadosamente lo que querían decir al hablar de fe salvadora. De modo que se pusieron a estudiar y enfocaron sus estudios en el Nuevo Testamento, específicamente sobre la palabra griega *pistein* que significa "creer," y pudieron diferenciar tres aspectos distintivos de la fe bíblica.

El primero es el término latino *notitia*: "creer en los datos" o la información. Es una consciencia intelectual. No se puede tener fe en nada; la fe debe tener contenido. Debemos creer en *algo* o confiar en *alguien*. Cuando decimos que una persona es salva por fe, algunos dicen: "No importa lo que creas mientras seas sincero." Eso no es lo que la Biblia enseña. Lo que usted crea importa profundamente. ¿Qué pasaría si yo creyera que el diablo es Dios? Eso no me salvaría. Debo creer en la información correcta.

El segundo aspecto de la fe es lo que llaman *assensus,* o asentimiento intelectual. Debo estar persuadido de la veracidad del contenido. De acuerdo a Santiago, aun si estoy consciente de la obra de Jesús, convencido intelectualmente de que Jesús es el Hijo de Dios, que murió en la cruz por mis pecados y que se levantó de entre los muertos, hasta ese punto sólo calificaría para ser un demonio. Los demonios reconocen a Jesús, y el diablo mismo conoce la verdad de Cristo, pero no tienen fe salvadora.

El elemento crucial y más vital de la fe salvadora, en el sentido bíblico, es el de la confianza personal. El último término es *fiducia,* que se refiere a un compromiso fiduciario a través del cual pongo mi vida en el regazo de Jesús.

Confío en él y sólo en él para mi salvación. Ese es el elemento crucial, que incluye lo intelectual y lo mental, pero va más allá, llegando al corazón y a la voluntad de manera que la persona entera se ve envuelta en esta experiencia que llamamos fe.

• ¿Es racional la fe cristiana?

¡Absolutamente! Es intensamente racional. Ahora, se me ha preguntado: "¿Es cierto que usted es un racionalista cristiano?" Y mi respuesta ha sido: "¡De ningún modo! Ese es un contrasentido. Un racionalista es alguien que abraza una filosofía que se pone a sí misma por sobre y en contra del cristianismo." Así que, si bien un verdadero cristiano no es un racionalista, la fe cristiana es ciertamente racional.

¿Es congruente el cristianismo? ¿Es inteligible? ¿Tiene sentido? ¿Encaja todo en un esquema coherente de verdad, o es lo opuesto a lo racional: es irracional? ¿Es propenso a la superstición y acepta cristianos que creen que el cristianismo es manifiestamente irracional? Creo que esa es una gran tragedia. El Dios del cristianismo apela a las mentes de las personas. Nos habla. Tenemos un Libro que se ha escrito para que lo comprendamos.

Cuando digo que el cristianismo es racional, no pretendo decir que la verdad del cristianismo en toda su majestad pueda ser deducida a partir de unos pocos principios lógicos por un filósofo especulativo. Hay mucha información sobre la naturaleza de Dios que podemos hallar sólo porque Dios elige revelárnosla. Él la revela a través de sus profetas, a través de la historia, a través de la Biblia y a través de su Hijo unigénito, Jesús.

Pero lo que él revela es inteligible; podemos entenderlo mediante nuestro intelecto. Él no nos pide deshacernos de nuestras mentes para que seamos cristianos. Hay gente que piensa que, para ser cristiano, uno debe dejar su cerebro en la puerta de la iglesia. El único salto que el Nuevo Testamento nos llama a dar no es hacia el vacío sino desde las tinieblas hacia la luz, hacia aquello que podemos realmente entender. Eso no significa que todo aquello de lo cual habla la fe cristiana sea manifiestamente claro con respecto a las categorías racionales. No puedo entender, por ejemplo, cómo una persona puede tener una naturaleza divina y humana al mismo tiempo, que es lo que creemos acerca de Jesús. Es un misterio, pero misterioso no es lo mismo que irracional.

El misterio no se aplica solamente a la religión. Yo no entiendo la fuerza de gravedad en su verdadera esencia. Estas cosas son misteriosas para nosotros, pero no son irracionales. Una cosa es decir: "En mi mente finita no entiendo cómo funcionan," y otra cosa es decir: "Son evidentemente contradictorias e irracionales, pero voy a creerlas de todas maneras." Eso no es lo que hace el cristianismo. El cristianismo dice que hay misterios, pero esos misterios no se pueden enunciar en términos de lo irracional; si así fuera, entonces nos hemos apartado de la verdad cristiana.

• ¿Es el evangelismo una actividad obligatoria para el cristiano?

Algunas personas argumentan que es deber de todo cristiano hacer el trabajo de evangelista. No lo veo así. La obra distintiva de un evangelista es proclamar el evangelio. La predicación y la proclamación constituyen uno de los oficios en el Nuevo Testamento, uno de los dones del Espíritu, etc. Este don no lo reciben todos, y por eso diría que, en el sentido técnico, no es responsabilidad de cada cristiano ser evangelista.

El Nuevo Testamento sí deja claro que cada cristiano debe ser un *testigo*. Es aquí donde surge parte de la confusión porque, en jerga cristiana, "testigo" es un término usado generalmente como sinónimo de "evangelista." El Nuevo Testamento establece una clara distinción entre las dos palabras, una distinción entre lo general y lo particular. "Testigo" corresponde a la afirmación más amplia. Dar testimonio de algo es hacer visible una cosa que no es fácilmente visible, o que no es manifiesta. La palabra que usa el Nuevo Testamento para "testigo" es *martyria*, que es la palabra de la cual proviene el término *mártir*. Aquellos que murieron por la fe dieron testimonio, o hicieron manifiesto su compromiso con Cristo. Esa fue una manera de hacerlo, pero no fue un trabajo de evangelismo.

El evangelismo es una forma específica de dar testimonio. Todo cristiano es llamado a testimoniar; todo cristiano es llamado a confesar a Jesús tanto con su hablar como con sus acciones. Dios no nos ordena ser agentes secretos del cristianismo. Sin embargo, no todos son llamados, a mi juicio, para ser evangelistas; esa es una tarea especial. Creo que cada cristiano tiene una responsabilidad de participar en la empresa evangelística. Aunque no todos somos llamados a ser misioneros, todos somos llamados a hacer nuestra parte en la misión de la iglesia. A la iglesia se le da la responsabilidad de la gran comisión, y cada miembro del cuerpo de Cristo es llamado a hacer su parte para asegurarse de que se cumpla la tarea. El evangelismo involucra mucho más que evangelistas. Requiere personas que impriman Biblias, por ejemplo, y personas que las distribuyan, personas que financien viajes o proyectos misioneros, personas que ministren de varias formas a los misioneros y a evangelistas.

Así que, aunque todos somos llamados a testimoniar, y todos somos responsables en algún grado de procurar que se cumplan las tareas del evangelismo y de las misiones, no todos estamos destinados a ser misioneros o evangelistas.

• ¿Qué hace del cristianismo (y no del budismo, ni del hinduismo u otras) la religión correcta?

Esa es una pregunta que toda persona nacida y criada en el mundo occidental debería hacerse, y debería hacerlo con honestidad. No podemos evitar preguntarnos: *¿Soy cristiano porque nací y fui criado en un ambiente cristiano, en un país donde el cristianismo es la religión predominante y en el cual he estado escasamente expuesto al hinduismo, el Islam, el budismo y las otras religiones del mundo?* Mucha gente se une a organizaciones o iglesias cristianas sólo por el hecho de que sus padres lo hicieron. Esa no es una buena forma de evaluar la verdad de las afirmaciones de una religión.

Creo que la única manera en que podemos satisfacernos a nosotros mismos o a nuestros hijos con respecto a algo así es haciendo una evaluación; un estudio serio de los principios básicos de las religiones mundiales. En el siglo XIX, el estudio de la religión comparativa llegó a ser una disciplina académica muy importante porque el mundo se había vuelto mucho más pequeño y cosmopolita. Ahora vivimos en un mundo en que la mezcla y las relaciones entre personas de trasfondos radicalmente diferentes es mucho mayor. En el siglo XIX hubo intentos de alcanzar la paz entre las religiones del mundo mediante la búsqueda de un denominador común, la esencia básica de todas las religiones. Mucha gente concluyó que en realidad no había diferencia alguna, que todo el mundo cree en el mismo Dios y todos vamos en la misma dirección aunque a través de senderos diferentes. Creo que esa es una manera simplista de ver el asunto.

La dificultad es que, si consideramos las religiones del mundo y ponemos sus enseñanzas básicas una junto a la otra, veremos que se contradicen rotundamente entre ellas en lo que respecta a sus ideales más elevados. Una persona que piense verá rápidamente que no todas pueden ser verdaderas en lo que afirman. Todas podrían estar equivocadas, pero es imposible que todas sean correctas.

El Nuevo Testamento hace declaraciones exclusivas con respecto a Jesús, y eso es tanto más provocativo para la gente que no quiere ver de cerca los temas que dividen al mundo religioso. Obviamente no podemos exponer argumentos a favor de las afirmaciones de verdad que distinguen al cristianismo en un espacio breve como éste, pero diría que la diferencia más evidente que el cristianismo tiene con otras religiones, es a Cristo, Dios encarnado, y su obra expiatoria.

• ¿Cómo se podría presentar el evangelio a un amigo o a un miembro de la familia que fuera ateo?

Creo que no hubo jamás un cristiano que a lo largo de su vida no experimentara una honda preocupación en relación con las almas de sus seres queridos, y estos suelen ser tanto los miembros de su familia inmediata como sus mejores amigos. Todos tenemos este problema. ¿Cómo compartir nuestra fe y comunicar aquello que nos parece tan precioso e importante y estamos convencidos que es importante para ellos? ¿Cuál es la manera más efectiva de hacerlo? Si supiera la respuesta a esa pregunta, la envasaría y la vendería porque sé lo necesaria que es.

Durante mi infancia espiritual, estaba lleno de celo por las cosas de Cristo, y ansiaba desesperadamente ver que mi familia acudiera a él. Hice todo mal. Actué con demasiada fuerza y prácticamente los aturdí citándoles la Escritura y dejándoles folletos sobre sus mesas de noche o cosas así, y lo tomaron como una expresión de mi desaprobación personal hacia ellos. Eso no era lo que yo trataba de comunicar, y no es lo que yo sentía hacia ellos, pero así es como lo tomaron.

Cuando me convertí a Cristo, estaba tan entusiasmado que fui a mi casa y hablé con mi madre. Lleno de entusiasmo, le dije: "Mamá, ¿sabes lo que ocurrió? Me hice cristiano." Ella estaba completamente sorprendida y me dijo: "¿A qué te refieres con eso de que te hiciste cristiano? Siempre has sido cristiano." Y en lugar de compartir mi gozo a causa de mi nueva fe, se puso a la defensiva porque lo que me estaba oyendo decir era: "Madre, tú no me criaste en el sistema de valores correcto. No eres cristiana. No eres digna de ser mi madre." Eso es lo que ella estaba oyendo. Por esta razón, creo que debemos ser especialmente sensibles a los sentimientos de aquellos que nos rodean porque han invertido mucho en la relación que tenemos con ellos.

Si hay un lugar donde debo ganarme el derecho a ser oído, es con mis amigos. Es el lugar donde menos creemos que debemos ganarnos el derecho a ser oídos porque ya tenemos establecida la amistad. Asumimos que por ser amigos van a tomar muy seria y reflexivamente lo que decimos. Sin embargo, cuando me acerco a ellos con algo nuevo que contiene una crítica velada en cuanto a su posición con respecto a Dios y a Cristo, lo tomarán como un rechazo personal, o al menos, como una desaprobación. Así que antes de que pueda presentarles a Cristo o defender la fe ante ellos, debo probarles que soy su amigo (o que soy el hijo de mi padre, o el hijo de mi madre o el hermano de mi hermana) para que no lo perciban como si yo estuviera rompiendo nuestra relación.

• ¿Cómo puedo hablarle a otros de Jesús de una manera que no resulte amenazante pero sí convincente?

Hace pocos años, me involucré en la instrucción de laicos de una iglesia local en la actividad que llamamos evangelización personal, y lo hice durante un período de dieciséis semanas. De esas dieciséis semanas, aproximadamente tres exigían instrucción en cuanto al contenido del mensaje que llamamos el evangelio. Esa fue la parte fácil. El resto de la preparación estaba dedicada a ayudar a la gente a aprender cómo comunicar su fe de una manera que no resultara amenazante ni ofensiva para las personas.

La gente es extremadamente sensible con respecto a la manera en que se los aborda en asuntos de religión. Muchos de nosotros, entusiasmados con nuestra fe en Cristo, queremos compartirla con todos aquellos que amamos, y nuestras intenciones son buenas. Nos preocupamos por nuestros amigos, y queremos que participen del gozo y el descubrimiento de esta cosa maravillosa que se llama salvación. Sin embargo, cuando lo hacemos, muy a menudo nos acercamos a ellos como diciendo, si no con palabras, con nuestra actitud: "Yo soy bueno y tú no." La gente se disgusta con eso y con justa razón.

Alguien dijo una vez que la evangelización, la verdadera evangelización, no es más que esto: un mendigo contándole a otro mendigo dónde encontrar pan. No hay nada que pudiera volverme jactancioso acerca de mi fe. Reconozco que mi fe es el resultado de la gracia de Dios. Y por lo tanto, debemos entender que cuando le hablamos a la gente, se nos exhorta a ser amables y corteses. El fruto del Espíritu que el Nuevo Testamento nos llama a exhibir incluye la amabilidad, la mansedumbre, la paciencia y el amor. Ese es el espíritu en que somos llamados a comunicarnos con la gente.

Aun cuando seamos amables, corteses, pacientes, amigables y sensibles hacia la dignidad de las personas, no podemos suprimir del todo lo que el Nuevo Testamento llama la ofensa del evangelio, porque el evangelio efectivamente invita a la gente al arrepentimiento, y la gente se siente amenazada por eso. Sin embargo, es importante que no agreguemos nada innecesario a la ofensa que conlleva el mensaje de pecado y redención. A veces la gente nos rechaza a nosotros y lo que les decimos porque están rechazando a Cristo, y sufrimos injustamente. Sin embargo, muchas más veces la gente no se enoja porque les ofenda Cristo sino porque les ofende nuestra insensibilidad hacia ellos como personas.

- **Mi padre no es cristiano, y nunca presta atención cuando le hablo, sin importar de qué tema se trate. He llegado al punto en que ni siquiera intento entablar conversaciones con él. ¿Qué debería hacer al respecto?**

Una de las más profundas luchas personales que enfrenta un cristiano es tratar de comunicar la intensidad de su fe a sus mejores amigos y familiares que no comparten la misma perspectiva.

Cuando recién entré al cristianismo, lo que más anhelaba era que mi familia disfrutara de los beneficios de lo que yo había descubierto. Estoy seguro de que muchas veces llegué a ser insoportable por causa de mi celo al tratar de comunicar mi preocupación en cuanto a ellos puesto que tomaba seriamente las advertencias del Nuevo Testamento acerca de lo que les ocurre a quienes rechazan el mensaje de Cristo. Tuve la gran fortuna de que, aun cuando en los primeros años encontré escasa respuesta a mis súplicas, a mi entusiasmo y a mi deseo de comunicarme con mi familia, con el paso de los años pude ver que prácticamente todos acudieron a Cristo. Me gustaría decir que fue un resultado directo de mi grandioso testimonio, pero no lo fue. Dios usó a otra gente para alcanzar a mi familia. Lo que eso me enseñó es la importancia de ser paciente con el ritmo que Dios lleva con aquellos que amamos.

Pienso en la historia de San Agustín, cuya madre, Mónica, era una cristiana devota. A medida que crecía, Agustín era un hijo impetuoso y desenfrenado con un estilo de vida licencioso, mientras que Mónica era una preciosa santa. Durante años, ella oró cada noche por su hijo sin ver una respuesta. En una ocasión, ella fue a ver a su pastor, que era el gran obispo Ambrosio de Milán, en Italia. Ella derramó su corazón ante el obispo, y él le planteó la siguiente pregunta: "Mónica, ¿podría perderse un hijo de tantas lágrimas?" Lo que Ambrosio estaba diciendo era que Dios no iba a decir que no a las peticiones de una madre tan resuelta e insistente en su vida de oración a favor de su hijo. Creo que fue un consejo muy reconfortante el que le dio Ambrosio a Mónica, pero no constituye necesariamente una doctrina sana.

Es posible que alguien que amamos mucho no llegue jamás a experimentar la fe, pero tiende a haber una correlación entre nuestra paciencia y nuestra fidelidad a Dios y la disposición de Dios a honrarlas y bendecirlas. Yo le diría a usted que lo que necesita es orar y ser una hija tan amante como le resulte posible. Dios no la ha llamado a ser la evangelista de su padre; él la ha llamado a ser la hija de su padre. Mientras más cristiana sea usted como hija, más inclinado estará Dios a usar eso de una manera positiva.

• *Si un no cristiano plantea una pregunta concerniente a la moral, ¿deberíamos referirnos inmediata y específicamente a la Biblia, o simplemente darle nuestro consejo basándonos en principios escriturales?*

Aquí hay dos preguntas, en realidad: ¿Cuál es la respuesta correcta? Y ¿cuál es la mejor respuesta estratégica en cuanto a tener un diálogo productivo con la gente que no comparte nuestra creencia en las Escrituras?

Estamos viviendo en una cultura que de muchas maneras ha tenido la exposición suficiente al cristianismo como para estar inmune a él. Es como una vacunación en que una pequeña dosis de la enfermedad nos libra de adquirirla. El cristianismo no es una voz fresca hablando de cuestiones morales. Nada resulta más desagradable para los no cristianos que escuchar a los cristianos hablándoles usando lugares comunes y jergas cristianas.

Las Escrituras nos instruyen a procurar que nuestra manera de hablar sea "sazonada con sal" (Col. 4:6, RV60). Parte de nuestro problema es que somos incapaces de expresarnos apropiadamente. No podemos expresar nuestra fe ni nuestros preceptos cristianos sin usar el mismo lenguaje trillado y los clichés de siempre una y otra vez. Se vuelve irritante para la gente y con justa razón, que cada vez que nos oyen hablar decimos "alabado sea el Señor" o "Dios te ama." Ellos se cansan de oír eso. Debemos comunicar los ideales de la fe cristiana de una manera fresca, de modo que la gente tenga la oportunidad de escuchar lo que estemos diciendo. [Ver también Col. 4:6 en la NTV: "Que sus conversaciones sean cordiales y agradables."]

Al discutir asuntos morales, para el cristiano no hay una guía más elevada que la Palabra de Dios. Puesto que creo que la Biblia es la Palabra de Dios, compromete tanto a los cristianos como a los no cristianos. Éticamente no hay nada incorrecto en llamar la atención de la gente a lo que la Biblia dice. No tienen que creer que es la Palabra de Dios para ser consideradas responsables ante ella. Si el Dios omnipotente ordena algo, se lo ordena a todo el mundo.

Sin embargo, la Biblia no es el único lugar en que Dios revela su ley. La Biblia nos dice que, fuera de la Palabra escrita, Dios revela muchos de sus principios, leyes y preceptos morales en la naturaleza. Deberíamos tener una especie de terreno común sobre el cual analizar moralidad cristiana o asuntos éticos con el incrédulo sin estar siempre saltando al texto de la Escritura. Si no aceptan eso como autoridad, al menos podemos decir que tenemos una evidencia para la rectitud de una conducta particular en la naturaleza misma, o lo que llamaríamos gracia común, y en el sentido común de las leyes que rigen a las naciones. No tenemos que leer la Biblia para saber que el asesinato es algo incorrecto. No tenemos que leer la Biblia para saber que es incorrecto robar. Hay ciertos asuntos morales que Dios deja muy claros sin recurrir a la Escritura.

• ¿Es posible que una persona se encuentre en un estado de regeneración antes de llegar a la fe?

No sólo es posible que una persona esté en un estado de regeneración antes de llegar a la fe, sino que es absolutamente necesario porque el prerrequisito supremo para confiar en Cristo es recibir vida mediante el Espíritu Santo. Regeneración significa renacimiento. La otra palabra que usa el Nuevo Testamento es *vivificar*, hacer vivir. La Biblia nos enseña que nuestro estado natural caído es un estado de muerte espiritual. La fe es una manifestación de la vida espiritual. Antes de que yo pueda ejercer fe, tengo primero que ser vivificado espiritualmente. Es por eso que yo declararía con todas mis fuerzas que la regeneración, es decir, el renacimiento, precede a la fe. Es necesario para que la fe esté presente.

Creo que es lo mismo que nuestro Señor le dijo a Nicodemo cuando mantuvieron aquella prolongada discusión sobre lo que significa renacer. Jesús dijo que, a menos que una persona nazca de nuevo, ni siquiera puede ver el reino de Dios. Jesús dijo también: "Nadie puede entrar en el reino de Dios si no nace de agua y del Espíritu." Cuando Pablo desarrolla este tema en Efesios 2, dice: "A pesar de que estábamos muertos por causa de nuestros pecados, nos dio vida." Sería un error pensar que, estando en un estado de muerte espiritual, podría extender mi mano por mi propia fe y darme vida espiritual a mí mismo. Eso es exactamente lo que no podemos hacer. Es exactamente lo que sólo Dios puede hacer por nosotros. Es por eso que Jesús le dijo a Nicodemo que, antes de que una persona pueda siquiera ver el reino de Dios, y sobre todo entrar en él, debe nacer del Espíritu.

Hay mucha confusión entre los cristianos en cuanto a la expresión "nacer de nuevo." Cuando una persona viene a Cristo pasando por una conversión dramática y experimenta una vida nueva en Cristo, suele decir: "Ahora he nacido de nuevo," y piensa que nacer de nuevo se refiere a la experiencia total de la vida nueva que ahora disfruta. Sin embargo, en el sentido del Nuevo Testamento, la regeneración no describe el proceso completo por el cual disfrutamos una vida nueva en Cristo sino simplemente el primer paso. Tal como el nacimiento es el comienzo de la vida humana y el principio necesario, el nacimiento espiritual es simplemente el primer paso tras el cual viene la fe, el arrepentimiento y todo lo demás.

• ¿Cómo debería considerar a los predicadores callejeros?

Recuerdo que hace algunos años vi en Filadelfia una fotografía del doctor Cornelius Van Til, uno de los teólogos más eminentes del siglo XX, predicando en las calles de Filadelfia. Me abrumó una sensación de humillación al ver aquello, que este hombre, con su dignidad, sus credenciales académicas y su impecable reputación como erudito, estuviera dispuesto a soportar la hostilidad, las burlas, y todo lo que acompaña la predicación pública de ese estilo.

Pienso en los apóstoles, en Pablo, que iba a los lugares públicos y debatía diariamente y hablaba con la gente que se reunía alrededor de la plaza en el Areópago. Pienso en las cosas extravagantes que Dios les ordenó a algunos profetas que hicieran: caminar descalzo y desnudo en la plaza pública como testigo (¡no digo que nos llame a nosotros a hacerlo!) y presentar lecciones objetivas a través de formas simbólicas de conducta que serían socialmente ofensivas para sus contemporáneos.

Así que, por un lado, siento respeto por la gente que tiene la audacia y la valentía de predicar así. Sin embargo, he visto otras clases de predicación callejera: aquella en la que alguien toma un megáfono, se pone de pie en la esquina y le predica a la gente que está detenida en la luz roja. La gente no quiere escuchar, y son bombardeados por esta clase de actividad. A veces podemos ser descorteses en la manera en que predicamos a la gente, y pienso que debemos ser muy cuidadosos.

Parte de mi lucha, sin embargo, se debe a mi propio orgullo. Soy cristiano y predicador. Vivo en una cultura donde la predicación es aceptable en ciertos lugares y en ciertas formas, pero inaceptable en otras. ¿Y quién decide lo que es aceptable y lo que no lo es? No siempre se toman las decisiones correctas, y no me gusta sufrir la vergüenza a causa de la conducta socialmente inaceptable de otros. Me pregunto si mis reacciones negativas hacia algunas de estas cosas no están enraizadas en mi propio orgullo y en el temor de que me metan en el mismo saco. Espero que no sea ésa la razón de mis sentimientos negativos.

No me agradan particularmente las etiquetas adhesivas en los parachoques. Reconozco que hay diferentes formas de comunicar en diferentes momentos. Durante un tiempo el evangelio era comunicado a través de panfletos. Todo se comunicaba de esa manera. Y luego a través de libros y música. Las formas de comunicación cambian, y la gente ahora pone sus mensajes en sus camisetas y en etiquetas adhesivas. Así que ¿por qué no podrían hacerlo los cristianos? Mi preocupación es no degradar la proclamación de Cristo pasándonos de listos o de astutos usando estos recursos.

13

VIDA DE IGLESIA

Así que ahora ustedes, los gentiles, ya no son unos desconocidos ni extranjeros.
Son ciudadanos junto con todo el pueblo santo de Dios.
Son miembros de la familia de Dios.
Juntos constituimos su casa,
la cual está edificada sobre el fundamento de los apóstoles y los profetas.
Y la piedra principal es Cristo Jesús mismo.
Estamos cuidadosamente unidos en él
y vamos formando un templo santo para el Señor.
Por medio de él, ustedes, los gentiles, también llegan a formar parte
de esa morada donde Dios vive mediante su Espíritu.

EFESIOS 2:19-22

Preguntas en esta sección:

- *¿Quién fue el primer cristiano?*

- *¿Cuáles son las bases del crecimiento de la iglesia?*

- *¿Cuáles son las diferencias esenciales en la estructura de la iglesia?*

- *¿Qué deberíamos saber acerca de una iglesia antes de asistir a ella, y qué deberíamos saber antes de incorporarnos como miembros?*

- *¿Cómo debemos responder a las decisiones equivocadas (tales como posturas liberales sobre el aborto) que toman los dirigentes de nuestras iglesias? ¿Cómo podemos, siendo laicos, hacernos oír de la mejor manera?*

- *¿Qué debería hacer si mi pastor es más liberal que yo, y cuándo es el momento de dejar la iglesia?*

- *Algunas iglesias y universidades cristianas han prescrito estándares de conducta para todos los miembros y estudiantes. ¿Es esto bíblico?*

- *¿Cuál es el significado del bautismo?*

- *¿Animaría usted a un adulto recientemente convertido a bautizarse si ya hubiera sido bautizado cuando era niño?*

- *¿Qué es lo que le causa una mayor presión o agotamiento a mi pastor?*

- *¿Deberían los ministros postularse en cargos políticos?*

- *¿Debería una mujer ocupar cargos en la iglesia?*

- *En 1 Corintios 11, Pablo enseña que la mujer debe cubrirse la cabeza en la iglesia. ¿Cómo se aplica esto a la iglesia cristiana de hoy?*

- ¿Cómo pueden los miembros de la iglesia ejercer una influencia en la educación del seminario?

- ¿Cómo debemos guardar el sabbat en la sociedad actual?

- ¿Por qué tanta gente piensa que la adoración es aburrida?

- ¿Qué significa adorar a Dios en espíritu y en verdad?

- ¿Por qué es necesario alabar al Señor, y cuál es el fundamento escritural?

- En su libro Conociendo a Dios, el doctor James Packer critica el uso del crucifijo y los retratos de Jesús como símbolos del cristianismo, diciendo que aquello infringe el segundo mandamiento de Dios. ¿Qué piensa usted al respecto?

- ¿Qué es lo que realmente recibimos de Jesucristo cuando participamos de la comunión?

- ¿Deberíamos confesar nuestros pecados los unos a los otros, como dice en el libro de Santiago?

- En Gálatas 6 (RV60), ¿cuál es la diferencia entre la exhortación a "sobrellevar los unos las cargas de los otros" y la afirmación que "cada uno llevará su propia carga"?

- ¿Es la celebración de la Navidad un ritual pagano?

- ¿Puede decirnos por qué se usa una X para reemplazar la palabra Christ [Cristo] en Christmas [Navidad]?

- ¿Cuál es la necesidad más urgente de la iglesia evangélica actual si quiere tener un impacto en la sociedad?

- ¿Cuál es el problema más crucial que confronta la iglesia en la actualidad?

• ¿Quién fue el primer cristiano?

Depende de cómo definamos un cristiano. En *The Church from Abel* (La Iglesia a partir de Abel), escrito en los años sesenta, el teólogo católico romano Yves Congar volvió a los pasajes del Antiguo Testamento donde se veía el contraste entre la ofrenda que Abel trajo ante Dios y la de su hermano Caín. Recordemos que la ofrenda de Caín no fue aceptable para Dios, y, movido por los celos, Caín asesinó a su hermano Abel. En un sentido, Abel fue el primer mártir de la fe. Congar sugirió que en realidad la iglesia nació junto con el acto de devoción y adoración de Abel. Podríamos retroceder aún más. La primera insinuación de un evangelio se encuentra en la promesa que Dios les da a Adán y Eva en el Huerto. Después de que se les impone la maldición, hay una promesa de que alguien vendría, nacido de la simiente de la mujer, el cual heriría la cabeza de la serpiente mientras su propio talón resultaría dañado en el proceso. Asumimos, creo, que tanto Adán como Eva pusieron su seguridad y confianza en aquella promesa de Dios en cuanto a su futura redención, así que podríamos decir que los primeros cristianos fueron Adán y Eva.

Si queremos ser más específicos en lo que se refiere a un conocimiento personal de Jesús, entonces mi candidata sería la madre de Jesús. El ángel le anunció a María que ella había sido dominada por el Dios altísimo y había concebido a uno que nacería y sería llamado Jesús, el cual salvaría a su pueblo de sus pecados: él sería un salvador. Después de que se le hizo ese anuncio a la virgen María, ella cantó el Magníficat bajo la inspiración del Espíritu Santo: "Oh, cuánto alaba mi alma al Señor. ¡Cuánto mi espíritu se alegra en Dios mi Salvador!" Creo que María, en ese momento, estaba poniendo su seguridad y su confianza en el niño que estaba creciendo en su vientre, así que yo diría que según los parámetros del Nuevo Testamento María fue la primera cristiana.

El término *cristiano* no fue usado sino a partir del libro de los Hechos. Allí leemos que los creyentes en Jesús fueron llamados cristianos por vez primera en Antioquía, así que alguien podría señalar aquel momento. Obviamente, lo que nos califica para designar al primero no es un asunto de dogma teológico, sino más bien un asunto de cómo se mira el tema.

• ¿Cuáles son las bases del crecimiento de la iglesia?

La clave más importante es la obra del Espíritu Santo. En el libro de los Hechos vemos que es el Señor el que añadía a la iglesia cada día. Sin embargo, eso no significa que cada vez que vemos iglesias de membresías numerosas sea la obra del Espíritu Santo. Humanamente hablando, creo que hay un par de claves decisivas.

En Estados Unidos se llevó a cabo un estudio de personas que habían dejado de participar en la iglesia. A dichas personas se les preguntó: "¿Por qué dejó usted de ir a la iglesia?" La razón número uno fue: "La iglesia es aburrida." La segunda razón fue que, a juicio de ellos, la iglesia es irrelevante.

Muchas veces he meditado profundamente en aquellas respuestas. Cuando miro las Escrituras, veo que a lo largo de la historia de la redención, cuando la gente se encuentra con Dios, tiene diferentes reacciones. Algunos lloran, otros ríen, otros cantan, otros gritan, otros corren, otros se asustan y otros se enfadan. Sin embargo, jamás he leído en la Escritura acerca de alguien que conociera a Dios y se aburriera. Me parece que, si en nuestras iglesias la gente tuviera un encuentro vital con el Dios viviente, nadie diría que la iglesia es aburrida. Y no creo que considerarían que la experiencia fuera irrelevante.

Ahora, veámoslo desde otra perspectiva. Si le preguntáramos a la gente que *sí* va a la iglesia por qué lo hacen, puedo decirles cuál sería la respuesta número uno. La gente diría que va a la iglesia para adorar a Dios. Ellos saben que esa es la razón principal por la cual se supone que van a la iglesia. Sin embargo, la verdadera razón es el compañerismo que reciben allí; van para estar con otras personas. Creo que un pastor sabio entiende eso. Y por esta razón creo que dos de los factores más importantes en la experiencia de la iglesia son (1) la adoración misma se convierte en un *evento* a través del cual la gente es conducida a la presencia del Dios viviente, y (2) la iglesia reconoce que la gente necesita tener compañerismo y relacionarse con otra gente en el contexto de la iglesia. Las iglesias que ponen un énfasis fuerte en la adoración vital y que satisfacen las necesidades de compañerismo de la gente son las que tienen las mejores posibilidades de crecer. Creo, también, que uno de los ingredientes vitales de las iglesias que crecen es la predicación expositiva sólida y bíblica.

• ¿Cuáles son las diferencias esenciales en la estructura de la iglesia?

Habitualmente, cuando nos referimos a la estructura de la iglesia hablamos de la forma en que la iglesia se organiza a sí misma en cuanto a la autoridad. Hay básicamente tres estructuras diferentes entre las iglesias cristianas: la forma de gobierno episcopal, la presbiteriana y la congregacional. La mayoría de las iglesias se encuentra en una de estas tres categorías o estructuras.

Al decir "episcopal" no me estoy refiriendo específicamente a lo que llamaríamos la Iglesia Episcopal. Estoy usando el término en el sentido genérico. La palabra *episcopal* viene de la palabra griega del Nuevo Testamento *episcopos*, que se traduce como obispo o supervisor. De acuerdo a este sistema, la autoridad o liderazgo pastoral es delegada en una persona que gobierna sobre un área, que en algunas tradiciones se llama diócesis. Las denominaciones anglicana, episcopal y metodista usan este tipo de estructura. También la encontramos en la iglesia católica romana y en las otras variadas iglesias católicas tal como la ortodoxa griega.

El sistema presbiteriano es una forma más representativa de gobierno, en que la autoridad no se basa en un hombre que supervisa a otros pastores, sino en un presbiterio, que es una especie de congreso. Este cuerpo de ancianos tiene autoridad sobre las iglesias locales.

En el sistema congregacional, las congregaciones locales no están conectadas unas a otras por obispos o presbiterios excepto por asociación libre o voluntaria. La autoridad o estructura de la iglesia tiene su base en la congregación local.

Todas estas formas tienen algún tipo de autoridad gobernante que provee un liderazgo magistral en la comunidad de creyentes. Estas son las principales diferencias entre los grupos cristianos. Otras diferencias de estructura reflejan diferencias teológicas. Por ejemplo, ¿cuál es el punto central del servicio, los sacramentos o la predicación? Estas son preguntas más doctrinales que estructurales, pero en su momento afectan la estructura.

• ¿Qué deberíamos saber acerca de una iglesia antes de asistir a ella, y qué deberíamos saber antes de incorporarnos como miembros?

Antes de ir a una iglesia, deberíamos saber que se trata de una iglesia legítima. Obviamente, si el letrero en la fachada de la iglesia dice "Iglesia de Satanás," sabremos que no es un cuerpo legítimo de creyentes cristianos. Pero ¿qué hay de las iglesias no legítimas por razones menos obvias? Tanto a mi juicio como al de otros cristianos, algunos cuerpos religiosos que afirman ser cristianos no son iglesias cristianas o bien son grupos apóstatas. Aun asistir a sus servicios puede ser pecado. No podemos esperar que una iglesia sea perfecta, pero ¿se sustenta en los elementos esenciales de la fe? ¿Practica una creencia sana básica en la deidad de Cristo y los aspectos de Cristo que se esbozan en el Nuevo Testamento?

Ahora bien, podemos estar adorando todos los días junto a gente que profesa ser cristiana sin serlo; no lo podemos evitar porque Dios no nos ha dado la capacidad de mirar el corazón de otra persona y decir exactamente cuál es su situación espiritual. Sin embargo, podemos indagar acerca de las creencias básicas de un grupo cristiano, y querremos unirnos en adoración sólo con un grupo de gente que trate de hacer lo correcto a la vista de Dios.

Obviamente, ese mínimo se aplica antes de que usted *asista* a la iglesia. Antes de que usted se *una* a una iglesia, creo que debería mirarla más de cerca. Usted podría pensar en preguntas como: ¿Es esta una iglesia donde se predica el evangelio, donde hay fidelidad a las Escrituras? ¿Es esta una comunidad en la cual estoy preparado para comprometer mi persona, mi tiempo, mi dinero, mi devoción, y en la cual voy a ser instruido en crecimiento espiritual, junto con mi familia? Creo que esa es la clase de preguntas que usted debería plantearse cuidadosamente antes de comprometerse a ingresar. En nuestro país, por lo general nos unimos a iglesias de la misma forma en que nos unimos a cualquier otra organización, olvidando que cuando nos unimos a la iglesia, hacemos un voto sagrado ante Dios de hacer ciertas cosas: estar presentes para la adoración, hacer uso diligente de los medios de gracia, ser un participante activo en esa iglesia. Antes de que usted haga un voto de hacer algo como eso, debe saber a qué se está uniendo, y luego, habiendo hecho ese voto, estar preparado para cumplirlo.

- ### ¿Cómo debemos responder a las decisiones equivocadas (tales como posturas liberales sobre el aborto) que toman los dirigentes de nuestras iglesias? ¿Cómo podemos, siendo laicos, hacernos oír de la mejor manera?

Esta pregunta sólo puede responderse de acuerdo a la estructura de cada denominación. Algunas operan sobre una base puramente congregacional, de la iglesia local. Si cada congregación es autónoma y capaz de tomar sus propias decisiones, en algunos casos ella define su política y entonces es mucho más fácil para los laicos lograr que se escuchen sus puntos de vista. Sin embargo, si nos encontramos en una situación de interconexión, en que tenemos representantes eclesiásticos o concilios centrales de iglesias que establecen políticas y toman decisiones para toda la denominación (como en el caso de los metodistas, episcopales, presbiterianos y católicos), aquellos cuerpos representativos no siempre representarán lo que usted cree como individuo.

Usted me pide una estrategia para revertir aquello. La verdad sólo sé que, donde quiera que usted tenga voz, ella debe ser oída. En la mayoría de las denominaciones, una persona tiene voto en la congregación local, y es ahí donde usted tiene la oportunidad de expresar sus puntos de vista y hacer notar aquello con lo cual discrepa. A veces, tal como en una estructura gubernamental del mundo secular, tenemos líderes —representantes— a los cuales podemos escribirles y hacerles saber nuestros puntos de vista. Algunos grupos dentro de la iglesia pueden tomar una posición diferente. En la mayoría de las denominaciones hay grupos minoritarios en los cuales usted puede hacer que su voz se oiga.

Aun en situaciones donde usted sienta que su voz tiene muy poco impacto, no creo que sea apropiado mantenerse al margen. Tampoco creo que sea apropiado simplemente abandonar la iglesia cada vez que usted tenga un desacuerdo con sus autoridades. Todas las iglesias están revisándose, examinando sus posturas con respecto a variadas materias. Creo que somos llamados a ser pacientes con el liderazgo de nuestras denominaciones y el liderazgo local. Algunos pronunciamientos de la asamblea general me parten el corazón, y me entristecen mucho. Me apresuro a decirle a la gente que no necesariamente me siento representado en aquellos puntos. Sin embargo, hay diferentes niveles de pronunciamiento. Por ejemplo, cuando la iglesia católica romana publica un decreto papal, es algo totalmente diferente a un documento de estudio presentado por un grupo de sacerdotes católicos romanos; un estudio no tiene el mismo peso que una encíclica papal. Un pronunciamiento de la asamblea general de la iglesia presbiteriana es algo significativo, pero no tiene el mismo peso que una afirmación de credo en la misma denominación. En conclusión, creo que debemos pesar este tipo de factores mientras luchamos juntos en busca de soluciones.

• ¿Qué debería hacer si mi pastor es más liberal que yo, y cuándo es el momento de dejar la iglesia?

Los términos *liberal* y *conservador* no son términos carentes de significado, aunque son etiquetas muy amplias. No sé de qué lado esté usted, de modo que si habla de un ministro más liberal, puede que usted sea un conservador apasionado. Puede ser que usted represente el extremo fanático del ala derecha, ¡y lo que considere liberal sea ortodoxia pura!

Digamos que un conservador es una persona que se resiste al cambio, alguien que está aferrado al statu quo. Como cristianos, no podemos permitirnos enfrentar la vida de esta manera. Nunca hemos llegado a un estado perfecto en la vida de la iglesia o en nuestra comprensión de las cosas de Dios; no es una buena idea conservar todo lo del pasado. Debo estar siempre abierto a la Reforma, y a la renovada experiencia y crecimiento en los asuntos de fe y vida.

Desde una perspectiva histórica, *liberal* es un término maravilloso. Describe a alguien que ha experimentado la libertad y no se encuentra atado a las tradiciones de los hombres; es alguien abierto a los nuevos horizontes, las nuevas perspectivas y las nuevas empresas en el reino de Dios. En otro sentido, *liberal* no es un término apreciado por el cristianismo. Por ejemplo, en la iglesia del siglo XIX hubo un movimiento que adoptó el término *liberal* como una definición técnica para referirse a un sistema completo de teología que suprimía categóricamente lo sobrenatural de la fe cristiana, negando no sólo el Nacimiento Virginal sino la Encarnación misma: los milagros de Jesús, la expiación de Cristo, la resurrección de Jesús, su ascensión y su segunda venida. No veo que esa escuela de pensamiento esté presente en el debate interno entre cristianos que están examinando sus creencias. Hay mucho espacio para el desacuerdo en el cuerpo de Cristo, pero la negación sistemática de lo sobrenatural que encontramos en la corriente liberal del siglo XIX era, en mi opinión, subcristiana, no cristiana o hasta antitética en relación con el cristianismo. Esas personas formaban parte de la iglesia, pero negaban lo que yo calificaría como puntos esenciales de la fe cristiana.

Si su ministro es liberal en el sentido de que está en verdad negando principios básicos de la fe cristiana, entonces usted tiene un problema serio. Según cual sea su denominación, hay ciertos canales a través de los cuales usted puede presentar sus diferencias; la mayoría de las iglesias tiene cortes eclesiásticas para ocuparse de los herejes, y esta clase de liberalismo es herejía. *Hereje* no es una palabra que usemos todos los días en esta generación ilustrada, pero los verdaderos herejes existen.

En cuanto a si usted debe o no debe dejar la iglesia, yo diría que su actitud debería ser de una enorme tolerancia y perseverancia porque la iglesia es más grande que un ministro individual o incluso un cuerpo local de creyentes.

Si a usted le parece que una denominación entera ha tomado una postura herética, negando los puntos esenciales de la fe cristiana, entonces creo que debería irse.

- ## Algunas iglesias y universidades cristianas han prescrito estándares de conducta para todos los miembros y estudiantes. ¿Es esto bíblico?

Trataré de responder esta pregunta a partir de lo que he visto en el ambiente universitario cristiano.

En primer lugar, creo que es perfectamente adecuado para una universidad o un colegio universitario privado tener estándares que se impongan a sus miembros. Me parece particularmente importante que, si una institución se autodenomina como cristiana, sea extremadamente cuidadosa de no imponer estándares o reglas que excedan lo que la Biblia realmente dice. Lo que sucede, en ese caso, es que la gente observa estas situaciones y dice: "Oh, esto es lo que un cristiano hace o deja hacer." Si somos tan estrictos y rígidos que imponemos normas y reglamentos mientras que Dios deja a la gente libre, no estamos agradando a Dios porque en realidad estamos distorsionando su ley.

Menciono esto porque he visto muchas universidades cristianas que, a mi juicio, tienen normas y reglas que van mucho más allá de lo que la Escritura exige a la gente. De hecho, imponen una suerte de legalismo que distorsiona la Palabra de Dios y les comunica tanto a los estudiantes como al mundo una imagen de la fe cristiana que no es exacta. Los motivos detrás de estos reglamentos generalmente son buenos; la gente que los establece entiende que los jóvenes son particularmente propensos a vivir licenciosamente y mantener conductas que son cuestionables desde un punto de vista cristiano. La universidad, por lo general, es la primera oportunidad en la que los jóvenes se encuentran lejos de casa y deben tomar decisiones importantes por sí mismos. Tienen que aprender a manejar una libertad que no han experimentado antes. De modo que los cristianos se vuelven celosos para protegerlos del mundo y de caer en pecados peligrosos, y lo hacen aplicando fuertes restricciones y añadiendo reglas. El efecto negativo de esto es una sobrecorrección o una sobreprotección, la que generalmente incita a los estudiantes a rebelarse. Otro efecto negativo es que aquellos estudiantes que no se rebelan terminan aislados del mundo en que vivimos, el verdadero escenario de la redención.

Recuerdo una universidad cristiana en particular, que fueron objeto de un estudio nacional sobre los complejos de culpa entre los estudiantes. Esta escuela cristiana fue clasificada en el percentil 99°. En otras palabras, en ese campus había serios problemas de estudiantes paralizados y acosados por la culpa. Una universidad cristiana es un lugar donde deberíamos sentirnos libres de culpa porque hemos gustado el perdón que se nos concede en Cristo. De manera que yo diría que existe un lugar y una razón para establecer ciertos estándares en las instituciones privadas, pero la aplicación indebida de esta protección puede ser extremadamente peligrosa.

• ¿Cuál es el significado del bautismo?

Solamente a modo de paréntesis, la palabra *significado* tiene como raíz la palabra *signo* [señal]. Un signo es algo que señala más allá de sí mismo. Todos reconocemos que, cualquiera sea el significado del bautismo, Jesús obviamente lo consideraba muy importante porque manda ir a todas las naciones y bautizar en el nombre del Padre, del Hijo y del Espíritu Santo. Cualquiera sea su significado, el bautismo es la señal del nuevo pacto que Dios hace con su pueblo. En el Nuevo Testamento tenemos el claro mandato de que los cristianos deben ser bautizados.

Personalmente, no creo que el bautismo sea esencial para la salvación. Si creyera eso, pensaría que el ladrón en la cruz al cual se le prometió estar en el paraíso con Jesús habría sido descalificado, porque obviamente no tenía la posibilidad de ser bautizado. Sin embargo, creo que el bautismo es esencial para la obediencia porque Cristo lo ordena. Es lo mismo que cuando la gente dice: "¿Tienes que ir a la iglesia para llegar al cielo?" Yo diría: "Por supuesto que no." Pero ¿tienes que ir a la iglesia para obedecer a Cristo? Sí, tienes que hacerlo. Y si no te sientes inclinado a obedecer a Cristo y no tienes una inclinación a seguir sus mandatos, puede ser una señal de que no vas rumbo al cielo. Así que involucrarse en una iglesia se vuelve un asunto de obediencia muy serio.

Yo diría lo mismo con respecto al sacramento del bautismo. Es una señal del nuevo pacto. Es una señal de nuestra participación en Jesús, de ser partícipes de su muerte y resurrección, las cuales están en el corazón del evangelio. Es además un signo de nuestra purificación del pecado y la culpa mediante la obra de Jesús y el lavamiento de la regeneración. Lo que hacemos externamente con agua, el Espíritu lo hace internamente con su gracia. Así que es un signo de nuestra purificación. Es también un signo de nuestra santificación.

Es un signo de nuestro bautismo del Espíritu Santo. Es un signo de nuestra condición apartada del mundo y la recepción de la santa misión de llevar a cabo la comisión que Cristo le da a su iglesia.

De manera que el bautismo tiene varios significados. Creo que una de nuestras tendencias es reducirlos a uno, considerándolo meramente como un rito de purificación o una señal de capacitación del Espíritu Santo, cuando de hecho, es un sacramento complejo y rico tanto en propósito como en significado.

• ¿Animaría usted a un adulto recientemente convertido a bautizarse si ya hubiera sido bautizado cuando era niño?

Obviamente hay muchas personas que animarían a un nuevo convertido a la fe cristiana a ser bautizado siendo adulto, aun si ya hubiera sido bautizado cuando era un infante. La principal razón es que un gran número de cristianos cree que es inapropiado bautizar infantes. No reconocen la validez de ello, de manera que, en su opinión, este bautismo de adultos es el único bautismo verdadero que han recibido.

Sucede que yo creo que el bautismo de infantes es correcto y que debería practicarse en la iglesia. Como ustedes saben, la iglesia está dividida casi por la mitad en cuanto a este asunto, y yo estoy en la mitad que cree en el bautismo de infantes.

La razón por la cual yo no alentaría a una persona a bautizarse por segunda vez es ésta: nosotros consideramos el bautismo como un signo de la promesa que Dios ha hecho de llevar a cabo la redención total de aquellos que ponen su confianza en Cristo, y es un signo de aproximadamente siete u ocho cosas específicas sobre las cuales se explaya el Nuevo Testamento. Es un signo de la promesa de Dios, y tanto la integridad como la validez de ese signo no descansan sobre el ministro o el sacerdote que administra el sacramento, ni sobre la integridad de los padres que traen su hijo para bautizarlo, ni sobre la fe o la falta de fe del infante. La integridad de la promesa, pertenece a la integridad de aquel que la hace, y ese es Dios.

El argumento es el siguiente: una persona es infante, y recibe la señal de la promesa del pacto que Dios hace con el respaldo total de la integridad de Dios. No significa nada para el niño en ese momento, y tal vez ni siquiera para el ministro o los padres. Quizás es una farsa montada por todos ellos.

Luego, veinticinco años más tarde, la persona experimenta la fe y recibe todos los beneficios que la promesa envolvía. Él, entonces se presenta y quiere que lo bautice de nuevo. Casi siempre dicen: "Anteriormente, no significaba nada para mí. Ni siquiera estaba consciente de ello. Ahora que soy cristiano, quiero experimentar este sacramento del bautismo." Lo comprendo y entiendo el deseo que siente la persona de tener la experiencia de sumergirse en el agua y tener el signo y el sello externo de todas estas cosas maravillosas que acaba de experimentar. Sin embargo, la razón por la cual no lo animaría es que, si en verdad este es el signo de la promesa hecha por Dios de que ciertas cosas ocurrirán, y si usted pone su confianza en Cristo, por qué habría usted de venir ahora ante Dios y decirle: "¿Podrías efectuar nuevamente esa promesa por mí?" En un sentido, hacer eso arroja una sombra sobre la integridad de la promesa original que Dios acaba de cumplir en su total magnificencia. Lógicamente, diría que la repetición del acto sería un insulto levemente encubierto a la integridad de Dios, aunque reconozco totalmente que ni siquiera una en un millón de personas que se sometan a un segundo bautismo pretendería que fuera un insulto.

• ¿Qué es lo que le causa una mayor presión o agotamiento a mi pastor?

En el seminario tengo la responsabilidad de instruir no sólo estudiantes que aún no se han graduado, sino también a estudiantes del programa de doctorado, el cual está abierto únicamente a aquellos que han estado en la tarea pastoral durante al menos cinco años. Cuando regresan al seminario en busca de más capacitación, tenemos muchas oportunidades de discutir con un gran número de pastores aquellas cosas que parecen ser las presiones más fuertes. Aunque varían de una persona a otra, hay dos que surgen con frecuencia.

El problema más grande que enfrentan los pastores es tratar de mantener a la gente satisfecha. Como cabeza de un grupo de personas, el pastor tiene que lidiar constantemente con la crítica proveniente de aquellos que están descontentos con él, algunos de los cuales pretenden destituirlo. Cuando usted es líder y portavoz de un grupo, la crítica forma parte del juego. Es similar a ser presidente de una compañía. Cuando el presidente tiene una reunión con el personal, tan pronto como abandona la sala, sabe que habrá una segunda reunión. Los empleados van a hablar entre ellos, y evaluarán, analizarán, se lamentarán, se quejarán o se alegrarán en función de lo que él, como presidente, haya dicho.

El líder espiritual de la iglesia es el pastor. El pastor habla todos los domingos por la mañana, mientras que los domingos por la tarde, a la hora de la cena, hay pastor al horno en los hogares de aquellos que oyeron el sermón. La gente está de acuerdo o en desacuerdo, feliz o descontenta. El pastor recibe las cartas el lunes, como también el trato frío y las quejas. La tensión más grande que observo entre los pastores es el manejo de las críticas personales.

Creo que el segundo mayor punto de tensión en la vida de los pastores tiene relación con las finanzas. Sé que la gente ha dicho, probablemente desde que las iglesias existen: "El predicador siempre está pidiendo dinero," o "Siempre están pasando la bolsa." No obstante, ninguna organización puede funcionar sin finanzas. Sabemos que algunas personas han hablado del tema financiero hasta el cansancio, pero nuestros educadores, músicos y pastores son los profesionales peor pagados del país. En cualquier otra profesión, hasta cierto punto es el mercado el que determina el salario correspondiente a dichos oficios. Sin embargo, en la Biblia, Dios establece el valor del ministerio y ordena que la gente diezme para asegurarse de que al ministro se le pague. No es así como funciona en nuestro país. Sólo unos pocos ministros, en las megaiglesias, se mantienen bien financieramente, pero la gran mayoría lucha regularmente para cubrir sus necesidades, ya que no son valorados por los miembros de sus iglesias tal como vemos en las Escrituras que Dios los valora. Y eso no sólo los perjudica financieramente, sino que ofende su dignidad. Debido a la forma en que se les paga, los ministros sienten que no se los aprecia.

• ¿Deberían los ministros postularse en cargos políticos?

En la historia política norteamericana hemos tenido muchos casos de clérigos que han buscado y obtenido cargos políticos. Desde el Congreso Continental en adelante los hemos tenido siempre entre los delegados.

No obstante, ¿*deberían* los ministros postularse para cargos políticos? En Estados Unidos tenemos un valioso principio: la separación de la iglesia y el estado. Eso significa que hay dos esferas de actividad, una de las cuales es la responsabilidad de los funcionarios del estado y otra que es la función de la iglesia institucional. No es un deber de la iglesia ser el estado, y no elegimos a los clérigos para que funcionen como tales en sus cargos políticos.

Pero ¿puede un ministro decidir dejar su vocación eclesiástica y entrar a la arena política? En último término, es un asunto entre la persona y Dios. Por ejemplo, yo he sido ordenado para el ministerio. Soy un clérigo, y eso es porque he procurado dar evidencia ante la iglesia de que tengo un llamado o vocación para el ministerio en la vida de la iglesia. Esa vocación viene de Dios; Dios me ha llamado a ser ministro. Si Dios me llama a ser ministro y yo decido —por causa de mi propia ambición— postularme a un escaño en la Cámara o el Senado, o aun al cargo de presidente, y al hacerlo abandono la vocación que Dios me ha dado, estaré en un grave problema ante Dios porque habré desobedecido el llamado que me hizo.

¿Recuerda cuando Pablo, al testificar ante el rey Agripa (Hch. 26), habla del llamado que recibió de parte de Cristo para ser apóstol? Dijo: "Rey Agripa, obedecí esa visión del cielo." ¿Sería posible que Dios llamara una persona al ministerio durante un cierto período de su vida y luego le diera una nueva vocación en la arena política? No conozco una razón por la cual esto no podría suceder. En la historia de la iglesia ha habido situaciones en que la iglesia puede incluso haberles sugerido a algunos de sus clérigos tomarse unas vacaciones, por así decir, de sus deberes eclesiásticos para servir a Dios en otra función: política, comercial o en otras formas de empleo. Creo que es posible que una vocación cambie.

• *¿Debería una mujer ocupar cargos en la iglesia?*

Algunas personas ven la controversia con respecto al liderazgo de las mujeres en la iglesia como si se tratara simplemente de un choque entre dos puntos de vista: uno que adopta cierta forma de liberación femenina, por un lado, y el otro como si fuera un chauvinismo masculino intransigente. Sin embargo, esa es una aproximación simplista a la polémica cuestión de la ordenación de las mujeres.

En 1 Timoteo 2:12, el apóstol Pablo expone los requisitos para el liderazgo de la iglesia, y hace la afirmación: "Yo no les permito a las mujeres que les enseñen a los hombres ni que tengan autoridad sobre ellos." Ahora, notemos que no dice: "No permitiré que una mujer sea pastora" o "No permitiré que una mujer sea ordenada para el ministerio." Dice: "Yo no les permito a las mujeres que les enseñen a los hombres ni que tengan autoridad sobre ellos." Es ahí donde yace el problema. El verbo que usa Pablo en este pasaje y que se traduce como "tener autoridad" aparece una sola vez en todo el Nuevo

Testamento en este contexto particular. Puesto que esta palabra es usada solamente una vez en el Nuevo Testamento y pocas veces aparece en otra literatura griega de la época que haya llegado hasta nuestros días, no estamos exactamente seguros de qué significa esta palabra. Aun así, nos esforzamos por ser obedientes a las pautas y restricciones que se exponen en el Nuevo Testamento para el gobierno de la iglesia.

Yo diría que Pablo le prohíbe a la mujer tener alguna clase de autoridad. A medida que estudio los patrones sobre este tema en el Nuevo Testamento, creo que lo que Pablo está diciendo es que las mujeres pueden comprometerse en toda clase de funciones ministeriales en la iglesia, pero que el rol de la autoridad jurídica o gobernante no debe estar en manos de las mujeres. Yo agregaría que la abrumadora mayoría de los eruditos del Nuevo Testamento a lo largo del tiempo ha estado de acuerdo con la posición que acabo de sostener. Sé que en ciertas denominaciones, ordenación significa que a una persona se le da autoridad gobernante en la iglesia. Si el apóstol lo prohíbe y lo prohíbe para todas las generaciones, obviamente la práctica de aquello, sea hoy, ayer o mañana, sería incompatible con la autoridad apostólica y por lo tanto incompatible con la autoridad de Cristo.

- ### En 1 Corintios 11, Pablo enseña que la mujer debe cubrirse la cabeza en la iglesia. ¿Cómo se aplica esto a la iglesia cristiana de hoy?

Mientras estaba en la escuela secundaria, cuando iba a la iglesia los domingos por la mañana jamás vi una mujer en esa iglesia (era una iglesia presbiteriana de la línea tradicional) cuya cabeza no estuviera cubierta por un sombrero o un velo. Esa es una de las costumbres que en términos generales ha desaparecido de la cultura cristiana. Si usted va a mi iglesia presbiteriana este domingo, verá a dos mujeres usando sombreros. Una es una mujer de Holanda que es una acérrima conservadora, y la otra es mi esposa, porque estamos persuadidos de que ese mandato bíblico aún tiene vigencia.

Sabemos que en el Nuevo Testamento ciertas reglas están determinadas por la costumbre y otras lo son por principios. Por ejemplo, cuando Jesús envió a los setenta discípulos en una misión de evangelización, les dijo que no llevaran calzado. Eso no significa que toda la predicación y la evangelización de todos los tiempos y lugares deba realizarse a pie descalzo. Billy Graham no peca al usar zapatos mientras predica el evangelio. Sin embargo, hay muchas preguntas similares que no son tan obvias. En el contexto completo del capítulo 11 de 1 Corintios, las mujeres son llamadas a cubrir sus cabezas con un velo en señal de su disposición a someterse al liderazgo o la guía de sus esposos. Aquí hay tres elementos: la sumisión de la esposa al esposo como cabeza del hogar, el cubrimiento de la cabeza, y el cubrimiento de la cabeza mediante un velo. ¿Cuánto hay de principio y cuánto hay de costumbre?

Muchos cristianos creen que ya no deberíamos decirles a las mujeres que se sometan al liderazgo de sus esposos. Por lo tanto, las mujeres no tienen que cubrir sus cabezas. Otros dicen que el principio del liderazgo aún permanece en el hogar, pero el cubrimiento de la cabeza era una costumbre cultural que no subsiste hasta nuestros días, y por lo tanto el velo ya no tiene importancia.

La tercera manera de ver este pasaje es entendiendo que describe un principio, y que las mujeres deben cubrir sus cabezas usando un velo para ello.

Estoy convencido de que cuando Pablo dice que las mujeres deben cubrir sus cabezas, está basando esa acción en la forma en que Dios creó al hombre y la mujer. Usando un principio de interpretación proveniente de lo que llamamos hermenéutica, me parece que si hay alguna indicación de una ordenanza perpetua en la iglesia, es la que se basa en una alusión a la Creación. Estoy persuadido de que el principio de cubrir la cabeza aún tiene vigencia porque se fundamenta en la creación. Y aún cuando ya no es culturalmente aceptado en nuestra sociedad, todavía creo que es un principio. No creo que importe en lo más mínimo si es una babushka, un velo o un sombrero, pero creo que el símbolo debería permanecer intacto como un signo de nuestra obediencia a Dios.

• ¿Cómo pueden los miembros de la iglesia ejercer una influencia en la educación del seminario?

Creo que una de las mayores crisis en nuestro país está en relación con la educación teológica. En las últimas décadas, hemos visto a muchas instituciones cristianas abandonar el cristianismo ortodoxo (incluyendo universidades, colegios universitarios y aun seminarios cristianos). Algunas de nuestras mejores instituciones seculares comenzaron siendo seminarios cristianos: Princeton, Harvard y Yale, por ejemplo. Con los años, todas estas instituciones han recibido la influencia de la erudición secular, han cambiado sus compromisos, y en algunos casos lo han hecho drásticamente.

Honestamente, creo que los miembros de la iglesia pueden hacer muy poco para influir en la educación del seminario. Esto puede sonar pesimista, pero la vida académica es un mundo en sí mismo. Las diferentes instituciones y seminarios teológicos tienen sus propias normas y reglamentos en cuanto a la forma de establecer sus políticas. En algunas situaciones, las políticas y los puntos de vista del seminario son controlados absolutamente por los académicos; en otros casos, son controlados por la junta de directores; y en otros casos, por la administración. Prácticamente lo único que podemos hacer como individuos o miembros de la iglesia local es insistir en que las personas que llamamos a ser nuestros pastores sean hombres piadosos, que tengan dominio de las Escrituras y formación teológica.

Personalmente, estoy comprometido con el concepto de un clero educado. Uno de los grandes beneficios de la Reforma protestante fue lograr que la Biblia estuviera disponible para la lectura individual y privada. Ahora imprimimos la Biblia en lenguas vernáculas; no se restringe a publicaciones en latín, griego y hebreo. Pero al mismo tiempo, a medida que leemos las Escrituras para nosotros mismos, vemos que ellas nos dicen que necesitamos maestros. A menudo, las Escrituras son difíciles y complejas, y es de gran beneficio tener ministros y pastores altamente educados. No cabe duda que su pensamiento y la naturaleza misma de sus ministerios será moldeado por la institución que los educó.

Así, la única forma de que tengamos una voz en el asunto como miembros de la iglesia está en la selección de nuestros pastores. No todos los estudiantes de cada seminario representan cabalmente la línea política de la institución, pero deberíamos conocer la línea del seminario. Cuando miramos las credenciales de un potencial pastor, deberíamos considerar cuidadosamente dónde fue educado.

• ¿Cómo debemos guardar el sabbat en la sociedad actual?

En la iglesia cristiana hay tres opciones principales para responder su pregunta.

Algunos cristianos creen que el sabbat era una ordenanza del Antiguo Testamento y no se aplica a la iglesia del Nuevo. Nada menos que un gigante como san Agustín tomó la postura de que el sabbat no fue perpetuado en el Nuevo Testamento y, por lo tanto, fue cumplido y abolido por la obra de Cristo. Algunos cristianos creen que, en la actualidad, guardar el sabbat no tiene una trascendencia particular, aunque se trata de una muy pequeña minoría.

En general, aunque discrepen en cuanto a qué día *es* el sabbat (el sexto o el séptimo y todo aquello) y cómo observarlo, la mayoría de los cristianos sostiene que el sabbat, cualquiera sea el modo, debe ser observado en la comunidad cristiana. Dios ordenó el sabbat, no en el Monte Sinaí con Moisés y el pueblo de Israel, sino en la creación. Los posteriores libros de la Ley ciertamente ampliaron el concepto en cuanto a sus cualidades específicas y la forma en que debía ser observado en Israel, pero el sabbat ya existía mucho antes de que fueran dados los Diez Mandamientos y las otras leyes. Esto indicaría que, mientras la creación esté vigente, el sabbat seguirá vigente. En el pacto que Dios hizo con Israel, dice: "Este es mi sabbat por todas las generaciones." El hecho de que sea una ordenanza de la creación provee una fuerte evidencia de que, para los cristianos, todavía hay una exigencia de observar el sabbat, y de hecho, no sólo para los cristianos, ya que fue parte del propósito de Dios para la humanidad desde el principio. Esa es una de las razones por las cuales los estados han promulgado leyes para restringir el comercio dominical. La observancia del sabbat ni siquiera fue vista como una violación de la separación de la iglesia y el estado; a todos se les exigió guardar el sabbat, fueran cristianos, judíos, musulmanes o lo que fueran.

En el Nuevo Testamento, la iglesia se reúne en el Día del Señor, que es el primer día de la semana, para la adoración colectiva. En el Nuevo Testamento tenemos un mandato claro de no abandonar la congregación de los santos (Hb. 10:25). En otras palabras, el lenguaje simple del Nuevo Testamento dice que los cristianos deberían estar en adoración colectiva en el Día del Señor. Eso significa que deberíamos ir a la iglesia. Habitualmente, eso se considera como una de las maneras en que debe observarse el sabbat. Todos los cristianos que creen que el sabbat aún está vigente concuerdan en que durante el sabbat deberíamos adorar, y también en que uno de cada siete días debería estar destinado a descansar del comercio y el trabajo. Hay pautas en cuanto a las actividades que deben seguir: el trabajo de los hospitales, farmacias y otros similares, pero el comercio efectuado por el mero mercadeo debe cesar durante el sabbat.

El grupo de cristianos que cree que el sabbat debería observarse se divide, a su vez, en otros dos grupos. Uno sostiene lo que llamamos la visión continental, que dice que en el sabbat la recreación está permitida, mientras el otro sostiene la visión puritana en que la recreación está prohibida durante el sabbat. Yo sostengo la postura de que la recreación es una forma legítima de descanso en el sabbat.

• ¿Por qué tanta gente piensa que la adoración es aburrida?

Alguien interrogó a Sam Schumaker, un sacerdote episcopal en Pittsburgh, acerca de los jóvenes que se consagran a Cristo mediante la obra de organizaciones paraministeriales como Juventud para Cristo, Cruzada Estudiantil o Young Life (Vida Joven). Se llenan de celo por Cristo y luego dejan de participar en sus iglesias de origen. El entrevistador criticaba a estas organizaciones porque estaban alejando a los muchachos de la iglesia. Sam dijo: "No estoy seguro de si estas organizaciones están alejando a los muchachos de las iglesias, o si en algunos casos las iglesias carecen de vida tan notoriamente que los muchachos se mueren de aburrimiento." Sam usó la expresión: "No puedes poner un polluelo vivo bajo una gallina muerta." Es triste que tantas veces encontremos aburrida la adoración.

En las Escrituras encuentro que gente de toda clase de personalidades y trasfondos responde a Dios. Y lo hacen de muchas formas diferentes: entre lágrimas, con temor, huyendo, lamentándose, riendo, danzando, cantando. La presencia de Dios provoca todas estas pasiones y emociones diferentes. Sin embargo, hay algo que nunca veo en la Biblia cuando una persona llega ante el Dios viviente: nunca se aburre. Si nuestros servicios de adoración son aburridos, entonces me temo que de algún modo estamos fallando en comunicar la asombrosa y majestuosa presencia de Dios. Creo que necesitamos echarle un serio vistazo al estilo de adoración que caracteriza a muchas de nuestras prácticas en estos días.

Con respecto a este punto, me he arriesgado muchas veces al decir que cuando observo la adoración bíblica, por ejemplo la adoración que Dios diseña en el Antiguo Testamento, en su centro encuentro la proclamación de la Palabra de Dios. En la adoración llevada a cabo por Israel en el Antiguo Testamento no sólo participa la mente al oír la instrucción, sino que se integra a la persona completa, con sus cinco sentidos. Ellos tenían el altar del incienso que estimulaba la adoración mediante un aroma dulce. Los nervios auditivos eran estimulados por la música. El aspecto visual de la magnificencia del tabernáculo (y posteriormente, el templo) estaba diseñado, no para hacer un despliegue ostentoso de riqueza o ser un monumento a la grandeza humana, sino para mostrar la belleza de la santidad de Dios. Hoy en día, en la adoración protestante, la mayoría de las veces nos sentamos y escuchamos un sermón, lo cual es importante, pero la persona completa no se integra activamente en la adoración. Debemos estar dispuestos a llevar la adoración de nuevo a su forma bíblica que involucra a la persona completa si queremos superar esta tendencia a aburrir a la gente.

• ¿Qué significa adorar a Dios en espíritu y en verdad?

Jesús no explica en Juan 4:23 lo que quiere decir con adorar al Padre en espíritu y en verdad, así que sólo podemos especular al respecto. Por un lado, podemos pensar en el hecho de que la clase de adoración que Dios espera de nosotros es la adoración que viene desde lo profundo de nuestro interior; de nuestro espíritu. Pensamos en el Magníficat de María en el momento de la anunciación del nacimiento venidero del Mesías, cuando canta: "Oh, cuánto alaba mi alma al Señor. ¡Cuánto mi espíritu se alegra en Dios mi Salvador!" Su expresión, en aquel momento, fue una expresión de adoración y reverencia que salió de lo profundo de su alma. Fue adoración espiritual en el sentido de que no se hallaba simplemente en la superficie. Ella no estaba meramente haciendo ademanes mecánicos y externos, sino que aquello provenía desde las profundidades de su ser.

Así que, tal vez, de lo que Jesús estaba hablando en cuanto a la adoración espiritual es de la adoración que proviene de lo profundo de nuestro espíritu humano al dirigirnos a Dios.

El otro significado posible de "espíritu" en este pasaje, particularmente de la manera en que está conectado con la "verdad," es la naturaleza misma de Dios más que nuestro espíritu interior. En el transcurso de la conversación de Jesús con la mujer, él enfatiza que Dios es espíritu. Conecta esa declaración con el mandato de que él debe ser adorado en espíritu. Creo que lo que Jesús quiso decir fue que Dios quiere ser adorado como él es; que debe ser adorado en la totalidad de su carácter. No debemos despojar a Dios de sus atributos cuando venimos ante él en adoración, honra y alabanza; no debemos convertirlo en un ídolo, una imagen de lo que creemos que debería ser. No es accidental que dos de los primeros Diez Mandamientos circunscriban y protejan la santidad del carácter de Dios y establezcan una prohibición absoluta contra la adoración de ídolos. Recordemos que la idolatría es una de las distorsiones principales y fundamentales de la religión auténtica.

Encontramos, por ejemplo, en la dilatada exposición realizada por Pablo en los primeros capítulos de Romanos, su descripción de la ira de Dios contra aquellos que lo reducen a un ídolo. Convertir a Dios en un hombre, una vaca, un tótem tallado o aun una idea abstracta no es exacto, porque eso cambia su gloria eterna por una mentira y Dios no tolerará eso. Él desea que la gente lo adore como él es en la totalidad de su carácter espiritual y en verdad. Dios quiere adoración verdadera y espiritual.

• ¿Por qué es necesario alabar al Señor, y cuál es el fundamento escritural?

No sé con exactitud lo que usted quiere decir con necesario. Como criaturas del Dios viviente, es nuestra obligación ética ofrecerle a Dios alabanza y adoración por ser quien es. Diría que, más que cualquier otra cosa, es la justicia lo que demanda nuestra adoración y alabanza a Dios. Si volvemos a la definición de la palabra que funcionó a través del mundo clásico y fue enunciada por el filósofo griego Aristóteles, la *justicia* es darle a alguien lo que le pertenece.

Cuando consideramos las Escrituras, vemos indirectamente el juicio de Dios sobre la raza humana. En Romanos 1, Pablo procuró mostrar que el mundo entero es traído ante el tribunal de Dios y juzgado como culpable ante él. Cristo viene a un mundo de personas caídas que están expuestas al juicio de Dios por la razón básica de que Dios se ha revelado a todo ser humano en este mundo, pero aunque sabemos que hay un Dios, nos negamos a honrarlo como Dios. Esa es la causa número uno del juicio de Dios sobre nosotros. Por nuestra naturaleza caída nos negamos a rendir el honor que se le debe a Dios nuestro Creador.

¿Por qué a Dios se le debe el honor? Dios es intrínsecamente honorable. Él es digno de nuestra alabanza y digno de nuestra adoración. Si Dios es digno de alabanza, entonces es nuestra obligación alabarle. Ahora, esa es una deducción a partir del carácter de Dios y el carácter de las criaturas que le deben a su Creador el crédito y los agradecimientos por cada beneficio que disfrutan en este mundo. Está demás decir que le debemos alabanza y acciones de gracias.

Además de estos tipos de referencias indirectas, la Escritura ordena traer una ofrenda de alabanza ante Dios. Pienso en el Salmo 150, que dice: "¡Que todo lo que respira cante alabanzas al Señor!" Repetidamente, tanto el Antiguo como el Nuevo Testamento dicen que Dios es espíritu y que debemos adorarle en espíritu y en verdad. Adorar verdaderamente a Dios es ofrecer adoración y alabanza. Pablo habla de ofrecernos a nosotros mismos como sacrificio vivo, el cual es nuestro culto racional. Es lo justo, racional y religioso que se debe hacer.

- **En su libro Conociendo a Dios, el doctor James Packer critica el uso del crucifijo y los retratos de Jesús como símbolos del cristianismo, diciendo que aquello infringe el segundo mandamiento de Dios. ¿Qué piensa usted al respecto?**

Quisiera prologar mi respuesta diciendo que Jim Packer es un amigo muy cercano y hemos trabajado mucho juntos en congresos teológicos. Sé que es uno de los mejores eruditos cristianos del mundo actual. Es un teólogo anglicano y sus raíces se hunden profundamente en la Reforma protestante.

Tal vez usted esté consciente de que, en el siglo XVI, uno de los temas candentes del conflicto entre la iglesia católica romana y la reacción protestante fue precisamente el uso de imágenes e ilustraciones en la iglesia. Tuvo lugar la gran controversia iconoclasta, y aun en la Alemania de Lutero la gente llegó al extremo de irrumpir en las iglesias católicas romanas y destruir algunas de las obras de arte porque sentían que éstas violaban el segundo mandamiento. Hay una larga tradición protestante de preocupación al respecto porque el segundo mandamiento dice: "No te hagas ninguna clase de ídolo ni imagen de ninguna cosa . . ." (Ex. 20:4). Esa no es una prohibición completa contra el arte, como lo entendieron aun los más ardientes Reformadores. Hay un uso tremendo de las variadas formas de arte en la Biblia, siendo ejemplos primarios el tabernáculo y el templo de Israel. Lo que se prohibió fueron las representaciones humanas de Dios.

Entre los Reformadores hubo un acuerdo claro de que no debería haber imaginería alguna que tratara de representar la naturaleza de Dios. La pintura de la Capilla Sixtina, por ejemplo, que retrata la mano y el dedo de Dios creando a Adán, habría sido objetable para los Reformadores. Históricamente, la iglesia católica romana ha adoptado una actitud muy fuerte, diciendo que aunque la gente puede servir a la imagen, no debe adorar ídolos ni cruces ni cosas semejantes. Han definido la idolatría; la palabra viene de *idola latria,* que significa literalmente "la adoración de ídolos." Ellos hacen una distinción entre servir a la imagen y adorarla; hombres como Packer dicen que esa es una distinción sin diferencia. Servir a los ídolos es adorar a los ídolos, y los Reformadores no quedaron satisfechos con la respuesta católica romana.

Ahora, usted plantea la pregunta con respecto a la representación de Cristo y el uso de la cruz. Hay protestantes que no tienen símbolos en la iglesia, ni siquiera la cruz, sea que tenga o no una figura de Cristo en ella. Packer cuestiona los retratos de Jesús y las cruces. Yo tengo un problema con aquellas cosas desde un punto de vista práctico. No puedo decir con seguridad que representar la naturaleza humana de Jesús sea una violación del segundo mandamiento, pero no estoy seguro de que sea sabio hacerlo, porque podría comunicarle a la gente una imagen inexacta. La cabeza de Cristo de Sallman, tan bella como pueda ser, les ha transmitido a generaciones de personas un Jesús afeminado que de algún modo no alcanza a reflejar fuerza. Preferiría no comunicarle artísticamente nada a la gente acerca del aspecto de Jesús, si por hacerlo pudiera poner imágenes incorrectas en sus mentes.

• ¿Qué es lo que realmente recibimos de Jesucristo cuando participamos de la comunión?

Las diversas denominaciones y grupos cristianos difieren profundamente en cuanto a eso. Al menos todos concordamos en un punto, y ese es que recibimos alimento espiritual de parte de Cristo. Como dijo Calvino, nos alimentamos del cuerpo resucitado de Cristo. Somos fortalecidos interiormente por la gracia que se nos ofrece a través de su presencia en esta particular calidad. Cada vez que entramos en fraternidad con otros cristianos o vamos a la casa de Dios, Cristo está presente. No obstante, hay algo especial en cuanto a la manera en que Cristo está presente en la Mesa del Señor.

Disfrutamos la compañía de otras personas tales como conocidos y amigos, pero disfrutamos una dimensión diferente de la fraternidad cuando compartimos una comida en la casa de alguien. En la personalidad humana hay algo profundamente arraigado mediante lo cual experimentamos una cierta intimidad cuando compartimos una comida. Eso no es menos cierto en la dimensión espiritual cuando se nos invita a tomar asiento en este banquete.

También es un momento para la renovación de la gracia del perdón. Venimos a la Mesa del Señor en un espíritu de cuidadosa preparación y arrepentimiento con el fin de experimentar un sentido renovado de la sanidad y el perdón que llega hasta nosotros, fluyendo desde la Cruz y a partir de la intercesión de Cristo por nosotros en el cielo. Hay otra clase de renovación que casi siempre es pasada por alto; estoy convencido de que cada vez que venimos a la Cena del Señor estamos renovando nuestra sumisión al Espíritu

Santo. Fue en el aposento alto que Jesús practicó una costumbre judía llamada sucesión dinástica. Lo hizo en términos pactuales, a través de los cuales nos dejó al cuidado del Espíritu Santo, el mismo Espíritu que dijo que derramaría en el día de Pentecostés. En un sentido, cuando la iglesia se reúne en la Sagrada Comunión, no sólo honra a su Rey y anticipa el banquete futuro con él, sino que además se somete nuevamente a sí misma al liderazgo del Espíritu Santo.

Yo diría que, mucho más allá de todo esto, el beneficio más profundo que disfrutamos en la celebración de la Cena del Señor es la presencia inmediata de Cristo. Otra vez, no todos están de acuerdo con respecto al modo de su presencia. Personalmente, no creo que él esté físicamente presente, pero creo que está efectiva y realmente presente en todo su poder y majestad para asistirnos, alimentarnos, sanarnos y nutrirnos. Realmente comulgamos con Cristo en la Mesa.

• ¿Deberíamos confesar nuestros pecados los unos a los otros, como dice en el libro de Santiago?

Si Santiago lo dice, entonces por supuesto que debemos confesarnos los unos a los otros. Sin embargo, una de las grandes divisiones que hay entre los cristianos tiene que ver con el hecho de confesarles nuestros pecados a otros seres humanos. Por ejemplo, la iglesia católica romana tiene el sacramento de la penitencia, en que a los fieles de la iglesia católica romana se les exige ir con cierta regularidad al confesionario, confesar sus pecados audiblemente ante un sacerdote y pasar por la absolución y las obras de satisfacción.

La mayoría de los grupos protestantes, no todos, ha abandonado la práctica de esta clase de confesión. La idea detrás de esto es que no necesitamos una mediación; podemos confesarle nuestros pecados directamente a Dios. Yo estoy de acuerdo en que podemos contarle nuestros pecados directamente a Dios, y somos llamados a confesarle nuestros pecados tal como lo hicieron los santos en la Escritura para ejemplo nuestro. No obstante, las Escrituras no sólo nos dicen que le confesemos nuestros pecados directamente a Cristo, que es nuestro Sumo Sacerdote supremo y Mediador, sino que nos confesemos nuestros pecados los unos a los otros.

Permítanme decir en este punto que la gran controversia con respecto al sacramento católico de la penitencia no tiene nada que ver con confesarle pecados a una persona; durante el tiempo de la Reforma, el debate tuvo que ver con las obras de satisfacción (y por lo tanto, la doctrina de la justificación), en lo cual no entraré aquí.

Hablando como protestante, creo que se ha perdido algo muy valioso en el mundo protestante al abandonar la práctica confesional. Todavía no conozco un cristiano que no anhele oír a alguien con autoridad decirle: "Tus pecados son perdonados." Y creo que la autoridad, como cree la iglesia católica romana, se le dio, en verdad, a la iglesia. Es por eso que aun en iglesias protestantes encontramos ministros dando la seguridad del perdón. La gente necesita la seguridad de que los pecados que han confesado han sido realmente perdonados. Pienso en Isaías, estando en el templo, cuando el serafín vino con el mensaje de Dios: "Tu culpa ha sido quitada, y tus pecados perdonados." Qué liberador fue eso. He hablado con psiquiatras que dicen que la mayor carga en términos de enfermedades mentales en Estados Unidos es la carga de la culpa no resuelta. Un psiquiatra me dijo: "La mayoría de la gente que viene a verme necesita más a un sacerdote que a un psiquiatra." Creo que confesar nuestros pecados puede ser una práctica extremadamente saludable. Al mismo tiempo, también puede volverse una preocupación neurótica si partimos corriendo en busca de otra persona dándole cada detalle y entusiasmándonos demasiado con ello.

• *En Gálatas 6 (RV60), ¿cuál es la diferencia entre la exhortación a "sobrellevar los unos las cargas de los otros" y la afirmación que "cada uno llevará su propia carga"?*

Ciertamente, en la superficie parece un consejo contradictorio. Si estuviéramos buscando contradicciones provenientes de la pluma del apóstol, esperaríamos que tuvieran lugar en cartas diferentes separadas por diez años de distancia y no que se hallaran en el mismo libro o capítulo, como encontramos aquí.

Creo que Pablo está hablando de dos cosas diferentes. Por un lado, el llamado a llevar los unos las cargas de los otros ocupa un lugar central en el concepto que tiene el apóstol acerca de qué es la iglesia. Ese espíritu debe estar presente entre el pueblo de Dios, y el énfasis está en la compasión. Tener compasión es compartir los sentimientos de otra persona, lo cual es un rasgo característico de la enseñanza de Pablo: reír con los que ríen, llorar con los que lloran. Ningún individuo en el cuerpo de Cristo debe cargar su dolor o sufrimiento solo. Cada persona del cuerpo de Cristo es parte de una comunidad que celebramos y confesamos en el Credo de los Apóstoles. Esto involucra la comunión de los santos, estar en unión con otras personas tomando parte al llevar los unos las cargas de los otros. Si usted se halla cargado, estoy llamado a ayudarlo.

En términos bíblicos, exceptuando el experimento hecho en la iglesia de Jerusalén, en que la gente trató durante un breve tiempo de vivir manteniendo una propiedad común, la tradición histórica a lo largo de la Escritura le confiere una gran importancia a la responsabilidad del individuo de hacer todo lo que le sea posible para sustentarse a sí mismo y a su familia y no ser una carga innecesaria para el resto de la comunidad. Como dijo Pablo, sonando a veces un poco duro: "Los que no están dispuestos a trabajar que tampoco coman."

Luego tenemos la firme declaración del Nuevo Testamento señalando que, si una persona falla en proveer para su propia casa, es peor que un infiel; es decir, es peor que un incrédulo. Esta fuerte ética del trabajo tiene raíces profundas en el Antiguo Testamento, y no debe confundirse con la mentalidad de "arreglárselas solo" que ve a toda persona como autosuficiente. Desde el comienzo mismo de la creación hay una evidente división de labores en el orden que Dios ha impuesto sobre el mundo, pero en esa división cada persona tiene un rol significativo que cumplir y responsabilidades que llevar a cabo. Yo, como individuo, trabajo para hacer lo que Dios me ha llamado a hacer, y si enfrento un problema, puedo dirigirme a usted para que me ayude, pero eso no significa que usted haga mi trabajo. Aun así tengo mi responsabilidad. [Ver también los versículos de Ga. 6 en la NTV: "Ayúdense a llevar los unos las cargas de los otros. . . . Cada uno es responsable de su propia conducta."]

• ¿Es la celebración de la Navidad un ritual pagano?

Esa pregunta surge cada año en la época de Navidad. En primer lugar, no hay un mandato bíblico directo de celebrar el nacimiento de Jesús el 25 de diciembre. No hay nada en la Biblia que indique siquiera que Jesús nació un 25 de diciembre. En los relatos del Nuevo Testamento hay muchos indicios de que no sucedió durante esa época del año. Sencillamente sucede que, en el Imperio Romano, había una fiesta pagana conectada con las religiones de misterio; los paganos celebraban su fiesta el 25 de diciembre. Los cristianos no querían participar en eso y, por lo tanto, dijeron: "Mientras todos los demás celebran esa fiesta pagana, nosotros vamos a tener nuestra propia celebración. Vamos a celebrar lo más importante para nuestra vida, la encarnación de Dios, el nacimiento de Jesucristo. Así que esta será una época de festividades alegres, de celebración y adoración de nuestro Dios y Rey."

No puedo concebir algo más placentero para Cristo que el hecho de que la iglesia celebre su nacimiento cada año. Tengan en mente que el principio de las fiestas y celebraciones anuales tiene profundas raíces en la antigua tradición judía. En el Antiguo Testamento, por ejemplo, hubo ocasiones en que Dios le ordenó enfáticamente al pueblo que recordara ciertos sucesos mediante celebraciones anuales. Si bien el Nuevo Testamento no nos exige celebrar la Navidad cada año, no veo nada malo en que la iglesia viva esta alegre época de celebración de la Encarnación, el punto divisorio de toda la historia humana. Desde el comienzo se proponía honrar el nacimiento de nuestro Rey, no a Mitras ni a ninguno de los cultos de las religiones de misterio.

A propósito, la Pascua de Resurrección puede rastrearse hasta Istar en el mundo antiguo. Sin embargo, creo que el hecho de que la iglesia cristiana se reúna para celebrar la resurrección de Jesús es algo que difícilmente provocaría la ira de Dios. Me gustaría que tuviéramos más festividades anuales. La iglesia católica romana, por ejemplo, celebra anualmente con gran alegría la Fiesta de la Ascensión. Algunos grupos protestantes lo hacen, pero la mayoría no. Me gustaría que celebráramos ese gran evento de la vida de Cristo en que fue levantado hasta el cielo para ser coronado como Rey de reyes y Señor de señores. Celebramos su nacimiento; celebramos su muerte y resurrección. Me gustaría que también celebráramos su coronación.

• ¿Puede decirnos por qué se usa una X para reemplazar la palabra Christ [Cristo] en Christmas [Navidad]?*

*[En el idioma inglés, la palabra *Christmas* suele abreviarse *Xmas*]

La respuesta simple a su pregunta es que la *X* en *Christmas* es utilizada como la *R* en R. C. El nombre que se me dio al nacer fue Robert Charles, aunque incluso antes de que me llevaran desde el hospital a casa, mis padres ya me llamaban por mis iniciales, R. C., y a nadie parece escandalizarle demasiado eso.

La *X* puede significar muchas cosas. Por ejemplo, cuando queremos indicar una cantidad desconocida, usamos el símbolo *X*. Puede referirse a un nivel obsceno de películas, algo que se ha clasificado como no apto para menores. La gente parece expresar un cierto pesar al ver el nombre de Cristo omitido y reemplazado por este símbolo que representa una cantidad desconocida *X*. Cada año vemos carteles y etiquetas adhesivas en los parachoques diciendo:

"Put Christ back into Christmas" [Ponga a Cristo de vuelta en la Navidad] como una respuesta al reemplazo del nombre de Cristo por la letra *X*.

En primer lugar, debemos entender que no es la letra *X* lo que se pone en la palabra Christmas. Vemos la letra *X* allí, pero en realidad se trata de la primera letra del nombre griego de Cristo. *Christos* es el término griego del Nuevo Testamento para Cristo. La primera letra de la palabra griega *Christos* es transliterada en nuestro alfabeto como una *X*. Esa *X*, a través de la historia de la iglesia, ha llegado a ser una abreviatura del nombre de Cristo.

No vemos gente que proteste por el uso de la letra griega *theta*, que es una *O* con una línea atravesada en el medio. La usamos como una abreviación de Dios porque es la primera letra de la palabra *Theos*, la palabra griega que se usa para designar a Dios.

La idea de la *X* como una abreviatura para el nombre de Cristo empezó a usarse en nuestra cultura sin intención alguna de manifestar una falta de respeto a Jesús. La iglesia ha usado históricamente el símbolo del pez porque es una sigla. *Pez* en griego (*icthus*) implica el uso de las primeras letras de la frase griega que significa "Jesús, Cristo, Hijo de Dios, Salvador." De manera que los primeros cristianos tomaron la primera letra de cada palabra y las agruparon para escribir la palabra griega que significa pez. Así es como el símbolo del pez llegó a ser el símbolo universal de la cristiandad. Hay una historia larga y sagrada con respecto al uso de la *X* para simbolizar el nombre completo de Cristo, y desde su origen, no ha pretendido ser una falta de respeto.

• ¿Cuál es la necesidad más urgente de la iglesia evangélica actual si quiere tener un impacto en la sociedad?

Desde mi perspectiva como educador en el mundo cristiano, tengo una visión más bien limitada de los problemas que surgen en la iglesia y las necesidades más apremiantes. Tenemos una tendencia pecaminosa a seleccionar nuestra propia área de especialidad y hacer de ella la más importante y decir que es allí donde realmente tenemos que centrar nuestras energías o el ámbito en que van a ocurrir los cambios. Al igual que el resto, es así como actúo.

Yo creo que la necesidad más urgente de este momento entre los cristianos evangélicos, si quieren tener algún impacto en este mundo, se encuentra en el nivel de la educación de adultos. Para que los cristianos crezcan en madurez, deben pensar como cristianos. Para comportarse en la plenitud de la madurez como discípulos de Cristo efectivos y con principios, deben alcanzar una comprensión profunda de la Palabra de Dios. Yo creo que la Biblia hace resonar ese sentimiento una y otra vez en los numerosos pasajes que nos exhortan a ser maduros en nuestro entendimiento. A veces, el autor de Hebreos reprende severamente a la comunidad cristiana diciendo que han pasado demasiado tiempo siendo bebés en Cristo; ellos estaban demasiado satisfechos con la leche y no avanzaban hacia la comida sólida. Si queremos tener un impacto en nuestra cultura, debemos ser espiritualmente maduros.

Permítanme decirlo así: los niños no provocan mucho impacto en la transformación de una nación. Ellos no crean los valores y las estructuras de la nación en que vivimos. Creo que nos deja una tarea espiritual pendiente. Debemos alcanzar la adultez como cristianos antes de que podamos tener alguna clase de impacto significativo sobre la cultura.

De acuerdo al estudio/encuesta más amplio acerca de la religión en Estados Unidos, deberíamos estar viviendo el mayor avivamiento que haya experimentado este país. Aproximadamente 65 millones de personas en Estados Unidos afirman ser cristianas. Y sin embargo, el mismo estudio muestra que ese grupo tiene un impacto mínimo o no cuantificable sobre la formación de las instituciones sociales y las estructuras de nuestra nación. ¿Cómo es posible que un bloque tan fuerte de personas no haga sentir su influencia de manera más significativa en la formación de nuestra nación? Mi conclusión es que nosotros aún no hemos entendido los valores bíblicos y no hemos alcanzado esa profundidad de comprensión que provee madurez para el liderazgo.

• ¿Cuál es el problema más crucial que confronta la iglesia en la actualidad?

Estoy convencido de que el problema más crucial en la iglesia actual es su propia creencia en la deidad de Cristo. Esto puede sonar como una verdad obvia; después de todo, la deidad de Cristo es fundamental para la fe cristiana. Sin embargo, en la historia de la iglesia, el asunto de la deidad de Cristo ha estado en el centro del conflicto en la iglesia a lo largo de cuatro siglos: el IV, el V, el XIX y ahora en el XX.

Hace cien años, con el surgimiento de la así llamada erudición crítica histórica moderna, estuvo muy de moda plantear preguntas acerca de la fe de la iglesia en su Señor y su fe en la deidad de Cristo. Hubo una escuela de teólogos que tenía muchas cosas buenas que decir acerca de Jesús. Apreciaban su enseñanza ética y aplaudían su agenda de interés social. Sin embargo, creían que el retrato de Jesús presentado por el Nuevo Testamento, el cual enfatizaba su deidad, su obra de redención cósmica mediante la expiación, su resurrección de entre los muertos y la ejecución de milagros, era una manifestación de gente precientífica y más bien ingenua del siglo I que se hallaba muy influenciada por variedades poco sofisticadas de mitología.

En el siglo XIX, no sólo en el mundo secular sino en la iglesia misma, hubo una importante crisis que un teólogo del siglo XX ha llamado (acertadamente, opino) "una crisis de incredulidad." Y esa crisis de ningún modo ha terminado. En muchos casos, el problema no sale a la superficie porque aún se practica la cortesía. La gente espera que un miembro de la iglesia, o particularmente un clérigo, rinda al menos un servicio de labios a la deidad de Cristo. Es peligroso que un ministro aparezca públicamente negando la deidad de Cristo. Eso ocurrió hace unos pocos años en una de las denominaciones tradicionales y, de la noche a la mañana, apareció en la revista *Time*. El mundo secular se sorprendió al oír a religiosos negando el corazón mismo de su propia religión. No obstante, si nos apartamos del ojo público y nos introducimos en las maquinaciones internas del ambiente académico de la iglesia cristiana, en los seminarios y las universidades cristianas, oiremos que se debaten abiertamente aspectos cruciales de la deidad de Cristo y en muchos casos es negada por los profesores. Así que pienso que la cuestion principal que está en juego en la iglesia cristiana de hoy es Cristo. ¿Afirmamos su señorío y su deidad?

14

MATRIMONIO Y FAMILIA

"¡Al fin! —exclamó el hombre—.
¡Esta es hueso de mis huesos
y carne de mi carne!" . . .
Esto explica por qué el hombre deja a su padre y a su madre,
y se une a su esposa,
y los dos se convierten en uno solo.

GÉNESIS 2:23-24

Preguntas en esta sección:

- Actualmente vemos que hay muchos problemas en el matrimonio. ¿Qué debería caracterizar a los matrimonios cristianos?

- Para aquellos que están comprometidos a casarse, ¿cuáles son las cosas más importantes que deben conocer el uno del otro?

- Como ministro, ¿casaría usted una persona creyente con una no creyente; es decir, una pareja en "yugo desigual"?

- ¿Por qué es importante hacer votos matrimoniales en una ceremonia formal?

- ¿Desaprueba Dios los matrimonios interraciales?

- ¿A qué conclusión nos lleva la poligamia practicada por los héroes del Antiguo Testamento?

- Llevo un poco más de cuatro años casado y recientemente he llegado a comprender un poco más mi fe cristiana. Quiero saber, ¿cuál es el concepto bíblico de un matrimonio cristiano piadoso?

- Efesios 4:3 dice: "Hagan todo lo posible por mantenerse unidos en el Espíritu y enlazados mediante la paz." ¿Cómo se traduce esto en la experiencia práctica diaria de la relación matrimonial?

- Necesito saber cómo tratar con mi esposo no cristiano. ¿Voy a la iglesia y lo dejo en casa? ¿Qué explicación les doy a mis hijos?

- *¿Cómo mantiene su dignidad una mujer siendo ama de casa y madre en esta sociedad actual orientada al desarrollo de una carrera?*

- *¿Qué textos de las Escrituras puede usar una esposa y madre cristiana como pautas para guiar sus responsabilidades y deberes?*

- *¿Qué dice la Biblia sobre una madre que tiene hijos pequeños y trabaja fuera del hogar?*

- *¿Puede un matrimonio cristiano practicar el control de la natalidad?*

- *Si una pareja no puede concebir un hijo y elige adoptar, ¿indica eso que la pareja no tiene suficiente fe en que Dios podría darles un hijo propio?*

- *Como cristianos, ¿cómo debemos enfrentar los estilos de vida pecaminosos de los miembros de nuestra familia o de los invitados que llegan a nuestro hogar?*

- *Mis hijos adolescentes están comenzando a negarse a ir a la iglesia. ¿Debería obligarlos, y si es así, hasta qué edad?*

- *¿Cómo podemos ayudar a nuestros hijos a enfrentar la presión de sus compañeros?*

- *¿Hay motivos bíblicos para el divorcio, y si es así, cuáles son?*

- *Parece haber una diferencia de opinión en cuanto a si un cristiano divorciado puede volver a casarse. ¿Cuándo podría permitirse esto, y bajo qué condiciones?*

- *Primera Juan 5:14-15 habla de pedir cosas conforme a la voluntad de Dios y obtener una respuesta a nuestros deseos. Si la voluntad de Dios es mantener un matrimonio unido y sólo uno de los dos lo hace todo, ¿puede la obediencia y la fe de uno superar las circunstancias y salvar ese matrimonio defectuoso?*

- *¿Por qué el abuso físico no es una causa legítima para el divorcio?*

- *En un caso hipotético, ¿cómo aconsejaría usted a su hija con respecto al divorcio si los hijos de ella, sus nietos, hubieran sido sexualmente abusados por su padre, y él no estuviera dispuesto a recibir consejo?*

- ### *Actualmente vemos que hay muchos problemas en el matrimonio. ¿Qué debería caracterizar a los matrimonios cristianos?*

Cuando hablamos de que ser cristiano hace una diferencia en la vida, no sólo en el matrimonio, apuntamos a la realidad de que como cristianos, Dios Espíritu Santo mora en nosotros, el cual trabaja en nuestro interior para ayudarnos a ser obedientes a los mandamientos de Dios. También nos damos cuenta de que, aun siendo cristianos, de ningún modo estamos exentos de pecado. Los cristianos pecan. Todos pecamos y continuamos pecando. Así que el hecho de que seamos cristianos no garantiza que nuestras relaciones matrimoniales sean lo que deben ser.

He mencionado en muchas ocasiones que me aflige cuando oigo de pastores que, al ser tan celosos de alcanzar a la gente a través del cristianismo, hacen promesas que creo que Dios ni siquiera soñó hacerle a la gente. Dicen cosas como: "Venga a Jesús y todos sus problemas serán resueltos." En mi experiencia como cristiano, siendo alguien repentina y dramáticamente convertido de un estilo de vida pagano, creo que mi vida no se complicó sino hasta que me hice cristiano porque ahora estoy envuelto en conflictos que antes jamás había tenido. Hay un conflicto entre los deseos injustos provenientes de mi corazón y lo que la Palabra de Dios dice que yo debería estar haciendo.

Si hay una gran ventaja en ser cristiano, es la ventaja de tener a nuestra disposición la sabiduría de Dios. Para que una relación humana cualquiera sobreviva a las disputas, los desacuerdos, las luchas y los ajustes que toda relación atraviesa, se requiere más que un simple carácter moral. Se requiere una gran sabiduría. La sabiduría para manejar el conflicto en las relaciones humanas está disponible para nosotros en la Palabra de Dios. Se nos dice, por ejemplo, algo tan simple como esto: la suave respuesta aparta el furor. Mediante aquellos principios de sabiduría se nos instruye acerca de cómo evitar la actitud que destruye las relaciones. Piensen durante un minuto en la gama de emociones que atravesamos en nuestras amistades y matrimonios. Siempre he dicho que no hay un ser humano en el mundo que pueda hacerme enfadar más que mi esposa. No hay nadie en el mundo cuya crítica pueda herirme más que la de mi esposa porque su opinión de mí significa más que la de cualquier otra persona. Tengo que saber cómo manejar mis emociones en esa relación tan volátil y vulnerable. Las Escrituras me enseñan que hay una diferencia entre el dolor, la pena y la amargura. Se me permite experimentar el dolor. Se me permite experimentar la pena. Sin embargo, no se me permite experimentar la amargura. Se me permite enfadarme, pero no se me permite dejar que el sol se ponga sobre mi enojo. La aplicación de estos principios que Dios nos da contribuye enormemente ayudándonos a nosotros y a muchos otros a atravesar estos difíciles momentos de las relaciones humanas.

- ## Para aquellos que están comprometidos a casarse, ¿cuáles son las cosas más importantes que deben conocer el uno del otro?

Algunas estadísticas nos dicen que 70 por ciento de la gente que se case este año terminará divorciada. Eso es alarmante. Obviamente estamos cometiendo muchos errores en la selección de cónyuges. Los estudios indican que en los matrimonios están surgiendo problemas comunes, problemas que se podrían haber evitado si hubiera habido algún acuerdo antes de que el matrimonio se efectuara.

Específicamente, hubo ciertos puntos que fueron enumerados como las razones más citadas para la ruptura de los matrimonios. El primero hace alusión a los problemas sexuales; el segundo tiene que ver con las finanzas; y luego entramos en temas de parientes políticos; problemas de abuso físico, abuso de sustancias, alcoholismo, adicción a las drogas y cosas de ese estilo. Así que creo que es importante saber si uno está por casarse con alguien que tiene problemas serios de adicción.

También creo que es importante conocer su familia, porque cuando usted se casa con otra persona, está adoptando una familia, no solamente un individuo. Es importante desarrollar relaciones con la familia del futuro esposo o esposa y asimismo tener alguna noción del sistema de valores en que él o ella creció. Una de las razones por las cuales la gente tiene conflicto con el dinero es que, sin importar cuánto dinero tengan los que se unen (podrían estar en aflicción económica o ser enormemente adinerados), toda pareja tiene una cantidad finita de dinero. No hay dos personas en este planeta que tengan exactamente los mismos sistemas de valores cuando se unen en matrimonio. Ahora, digamos que tenemos cien dólares para gastar, y mientras usted prefiere gastarlos en una máquina de lavar ropa, yo prefiero gastarlos en palos de golf. Ahí tenemos un conflicto en potencia. Cualquiera sea la cantidad de dinero que tengamos, vamos a tener disputas acerca de cómo debería gastarse. Creo que es importante establecer cuáles son aquellos valores antes de unirse en matrimonio. Teniendo en cuenta que los problemas sexuales ocupan una posición tan alta, debería tener una prioridad igualmente alta buscar consejo prematrimonial en esa área. Mientras más comunicación se establezca antes del matrimonio, mejores serán los patrones de comunicación después.

• Como ministro, ¿casaría usted una persona creyente con una no creyente; es decir, una pareja en "yugo desigual"?

La base para su pregunta, obviamente, es el texto bíblico que dice que no debemos unirnos en yugo desigual con los no creyentes (2 Co. 6:14, rv60). La suposición, desde luego, es que este texto tiene una relación directa con el matrimonio. La Biblia no dice explícitamente eso. La Biblia no dice que a una persona creyente no se le permita casarse con una no creyente. La metáfora de los bueyes que tiran una carreta en yugo desigual es la única referencia que tenemos.

Ahora, diré que en la tradición de la iglesia, la gran mayoría de los eruditos del Nuevo Testamento han entendido ese pasaje precisamente así: que es una prohibición bíblica contra la unión matrimonial de una persona cristiana con una no cristiana. Esto sigue la tradición del Antiguo Testamento, en que los hijos de Israel eran llamados a buscar esposas de su propia nación, gente que tuviera la misma convicción religiosa. La suposición es que el compromiso religioso de una persona, si es genuino, es de gran importancia, y si una persona se une a otra en la relación íntima más estrecha que un ser humano pudiera tener, pero sin compartir esa profunda pasión y compromiso, puede ser algo desastroso para el matrimonio. Así que el juicio práctico de la iglesia ha sido, la mayoría de las veces, ver poco favorablemente el matrimonio entre creyentes y no creyentes debido a la gran dificultad que provoca.

Sabemos también que actualmente el estado matrimonial como un todo se halla bajo asedio; la tasa de divorcio ya ha superado 50 por ciento. La gente ya tiene suficientes problemas procurando un matrimonio saludable y exitoso sin que se le agregue este punto de tensión extremadamente difícil.

Pero usted me pregunta si yo, como ministro, llevaría a cabo un matrimonio así. Como regla general, no lo hago. No lo hago porque estoy convencido de que Dios no me permite hacerlo. Por ejemplo, en la ceremonia matrimonial tradicional, en el servicio que usamos para celebrar matrimonios, las frases corrientes dicen más o menos así: "Amados, hoy estamos reunidos en la presencia de Dios y de estos testigos para unir a este hombre y a esta mujer en el sagrado vínculo del matrimonio," etc. Una de las frases de la ceremonia matrimonial nos recuerda que Dios no sólo instituyó el matrimonio, lo ordenó y lo santificó, sino que Dios regula el matrimonio a través de sus mandamientos. Y por lo tanto, yo no soy libre de llevar a cabo el rito matrimonial para cualquiera. Mi iglesia me prohíbe casar una persona creyente con una no creyente, excepto cuando ya ha habido una unión física y va a nacer un niño. En esas circunstancias yo efectuaría la ceremonia. [Ver también 2 Co. 6:14 en la NTV: "No se asocien íntimamente con los que son incrédulos."]

• ¿Por qué es importante hacer votos matrimoniales en una ceremonia formal?

Se sorprendería si supiera cuántas veces la gente me hace esa pregunta. En la actualidad, la actitud que frecuentemente se expresa, sobre todo entre los jóvenes, es: "¿Qué diferencia hace un pedazo de papel? ¿Por qué tengo que ir a la iglesia o acudir a un juez de paz para que mis votos matrimoniales signifiquen algo?" De hecho, mucha gente prefiere olvidarse de eso y decir que simplemente van a vivir juntos. "Yo le hago una promesa a ella; ella me hace una promesa a mí. Eso es todo. Si decidimos romper, no tenemos que pasar por todo el embrollo legal de los tribunales y la familia y la iglesia. ¿Qué importancia tiene esta ceremonia formal? De cualquier modo, parece ser un acto de hipocresía." Hay un par de cosas que debo decir al respecto.

En primer lugar, un pacto en el sentido bíblico es algo que se hace con testigos. Eso es porque la naturaleza misma de un pacto es que se trata de un acuerdo entre dos o más personas. Ese acuerdo implica una confianza tremenda entre aquellas personas. Una cosa es que yo le prometa a mi esposa que la amaré, la querré, la honraré y le seré fiel diciéndoselo de manera privada en el asiento posterior de un automóvil o paseando a la luz de la luna junto al lago, pero es otra cosa hacerle esa promesa en público.

Notemos cómo comienza la ceremonia cristiana en la mayoría de las tradiciones: "Amados, hoy estamos reunidos en la presencia de Dios y de estos testigos para unir a este hombre y esta mujer en el sagrado vínculo del matrimonio." Cuando llevamos a cabo la ceremonia, hay palabras que se emplean para estos efectos: "Reconocemos y admitimos que el matrimonio no es una institución humana que alguien inventó como una convención social porque pensara que era una buena idea, sino que, como cristianos, creemos y confesamos que Dios ordenó el matrimonio y lo instituyó."

Reconocemos que el matrimonio como ceremonia fue santificado por la presencia y bendición de Cristo, por ejemplo en el banquete de las bodas de Caná. Pero luego continuamos diciendo en el servicio que reconocemos que Dios regula el matrimonio. Él no simplemente lo inventó y nos lo dio para hacer con él lo que queramos, sino que él mismo permanece como la autoridad final sobre el matrimonio. En el establecimiento de los pactos solemnes, creo que las asambleas solemnes son parte de ese principio regulador del matrimonio que nos viene de Dios y de la sagrada Escritura.

Reconocemos, sin embargo, que no necesariamente tiene que realizarse en una iglesia. Reconocemos que el matrimonio es una institución para toda la gente, sea cristiana o no, y es por eso que reconocemos tanto los matrimonios llevados públicamente a cabo por alguna autoridad civil como los efectuados por alguna autoridad eclesiástica. Sin testigos no hay pacto legal, no hay compromiso legal ni tengo la responsabilidad obligatoria formal de cumplir mis promesas. Es por eso que lo hacemos formalmente y en público. Hacemos la promesa, no en el asiento posterior de un automóvil, sino ante toda estructura de autoridad que signifique algo para nosotros: nuestros amigos, nuestra familia, nuestra iglesia y el estado. Si no tomo seriamente mi promesa, o si mis amigos no lo hacen, o si la iglesia no lo hace, o aun si el estado no lo hace, Dios ciertamente lo hará. Al menos en nuestra cultura, incluso hoy teniendo leyes holgadas de divorcio, el estado aún toma en serio aquellos votos.

• ¿Desaprueba Dios los matrimonios interraciales?

Algunas personas insisten en que la Biblia pretende mantener las razas puras y que, por lo tanto, estaría prohibida toda clase de matrimonio interracial. Habitualmente, se presentan dos textos bíblicos para apoyar dicho enfoque. Uno es el hecho de que Noé tuvo tres hijos, Sem, Cam y Jafet. Como ustedes recordarán, Sem recibió una bendición patriarcal mientras a Jafet se le dio una extensión de ella. Cam, por haber visto la desnudez de su padre, fue maldecido. "Maldito sea Canaán" fue la maldición que Noé pronunció sobre Cam y sus descendientes. Algunos han conjeturado esmeradamente, a partir de los tres hijos de Noé, siendo todos sobrevivientes del diluvio, que ésta es la base histórica para los tres tipos genéricos básicos de seres humanos: el caucásico, el negroide y el mongoloide. Afirman que esta es la justificación bíblica para la existencia de una maldición sobre la raza negra, y debido a ello la gente blanca no debería casarse con ellos. Esto se citó, por ejemplo, en los primeros documentos del mormonismo, lo cual fue una gran vergüenza para ellos cuando se hizo público hace algunos años.

Otros se remontan hasta la Creación, donde leemos que Dios creó todo "que cada uno produzca crías de la misma especie." La gente dice que este es el orden divino de las cosas en la creación; que Dios hizo las cosas de acuerdo a su especie y su intención fue que ellas permanecieran de acuerdo a su especie.

En el caso de ambos argumentos, yo diría que constituyen la evidencia más débil en que pensaría para apoyar lo que finalmente es un enfoque racista del asunto. No encuentro nada, ni siquiera en la Escritura, que prohíba el matrimonio interracial más allá de los problemas que la gente podría enfrentar en relación con los prejuicios culturales. Cualquier pareja que elija casarse en una cultura que tenga un alto grado de racismo estará atrayendo toda clase de tensiones en contra de su matrimonio. Si están dispuestos a hacerlo, no significa que estén pecando por dar el paso y entrar en un pacto matrimonial.

Creo que uno de los textos más sólidos que se relacionan con esto está en el Antiguo Testamento, donde leemos que Moisés (que fue el mediador del antiguo pacto) tomó para sí mismo una esposa cusita. Un cusita era un etíope. Toda la evidencia que podemos construir a partir de la historia del Antiguo Testamento indica que la esposa de Moisés era negra. También leemos que su hermana, Miriam, se angustió mucho por el hecho de que su hermano se había casado con una cusita. Fue una reacción racista. Miriam se enfadó y reprendió a Moisés. A causa de la respuesta de Miriam, Dios juzgó a Miriam y le produjo lepra. De manera que, si hubiéramos de decir algo al respecto, me parece que Dios ve con malos ojos a los racistas.

• ¿A qué conclusión nos lleva la poligamia practicada por los héroes del Antiguo Testamento?

Debemos observar varias cosas con respecto al registro bíblico. La Biblia relata que estos grandes santos del Antiguo Testamento no sólo tuvieron más de una esposa sino que en algunos casos (incluyendo a David y a Salomón) tuvieron cientos de esposas o concubinas, lo cual parecería ser una descarada desobediencia a los principios bíblicos del matrimonio. La poligamia fue, de hecho, un abierto desprecio a la intención que Dios declaró para el matrimonio en la Creación. Creo que es claro no sólo en el Antiguo Testamento, sino en la forma en que el Nuevo Testamento apela al Antiguo Testamento, diciendo que el matrimonio debía ser monógamo (una esposa, un esposo). Es así como estuvo pensado para todas las generaciones.

Si examinamos cuidadosamente los primeros capítulos del Génesis, veremos que después de que Caín mata a Abel, Adán y Eva tienen otro hijo cuyo nombre es Set. Al observar la genealogía de estos dos hijos de Adán y Eva, vemos que los descendientes de Set se caracterizaron por la piedad y la justicia. Fue de esa línea que provino Matusalén y finalmente Noé, al igual que Enoc, el cual fue trasladado directamente al cielo porque caminó con Dios.

Si observamos la línea de Caín, parece una galería de pícaros; simplemente un bribón tras otro. Uno de los pícaros principales, cuyo esbozo biográfico se incluye en los primeros capítulos del Génesis, es un tipo llamado Lamec, que se distingue por dos cosas. Una es el horrendo canto de la espada que escribe y canta en Génesis, el cual es una celebración de la violencia. También se destaca por ser el primer polígamo. La Biblia no dice: "Él fue el primer polígamo y esto es algo malo." Sólo menciona que él fue el primer polígamo, pero lo hace en el contexto de describir la expansión radical de la corrupción humana y la condición caída. El Antiguo Testamento implica que la poligamia era un desafío a la ley de Dios.

Obviamente, Dios no regañó a estos héroes del Antiguo Testamento por su poligamia ni los castigó debido a ella. La actitud de Dios ante la extrema condición caída fue la paciencia. Esta tolerancia terminó con la aparición de Cristo y el nuevo pacto.

- **Llevo un poco más de cuatro años casado y recientemente he llegado a comprender un poco más mi fe cristiana. Quiero saber, ¿cuál es el concepto bíblico de un matrimonio cristiano piadoso?**

Algunos principios escriturales se aplican a cada matrimonio. Uno de los elementos del servicio matrimonial que encontramos en la tradicional ceremonia del matrimonio y que atraviesa las distintas denominaciones es que, cuando celebramos una boda, decimos: "Amados, hoy estamos reunidos en la presencia de Dios y de estos testigos," etc. Reconocemos el hecho de que el matrimonio es algo que fue instituido por Dios, ordenado por Dios, y que recibió la sagrada aprobación de Cristo mediante su presencia en el banquete de las bodas de Caná. Sin embargo, en el rito tradicional tenemos una línea que generalmente es pasada por alto, y se trata de la siguiente afirmación: "Que el matrimonio es regulado por los mandamientos de Dios." No se trata de que Dios simplemente ordenó e instituyó el matrimonio y nos lo dio como un obsequio diciendo: "Aquí está el obsequio, ahora ve y úsalo como quieras."

En lugar de eso, lo que Dios ordena e instituye se encuentra también bajo el ejercicio de su soberanía dentro del marco del matrimonio. Obviamente, un matrimonio que ha de perdurar debe estar basado sobre una especie de confianza y fidelidad mutua. Es por eso que, cuando hacemos los votos, ellos implican que me dedico en cuerpo y alma a mi esposa mientras ambos vivamos, ella tiene un derecho y una razón para confiar en que voy a cumplir mi palabra. Dios nos considera responsables de esa clase de compromiso, de manera que en el corazón de toda unión entre dos personas está el principio de la confianza. Es por eso que la Biblia desaprueba con firmeza el adulterio, por ejemplo, porque es el acto supremo de infidelidad que rompe la confianza y asimismo la fe sobre la cual se construye el matrimonio.

Por supuesto, hay pautas en cuanto a cómo debe formarse una familia, aun cuando esto sea muy impopular en nuestros días. No creo que podamos escapar al hecho de que el Nuevo Testamento le da al esposo la responsabilidad de ser cabeza y líder del hogar. Esa responsabilidad no es una licencia para la tiranía. No es una licencia para la dominación o para destruir la dignidad de la mujer, sino más bien una carga. Es un deber en que la responsabilidad recae sobre el marido en lo concerniente a proporcionar liderazgo y dirección en el hogar, pero siempre en una relación de amor mutuo y respeto al compañerismo vital en el hogar.

Estas son sólo algunas de las pautas. Por supuesto, la Biblia tiene mucho más que decir acerca de los patrones sobre los cuales debe establecerse un matrimonio saludable.

- **Efesios 4:3 dice: "Hagan todo lo posible por mantenerse unidos en el Espíritu y enlazados mediante la paz." ¿Cómo se traduce esto en la experiencia práctica diaria de la relación matrimonial?**

Los falsos profetas de Israel daban garantías de paz ¡cuando no había paz! Es mucho más fácil declarar paz que alcanzarla. Una cosa, además, es estar en paz cuando se está completamente solo, y otra es estar en paz cuando se está en relación con otra persona. Por supuesto, hay mucha gente que no tiene paz aun estando sola.

Tan pronto como entramos en una relación matrimonial, que es la unión más estrecha posible entre dos personas, muchas cosas pueden perturbar la paz de esa relación. Puede presentarse cualquier clase de conflicto y alterar la tranquilidad que debería haber en el corazón de un matrimonio. Estoy absolutamente convencido de que se requiere el trabajo de ambas personas para que reine la paz. No es natural que dos seres humanos pasen un largo tiempo en una proximidad estrecha el uno con el otro sin que surjan algunos conflictos. No hay dos personas en el mundo que tengan la misma agenda, el mismo sistema de valores, las mismas preferencias, los mismos gustos y aversiones. Hay puntos de conflicto inevitables, y es el conflicto el que altera la paz. Creo que cuando luchamos por la unidad en el espíritu, tenemos que trabajar para establecer la paz.

Tenemos que aprender el fruto del Espíritu que promueve la paz; tener dentro de nosotros un espíritu de amabilidad, bondad, amor, y particularmente, paciencia. Esas cosas no se dan automáticamente. No se dan por naturaleza porque por naturaleza tendemos a ser impacientes. Tenemos que trabajar en ellas.

Y tal como los diplomáticos tienen un sincero deseo de detener el surgimiento de conflictos a nivel internacional, nosotros tenemos que convertirnos en diplomáticos en nuestro hogar, es decir, diplomáticos preocupados por los sentimientos de nuestros compañeros.

Creo que mi esposa, por ejemplo, es la mujer más sensible de Estados Unidos. Tiene que serlo porque yo soy una de las personas más insensibles del mundo. Me marcho sobre una nube y me convierto en una especie de profesor chiflado y distraído. Eso puede volver loco a cualquiera. Sin embargo, mi esposa trabaja para mantener la paz y practicar la diplomacia, y eso ha sido un ejemplo para mí. En lugar de permitir que una molestia crezca hasta convertirse en un conflicto mayor y una pelea, buscamos llegar a un acuerdo. Uno de los grandes principios es éste: cada vez que veas ira, observa el dolor que hay detrás. Es mucho más fácil tratar el dolor que tratar la ira. La ira engendra conflicto; tratar el dolor produce paz.

• *Necesito saber cómo tratar con mi esposo no cristiano. ¿Voy a la iglesia y lo dejo en casa? ¿Qué explicación les doy a mis hijos?*

Creo que el error que muchas mujeres cometen al estar en esta situación es que sienten como si de alguna manera Dios las hubiera llamado a ser la conciencia del marido, y terminan fastidiándolos. Lo más significativo que puede hacer una mujer si su esposo no es cristiano es ser para él la esposa más piadosa que le resulte posible.

Conocí un muchacho adolescente que vino a mi estudio y anunció que había tomado para sí el rol de líder espiritual de la casa porque su padre no era cristiano. Puesto que su padre había descuidado la responsabilidad de ser el sacerdote del hogar, este joven dijo que creía que el manto había caído sobre él. Le dije: "No, Dios no te llama a suplantar el rol de tu padre. Si tu padre no hace lo que Dios le llama a hacer, no es una licencia para que tú tomes su lugar. Dios te llamó a ser hijo, no padre."

Y de la misma manera, encuentro mujeres que dicen: "OK, mi esposo no está cumpliendo su deber, así que voy a ser esposa y esposo. Voy a ser el sacerdote de la familia." No creo que sea eso lo que Dios quiere que usted haga. Lo que sí quiere es que sea una esposa piadosa.

La situación se vuelve particularmente difícil cuando el esposo dice: "No quiero que pierdas el tiempo yendo a la iglesia." En este caso, usted tiene que lidiar con una lealtad dividida. Usted está tratando de servir a dos señores, por así decirlo. Dios la llama a someterse a la dirección de su esposo. Algunos cristianos enseñan que la esposa debe obedecer a su marido sin importar lo que diga. Permítame decir con énfasis que esa es una terrible distorsión de la enseñanza de la Escritura. Ninguna mujer debe jamás obedecer a su esposo si él le ordena hacer algo que Dios claramente prohíbe.

Si su esposo (cristiano o no) le prohíbe hacer algo que Dios ordena, usted debe desobedecerlo. Por ejemplo, ¿le ordena Dios a su pueblo estar en la iglesia? La Escritura dice que no debemos abandonar la congregación de los santos. Yo diría que eso significa que usted debe estar en la iglesia los domingos por la mañana, y si su esposo no se lo permite, usted tendrá que desobedecerlo con el fin de obedecer a Dios. Sin embargo, eso no significa que Dios la llame a estar en la iglesia los siete días de la semana. Lo que usted debe hacer, creo yo, es el mayor esfuerzo posible para asegurarse de no estar resistiendo a su marido en asuntos en los cuales Dios la ha dejado libre para apoyarlo.

- ### ¿Cómo mantiene su dignidad una mujer siendo ama de casa y madre en esta sociedad actual orientada al desarrollo de una carrera?

La búsqueda de la dignidad no está limitada a las mujeres ni tampoco a las mujeres que tienen una carrera o se dedican a la casa. Es una búsqueda universal. He participado en muchos, muchos seminarios que se centran en la búsqueda de la dignidad humana, y he descubierto que todas las personas con las cuales he hablado quieren ser tratadas con dignidad y estar seguras de que la tienen. Al mismo tiempo, he descubierto que dar una definición clara del concepto de la dignidad es una tarea muy difícil, aunque todo el mundo sabe cuándo la ha perdido.

La mujer cuya vocación es ser ama de casa y madre, y cuya carrera es ésa en lugar de trabajar en el ambiente comercial, está sintiendo una especie de presión inversa a la que otras mujeres sintieron hace algunos años cuando se introdujeron en el mundo comercial y fueron discriminadas por estar, de algún modo, abandonando su lugar en el hogar. Las mujeres de hoy están sintiendo una culpa que se les impone por no tener una carrera; en alguna medida, ser ama de casa es considerado como una vocación poco digna.

Dios afirma claramente la dignidad que tiene ese rol en una mujer. Los hijos se levantarán y la llamarán bienaventurada. No obstante, cuando la Palabra de Dios afirma la dignidad o el valor de algo, eso no siempre es suficiente para que nos mantengamos seguros de ello. Debería ser suficiente; si Dios lo dice, eso debería resolver el problema. Sin embargo, no es así. Somos débiles, nuestros sentimientos son frágiles y podemos volvernos inseguros por causa de una cultura que mira con desprecio este rol particular.

Yo diría que el individuo más importante en el mantenimiento de la dignidad de una mujer en el hogar es el esposo. Si el esposo rebaja, ignora, critica o trata como algo insignificante la labor de su esposa, se convierte en el principal destructor de la dignidad de esa mujer. Y por lo tanto, lo primero que debe suceder para restaurar la dignidad de la mujer en el hogar es que tanto el esposo como los hijos promuevan un ambiente de valorización y lo verbalicen.

Alguien afirmó una vez que el aporte negativo de una sola crítica requiere nueve elogios para que nuestra personalidad la supere. Eso es verdad. Una sola crítica a la esposa puede devastar su autoestima en ese rol, particularmente cuando el resto de la cultura trata de decirle que las labores del hogar y de la maternidad ya no son empresas significativas.

• ¿Qué textos de las Escrituras puede usar una esposa y madre cristiana como pautas para guiar sus responsabilidades y deberes?

En primer lugar, usted es un ser humano, y es una persona que ha sido rescatada por Cristo. Usted se halla en el reino, de modo que las Escrituras que usa para aprender acerca de sus responsabilidades y deberes ante Dios comienzan en Génesis 1:1 y terminan en el último versículo del libro de Apocalipsis.

Toda la Palabra de Dios sirve para instruirla en términos de sus deberes y responsabilidades. Es absolutamente vital que los cristianos aprendan a vivir siguiendo principios y que esos principios provengan de las Escrituras. Los principios básicos de la vida se aplican a nosotros cualquiera sea nuestra situación; sea esposa o esposo, madre o padre, o una persona soltera.

El libro de Efesios presenta algunas responsabilidades específicas de la esposa en su relación conyugal y asimismo en sus responsabilidades maternales.

Uno de los versículos más famosos y polémicos es el mandato que Dios da a través del apóstol Pablo a las mujeres diciéndoles que estén sometidas a sus maridos. Eso ha generado un gran debate y asimismo una gran cantidad de malentendidos. A veces, los calificativos que corresponden a los principios generales se nos dan a través de otros pasajes en las Escrituras. Por ejemplo, la Biblia nos dice que todos somos responsables de obedecer a los magistrados civiles, pero hay ocasiones en que un cristiano no sólo puede desobedecer sino que debe desobedecerlos, como lo hicieron los apóstoles cuando el Sanedrín les prohibió predicar el evangelio. El apóstol preguntó si deberíamos obedecer al hombre o a Dios. Cada vez que un esposo le ordena a una esposa hacer algo que Dios prohíbe o no le permite hacer algo que Dios ordena, esa esposa no sólo se puede negar a someterse a su esposo sino que debe desobedecerlo. En primer lugar, ella tiene que vivir su vida siendo responsable ante Dios. Ese texto en Efesios nunca debería ser usado como una licencia para que los hombres actúen tiranamente con sus mujeres. Sabemos que algunos hombres han tomado ese texto y lo han usado para dominar a sus mujeres y tratar de someterlas a una obediencia opresiva en beneficio de sí mismos, algo que el texto jamás pretendió.

De la misma manera, Proverbios 31 nos presenta un excelente retrato de la mujer emprendedora.

• ¿Qué dice la Biblia sobre una madre que tiene hijos pequeños y trabaja fuera del hogar?

La Biblia describe a la mujer piadosa en el clásico capítulo 31 del libro de Proverbios. Si lo consideramos como una descripción de la tarea de una mujer piadosa, creo que sería una amenza para casi todas las mujeres del mundo porque esa mujer es la emprendedora de las emprendedoras. No sólo es esposa y madre sino que está en la puerta temprano por la mañana. Ella presta servicios y se involucra en una empresa comercial.

Creo que la primera responsabilidad de una madre la ubica con sus hijos pequeños en el hogar, particularmente con los infantes. Si la madre puede cuidar a los niños y además involucrarse en una carrera, es algo que la mujer debe resolver entre ella, su familia y Dios, porque la Biblia no establece una prohibición o un mandamiento explícito. Hay mucha pasión con respecto a esto en el mundo cristiano, y hay quienes afirman que toda mujer tiene el derecho a ser madre y profesional a la vez.

No solamente debemos estudiar estos asuntos en cuanto a lo que Dios nos revela en la Escritura sino prestar atención a lo que suele llamarse ley natural. Yo creo que Dios se revela no sólo en la Biblia sino también en el laboratorio científico, que toda la verdad es verdad de Dios, y que toda la verdad confluye en la cima. Digo esto por la siguiente razón: una de las cosas que me provoca un sentimiento de intranquilidad con respecto a las madres jóvenes que vuelven al trabajo muy pronto luego de haber tenido a sus hijos deriva de los estudios que indican que la dependencia de un niño con respecto a su madre es extremadamente poderosa desde que el niño nace hasta que tiene cinco años. En otras palabras, los estudios indican que el factor contribuyente más importante para el desarrollo de la personalidad de un ser humano entre el nacimiento y los cinco años es la relación de la madre con el niño. Desde los seis a los diez es la relación del padre con ese niño, y luego, desde los once a los dieciocho, la relación del niño con sus compañeros.

Si esa investigación es válida y precisa, entonces me causa preocupación. No quiero simplemente decir: "Oiga, cumpla con lo suyo y haga lo que quiera hacer," porque cuidar de un niño es una empresa extremadamente importante. No creo que la Biblia diga que sólo la madre tiene la responsabilidad de preocuparse del niño. El padre también tiene esta responsabilidad; sencillamente asumimos que está bien que el padre esté en el trabajo ocho horas al día. ¿Significa eso que la madre debe quedarse en casa? Debemos prestarle atención a toda la información. La Biblia no nos da una fórmula simple para resolver la vida familiar.

• ¿Puede un matrimonio cristiano practicar el control de la natalidad?

Supongo que al decir eso usted se refiere a los métodos artificiales de control de la natalidad. Ese es uno de aquellos temas cruciales de la ética cristiana en que la casa ha estado seriamente dividida a lo largo de la historia de la iglesia. La iglesia católica romana, por ejemplo, como usted sabrá, ha visto de manera muy poco favorable el control artificial de la natalidad. Las recientes encíclicas papales han reforzado la prohibición católica romana en contra de los métodos artificiales de control de la natalidad sobre ciertas bases teológicas.

El protestantismo ha permitido varios tipos de control de la natalidad, y hay algunos que permiten, por un lado, casi toda clase de control artificial, y otros que trazan una línea divisoria entre los anticonceptivos y los medios que en la práctica son abortivos. Se ha descubierto que ciertas variedades de DIUs [Dispositivos Intrauterinos] son más abortivos que anticonceptivos puesto que destruyen el óvulo fertilizado. Eso ha generado una crisis ética entre los protestantes que se oponen profundamente al aborto de cualquier tipo.

La diferencia básica entre el protestantismo y el catolicismo romano se ha centrado en lo que es el uso legítimo de la relación sexual dentro del matrimonio. Históricamente, Roma ha adoptado la postura de que el objetivo de la relación sexual así como la justificación del acto sexual es la procreación. Siendo así, cualquier cosa que obstaculice artificialmente la posibilidad de procrear cambiaría el propósito original de la relación sexual, haciendo de ella un acto de tipo antinatural.

Por otro lado, la tendencia de los protestantes ha sido incluir el placer del disfrute de la relacion en el uso legítimo del sexo en el matrimonio: la intimidad que proporciona y el hecho de que estamos físicamente compuestos de manera tal que la relación sexual es placentera por diseño natural.

Teóricamente, Dios podría haber inventado el sexo de forma tal que no fuera placentero sino meramente una función biológica necesaria para la reproducción. De manera que algunos dicen que tenemos el derecho a cumplir el mandato de la creación, a tener dominio sobre la tierra, y si podemos planificar nuestras familias a través de esto, entonces está todo bien. No obstante, aun entre ciertos protestantes conservadores hay algunos que plantean una pregunta: ¿Va contra la naturaleza el control artificial de la natalidad? ¿Viola la ley natural constituyéndose como un obstáculo para la total expresión de la relación sexual? Es por esa razón que muchos protestantes dicen que esto es incorrecto.

- **Si una pareja no puede concebir un hijo y elige adoptar, ¿indica eso que la pareja no tiene suficiente fe en que Dios podría darles un hijo propio?**

Diría enfáticamente que no; eso no necesariamente indicaría que las personas no tienen suficiente fe. Probablemente sólo indica que las personas no tenían el equipamiento biológico suficiente como para dar a luz un niño. Es como el ciego de nacimiento que encontramos en el Evangelio de Juan; ¿nació ciego porque no tenía suficiente fe? Obviamente no, aunque más tarde recibió la vista. Algunos podrían apuntar que, una vez que tuvo fe, entonces recibió la vista, y si la gente sólo tuviera fe suficiente, entonces tendría el bebé.

En la Escritura encontramos ocasiones en que personas descritas como gente de fe no vieron satisfecha la totalidad de sus deseos. Sabemos que Pablo oró por el alivio de la espina en su carne. Fuera física o no, era algo que lo molestaba, y oró. Si alguna vez alguien oró con fe, ese fue el apóstol Pablo. Oró tres veces para que Dios le quitara la causa de ese sufrimiento, y como ustedes saben, Dios dijo no. La respuesta fue: "Mi gracia es todo lo que necesitas." No fue un asunto de falta de fe lo que hizo que Dios no aliviara el sufrimiento de Pablo.

También en el Nuevo Testamento vemos que Pedro es arrestado y puesto en prisión, y los discípulos entran en el aposento alto y oran por él con todas sus fuerzas. Estaban aún orando cuando un ángel abrió las puertas de la prisión y Pedro se presentó en el lugar donde estaban orando. Ellos al menos tuvieron la fe suficiente como para hacer esa petición, y Pedro fue liberado.

El apóstol Jacobo también fue arrestado, pero su ejecución fue consumada. La Biblia no dice que los otros apóstoles oraron por Pedro y no lo hicieron por Jacobo. No podría imaginar que no oraran tan seriamente por Jacobo como lo hicieron por Pedro. Por la razón que fuera, a Dios no le complació decir sí a esa oración particular.

Vemos que Pablo dejó a uno de sus camaradas enfermo. Había orado por él, y no recibió la respuesta que deseaba, como tampoco la recibió Jesús en el Huerto de Getsemaní.

Usted puede decir que esto no es lo mismo que tener bebés, pero es el mismo principio. Tanto en el Antiguo como en el Nuevo Testamento tenemos casos de mujeres estériles que reciben ese don especial de gracia y quedan embarazadas (Ana y Elisabet, por ejemplo). Sara, en su esterilidad, fue liberada de esa condición en una forma sobrenatural, pero no todos los fieles del pueblo de Dios afectados por la esterilidad lograron tener hijos. Es una de aquellas cosas para las cuales no se puede establecer una ley. A lo largo de la historia de los creyentes en todos los lugares hay una amplia evidencia de que la falta de ciertas bendiciones no siempre, y casi nunca, son el resultado de una falta de fe.

- ## Como cristianos, ¿cómo debemos enfrentar los estilos de vida pecaminosos de los miembros de nuestra familia o de los invitados que llegan a nuestro hogar?

Somos llamados a ser gente compasiva. Dios no nos ha llamado a ser los policías del mundo. Me he encontrado muchas veces con este problema en familias donde un miembro es cristiano y los otros no lo son. A veces los cristianos se vuelven tan intolerantes y críticos que le causan una mala impresión al resto de la familia a través de su conducta. Cuando lo hacen, se sienten completamente justificados porque aquello contra lo cual reaccionan es en verdad un estilo de vida pecaminoso. A menudo somos ciegos con respecto a nuestra propia intolerancia de modo tal que olvidamos quiénes somos, de dónde venimos y el hecho de que la única forma en que podemos participar de la familia de Dios es por gracia. Creo que los cristianos deben recordar quiénes son.

Debemos dejar que la gente sepa que, aprobemos o no el estilo de vida que lleven, estamos *de su lado* como personas. Cuando mi hija pasó de los cursos inferiores a los superiores de la secundaria, llegó a casa una noche y le pregunté: "Y bien, ¿qué te parece la secundaria?" Ella dijo: "No me gusta para nada." Y le pregunté: "¿Qué sucede? Te gustaba cuando ibas a los cursos inferiores." Contestó: "Cuando estaba en los cursos inferiores, sentía que nuestros profesores estaban de nuestra parte. Nos disciplinaban, nos daban tareas, nos reprendían y todo eso, pero de alguna forma nos comunicaban que estaban apoyándonos y en verdad se preocupaban de nosotros. En esta escuela tengo la sensación de que los maestros no están de parte nuestra." Ese es el aspecto crítico en cuanto a estas relaciones porque amando a las personas podemos lograr más de lo que alguna vez seremos capaces de lograr juzgándolas.

Tenga en mente que el principal poder mediante el cual las personas son convencidas de pecado es el poder del Espíritu Santo. Usted no es el Espíritu Santo, ni yo tampoco. Ahora, eso no significa que por esforzarnos tanto en llevarnos bien con ellos terminemos aprobando y aceptando todo lo que hagan. No necesitamos ser críticos para comunicar que vivimos de otra manera. Más bien, debemos excedernos cuando se trata de comunicar nuestro amor.

- ## **Mis hijos adolescentes están comenzando a negarse a ir a la iglesia. ¿Debería obligarlos, y si es así, hasta qué edad?**

Ser padre es una de las experiencias más difíciles y emocionantes que un ser humano haya tenido el privilegio de vivir. Ejercer la disciplina sobre nuestros hijos requiere muchas veces la sabiduría de Salomón. Sé que suena como una teología terrible, pero a veces criar hijos consiste en un 10 por ciento de habilidad y un 90 por ciento de suerte. Es muy difícil discernir cuánta presión podemos aplicar sin provocar a nuestros hijos y lograr que las cosas se vuelvan peores. He tratado con gente joven cuyos padres son tan insistentes y exigentes que esa misma aspereza es lo que los aleja de la iglesia.

La respuesta general a su pregunta es que cuando usted tiene hijos, tiene la responsabilidad ante Dios de criarlos en la disciplina e instrucción del Señor. En mi iglesia bautizamos infantes, y cuando lo hacemos, como congregación hacemos una promesa ante Dios de criar estos niños en la disciplina e instrucción del Señor. Aun si usted no practica el bautismo de infantes, la responsabilidad se mantiene. La Biblia nos dice que jamás debemos descuidar la congregación de los santos, que es la adoración colectiva de los domingos por la mañana. Creo que eso significa que es mi obligación como cristiano, como miembro de la comunidad del pacto, participar de la adoración los domingos por la mañana con los de mi casa. Así que es mi responsabilidad asegurarme de que mis hijos estén en la iglesia. También es mi responsabilidad ser sensible y gentil y no tirano, así que tengo que encontrar, de cierta manera, el punto medio entre ser firme, pero amante, gentil y bondadoso en esa firmeza. Nuevamente, soy responsable ante Dios de que estén allí para recibir la disciplina e instrucción de las cosas de Dios los domingos por la mañana, así que mi respuesta a la primera parte de su pregunta es sí.

No me gusta usar la palabra "obligar" porque para algunas personas eso significa recurrir a los bates de béisbol y el abuso de los niños. No estoy hablando de eso. Hablo de un liderazgo paternal de acuerdo al cual la autoridad reside en los padres y usted se asegura de que la autoridad se ejerza. Usted me preguntó hasta qué edad: yo diría que durante todo el tiempo en que sus hijos vivan bajo su techo y bajo su autoridad como parte de su grupo familiar. Yo lo animaría a tener como principal punto de interés hacer todo lo que esté a su alcance para llevar sus hijos a la iglesia y hacer que ese sea un momento atractivo para ellos en lugar de una mala experiencia.

• ¿Cómo podemos ayudar a nuestros hijos a enfrentar la presión de sus compañeros?

Ya no es teología lo que usted me está preguntando . . . ¡me está pidiendo magia! No estoy seguro de estar capacitado para dar una respuesta adecuada. Yo di un suspiro de alivio cuando nuestro hijo menor cumplió los veintiuno y sobrevivió a todos aquellos años de la adolescencia.

La investigación procedente de la comunidad científica nos ha indicado algunas cosas muy tranquilizadoras. No podemos considerarlas como absolutas, pero como un patrón general, la relación más importante que moldea la identidad de un niño, desde el nacimiento hasta los cinco años, es la relación de ese niño con su madre. Eso no significa que las otras relaciones no sean importantes, pero la madre tiene una importancia suprema en esa etapa. Luego, desde los seis hasta más o menos los doce, la relación más importante que tiene el niño es la que sostiene con su padre.

Sin embargo, desde los trece en adelante las relaciones más significativas de un niño son las que tiene con sus compañeros, así que hay un sentido muy concreto en que nuestra capacidad de continuar moldeando las actitudes del niño y su sistema de valores se ve severamente limitada una vez que entra en los años de la adolescencia.

Como cristiano y teólogo, no creo en la suerte. Sin embargo, ¡90 por ciento de la crianza de los hijos es cuestión de suerte! Hacemos todo lo que podemos y luego retrocedemos y esperamos que suceda lo mejor; se los confiamos a Dios. Tratamos de impartirles principios a nuestros hijos. Y una de las cosas más importantes que pueden hacer los padres con un adolescente es mantener las líneas de comunicación abiertas. A veces eso puede ser muy difícil. Cuando llegaron a los trece, cada uno de nuestros muchachos empezaron a vivir en una cueva: sus cuartos. Llegaban de la escuela, desaparecían al interior de la cueva y yo oía que de allí provenía música. Me preguntaba si ahí dentro habría algún ser humano vivo, y era muy difícil hacerles salir de la cueva a participar de la vida familiar. Fueron tiempos difíciles y tuvimos que perseverar. Vesta y yo acostumbrábamos consolarnos el uno al otro diciendo: "Sólo es una etapa. Si nosotros podemos sobrevivirla, ellos también podrán." Pero mantenga las líneas de comunicación abiertas, y particularmente mientras sean adolescentes, asegúrese de que esas líneas funcionen en ambos sentidos.

Los muchachos hablarán, pero necesitan la oportunidad. Necesitan estar seguros de que pueden acercarse a sus padres. Asegúrese de que sus hijos sepan que usted los apoya más de lo que los critica y que pueden contar con usted cuando los tiempos sean difíciles o confusos.

• ¿Hay motivos bíblicos para el divorcio, y si es así, cuáles son?

Gran parte del debate con respecto al divorcio tiene que ver con la forma en que interpretamos y manejamos la enseñanza de Jesús sobre la materia. En el Evangelio de Mateo, por ejemplo, los fariseos se acercan a Jesús para someterlo a una decisión y tratan de engañarlo para que hable contra la ley de Moisés. Le preguntan: "¿Se permite que un hombre se divorcie de su esposa por cualquier motivo?"

A partir de nuestra propia investigación histórica sabemos que en ese tiempo había una discusión en curso entre dos grandes escuelas rabínicas, la escuela de Shammai, muy conservadora, y la escuela de Hillel, que adoptó una aproximación más liberal a la interpretación de la ley del Antiguo Testamento. El enfoque liberal permitía el divorcio sobre muchas bases, dando una interpretación muy amplia del significado de "algo reprochable" en la legislación del Antiguo Testamento. La escuela más conservadora adoptó una visión muy restringida del asunto y dijo que sólo sobre la base del adulterio podía legitimarse el divorcio en Israel.

A mí me parece claro que Jesús permite el divorcio en caso de adulterio. Por un lado, dijo que si un hombre se divorcia de su esposa por cualquier otra razón ajena a la inmoralidad sexual, entonces por supuesto es culpable de pecado. Así que Jesús, en ese punto, dice que no debe haber divorcio sobre una base que no sea la impureza o la inmoralidad sexual.

Luego sigue diciendo que por la dureza de nuestros corazones se le dio a Moisés la ley que proveía el divorcio en el Antiguo Testamento. Hace referencia a la ley en Deuteronomio en que la así llamada "algo reprochable" se menciona como la base legítima para el divorcio en el Antiguo Testamento. Sin embargo, Jesús se apresura a añadir la siguiente afirmación: "Pero no fue la intención original de Dios" (Mt. 19:8). Su referencia a la Creación nos recuerda la santidad del matrimonio. Es verdad que se nos da una provisión para el divorcio por la dureza de nuestros corazones a causa del pecado. Puesto que el adulterio es pecado, cuando alguien viola el matrimonio a través del adulterio y rompe esa confianza, el voto sagrado y la parte inocente son tan afectados que hay una provisión lícita del divorcio, en el contexto de la condición caída.

Es obvio que Jesús reprende la visión liberal del divorcio que prevalecía en sus días. Creo que Jesús nos recuerda que la intención original del matrimonio no incluía el divorcio. Él reconoce que hay una base, y no critica a Dios por conceder este permiso en el Antiguo Testamento. La gente se halla en una condición caída, y Dios condesciende frente al hecho de que la gente comete contra el matrimonio pecados tan serios como para disolverlo. Ese pecado es la infidelidad sexual.

Creo que otra base para el divorcio, la cual se nos da a través del apóstol Pablo en sus cartas a los corintios, es el caso de la separación voluntaria e irreparable del incrédulo (1 Co. 7:15). Esas son las únicas dos bases que encuentro en la Escritura.

- ### Parece haber una diferencia de opinión en cuanto a si un cristiano divorciado puede volver a casarse. ¿Cuándo podría permitirse esto, y bajo qué condiciones?

Es difícil resolver la enseñanza de Jesús al respecto, en parte porque, cuando abordó el problema, fue en el contexto de poner fin a una disputa entre diferentes escuelas rabínicas de la época. Los eruditos religiosos se acercaron a Jesús y lo interrogaron acerca de la legalidad del divorcio, hablando de un hombre que se divorcia de su esposa por una razón u otra. Al responder, Jesús les recordó a los fariseos que Moisés dio una provisión para el divorcio en el Antiguo Testamento, pero que al mismo tiempo el propósito original del matrimonio no incluía el concepto del divorcio. Él reconoció la provisión de Moisés, pero no reprende a Moisés por hacer eso porque Moisés era simplemente un agente de Dios en ese momento. De modo que Dios, en el antiguo pacto, dio claramente una provisión para el divorcio.

Sin embargo, puesto que Jesús se refiere a eso y les recuerda que el propósito original no era el divorcio, algunos han concluido que lo que Jesús estaba haciendo era quitar la provisión del Antiguo Testamento en cuanto al divorcio y decir que no hay justificación alguna para el divorcio.

Ahora bien, la manera en que vemos el divorcio estará tremendamente relacionada con nuestra forma de ver la pregunta del segundo matrimonio. Si usted adopta la posición de que el divorcio nunca es legítimo, entonces tendrá que decir que el segundo matrimonio de una persona divorciada tampoco lo es, así que antes de hablar sobre la legitimidad del segundo matrimonio, primero debe establecer si hay o no bases legítimas para el divorcio.

Yo adopto la posición de que en realidad hay bases legítimas para el divorcio: una es la infidelidad sexual, y la otra es la separación del no creyente. Pablo dice que si un esposo no creyente decide romper y se marcha, el creyente queda libre. Ahora, él no define qué significa libre. ¿Significa dejarlo ir y luego vivir una vida de celibato y soltería? Algunas personas adoptan esa posición. Creo que Pablo quiere decir libre del contrato matrimonial, de los juramentos y obligaciones; ahora esa persona es considerada soltera y, diría yo, libre para volver a casarse.

Así que yo adopto la postura de que una parte inocente en el divorcio es libre para volver a casarse. Ahora, cuando decimos inocente o culpable, reconocemos que cada uno contribuye al colapso de un matrimonio. Al decir "parte culpable" me refiero al que cometió el pecado lo suficientemente serio como para disolver el matrimonio. Sin embargo, yo diría también que aun la parte culpable puede volver a casarse si hay un arrepentimiento auténtico.

- **Primera Juan 5:14-15 habla de pedir cosas conforme a la voluntad de Dios y obtener una respuesta a nuestros deseos. Si la voluntad de Dios es mantener un matrimonio unido y sólo uno de los dos lo hace todo, ¿puede la obediencia y la fe de uno superar las circunstancias y salvar ese matrimonio defectuoso?**

La respuesta fácil a su pregunta es que ciertamente las acciones de uno pueden constituir el punto de partida para salvar el matrimonio. Sin embargo, no significa necesariamente que sucederá indefectiblemente en cada instancia y de esa manera. Muchas veces en la consejería matrimonial está presente un esposo mientras el otro no está dispuesto a participar. Es mucho más fácil lograr la reconciliación y un matrimonio saludable si ambas partes están dispuestas a trabajar en ello, pero el hecho de que una persona cambie también cambia la naturaleza de la relación. Es casi imposible que la relación entera no cambie. Puede empeorar, pero ciertamente cambiará. Cuando uno persona cambia, el otro compañero que vive en tan estrecha proximidad está forzado a actuar de algún modo en respuesta al cambio de la primera parte.

Ahora relacionemos esto con la promesa de 1 Juan, diciendo que si oramos conforme a la voluntad de Dios, y actuamos conforme a su voluntad, podemos estar seguros de que nuestros deseos serán satisfechos y Dios bendecirá ese matrimonio. ¿Podemos asegurar esto? Creo que debemos ser muy cuidadosos para entender ese pasaje a la luz de todo lo que el Nuevo Testamento enseña sobre la oración y la naturaleza de la voluntad de Dios, siendo ambas cosas altamente complejas. La Biblia nos dice que si dos personas se ponen de acuerdo sobre alguna cosa, ésta erá hecha. ¿Está eso planteado en un sentido absoluto? Siendo así, todo lo que tendríamos que hacer sería lograr que dos de nosotros estuviéramos de acuerdo en que nos gustaría tener una cura para el cáncer, ver el fin de todas las guerras en el mundo y presenciar el regreso de Jesús esta noche. Si estamos de acuerdo en eso, Dios tendría que hacerlo para ser fiel a su palabra. Obviamente no es eso lo que quiso decir. Esa es una referencia al concepto del Antiguo Testamento en cuanto al acuerdo entre testigos, testigos informados por la Palabra de Dios y testigos en contacto con la Palabra revelada de Dios. Se refiere también a lo que Dios ha hablado y lo que ha registrado en la sagrada Escritura. Cuando oramos conforme a la Escritura, no vamos a orar para que Dios haga suceder determinadas cosas antes de que ciertas otras ocurran primero. Simplemente le estamos contando nuestros deseos en lugar de orar conforme a su voluntad explícitamente revelada.

Además, orar conforme a la voluntad de Dios significa orar conforme a los preceptos de Dios; conforme a la ley de Dios. Es en relación con esto que usted señala que Dios desea la fructificación de un buen matrimonio. Lo que queremos decir con eso es que Dios ha ordenado que nuestros matrimonios sean saludables y justos. Creo que podemos hallar consuelo en ese versículo sabiendo que, si hacemos todo lo que nos sea posible para obedecer lo que Dios ha ordenado en cuanto a nuestras responsabilidades matrimoniales y a la vez oramos por la salvación del matrimonio, tenemos todas las razones para ser optimistas pensando que ese deseo será honrado por Dios.

• ¿Por qué el abuso físico no es una causa legítima para el divorcio?

No sé por qué Dios no ha incluido el abuso en contra del esposo o la esposa como motivo de divorcio. Sólo sé que no lo ha hecho. Debo decir también muy francamente que, si yo fuera Dios, haría de ello una causa de divorcio porque el abuso en el matrimonio es una realidad terrible. Si hay algo que viola la dignidad humana y los votos sagrados del matrimonio, es el abuso físico en contra de otra persona. Muchas veces me he preguntado por qué Dios no lo incluye en su lista de causas legítimas de divorcio.

Sé que tenemos opciones anteriores al divorcio en estas situaciones. Obviamente, si estamos hablando de una familia cristiana (y esto es algo que sucede en los hogares cristianos), esta es una situación en que la disciplina de la iglesia debe ser aplicada totalmente con el fin de proteger a la persona que está sufriendo el abuso; la represión por parte de la autoridad eclesiástica debe actuar en esa situación. Si eso falla o si la gente ni siquiera tiene eso a su disposición por hallarse fuera de la iglesia, hay otras vías de seguridad y protección. Muchas personas usan el sistema legal. He aconsejado a mujeres sugiriéndoles que llamen a la policía. Si la situación va de mal en peor, conviene poner al abusador en la cárcel porque las agresiones y los ataques sencillamente no se pueden tolerar, sea esto en el hogar, la calle, la escuela o la iglesia. Tenemos cláusulas en nuestra ley civil para proteger a la gente de esa clase de ataque.

En una comunidad cristiana hay motivos para la separación al menos temporal si el cónyuge abusador se niega a cambiar su conducta. Quizás el divorcio no está estipulado en estos casos porque Dios considera que este problema, tan serio y severo como sea, puede superarse. En muchos casos, hemos visto matrimonios reparados luego de que las personas se han arrepentido y han superado los patrones destructivos de conducta. No obstante, es un problema extremadamente serio en nuestra cultura, un problema que recién comienza a ver la luz, tal como el abuso infantil salió a la luz hace unos pocos años.

- **En un caso hipotético, ¿cómo aconsejaría usted a su hija con respecto al divorcio si los hijos de ella, sus nietos, hubieran sido sexualmente abusados por su padre, y él no estuviera dispuesto a recibir consejo?**

Espero que esa pregunta permanezca siempre y eternamente siendo una hipótesis, pero en el caso de algunas personas es una realidad. Si lo que usted acaba de describir le sucediera a mi hija, o a la hija de cualquier otro, y acudiera a mí buscando consejo pastoral, pero el esposo se negara a someterse al consejo, a la disciplina de la iglesia, y a todas las otras vías que usted quisiera explorar, lo más probable es que mi consejo para la esposa sería que se divorcie. Creo que tendría bases bíblicas. El abuso sexual de los hijos sería una violación sexual del matrimonio. Creo que es una forma de adulterio. Si se llevara a cabo de una manera impenitente, creo que la mujer no sólo tendría el derecho sino que tendría una buena razón para iniciar procedimientos que procuraran su protección así como la de los hijos. Probablemente sería sabio que ella ejerciera su opción bíblica de divorcio.

No hay dos situaciones exactamente iguales, y por lo tanto, no me atrevo a dar un consejo general acerca de cómo enfrentar la situación. El divorcio no es la primera solución, pero creo que hay ocasiones en que los ministros deben orientar en esa dirección (suponiendo que hubiera lo que llamaríamos causas legítimas de divorcio).

He conocido mujeres que han sido víctimas de repetidas infidelidades por parte de sus maridos o que se han enterado de que en sus casas ha habido alguna situación sexualmente abusiva. Sin embargo, algunas de esas mujeres sienten que la Palabra de Dios no les da la opción de divorciarse. No siempre es sabio ejercer el derecho a hacer algo sólo porque tenemos ese derecho. La Biblia no dice que usted tenga que divorciarse en una situación así, pero creo que dice que usted puede hacerlo. El abuso sexual de niños es un crimen atroz contra la familia entera, y requiere de fuertes medidas.

15

CUESTIONES DE TRABAJO

Hay distintas clases de dones espirituales,
pero el mismo Espíritu es la fuente de todos ellos.
Hay distintas formas de servir,
pero todos servimos al mismo Señor.
Dios trabaja de maneras diferentes,
pero es el mismo Dios
quien hace la obra en todos nosotros.

1 CORINTIOS 12:4-6

Preguntas en esta sección:

- *Empecé a trabajar como abogado hace nueve años, antes de ser cristiano. Ahora me pregunto cómo puedo saber si debería o no permanecer en una profesión elegida años atrás sobre la base de capacidades y deseos personales, y cómo confiar en Dios para enfrentar el cambio radical que supondría iniciar una nueva carrera en la mitad de mi vida.*

- *He estado luchando con la elección de mi carrera. ¿Qué línea de razonamiento deberían seguir los cristianos para tomar decisiones?*

- *Hasta cierto punto hemos sido programados por nuestra cultura según una ética laboral que termina en la jubilación. ¿Cuál es el concepto bíblico de la jubilación, si es que lo hay?*

- *¿Es la vocación más elevada delante de Dios el ministerio cristiano a tiempo completo, ciertas actividades espirituales tales como la oración o la evangelización y el estudio de la Biblia? ¿Son estas prioridades más altas que las actividades cotidianas de una persona dedicada a los negocios?*

- *¿Qué significa ser llamado al ministerio? ¿Significa que uno tiene ciertos dones espirituales y elige usarlos a tiempo completo, o significa que uno es llamado a una designación especial para un servicio a tiempo completo en el ministerio?*

- *¿Cómo deberían los valores cristianos impactar la ética del trabajo?*

- *¿Qué piensa usted de los cristianos comprometidos que se asocian con no creyentes, particularmente no creyentes que se muestran hostiles al Señor?*

- *¿Plantean los sindicatos problemas éticos para los cristianos?*

- *¿Cómo puede un empleador mostrar a sus empleados una dignidad como la de Cristo?*

- **Empecé a trabajar como abogado hace nueve años, antes de ser cristiano. Ahora me pregunto cómo puedo saber si debería o no permanecer en una profesión elegida años atrás sobre la base de capacidades y deseos personales, y cómo confiar en Dios para enfrentar el cambio radical que supondría iniciar una nueva carrera en la mitad de mi vida.**

La primera persona de la cual nos dice la Biblia que fue llenado con el Espíritu Santo fue un hombre llamado Bezaleel, el cual, junto con Aholiab, fue elegido por Dios para ser artesano y artífice de los utensilios y el mobiliario en la construcción del tabernáculo. Es importante que observemos esto porque muy a menudo creemos que las únicas vocaciones o tareas que reciben la bendición de Dios o la unción del Espíritu son aquellas que están asociadas con el ministerio cristiano de tiempo completo.

El mismo término *vocación* viene del latín *vocare,* que significa "llamar." Creemos que Dios llama a la gente a una variedad de vocaciones, y él efectúa ese llamado no sólo en un ambiente sagrado sino también en uno secular. El hecho de que usted haya seguido una carrera o vocación particular antes de ser cristiano no necesariamente indica que usted está fuera de la vocación a la que Dios lo llamaría ahora que es cristiano. Con frecuencia veo que, cuando la gente se convierte, la primera pregunta que hacen es ¿significa esto que debo ponerle fin a la empresa en la que me encuentro? Bueno, si usted se encuentra en alguna empresa ilegítima (si usted es ladrón, por ejemplo), por supuesto que debe dejarla. Pero debemos recordar que lo más probable es que Bezaleel o Aholiab ya habían recibido capacidades y talentos de parte de Dios para sus profesiones antes de ser llenados con el Espíritu Santo. Pareciera que, en su sabiduría, Dios llama a la gente a carreras y ministerios para los cuales han sido dotados desde el principio; algunas veces descubrimos la utilidad de nuestros dones naturales antes de ser cristianos, y otras veces eso sucede después de la conversión.

Hay ocasiones en que Dios guía a una persona a una nueva carrera, y a veces ese cambio es radical. ¿Qué mejor ejemplo que Moisés? Moisés ya era un anciano antes de que Dios lo llamara a una posición de liderazgo. Había pasado prácticamente su vida entera como pastor en el desierto antes de llegar a ser estadista y líder de una nación. Pienso en un par de hombres famosos de nuestro tiempo. Winston Churchill y Douglas MacArthur, dos de los individuos más prominentes del siglo veinte, no se embarcaron en las cosas que los hicieron famosos sino hasta después de haber alcanzado lo que llamaríamos la edad de la jubilación. Apoyo a la gente que se pregunta a los treinta y cinco, cuarenta, o aun cincuenta, si es el momento seguir una nueva carrera o vocación. No hay nada en la Biblia que diga que usted debe permanecer en un solo campo toda su vida. Muy a menudo, las decisiones referidas a una carrera o vocación se toman a una edad temprana, y quedamos encerrados en profesiones que para nada nos satisfacen ni aprovechan al máximo nuestros dones.

• *He estado luchando con la elección de mi carrera. ¿Qué línea de razonamiento deberían seguir los cristianos para tomar decisiones?*

Lamentablemente, en el ambiente cristiano actual la idea de pensar ha llegado a estar bajo sospecha. Es como si usar nuestras habilidades intelectuales naturales (particularmente en áreas profesionales) representara, de alguna manera, una falta de fe. El concepto es que deberíamos confiarle nuestra carrera y vocación a Dios, y que Dios pensará por nosotros; Dios nos mostrará mediante alguna clase de señal milagrosa lo que él quiere que hagamos.

Creo que lo más significativo que se nos llama a hacer cuando buscamos la voluntad de Dios para nuestra vida, sea para nuestra vocación, la elección de un cónyuge o dónde vivir, es pensar. Ahora, *¿cómo* debemos pensar? ¿De qué *manera* debemos pensar? La Biblia nos dice que debemos hacer un análisis serio de nuestros dones y talentos. Al hacerlo, reconocemos que es Dios quien nos da los dones. Es Dios quien nos da el talento, y es a Dios a quien estamos tratando de servir y al cual queremos agradar. Es por eso que queremos discernir cuál es su voluntad para nuestra vocación. ¿Cómo hacemos un análisis serio de nuestros dones y talentos? Tenemos que pensar, y tenemos que hacerlo de manera profunda y precisa. Podemos recibir algo de ayuda en este proceso. La Escritura nos anima a buscar el consejo de otros porque habitualmente nuestros dones son reconocidos por el cuerpo de Cristo. La gente de nuestra iglesia, de nuestra familia y de nuestro círculo de amigos tiene una tendencia a prestar atención a los dones que mostramos. Creo con firmeza en el recurso de aquellas personas altamente capacitadas para ayudarnos a discernir cuáles son nuestros dones y talentos. Hay muchas organizaciones cristianas de consejería vocacional a nuestra disposición.

A veces somos forzados a entrar en esquemas de trabajo o carreras en los que tenemos las habilidades, tenemos los talentos, pero en realidad no tenemos el deseo ni la motivación de dedicarnos 100 por ciento. Admito que es posible que Dios nos llame a realizar una tarea que nos disguste, pero Dios es un buen jefe. Para sus trabajos en este mundo, creo que a Dios le gusta contratar personas que no sólo tienen los dones y el talento que él les dio sino que están motivados en dicha dirección. En cierto modo, creo que una de las grandes mentiras de Satanás es decirnos que deberíamos ser infelices en nuestra labor. Dios lo llama a estar satisfecho en su tarea, así que es perfectamente legítimo que se pregunte: *¿Qué puedo hacer que me satisfaga?*

- **Hasta cierto punto hemos sido programados por nuestra cultura según una ética laboral que termina en la jubilación. ¿Cuál es el concepto bíblico de la jubilación, si es que lo hay?**

Francamente, tengo sentimientos encontrados con respecto a este tema. Por un lado, hay algo de nobleza en decirle a una persona: "Has hecho tu labor, realmente has sido un aporte, y ahora vamos a darte la oportunidad de atravesar el crepúsculo de tu vida disfrutando tus pasatiempos o haciendo lo que quieras hacer. Vamos a darte una pensión de jubilación." Hay algo de virtud en eso.

Por otro lado, soy escéptico en cuanto a la motivación subyacente detrás de todo ese proceso. Permítanme usar una analogía. En nuestra cultura hemos visto toda clase de conflictos entre los obreros y las administraciones gerenciales; es un área que me preocupa profundamente. Muchas personas sienten una gran aversión hacia la administración gerencial, y otras están airadas contra los sindicatos y los obreros. Podemos ver que toda la historia del sindicalismo en Estados Unidos, por ejemplo, ha tenido un impacto interesante sobre nuestra cultura y la vida que conocemos. Si salgo a la calle y le preguntó a la gente: "¿Cuál es el enemigo tradicional de los sindicatos?," estoy seguro que por lo menos 80 por ciento de la gente respondería: "Las gerencias."

Pero el enemigo tradicional y original de los sindicatos ha sido el obrero no agremiado, particularmente al nivel de la labor no especializada, y que, habiendo cuatro personas sin habilidades específicas compitiendo por un empleo, y dos vacantes disponibles, dos conseguían empleo y las otras dos no. En este momento, aproximadamente 25 por ciento de la población activa en Estados Unidos está agremiada. Eso significa que cuando hay una vacante para un empleo no especializado en una empresa que sólo emplea a trabajadores agremiados, una de cada cuatro personas tiene una tremenda ventaja sobre las otras tres porque cuenta con su tarjeta del sindicato.

Ahora, usted se preguntará ¿qué tiene que ver eso con la jubilación? El hecho es que la población activa, toda la fuerza laboral, es un sistema competitivo. Soy lo suficientemente escéptico como para pensar que quizás alguien hizo apareceer mágicamente esta idea de la jubilación para hacer espacio a fin de que otros consiguieran un empleo, y dijo: "Despachemos a este tipo para que podamos abrir esa ranura en la organización y así yo pueda entrar en ella." No sé si eso realmente fue así o simplemente se trata de una visión cínica proveniente de mi experiencia. Si pensamos en algunos de los más grandes líderes y en aquellos que han hecho las más grandes contribuciones al mundo, encontraremos que muchos de ellos hicieron dichas contribuciones después de haber llegado a lo que, en nuestra cultura, es la edad de la jubilación obligatoria. Parece haber algo arbitrario en eso.

En la Escritura hay una dignidad que es parte integral del trabajo, y Dios me llama a trabajar en su viña hasta la muerte. Puede ser que no esté en un trabajo específico, pero tengo que ser activamente productivo a lo largo de todo el tiempo que me sea posible.

- **¿Es la vocación más elevada delante de Dios el ministerio cristiano a tiempo completo, ciertas actividades espirituales tales como la oración o la evangelización y el estudio de la Biblia? ¿Son estas prioridades más altas que las actividades cotidianas de una persona dedicada a los negocios?**

¿Es el servicio cristiano a tiempo completo la vocación más elevada que existe? Debo decir sí y no. Una vez escuché a un predicador metodista decir que Dios tuvo solamente un hijo y lo hizo predicador. Yo defiendo con mucho celo la dignidad de aquellos que trabajan en el servicio cristiano a tiempo completo porque vivimos en una cultura, aun en la iglesia, que no tiene a dicha gente en alta estima. De hecho, una manera sencilla de comprobarlo es mirando cómo es el salario de los ministros. Sé que mucha gente responderá a eso diciendo: "Bueno, sentimos que es nuestro deber asegurarnos de que nuestros pastores no están en esto de en busca de 'ganancias deshonestas.' Ellos no lo hacen por el provecho de lo que puedan obtener, y por lo tanto estamos resueltos y determinados a mantenerlos en humildad. Por lo tanto, no pagaremos nuestros diezmos y haremos lo necesario

R. C. SPROUL

para que sean los profesionales con el sueldo más bajo del país." Creo que a Dios le angustia mucho eso en cuanto a nuestro sistema de valores.

Sin embargo, decir que el servicio cristiano a tiempo completo es la vocación más alta sería reaccionar exageradamente. Me adhiero a la perspectiva de la Reforma, al concepto de vocación según el cual Dios nos llama a servirle de diferentes maneras. Sea un hombre que trabaja el acero, un granjero, un productor de alimentos o un fabricante de ropa, en la visión de Dios todos son servicios vitales tan importantes como el ministerio a tiempo completo. No creo que podamos elevar el servicio cristiano a tiempo completo sobre otras vocaciones de una manera absoluta.

Sin embargo, usted también pregunta acerca de las prioridades de una persona que está, por ejemplo, en el mundo de los negocios. ¿Es más importante para él estar cosechando ganancias, o debe darle prioridad a la oración, al estudio de la Biblia, etc.? La Biblia tiene prioridades para todos. Jesús lo dijo así: "Busquen el reino de Dios por encima de todo lo demás y lleven una vida justa, y él les dará todo lo que necesiten." Cuando dijo "por encima de todo lo demás," la palabra griega que usa el Nuevo Testamento es *protos,* que significa no solamente primero en una serie o secuencia, sino primero en cuanto a un orden de prioridades. Así que Jesús le asigna la más alta prioridad a buscar las cosas de Dios.

El Nuevo Testamento deja muy claro que tenemos la responsabilidad de trabajar y que hay una dignidad en trabajar y obtener una ganancia. No hay nada malo en ello. De hecho, es eso lo que hace posible la supervivencia de la raza humana. La forma en que usted saca provecho es satisfaciendo las necesidades de otros y proveyendo bienes y servicios para ellos. La forma en que ellos sacan provecho es satisfaciendo las necesidades de usted ofreciéndole bienes y servicios. Hemos sido concebidos por Dios con la capacidad de satisfacer tanto las responsabilidades de nuestro crecimiento espiritual como las responsabilidades de nuestro trabajo.

- **¿Qué significa ser llamado al ministerio? ¿Significa que uno tiene ciertos dones espirituales y elige usarlos a tiempo completo, o significa que uno es llamado a una designación especial para un servicio a tiempo completo en el ministerio?**

Esta es una pregunta con la cual mucha gente se debate, particularmente aquellos que piensan que tal vez Dios los está llamando a lo que denominamos ministerio a tiempo completo, el ministerio ordenado. Se preguntan si están huyendo de Dios y siendo desobedientes a ese llamado.

En mi iglesia (y en la mayoría de las iglesias) hacemos una distinción entre lo que consideramos un llamado interno y un llamado externo. Es una buena distinción, pero también puede ser confusa porque el llamado interno es altamente subjetivo. Dentro de mí mismo tengo una inclinación o un sentimiento de que Dios está de alguna forma moviéndome hacia esta línea de acción particular con el fin de buscar la ordenación al ministerio.

No tengo una inclinación mística, pero no puedo negar que hay elementos místicos genuinos en la fe cristiana. El apóstol Pablo experimentó momentos así y los comunicó. Creo que Dios nos inclina internamente de ciertas maneras y en ciertos momentos, pero puesto que es tan subjetivo, podemos fácilmente engañarnos a nosotros mismos. No siempre estoy seguro de poder distinguir entre la dirección interna del Espíritu y una indigestión. No pretendo bromear con esto, pero debemos ser muy francos al respecto porque algunas personas piensan que cualquier corazonada o pensamiento que surge repentinamente en sus cabezas es una comunicación directa procedente de Dios, y eso se traduce en toda clase de problemas. Por ejemplo, Jim Jones estaba convencido de que sus percepciones provenían de Dios y guió a sus seguidores a cometer un suicidio masivo.

La Biblia nos dice que probemos los espíritus para ver si son de Dios. Es por eso que la iglesia hace una distinción entre los llamados internos y externos, entre lo subjetivo y lo objetivo. El apóstol Pablo nos dice que no debemos tener un concepto más alto de nosotros mismos del que deberíamos tener, y que debemos pensar con moderación. Y luego continúa hablando acerca de los llamados, los dones y las capacidades. Somos llamados a hacer un análisis juicioso de los dones y talentos que Dios nos ha dado y al mismo tiempo una evaluación sobria de las necesidades de la iglesia, del reino de Dios, considerando con abundante oración que Dios puede estar inclinándonos a usar para su reino estos dones y talentos particulares a tiempo completo y en virtud de una ordenación.

El llamado externo viene cuando la iglesia (el cuerpo de Cristo mismo, la iglesia visible, la iglesia institucional, otras personas) reconoce estas habilidades y talentos y me llama concretamente a ejercer esa tarea. Es por eso que, aunque tenía formación de seminario, no podía ser ordenado mientras no tuviera un llamado a trabajar en una iglesia o a enseñar en una universidad cristiana, que es la base por la cual fui ordenado. Aun cuando yo había dado evidencias de un llamado interno, tuve que tener el llamado externo antes de poder calificar para la ordenación.

• ¿Cómo deberían los valores cristianos impactar la ética del trabajo?

Recuerdo haber tenido una discusión hace pocos años en la sala de la junta administrativa de una de las corporaciones incluidas en la lista Fortune 500 en Estados Unidos. Estaba hablando ante el director de la junta, el presidente, y varios vicepresidentes sobre el tema de la relación entre la teología, la filosofía y la ética. Al final de la discusión, el presidente de la junta me miró y dijo: "¿Está diciendo que los temas éticos, es decir, las políticas que tenemos en la organización de nuestro negocio, tienen relación con todo el asunto ético, y a su vez la ética tiene relación con la filosofía, y a su vez la filosofía tiene relación con la teología? ¿Nos está diciendo que la forma de manejar nuestro negocio tiene finalmente un significado teológico?" Dije: "Sí, eso es lo que estoy tratando de decir." Y fue como si las luces se hubieran encendido por primera vez en la cabeza de este hombre. Me asombró que a él le pareciera que se trataba de un principio difícil de percibir.

Cuando usamos el término *ética,* estamos hablando de hacer lo correcto. Desde una perspectiva cristiana, creemos que la norma y el estándar final de la rectitud es el carácter de Dios y su justicia perfecta, de modo que los principios bíblicos de la ética tienen una gran relevancia para el mundo de los negocios. Estoy hablando de cosas simples como cuando Dios nos dice que es incorrecto robar. No se necesita ser cristiano para apreciar la honestidad y el respeto por la propiedad privada en la comunidad de los negocios.

Una vez hablé con alguien que estaba sorprendido porque le habían dado $5.000 a un vendedor de automóviles en Orlando, Florida, para que se hiciera un trabajo, y el tipo se había marchado con los $5.000 sin realizar la tarea. Su esposa estaba realmente molesta, y decía: "¿Cómo puede hacer eso la gente? Es un negocio deshonesto." Uno no necesita ser cristiano para sentirse abusado cuando un comerciante le roba el dinero. La Biblia nos dice que honremos los contratos y paguemos nuestras facturas a tiempo. ¿Qué comerciante no valora cuando sus clientes le pagan lo que le deben? La Biblia tiene mucho que decir acerca de los pesos y las medidas falsas. ¿Qué le parece comprar una "medida escasa" en perfume o en mostaza? Esa es una reflexión de carácter comercial. Todos estos son principios éticos muy prácticos y concretos que afectan el corazón mismo de la práctica comercial.

Honestidad, laboriosidad, integridad; sabemos que el cristiano no tiene el monopolio de estas virtudes en particular. Estas virtudes son significativas en cada esfera de los negocios, y lo más importante, es cómo tratamos a la gente en ese ámbito. ¿La tratamos con dignidad? Esa es una alta prioridad de la ética cristiana, que tratemos a nuestros clientes, nuestros empleados y todo nuestro personal con dignidad.

- ## ¿Qué piensa usted de los cristianos comprometidos que se asocian con no creyentes, particularmente no creyentes que se muestran hostiles al Señor?

Permítame primero hacer una pequeña corrección teológica. Si entiendo el Nuevo Testamento, todo no creyente es hostil al Señor. La Biblia nos dice que todas las personas caídas están por naturaleza en enemistad con Dios. Creo que esta es una de las afirmaciones más provocativas de la Biblia. Nada hace enfadar más al no creyente que sugerir que él está en enemistad con Dios y en una relación de hostilidad con él. Preferirán decir que sólo son indiferentes, no hostiles. Dios dice que ellos son hostiles. No creo que haya algunos que sean particularmente hostiles y otros que no lo sean. Si usted no está dispuesto a someterse al señorío de Dios, esa indisposición a comprometerse con Dios es un acto de hostilidad contra él. Jesús fue crucificado por proclamar precisamente esa idea: si usted no está de parte de él, está contra él.

Habiendo dicho eso, vayamos al meollo de su pregunta. Supongo que usted se refiere a esa hostilidad que es particularmente abierta. Debemos distinguir entre un asunto ético y uno prudencial. Creo que la Biblia deja claro que a los cristianos no se les permite tomar parte en asociaciones matrimoniales con incrédulos. Pero ¿qué hay de una asociación comercial? Hay muchas aventuras y empresas en este mundo, muchas vocaciones en el mundo secular, por ejemplo, que son vocaciones perfectamente legítimas y en las cuales hay involucrados cristianos y no cristianos. Creo que, desde una perspectiva ética, no hay nada que dicte que un cristiano no pueda asociarse con un no cristiano. Por ejemplo, dos médicos que prestan sus tan necesarios servicios podrían trabajar juntos para una causa común aun si uno es cristiano y el otro no. Puedo ver dos hombres construyendo automóviles o programando computadores, uno cristiano y el otro no.

Obviamente, lo más importante en la vida de un cristiano es su compromiso con Cristo. Si se encuentra en asociación diaria con una persona abiertamente hostil a eso, es casi inevitable que sus enfoques tan diferentes de lo que finalmente les parece más importante crearán ciertos puntos de fricción, y podrán a veces generar conflictos en la toma de decisiones de esa empresa. No obstante, debo decir que cuando surgen fricciones con respecto a temas éticos entre un cristiano y un no cristiano en una asociación comercial, no siempre es el cristiano el que presiona para actuar éticamente.

La diferencia entre un cristiano y un no cristiano no es que uno sea bueno mientras el otro no lo es; la diferencia está en el hecho de haber abrazado o no a Jesús como Salvador.

• ¿Plantean los sindicatos problemas éticos para los cristianos?

Estoy seguro de que hay muchos cristianos preocupados por ciertos elementos del movimiento laborista y su historia. Yo mismo tengo toda clase de sentimientos encontrados porque me he involucrado profundamente en la arena de las relaciones entre los obreros y las administraciones gerenciales en un intento de mediar en las dificultades y procurar la reconciliación entre los obreros y la administración. Muy a menudo en este país, la mano de obra organizada (en este caso, los sindicatos) y la administración gerencial han sido enemigas. Sin embargo, hemos visto un giro en los últimos años. La gente está comenzando a darse cuenta de que, en lo referido a la economía nacional, estamos juntos en esto. Hay mucha más cooperación entre estos dos segmentos de nuestra sociedad que en épocas pasadas. Históricamente hay tanta hostilidad en ambos bandos, que resulta difícil avanzar a través de ella.

El problema que tengo con los sindicatos es que el enemigo tradicional del obrero agremiado no es la administración gerencial, sino el obrero no agremiado. A veces los miembros de los sindicatos tienen una ventaja para conseguir empleo, mientras que un obrero no agremiado no tiene acceso a ese empleo. Es por eso que creo que los estados han tenido que implementar leyes de derecho al trabajo [para permitir que el obrero pueda excluirse de los sindicatos], lo cual me parece muy saludable.

Sin embargo, el otro lado de esa moneda es el principio de las negociaciones colectivas. No estoy convencido de que haya algo malo, en principio, con las negociaciones colectivas, pero hemos visto graves abusos en los últimos años. Alguien dijo que ha habido tantas huelgas que parecemos más un campo de bolos que una nación productiva.

Los sindicatos han conseguido beneficios tremendos, y no veo nada en el concepto mismo de un sindicato que se oponga a la ética cristiana o que le impida a un cristiano involucrarse activamente en uno de estos gremios. Aun cuando mi trasfondo se halla en la administración gerencial, he observado que en el momento de entrar en una mediación tiendo a simpatizar más con los obreros que con la administración. Abordo estos asuntos en sus aspectos no económicos, aquellos relacionados con la dignidad humana, pero no en la mesa de negociaciones en que se debaten salarios y beneficios. Creo que en el corazón del problema entre los obreros y la administración, la gente dice: "Aun cuando pueda no ser altamente diestro en mi labor, sigo siendo un ser humano y quiero ser tratado con dignidad." Si vemos eso como la motivación central detrás de los sindicatos, los valorizaremos de manera más profunda.

• ¿Cómo puede un empleador mostrar a sus empleados una dignidad como la de Cristo?

Una de las mejores formas de ratificar la dignidad de un empleado es establecer estándares elevados para él. Aplicar estándares bajos y no establecer demandas de rendimiento es un insulto velado a los empleados, y ellos se darán cuenta de ello. Si no mantenemos un estándar de excelencia, no estaremos haciendo nada por su dignidad.

Debemos valorar a las personas como personas. Por muchos años estuve profundamente involucrado en un movimiento del área de las relaciones entre obreros y empresarios, denominado "El valor de la persona," en el comercio y la industria. Nos dábamos cuenta que son los asuntos no económicos los que se hallan detrás de la explosiva hostilidad que existe entre los obreros y la administración gerencial, empleadores y empleados, y que resultan en tantas huelgas y trastornos de la producción y los sistemas escolares. Los estudios han mostrado una y otra vez que el sabotaje industrial y las disputas con respecto a los salarios tienen su raíz en un nivel más profundo de insatisfacción. El único lugar en que puedo defenderme de alguien que está denigrando mi dignidad, la única influencia que tengo, se halla en la mesa de negociaciones, donde lidiamos con los salarios, las ganancias extras y esa clase de cosas.

Sin embargo, cada obrero de este país quiere ser valorado como persona. ¿Qué puedo hacer para demostrar el valor de la persona? Bueno, permítanme enumerar las formas: la primera es reconocer que son personas. Eso puede parecer una respuesta simplista, pero cuando entrevistamos a docenas de trabajadores de las fábricas de acero en Pensilvania occidental, estuve todo el tiempo oyendo la misma respuesta, particularmente entre personas de raza negra no especializada, que me decía: "Lo que aborrezco de trabajar en este lugar es que el capataz llega y agacha la cabeza." Dije: "¿A qué se refiere con que 'agacha la cabeza'?" Me tomó mucho tiempo extraer de estos hombres lo que objetaban, y se trataba simplemente de lo siguiente: cuando la administración venía al piso de fundición y atraía la atención de alguien que hacía algún trabajo desagradable, en un puesto no calificado, el administrador volvía casi imperceptiblemente su cabeza o miraba hacia el suelo en lugar de hacer contacto visual directo con el obrero. El obrero captaba el mensaje. Era un mensaje no verbal, pero llegaba fuerte y claro: No eres nada; ni siquiera eres digno de que alguien te mire. Por otro lado, si alguien se esfuerza por tomar en cuenta la labor de un empleado y esa persona se siente reconocida, su dignidad es realzada y restaurada.

16

TEMAS DE DINERO

¡No me des pobreza ni riqueza!
Dame sólo lo suficiente para satisfacer mis necesidades.
Pues si me hago rico, podría negarte y decir:
"¿Quién es el SEÑOR?".
Y si soy demasiado pobre, podría robar y así
ofender el santo nombre de Dios.

PROVERBIOS 30:8-9

Preguntas en esta sección:

- *¿Se interesa Dios por el bienestar material de los cristianos?*

- *¿Cómo podemos entender adecuadamente la economía cristiana y evitar que el dinero se transforme en un ídolo?*

- *Primera Timoteo 6:9 nos dice que "los que viven con la ambición de hacerse ricos caen en tentación y quedan atrapados por muchos deseos necios y dañinos que los hunden en la ruina y la destrucción." ¿Significa eso que el cristiano no debería querer enriquecerse?*

- *¿Cómo deberían responder los cristianos a la abrumadora tentación del materialismo en nuestra cultura?*

- *¿Qué considera usted que enseña la Biblia con respecto al diezmo y su relación con los cristianos de hoy?*

- *¿Qué enseña la Biblia acerca de nuestra responsabilidad de pagar impuestos al gobierno?*

- *¿Qué pasa con las deudas? ¿Deberían los cristianos usar tarjetas de crédito, conseguir préstamos para automóviles, casas, vacaciones, etc.?*

- *¿Hay alguna posición bíblica clara en contra de las loterías y los juegos de casino?*

- *¿Cuál debería ser la posición de un cristiano con respecto al sistema de apuestas mutuas?*

- *En 2 Corintios 8:13-15, parece que Pablo estuviera prescribiendo alguna clase de igualdad económica. ¿Cómo se relaciona este pasaje con los cristianos de hoy?*

• ¿Se interesa Dios por el bienestar material de los cristianos?

La respuesta breve para eso, enfática y definitivamente, es sí. Dios no sólo se interesa por el bienestar material de los cristianos, sino que se interesa de manera profunda por el bienestar material del mundo entero. Dios creó un mundo material. Creó al hombre como una criatura material con profundas necesidades materiales. Sólo tenemos que ir al Sermón del Monte para ver una gran expresión de la compasión que siente Jesús por aquellos que tienen una necesidad material. En el Nuevo Testamento se pone un énfasis notable en la honda preocupación que nosotros, como cristianos, debemos tener por los pobres, los hambrientos, los desnudos y los sin hogar. Ese enfoque indica una preocupación por el bienestar material de la gente. El Nuevo Testamento tiene mucho que decir sobre la riqueza y la pobreza así como las variadas causas y circunstancias que envuelven dichas condiciones.

Hay espantosas advertencias para los ricos, por ejemplo, particularmente aquellos que ponen su confianza en sus riquezas en lugar de hacerlo en el benevolente cuidado de Dios. Con respecto a esto, Jesús dice: "No se preocupen por la vida diaria, si tendrán suficiente alimento y bebida, o suficiente ropa para vestirse. . . . Miren cómo crecen los lirios del campo. No trabajan ni cosen su ropa; sin embargo, ni Salomón con toda su gloria se vistió tan hermoso como ellos." Está diciendo que podemos llegar a preocuparnos tanto de acumular riquezas que podríamos perdernos el reino de Dios; tenemos una preocupación por las cosas materiales que nos lleva a descuidar las espirituales. Viendo que el mundo se preocupa por las cosas materiales y descuida lamentablemente las espirituales, podemos estar inclinados a volvernos extremistas en la dirección opuesta y decir: "Lo único que a Dios le importa son las cosas espirituales." Otra vez, una visión balanceada de la Escritura nos prevendrá de llegar de a esa conclusión porque no hay nada malo en interesarse por el bienestar material.

Para decirlo de otra manera, Dios cuida de las personas, y las personas son criaturas materiales que necesitan cosas materiales para sobrevivir. Si Dios cuida de las personas, obviamente cuida el bienestar material de ellas. La salud y la curación de las enfermedades son asuntos materiales, y por lo tanto el interés de Dios por nuestra salud es un interés por nuestro bienestar material.

• ¿Cómo podemos entender adecuadamente la economía cristiana y evitar que el dinero se transforme en un ídolo?

Hay mucha gente que piensa que no existe lo que podríamos llamar economía cristiana y que la economía es neutral tal como el resto de las cosas. Pese a que estoy convencido de que la Biblia no es un libro de texto sobre economía, tiene muchas cosas que decir aplicables a los principios de propiedad, intercambio monetario y aun el uso de dinero corriente.

La protección más importante contra la idolatría de "Mamón," a través de la cual caemos en el grave pecado de la adoración de los bienes materiales o el dinero que puede adquirir esas cosas, es tener un claro entendimiento de qué es la economía según la perspectiva bíblica. Me parece interesante que el término *economía* venga de la palabra griega *oikonomia,* que es la palabra del Nuevo Testamento para referirse a la administración.

Creo que el principio económico central de la Biblia es que, en el fondo, Dios es el dueño de todo lo que hay en el mundo, no obstante lo cual él santifica y protege mediante su ley lo que llamaríamos propiedad privada. Si consideramos, por ejemplo, los Diez Mandamientos, veremos que al menos dos de los mandamientos protegen específicamente el derecho a la propiedad privada y hablan también contra el mal uso y el abuso de mi propiedad privada o la suya. Si bien la propiedad privada está protegida, no hay fundamento alguno en las Escrituras para alguna clase de precepto comunista o aun socialista de la economía.

Con el derecho a la propiedad privada viene la impresionante responsabilidad de manejar los bienes materiales de uno conforme a los principios que Dios ha expuesto. Dios no nos da estas cosas para que podamos hacer lo que nos plazca con ellas. La economía se trata de mucho más que el simple derecho a la propiedad privada, pero recalco ese punto en particular porque en alguna parte del camino muchos cristianos han absorbido la idea de que la propiedad privada en sí misma es un pecado.

He oído personas que citan incorrectamente la Biblia diciendo que el dinero es la raíz de todos los males. Lo que realmente dice la Biblia es que el *amor* al dinero es la raíz de todos los males. Cuando nos apasionamos por la simple adquisición de bienes materiales, cuando aquello se vuelve nuestro dios y lo servimos, entonces el dinero se convierte en un ídolo. No creo que podamos considerar el tema económico de manera simplista; al contrario, debemos analizar la totalidad de lo que la Escritura dice con respecto a los bienes materiales. Necesitamos el dinero y las cosas que él provee; Dios nos da estas cosas para que las disfrutemos, pero debemos aprender los principios que nos ha dado en cuanto a la manera en que se debe usar el dinero y las posesiones.

• **Primera Timoteo 6:9 nos dice que "los que viven con la ambición de hacerse ricos caen en tentación y quedan atrapados por muchos deseos necios y dañinos que los hunden en la ruina y la destrucción." ¿Significa eso que el cristiano no debería querer enriquecerse?**

En el Nuevo Testamento encontramos este pasaje, así como otros igualmente serios (algunos provenientes de los labios de Jesús) que nos advierten en contra de poner nuestro corazón en las posesiones y vivir con el objetivo principal de acumular riquezas. No es simplemente un problema moral, puesto que se dice mucho en términos de sabiduría y prudencia. Creo que el apóstol nos está aconsejando vigilarnos a nosotros mismos y ser muy cuidadosos porque la búsqueda de riquezas puede transformarse en una trampa sutil y devastadora. El deseo de alcanzar estas riquezas y el poder que viene con ellas puede cegar a una persona frente a cosas que son mucho más valiosas e importantes a los ojos de Dios. Puede distraer tanto nuestra atención de la verdadera riqueza, la riqueza espiritual, que nos puede hacer tropezar y caer en el engaño, atrapados en esta búsqueda a un grado tal que comprometeremos nuestra integridad y haremos casi cualquier cosa por obtener ese poder. La riqueza puede destruirnos.

Encontramos también otro aforismo en el Nuevo Testamento: "El amor al dinero es la raíz de toda clase de mal." El dinero, en y de sí mismo, no hace nada, no sale a matar gente, por ejemplo, sin embargo, nuestra pasión por el dinero y el poder que da indica algo sobre nuestros corazones. Jesús dijo que no debemos acumular tesoros en la tierra sino en el cielo (Mt. 6:19-20). Esas amonestaciones y advertencias son muy serias, y debemos examinar nuestras almas para estar seguros de que no estamos atrapados en un deseo de riqueza y prosperidad al punto de descuidar las cosas de Dios.

No tiene nada de malo que usted quiera ponerle ropas a su cuerpo desnudo, alimentar su estómago hambriento y tener una casa cómoda en la cual vivir. No tiene nada de malo tratar de obtener una ganancia en el mundo de los negocios. El provecho que obtiene puede ayudar a todo el mundo; puede tener un efecto positivo en el mundo. Sin ganancias no hay comercio, y sin comercio no hay bienestar material. El deseo de prosperar es legítimo. En última instancia, Dios incluso promete ciertos elementos de prosperidad para su propio pueblo. No obstante, la búsqueda de prosperidad debe estar siempre condicionada por las prioridades del reino de Dios. Creo que el apóstol nos está diciendo que si tenemos una obsesión por la prosperidad y perdemos el equilibrio, perderemos también el reino.

• ¿Cómo deberían responder los cristianos a la abrumadora tentación del materialismo en nuestra cultura?

Probablemente, la tentación que menos debería preocuparle a un cristiano es el materialismo. ¿Por qué? El materialismo es una visión filosófica del mundo que ve la verdad final como algo estrictamente material; no hay una realidad espiritual final. En ese sentido, el materialismo no es una tentación para el cristiano porque un cristiano tendría que abandonar su concepto de Dios y de todo lo espiritual con el fin de pensar como un materialista. El materialismo como filosofía, en última instancia, no tiene espacio alguno para Dios.

Habitualmente, lo que queremos decir con materialismo no es esta filosofía sofisticada que acabo de describir sino más bien la adquisición de bienes y la ganancia de riquezas que se convierte en el fin último de la vida. Esa tentación es real para los cristianos porque, como criaturas, los cristianos buscan la comodidad tanto como cualquier otra persona. Nosotros también podemos caer en el pecado de la avaricia o la codicia. Los cristianos debemos estar muy familiarizados con las advertencias del Nuevo Testamento en cuanto a poner nuestro corazón en los placeres y beneficios materiales. Al mismo tiempo, no debemos despreciarlos, rechazando esas cosas buenas, materiales o no, que vienen de Dios. Debemos entender cuál es el lugar y el uso adecuado de lo material. Como dijo Pablo, el aprendió a vivir humildemente, a estar en abundancia, y a alegrarse prosperando o no.

Debido a la gran opulencia que hay en nuestra cultura, tiende a sentirse mucha culpa con respecto al disfrute de la prosperidad. Si leemos el Antiguo Testamento durante diez minutos, veremos que los judíos no percibían la prosperidad como un crimen. Dios estaba constantemente prometiéndole la bendición del bienestar material a la gente como consecuencia de la obediencia.

El punto crucial para Jesús es: ¿Dónde está el corazón? Nuestra prioridad debe ser buscar el reino y su justicia. Si al buscar el reino Dios se complace en bendecirlo con abundancia y prosperidad, no se sienta culpable por ello, sino agradézcale y úselo responsablemente.

• ¿Qué considera usted que enseña la Biblia en cuanto al diezmo y su relación con los cristianos de hoy?

Hay mucha gente que cree que el diezmo ya no les incumbe a los cristianos porque es un mandato del Antiguo Testamento que no se repite específicamente en el Nuevo Testamento.

Aunque esto era parte de la ley del pacto de Israel en el Antiguo Testamento, no creo que todo lo que Dios exigió de su pueblo en el Antiguo Testamento esté abrogado si el Nuevo Testamento guarda silencio al respecto. Yo diría que si el diezmo estuviera abrogado, deberíamos esperar tener una enseñanza explícita en el Nuevo Testamento diciendo que el diezmo ya no está vigente. El diezmo era una responsabilidad central en la economía del antiguo pacto y debería permanecer, particularmente al entender que la comunidad del nuevo pacto estaba establecida principalmente entre judíos, los cuales obviamente continuarían con esa práctica a menos que se les dijera que ya no era necesario. Yo diría que, en ausencia de alguna evidencia de anulación, el diezmo está vigente en el Nuevo Testamento.

Cuando Jesús estaba en la tierra y el nuevo pacto aún no había sido establecido, él bendijo a los fariseos por sus diezmos. Los reprendió por fallar en asuntos de mayor peso, pero los felicitó por al menos ser escrupulosos en sus diezmos. Diezmaban la menta y el comino, lo cual significaba que diezmaban aún las cosas más pequeñas. La mayor parte de los diezmos en el Antiguo Testamento eran productos agrígolas o ganado (era una sociedad agraria). Sin embargo, estos fariseos eran tan escrupulosos con respecto a darle el diez por ciento a Dios, que si cultivaban un poquito de perejil en el patio, lo diezmaban. Sería como si usted encontrara una moneda de diez centavos en la calle y se asegurara de que a Dios le llegara un centavo. Jesús dijo que estos hombres eran tan escrupulosos que pagaban hasta el último centavo, y los elogió por eso (Lc. 11:42).

Cuando el Nuevo Testamento habla de dar, habla de dar de nuestra abundancia y con un espíritu de gratitud. Cada vez que comparamos los dos pactos, particularmente en el libro de Hebreos, se nos dice que el Nuevo Testamento es un pacto mucho más rico. Los beneficios que recibimos como cristianos exceden en mucho a los beneficios que disfrutó el pueblo del antiguo pacto. Sin embargo, se deduce también que las responsabilidades de la gente en el Nuevo Testamento exceden las responsabilidades de la gente del Antiguo. Estamos en una mejor situación. Yo diría que el diezmo no es el techo para un super cristiano, sino el piso. Es el punto de partida para una persona que está en Cristo y que entiende algo de los beneficios que recibe de Dios.

• ¿Qué enseña la Biblia acerca de nuestra responsabilidad de pagar impuestos al gobierno?

Aparentemente, da la impresión de que la respuesta bíblica a esa pregunta es muy simple. Nuestro Señor dijo: "Den al César lo que pertenece al César" (Mt. 22:21). En el Nuevo Testamento, los apóstoles nos enseñan que debemos rendirle honor a quien se le debe el honor y pagarle impuestos a quien se le deben los impuestos. Debemos pagar el tributo que se nos exige a través de los magistrados civiles.

Ha habido muchos cristianos, particularmente en los últimos años, que han planteado preguntas importantes al respecto. Preguntas como ¿Debemos someternos voluntariamente al César cuando el César excede su ámbito de autoridad? ¿Debemos darle al César aquellas cosas que *no* son del César? Recordemos que el contexto en que esa pregunta fue planteada en el Nuevo Testamento era una situación muy desconcertante. La gente vino a Jesús y le preguntó por qué sus discípulos no estaban pagando los impuestos. En realidad Jesús no responde la pregunta, y eso me molesta. Me he rascado la cabeza pensando: *¿Es cierto que no estaban pagando todos los impuestos que debían pagar?* Quiero decir, ¿eran los discípulos culpables de evasión de impuestos? Eso es muy ajeno a la actitud destacada una y otra vez en el Nuevo Testamento referida a honrar a los magistrados civiles y ser responsables ante nuestros deberes cívicos.

El otro tipo de vía de escape que algunos cristianos están examinando es la afirmación: "Dad al gobierno los impuestos que le son debidos." Ahora, el gobierno determina cuáles impuestos le son debidos, pero esa palabra, "debidos," es una palabra intencionada, al menos en sus significados históricos. Aristóteles, por ejemplo, definió la naturaleza de la justicia como darle a la gente lo que se le debe; no solamente lo que merece, sino lo que se le debe. Hay circunstancias en que se le deben ciertas cosas a otra persona o a alguna institución. El supuesto tácito es que al gobierno se le deben impuestos que se decretan para causas justas, y siendo así, algunas personas (entre ellos Francis Schaeffer, antes de morir) plantearon las preguntas: ¿Es apropiado dar impuestos voluntarios que son usados para causas injustas? ¿Deben los cristianos someterse siempre a impuestos injustos? Es un grave problema.

• ¿Qué pasa con las deudas? ¿Deberían los cristianos usar tarjetas de crédito, conseguir préstamos para automóviles, casas, vacaciones, etc.?

Hay una gran controversia en la iglesia cristiana con respecto a esta pregunta. Algunas personas adoptan la postura de que bajo ninguna circunstancia un cristiano debería abrumarse con deudas financieras, citando pasajes como "No deban nada a nadie, excepto el deber de amarse unos a otros" (Rm. 13:8).

Hay numerosos pasajes, particularmente en los Libros de la Sabiduría del Antiguo Testamento, que nos advierten contra el desatino en que podemos incurrir si nos endeudamos de alguna manera. Tomo esos pasajes en el contexto en que son dados, como dichos de sabiduría que nos advierten contra prácticas imprudentes que pueden ser destructivas para nuestro hogar. No las veo como prohibiciones absolutas de endeudarse. Hay una manera responsable de hacerlo, y hay cláusulas referidas a las deudas en la sociedad del Antiguo Testamento.

En la sociedad de hoy, a través de gran parte del mundo, el intercambio monetario, todo el proceso comercial, implica no sólo una moneda fuerte sino papel moneda. Usamos cheques y tarjetas de crédito. Las tarjetas de crédito se usan de diferentes maneras. A veces son usadas exactamente como su nombre lo indica, como una línea instantánea de crédito que incluye recargos si no pagamos completamente la factura cuando llega. Esto es peligroso porque tienta a la gente a vivir por encima de sus medios y ser menos responsable en sus hábitos de compra.

Yo uso tarjetas de crédito porque me resultan muy convenientes; no necesito llevar grandes cantidades de dinero en efectivo cuando viajo. Además llevamos buenos registros de nuestras finanzas. Mi política y práctica personal ha sido jamás pagar un recargo; es decir, pago completamente las facturas cuando llegan. En esencia, para mí las tarjetas de crédito se han convertido en otra forma de cheque.

En el sistema económico se ha vuelto una práctica comúnmente aceptada tomar préstamos con el fin de solucionar necesidades importantes tales como casas y automóvile. Muy poca gente puede pagar una casa en efectivo. El hecho de que podamos pagar una casa en treinta años tiene sus beneficios y sus desventajas. Terminamos pagando mucho más que el precio de la propiedad debido a los intereses; sin embargo, de esa manera podemos llegar a ser propietarios de una casa. Otra vez, para mí eso se reduce a un asunto de administración y responsabilidad. No veo ninguna prohibición básica escritural contra el crédito, pero debemos ser sabios al usarlo.

• ¿Hay alguna posición bíblica clara en contra de las loterías y los juegos de casino?

¿Hay alguna prohibición bíblica explícita y directa contra los juegos de casino o loterías? No que yo sepa. Sin embargo, la iglesia cristiana ha sido firme en desaprobar los juegos de casino y el uso de loterías basándose en las indicaciones indirectas de ciertos principios bíblicos. Por ejemplo, en la iglesia donde fui ordenado como ministro, parte de nuestra declaración confesional es que debemos seguir no sólo lo que la Biblia enseña explícitamente sino lo que puede extraerse de las Escrituras por inferencia clara y necesaria. La Biblia tiene principios claros que tocan problemas así. El más notable, por supuesto, es el principio de la administración, según el cual soy responsable de actuar como un administrador de mis posesiones, incluyendo mi capital, y no como un derrochador o irresponsable en la forma de gastar mi dinero.

El problema más grande que yo tengo personalmente con los juegos de casino, y particularmente con las loterías, es que tienden a ser inversiones muy pobres, e inevitablemente explotan a los pobres de la sociedad. El pobre sueña con incrementar su bienestar material. Sueña con tener una casa y un auto hermoso. Sueña con ser liberado de las agobiantes tareas del trabajo diario escasamente recompensado. Siendo alguien que trabaja obteniendo una escasa remuneración por horas o que depende de un cheque dado por el gobierno para mantenerse, nunca tiene una buena oportunidad de acumular dinero suficiente para lograr una base sólida o invertir en el futuro. Su única oportunidad de obtener seguridad financiera y mejorar su situación es acertar en la lotería o ganar en los casinos. Apostará su dólar y esperará ganar el premio gordo del millón. Ese es su sueño. Sin embargo, no tiene una comprensión cabal de cómo funciona el sistema ni cuán tremendas son las probabilidades en su contra.

Enfrentamos esta lucha en el estado de Pensilvania mientras viví allí. Todo el mundo estaba preocupado del crimen organizado y ese tipo de cosas. Bueno, el crimen organizado ya existía en ese lugar. Mientras yo crecía, ya había una lotería en Pensilvania. No era propiedad del estado; era controlada por la mafia, y usted podía comprar un número casi en cada esquina de Pittsburgh. Lo que me asombró fue que, cuando el estado se hizo cargo de ella para el beneficio de los ancianos, las probabilidades de ganar bajo el sistema estatal resultaron ser peores que las probabilidades bajo el sistema de la mafia. Vi entonces al estado aprovecharse del anhelo que tenía la gente de usar aquel dólar para enriquecerse rápido y explotar al pobre mediante esta terrible forma de inversión.

- ### ¿Cuál debería ser la posición de un cristiano con respecto al sistema de apuestas mutuas?

Cuando una pregunta ética tiene que ver con nuestra cultura, es importante que tratemos de abordar esa pregunta desde un sistema de principios bíblicos. Si usted sale a la calle y les pregunta a cien cristianos: "¿Es incorrecto participar en juegos de azar?," entre noventa y cinco y cien de ellos probablemente responderán automáticamente: "Sí, por supuesto." En otras palabras, las tradiciones subculturales de la comunidad cristiana se han opuesto rigurosamente durante siglos a los juegos de azar de casi cualquier tipo.

La Biblia no dice: "No has de apostar," así que tenemos que ser muy cuidadosos antes de declararle al mundo que Dios se opone a toda clase de juegos de azar. ¿Qué hay sobre invertir en la bolsa? ¿Qué hay sobre invertir en una compañía? ¿Qué hay sobre cualquier tipo de inversión de capital? En todos estos casos, usted está corriendo un riesgo con su dinero; son diferentes formas de apuesta. ¿Qué diferencia hay entre invertir en una carrera de caballos e invertir en acciones en la Bolsa de Nueva York? Algunos teólogos hacen una distinción entre los juegos de azar y los asuntos de comercio o de habilidad. Una cosa es invertir dinero en una compañía que voy a dirigir yo mismo, cuyo éxito, hasta cierto punto, dependerá de mi nivel de energía, mi diligencia, mi sabiduría y habilidad; pero no es lo mismo entregar dinero en una ventana de apuestas para ver qué sucede en este juego de azar.

Creo que el punto crucial sobre las apuestas mutuas o loterías del estado desde una perspectiva bíblica se centra en el principio de la administración. Dios nos da ciertos recursos, beneficios, talentos y habilidades, pero somos responsables de usarlos con sabiduría. Dios no aprueba que malgastemos el dinero ni que seamos negligentes con respecto a los bienes que nos confía. El gran problema con los juegos de azar es que no se trata de una buena administración. En una carrera de caballos, o de perros, o en una lotería estatal, las probabilidades están tan acumuladas en su contra, que es un mal uso del capital de inversión. En ese punto yo diría que los cristianos no deberían apoyar estas iniciativas.

- **En 2 Corintios 8:13-15, parece que Pablo estuviera prescribiendo alguna clase de igualdad económica. ¿Cómo se relaciona este pasaje con los cristianos de hoy?**

En este pasaje, Pablo usa la palabra *igualdad* en un sentido económico; él dice específicamente en los versículos 13-14: "No quiero decir que lo que ustedes den deba hacerles fácil la vida a otros y difícil a ustedes. Sólo quiero decir que debería haber cierta igualdad."

Algunos han tomado este versículo como queriendo decir que Pablo ha dado una suerte de texto críptico a favor del marxismo. Aquellos que han tratado de armonizar el marxismo y el cristianismo sacan mucho provecho de ese versículo en particular, y creo que lo sacan completamente de su contexto inmediato. Lo sacan del contexto de lo que el resto de la Biblia dice sobre la propiedad privada. El sistema del Antiguo Testamento exigía que la riqueza fuera distribuida no sobre la base de la igualdad sino sobre la base de la equidad. La equidad es diferente a la igualdad; es decir, si un hombre trabaja, tiene derecho a la abundancia: cosecha lo que siembra. Y esto se traslada al Nuevo Testamento. En 2 Tesalonicenses 3:10, Pablo dice que si un hombre no trabaja, no debería comer.

En el pasaje de 2 Corintios, Pablo no se está refiriendo a las situaciones económicas de los cristianos individuales, sino a las donaciones caritativas entre las iglesias. Está hablando de la responsabilidad de las congregaciones de participar por igual durante una crisis; en este caso, en el alivio de una congregación sufriente específica.

Esta no es la primera súplica de Pablo a la congregación corintia. En Jerusalén habían sufrido un tiempo de escasez. Esto, unido a la persecución extrema dirigida contra los cristianos judíos en aquella región, los había llevado a una situación desesperada. Varias iglesias en otras regiones estaban levantando una colecta. La primera mención que Pablo hace de esto se encuentra en 1 Corintios 16, donde los exhorta a ser sensibles ante las necesidades de la iglesia de Jerusalén, tal como otras iglesias habían respondido. Ahora, en 2 Corintios, les recuerda que algunas de las otras iglesias habían dado con mucho sacrificio.

A propósito, algunos de los eruditos que han estudiado las circunstancias históricas de la pobreza de la iglesia de Jerusalén argumentan que fue provocada por su experimento de vida comunitaria, lo cual terminó en el desastre y el fracaso económico. Fue precisamente por probar el marxismo, si se quiere, que el resto de la iglesia tuvo que sacarlos de apuros.

17

ASUNTOS DE VIDA Y MUERTE

*Tú creaste las delicadas partes internas de mi cuerpo
y me entretejiste en el vientre de mi madre.
¡Gracias por hacerme tan maravillosamente complejo!
Tu fino trabajo es maravilloso. . . .
Me viste antes de que naciera.
Cada día de mi vida estaba registrado en tu libro.
Cada momento fue diseñado
antes de que un solo día pasara.*

SALMO 139:13-14,16

Preguntas en esta sección:

- *¿Cuál es su opinión sobre el aborto? ¿Hay textos de la Escritura que lo respalden?*

- *¿Hay alguna circunstancia que pudiera permitirle a un verdadero cristiano justificar el aborto?*

- *Cuando estaba embarazada de mi último hijo, mi médico me preguntó si quería que se me practicara una amniocentesis para determinar si el bebé era normal. Basados en el hecho de que Dios les ha dado a los médicos la capacidad de usar la amniocentesis para conseguir esto, ¿cree usted que se debería recurrir al aborto si se comprueba que el feto es anormal?*

- *¿Está pecando una mujer al abortar un embarazo producido por una violación?*

- *¿Dice la Biblia algo sobre la eutanasia?*

- *En el caso de una persona con una enfermedad terminal, ¿quién debería decidir cuándo interrumpir los sistemas de mantenimiento de vida —"desenchufar"?*

- *¿Cuál debería ser la posición cristiana ante la pena de muerte?*

• ¿Cuál es su opinión sobre el aborto? ¿Hay textos de la Escritura que lo respalden?

Todos estamos conscientes de la existencia de los predicadores del tipo fuego-infernal-y-condenación, esos braman y gritan sobre la decadencia del mundo. Puede llegar a ser tedioso escucharlos. Creo que todos respetamos a las personas que pueden discrepar con otras en un espíritu de caridad, y como regla, trato de cumplir con eso tanto como puedo. Sin embargo, cuando se trata de la pregunta sobre el aborto, mi tolerancia se desvanece. Estoy convencido de que el tema del aborto que enfrentamos en este momento es la perversidad más grande en la historia de nuestra nación. Casi me hace avergonzar de ser norteamericano. Estoy avergonzado de la profesión médica, pero me siento más profundamente avergonzado de la iglesia por su negligencia en gritar literalmente: "Asesinato sangriento" con respecto al aborto.

El aborto es una perversidad monstruosa, y si algo sé sobre el carácter de Dios, estoy totalmente convencido de que es un insulto contra él. Desde el principio hasta el fin de la sagrada Escritura, se le confiere un valor tremendo a la inviolabilidad de la vida humana. Cada vez que vemos la vida humana degradada, como claramente sucede en la despiadada destrucción de los niños no nacidos, los que sienten un aprecio por el valor y la dignidad de la vida humana deben ponerse de pie y protestar tan fuertemente como puedan.

Desde un punto de vista bíblico, la cuestión se centra en el origen de la vida. Para mí, sería un mero sofisma acusar a alguien de asesinato si en realidad no estuviera matando una vida humana. Creo que la evidencia bíblica muestra de varias formas que la vida comienza en la concepción. Vemos eso repetidamente en la literatura de los profetas en el Antiguo Testamento, en los salmos de David; y en el Nuevo Testamento cuando durante el encuentro de Elisabet y María, después de que ella ha concebido a Jesús, Juan el Bautista, aún no nacido, testifica de la presencia del Mesías, que tampoco ha nacido aún. Ninguno de ellos ha nacido, y aun así se produce una comunicación. Tanto Jeremías como el apóstol Pablo hablan de haber sido consagrados y santificados mientras estaban aún en los vientres de sus madres. Estos y muchos otros pasajes indican claramente que la vida comienza antes del nacimiento y, creo yo, durante la concepción. Sólo oro para que esta nación recupere la sensatez en cuanto a esto y haga algo para restaurar la inviolabilidad de la vida.

- ### ¿Hay alguna circunstancia que pudiera permitirle a un verdadero cristiano justificar el aborto?

Mucho antes del caso *Roe contra Wade,* hubo una película titulada *El Cardenal,* protagonizada por Tom Tryon, en que el cardenal enfrentaba el dolorosísimo dilema ético de ser fiel a su iglesia o fiel al amor y compasión que sentía por un miembro de su propia familia. Su hermana se hallaba en la situación muy poco frecuente de tener que enfrentar una posible muerte durante el parto de su bebé. Los médicos tenían que tomar la decisión: la madre o el hijo no nacido. En este caso, el cardenal era el tutor de su hermana, y tenía que tomar esa decisión. Él deseaba salvar a su hermana, pero el derecho canónico en aquel tiempo exigía que se declarara a favor del hijo no nacido.

Hubo una fuerte reacción de parte de la gente, y la opinión estaba muy dividida al respecto. Cuando alguien enfrenta el problema de tomar una decisión entre dos vidas, el bebé o la madre, entramos en una esfera ética completamente diferente a la que se debate al abordar la cuestión que enfrenta el público en la actualidad, es decir, el aborto motivado por la conveniencia. Creo que debemos distinguir claramente entre los dos.

Muy a menudo los temas se confunden cuando la gente adopta una posisicón contra el aborto a petición. Dicen: "¿Significa eso que dejarías morir a una mujer en una situación de riesgo o que dejarías a una joven niña que ha sido víctima de una violación cargar con un nacimiento?" Creo que ese es un asunto completamente diferente. Preferiría separar dichas preguntas antes de responderlas. Diría que hombres mejores y estudiantes de ética mejor instruidos que yo están divididos en cuanto a la pregunta de si hay o no alguna situación que justifique el aborto. Esto se vuelve mucho más sospechoso cuando se trata de una situación que obliga a decidir entre una cosa u otra, la vida de la madre o la del niño, pero no haré una campaña contra los que discrepan conmigo. Sin embargo, soy un militante en contra del aborto a petición.

- ### Cuando estaba embarazada de mi último hijo, mi médico me preguntó si quería que me practicara una amniocentesis para determinar si el bebé era normal. Basados en el hecho de que Dios les ha dado a los

médicos la capacidad de usar la amniocentesis para conseguir esto, ¿cree usted que se debería recurrir al aborto si se comprueba que el feto es anormal?

Como cristianos, debemos volver un paso atrás y resolver la pregunta de cuándo comienza la vida. Si, por ejemplo, uno adopta la visión cristiana clásica y tradicional de que la vida comienza en la concepción, entonces la pregunta conllevaría una interrogante paralela: suponiendo que no tuviéramos dicha información previa al nacimiento y que el niño naciera deforme, ¿destruiríamos al niño después de nacer?

Algunos dirían: "Bueno, usted está confundiendo el asunto." No, no lo estamos haciendo, porque la verdadera pregunta es si tenemos o no el derecho moral a destruir la vida humana cuando ya ha comenzado. Si disponer de una vida humana después de que ella empieza es una forma de asesinato, entonces sería un asesinato antes o después del nacimiento. En realidad no habría una gran diferencia moralmente hablando.

Creo que la vida comienza en la concepción, de manera que no aceptaría el aborto como algo moralmente justificable cuando uno se entera mediante una prueba de que el niño será deforme.

Actualmente, la mayoría de las preguntas sobre el aborto tienen que ver con la cuestión del aborto a petición. La mayoría de los abortos son realizados por asuntos de conveniencia, no porque las personas involucradas enfrenten el durísimo problema de dar a luz un hijo deforme que será costoso y les romperá el corazón.

En realidad usted está planteando una pregunta sobre la eutanasia. Cuando comenzamos a debatir seriamente la pregunta del aborto, a mediados de los sesenta, no oí a nadie, desde una perspectiva teológica o científica ética que abogara por el infanticidio, ni oí a nadie que en aquel entonces defendiera la eutanasia para la gente mayor. Hoy no estamos ante la misma situación, y creo que los profetas de aquel entonces que advirtieron que la aceptación del aborto llevaría a la aceptación de la eutanasia estaban en lo correcto.

- **¿Está pecando una mujer al abortar un embarazo producido por una violación?**

Quienes están en contra del aborto a petición se oponen porque están convencidos de que la vida humana comienza antes del nacimiento. Obviamente, la cuestión que ha dividido con tanta vehemencia a esta nación no es la pregunta de si es o no legítimo abortar en un caso de incesto o violación o cuando la vida de la madre está en peligro, sino más bien lo que llamaríamos el aborto por conveniencia. No señalo eso para evadir lo concreto de su pregunta sino para advertir a la gente que no se deje desviar por la cuestión del "caso especial."

Muchos eruditos y teólogos que se oponen rigurosamente al aborto a petición creen que el aborto en ciertas circunstancias y situaciones atenuantes es éticamente viable, como en los casos de incesto, violación, o cuando la vida de la madre se encuentra en peligro. Diría que sólo una muy pequeña minoría de teólogos argumenta que el aborto es siempre incorrecto y se trata siempre de un pecado. Yo me encuentro en esa muy pequeña minoría. Creo que nunca deberíamos involucrarnos en abortos terapéuticos. Nuevamente, reconozco que hay una premisa mucho menos clara cuando se trata de abordar estas preguntas difíciles. No creo que recurrir al aborto terapéutico en un caso de violación o incesto esté contra la ley de Dios en forma evidente. El acto mismo de la violación es un atropello terrible a la dignidad de una mujer. Entiendo perfectamente a los que dicen que sería inadmisible pedirle a esa mujer que cargue con las consecuencias de ese atropello en un embarazo al cual ella no consintió voluntariamente. La razón por la cual dudo es que estoy convencido de que aún sería una vida humana, y siendo una situación tan dolorosa como pudiera ser para esa madre embarazada, le pediría que soportara ese dolor con el fin de salvar la vida del niño.

• ¿Dice la Biblia algo sobre la eutanasia?

No hay una mención explícita de la eutanasia en las Escrituras. Sin embargo se pueden aplicar ciertos principios expuestos en la Escritura. Nuestra generación, como nunca antes, siente la intensidad de esa pregunta debido a los avances de la tecnología y la medicina moderna. Se está manteniendo clínicamente viva a gente que, si fuera dejada en las manos de la naturaleza, moriría. Eso plantea un conjunto de preguntas morales sobre las cuales muchos médicos escrupulosos están buscando una orientación clara.

En principio, la pregunta sobre la eutanasia ha estado con nosotros desde que existe la gente que sufre. Como sabemos, el sufrimiento no es un fenómeno del siglo XX; han tenido que lidiar con el dolor personas de todas las generaciones. La Escritura no contiene una afirmación que nos permita apresurar la muerte de una persona que sufre. Los únicos pasajes que tenemos son pasajes dados sin comentarios; por ejemplo, cuando Saúl, en medio de una derrota humillante, le pide a su escudero que le ayude a caer sobre su propia espada para cometer suicidio en lugar de ser tomado prisionero por sus enemigos. Esa es una forma de eutanasia, pero las Escrituras no indican cual fue la reacción de Dios.

En general las Escrituras defienden enérgicamente la inviolabilidad de la vida, y sabemos que una de las grandes luchas de los santos en la Escritura radicaba en su deseo de morir pero no se les permitía. Kierkegaard escribió extensamente señalando que una de las situaciones más miserables que una persona de virtud puede enfrentar es desear morir sin que se le permita morir.

Moisés pidió morir; Job pidió morir; Jeremías pidió morir. Y actualmente mucha gente pide morir. El patrón de la Escritura parece enseñar que no se nos permite involucrarnos activamente en la destrucción de la vida humana, aun si se tratara de sacar a alguien de su miseria. Hacemos distinciones entre eutanasia activa y pasiva. ¿Es posible permitir que la gente muera naturalmente, que muera con dignidad? Esta pregunta requiere una declaración mucho más extensa y detallada, pero yo diría que hay ocasiones en que es permisible dejar que alguien muera: por ejemplo, renunciar a la prolongación de un tratamiento, o elegir no ser mantenido vivo artificialmente.

• En el caso de una persona con una enfermedad terminal, ¿quién debería decidir cuándo interrumpir los sistemas de mantenimiento de vida —"desenchufar"?

El año pasado di un discurso frente a ochocientos médicos en la Universidad de Alabama en Birmingham. Me pidieron que abordara precisamente esa pregunta: ¿Cómo decidir cuándo desenchufar la máquina? Fue interesante observar que el grupo de especialistas más grande que se hallaba presente en ese encuentro era de neurocirujanos. Muy a menudo queda en sus manos tomar la decisión con respecto a cuándo desenchufar porque ellos realizan el examen que determina si una persona está cerebralmente muerta; es decir, que no muestra signos de actividad en el cerebro.

Las preguntas que rodean la desconexión del enchufe no son simplistas. Entrañan la aplicación no sólo de uno sino de varios principios éticos. Vacilo en dar una respuesta rápida con respecto a cuándo se puede decidir en forma absoluta desenchufar o no.

¿Quién, en última instancia, debería tomar esta decisión? Lo que le recomendé a ese grupo de médicos estuvo más dictado por la prudencia que por la ley bíblica. Una decisión tan importante como ésa no debería ser tomada caprichosamente o siguiendo la sugerencia unilateral. Debería ser una decisión conjunta. En la abundancia de consejo hay sabiduría, y diría que en la toma de la decisión deberían involucrarse tres partes básicas. Es una decisión de tanta importancia que creo que debería involucrarse el clero. Requiere valor moral de parte de un clérigo interponerse en una situación familiar, pero las familias necesitan desesperadamente orientación espiritual en ese momento y merecen tener la ayuda de un pastor para tomar esa decisión. Creo que eso forma parte de nuestro trasfondo y formación teológica; deberíamos ser capaces de ayudar a la gente a decidir esos asuntos. Sin embargo, el pastor no debería actuar unilateralmente. Debería establecer una profunda comunicación con la familia y con el médico.

Los aspectos médicos de los sistemas de mantenimiento de vida son tan técnicos y complejos que necesitamos la participación de los expertos para hacer una evaluación bien fundada de la situación. De esta manera, estas tres partes: la familia, el médico y el clérigo, deben estar involucradas en la decisión.

• ¿Cuál debería ser la posición cristiana ante la pena de muerte?

Estoy convencido de que nuestro sistema de justicia penal completo necesita una seria reforma y reestructuración porque no está funcionando y presenta muchas inequidades. Los cristianos están divididos con respecto a la cuestión de la pena capital. Primero, enfrentamos la pregunta básica de si la pena capital, en sí misma, es buena o mala. Creo que la opinión mayoritaria de la iglesia cristiana a lo largo de su historia ha sido que la pena capital es algo bueno. Esta posición no se ha adoptado porque los cristianos sean particularmente sanguinarios, sino porque los cristianos leen las Escrituras. La Palabra de Dios instituye, ordena y manda aplicar la pena capital en Génesis 9:6.

Cuando el poder legislativo de Pensilvania votó para reintroducir la pena capital, el entonces gobernador del estado lo vetó sobre la base de que la Biblia dice: "No cometas asesinato." Él estaba consciente de que la Biblia decía: "No cometas asesinato," y estaba citando los Diez Mandamientos en Éxodo 20. Sin embargo, si vamos a Éxodo 21, 22 y 23 (el código de la santidad), Dios expone las cláusulas que se aplicarán a quienes rompan ese mandamiento. Para aquellos que asesinen, Dios manda que sean ejecutados.

Se hacen distinciones muy finas entre homicidio voluntario e involuntario, intención maliciosa y las variadas clases de situaciones que caen dentro de la complejidad de nuestra jurisprudencia, de modo que estoy respondiendo esta pregunta en su principio general.

Habitualmente, la gran objeción a la pena capital es que la vida humana es tan preciosa y valiosa que no debemos nunca levantar nuestras manos para destruirla. Además, todo ser humano es redimible. Otro argumento es que la pena capital no es un agente disuasivo. Sin embargo, la institución de la pena capital no fue dada como un agente disuasivo sino como un acto de justicia. ¿Cuál es la lógica bíblica? La pena capital es instituida muy tempranamente en el Antiguo Testamento; antes de Moisés, antes del Sinaí, antes de los Diez Mandamientos, allá en los días de Noé, cuando Dios dice: "Si alguien quita una vida humana, la vida de esa persona también será quitada por manos humanas." Esa no es una predicción. La estructura del lenguaje usado allí es imperativa; es un mandato. Se indica la razón: "Pues Dios hizo los seres humanos a su propia imagen." En otras palabras, la Biblia dice que la vida humana es tan sagrada, tan preciosa, tan santa, tiene tanta dignidad que, si con intención maliciosa usted destruye despiadadamente a otro ser humano, por este acto usted está perdiendo legalmente su derecho a vivir. No se trata de que Dios meramente permita la ejecución de los asesinos; él la ordena.

18

EL SUFRIMIENTO

Si Dios está a favor de nosotros,
¿quién podrá ponerse en nuestra contra?
Si Dios no se guardó ni a su propio Hijo,
sino que lo entregó por todos nosotros,
¿no nos dará también todo lo demás? . . .
¿Acaso hay algo que pueda separarnos del amor de Cristo?
¿Será que él ya no nos ama si tenemos problemas o aflicciones,
si somos perseguidos o pasamos hambre o estamos en la miseria
o en peligro o bajo amenaza de muerte?

ROMANOS 8:31-32, 35

Preguntas en esta sección:

- *Si Dios es todopoderoso, ¿por qué permite el sufrimiento?*

- *¿Por qué un Dios santo y amoroso permitiría que un niño sufriera por causa de una enfermedad como el cáncer?*

- *Cuando experimentamos pruebas, ¿cómo podemos definir si son consecuencia de violar un principio escritural, un examen que viene de Dios o un ataque de Satanás?*

- *La gente habla del "problema del dolor." ¿No es más exacto en un mundo caído hablar del "problema del placer"?*

- *En Colosenses 1:24 (RV60), Pablo dice que hace su parte "cumpl[iendo] . . . lo que falta de las aflicciones de Cristo." ¿Qué significa esta frase?*

- *¿Qué les aconsejaría a los cristianos que sufren por alguna enfermedad o por su edad avanzada, y preferirían estar en el cielo con su Señor que seguir aquí?*

- *¿Puede el sufrimiento en general, en lugar del sufrimiento por nuestra fe cristiana, ser considerado como compartir el sufrimiento de Cristo?*

- *¿Cuál es la diferencia entre el hecho de que Dios nos pruebe y el hecho de que nos tiente?*

- *En el libro de 1 Tesalonicenses, somos llamados a dar gracias en todas las circunstancias. Algunas veces he oído a mis hermanos y hermanas en Cristo dar gracias por cosas tales como una enfermedad o alguna muerte, y me parece una cosa de locos. ¿Deberíamos hacerlo?*

- *Soy un profesional de la salud, y todos los días veo gente que sufre. ¿Qué pueden esperar los cristianos de Dios en cuanto a la sanidad?*

- *¿Qué nos enseña la Biblia con respecto a consolar a alguien que sufre como resultado de un delito que ha cometido?*

- *En Santiago 5:14-15, se les dice a los enfermos que llamen a los ancianos de la iglesia para que los unjan con aceite y pongan sus manos sobre ellos. ¿Se practica esto aún? ¿Deberían practicarlo los cristianos de hoy?*

• Si Dios es todopoderoso, ¿por qué permite el sufrimiento?

Un libro polémico reciente referido a esta materia se tituló *Cuando a la gente buena le pasan cosas malas*. Una objeción común a la religión es: ¿Cómo puede alguien creer en Dios a la luz de todo el sufrimiento que vemos y experimentamos en este mundo?

John Stuart Mill planteó esta clásica objeción contra la fe cristiana: si Dios es omnipotente y permite todo este sufrimiento, entonces no es benevolente, no es un Dios bondadoso y no es amante. Y si es amante con el mundo entero y permite todo este sufrimiento, entonces no es omnipotente. Y dada la realidad del mal, o la realidad del sufrimiento, no podemos concluir que Dios sea a la vez omnipotente y benevolente. Por brillante que sea John Stuart Mill, debo objetar ese punto y considerar lo que las Escrituras dicen sobre estas cosas.

Téngase en mente que, desde una perspectiva bíblica, el sufrimiento está intrínsecamente relacionado con la condición caída de este mundo. No había sufrimiento antes del pecado. Entiendo que la Escritura dice que el sufrimiento en este mundo es parte del conjunto del juicio de Dios. Usted preguntará: ¿Cómo puede un juez justo permitir que un criminal sufra? ¿Cómo puede un juez justo permitir que un infractor violento sea castigado? La pregunta que deberíamos hacer es: ¿Cómo puede un juez justo *no* permitir el castigo para aquellos que han cometido actos de violencia o crímenes de algún tipo? Detrás de esa pregunta siempre está la santidad de Dios y su perfecta justicia. Nuestra comprensión de Dios está enraizada y fundada en la enseñanza de la Escritura de que él es el Juez justo. El Juez de toda la tierra siempre hace lo justo.

En el capítulo nueve de Juan, los discípulos le dicen a Jesús: "¿Por qué nació ciego este hombre? ¿Fue por sus propios pecados o por los de sus padres?" Jesús dijo: "No fue por sus pecados ni tampoco por los de sus padres." No podemos llegar a la conclusión de que el sufrimiento de un individuo en este mundo está en proporción directa con el pecado de ese individuo. Eso es lo que hicieron los amigos de Job cuando fueron a verlo y lo atormentaban diciendo: "Job, hombre, realmente estás sufriendo mucho. Esto debe indicar que eres el pecador más miserable de todos." Sin embargo, la Biblia dice que no podemos usar una fórmula así. La realidad es que, si no hubiera pecado en el mundo, no habría sufrimiento. Dios permite el sufrimiento como parte de su juicio, pero también lo usa para nuestra redención, para moldear nuestro carácter y edificar nuestra fe.

- ### ¿Por qué un Dios santo y amoroso permitiría que un niño sufriera por causa de una enfermedad como el cáncer?

Habitualmente asociamos el amor de Dios con los beneficios que recibimos de él y las bendiciones que vienen de su bondadosa y misericordiosa mano. Puesto que su amor habitualmente se manifiesta en cosas buenas que nos suceden, a veces retrocedemos escandalizados y consternados cuando vemos a un niño azotado por una enfermedad o algún otro trauma.

Antes de referirnos a la pregunta de por qué Dios permite que los niños sufran, debemos plantear una pregunta más grande: ¿Por qué Dios permite que el sufrimiento afecte a una persona cualquiera, sea de dos meses, dos años, o veinte? Las Escrituras nos dicen que el sufrimiento entró en el mundo como consecuencia de la caída del hombre y de la creación; es decir, es por causa del pecado que Dios ha traído juicio sobre este planeta. Eso incluye las desgracias del dolor, la enfermedad, la pena y la muerte que acompañan a las consecuencias de la maldad.

¿Cómo podría un Dios santo y amante permitir que un bebé sufriera una enfermedad demoledora? Creo que la respuesta se halla parcialmente contenida en la misma pregunta. Dios es santo, y en su santidad ejerce el juicio contra la maldad que prevalece en la naturaleza humana. Cuando planteamos la pregunta con respecto a los infantes, detrás de la pregunta acecha a veces la suposición tácita de que los bebés son inocentes. Prácticamente todas las iglesias de la historia de la cristiandad han tenido que desarrollar algún concepto de lo que llamamos pecado original porque las Escrituras nos enseñan muy claramente que nacemos en un estado pecaminoso y que la maldición de la Caída acompaña la vida de cada ser humano. Eso suena macabro y terrible hasta que nos damos cuenta de que en ese juicio sobre la humanidad caída se observa también que la ira de Dios es templada por la misericordia, la gracia y toda su obra de redención. Creemos con una grande y gozosa expectación que Dios ha reservado una medida especial de gracia para aquellos que mueren en la infancia. Jesús dijo: "Dejen que los niños vengan a mí. ¡No los detengan! Pues el reino de Dios pertenece a los que son como estos niños."

Una advertencia que debo hacer en este punto es que no debemos concluir precipitadamente que la enfermedad o la aflicción de un individuo en particular sea el resultado directo de algún pecado. Puede que no sea el caso en absoluto. Como humanos, todos hemos de participar en el amplio complejo que representa la condición caída de nuestra humanidad, lo cual incluye la tragedia de la enfermedad.

- **Cuando experimentamos pruebas, ¿cómo podemos definir si son consecuencia de violar un principio escritural, un examen que viene de Dios o un ataque de Satanás?**

En primer lugar, debemos reconocer que existe cualquiera de estas posibilidades cuando enfrentamos la tribulación, el sufrimiento, o algún tipo de prueba. Puede ser que la prueba que somos llamados a soportar, obedezca a otras causas. Podemos ser víctimas inocentes de la conducta injusta de otro, y podemos preguntar por qué Dios lo permite.

A veces, las pruebas y las tribulaciones nos llegan como un juicio directo de Dios. Puede ser parte de la ira correctiva dirigida a sus hijos, o la ira punitiva hacia aquellos que son obstinados en su desobediencia. A veces el Señor envía circunstancias o personas que nos ayudarán a desarrollar nuestro carácter y nuestros músculos espirituales. También podríamos estar siendo asediados por el enemigo, algo que Martín Lutero dijo experimentar frecuentemente: lo que él llamó "la infección," el ataque personal que viene del príncipe de las tinieblas.

No es fácil discernir entre estas causas. Debemos comenzar reconociendo que Dios es soberano sobre todas las tribulaciones. Sea que se trate de una tribulación que surja como consecuencia de mi pecado o que Dios me esté poniendo a prueba o que yo sea víctima de otra persona u objeto del ataque de Satanás, Dios es soberano sobre todas estas cosas. En medio de la tribulación, en lugar de perderme tratando de discernir con certeza cuál es la causa y tratar de descifrar por qué me está sucediendo esto, es importante que me plantee la pregunta más profunda: ¿Cómo debo responder?

Podemos empezar examinando nuestros corazones para ver si hay algún mal proceder en nosotros que pudiera constituir una razón legítima para que Dios nos corrigiera. Debemos regocijarnos de que Dios haga esto porque es una indicación de su amor por nosotros. La corrección del Señor está diseñada para guiarnos al arrepentimiento y a la restauración completa de la comunión. Cuando entramos en una prueba o algún tipo de tribulación, deberíamos decir: "Señor, ¿hay algo que estás tratando de decirme? ¿Hay algún área de mi vida que necesite atención o limpieza?" Nuestra actitud normal de confesión debería intensificarse en medio de la tribulación. Puede no ser, como dije, un acto de castigo por parte de Dios, sino que puede, en un sentido, estar honrándonos al llamarnos a sufrir por causa de la justicia para que podamos participar en las pruebas que fueron una parte tan presente en el ministerio de Jesús.

Es bueno recordar que el bautismo que recibimos es, entre otras cosas, un signo de nuestra disposición a participar en los sufrimientos de Cristo. Nos presentamos ante Dios y decimos: "No sé con seguridad por qué estoy sufriendo, pero Dios, quiero sufrir honorablemente de una manera virtuosa, de una forma que muestre mi lealtad hacia ti." Eso es lo importante cuando suceden estas cosas.

• La gente habla del "problema del dolor." ¿No es más exacto en un mundo caído hablar del "problema del placer"?

Puedo entender que Dios permitiera el sufrimiento de quienes se encuentran en una rebelión radical contra él y están involucrados a diario en una traición cósmica. Si Dios es justo y santo, podríamos preguntar ¿Cómo *no* habría él de traer juicio sobre ellos? Si Dios es bueno, entonces, siendo bueno, debe castigar lo malo, y si deja al mal sin una represión y sólo le da felicidad y placer a los malvados, comenzaríamos a hacernos preguntas sobre la integridad de Dios.

¿Por qué Dios, a pesar de mi pecado y mi desobediencia a él, me permite gozar de toda la felicidad que está a mi alcance en este mundo? Hablando en un nivel práctico, el placer y el dolor producen resultados muy diferentes. A veces la presencia del dolor en mi vida trae el beneficio práctico de santificarme. Dios obra en mí a través de la aflicción. Tan molesto como pueda ser el dolor, sabemos que la Escritura nos dice una y otra vez que la tribulación es un medio por el cual somos purificados y llevados a depender más profundamente de Dios. Para nosotros hay un beneficio de largo alcance que presumiblemente perderíamos si no fuera por el dolor que somos llamados a "resistir por un tiempo." Las Escrituras nos dicen que resistamos por un tiempo porque el dolor que experimentamos ahora no se puede comparar con las glorias almacenadas para nosotros en el futuro.

A la inversa, el placer puede ser narcótico y seductivo de modo que, mientras más lo disfrutamos y más lo experimentamos, menos conscientes somos de nuestra dependencia y necesidad de la misericordia, la ayuda y el perdón de Dios. El placer puede ser una maldad disfrazada, diseñada por el diablo para llevarnos, en última instancia, a la ruina. Es por eso que la búsqueda del placer puede ser algo peligroso. Sea que experimentemos dolor o placer, no perdamos de vista a Dios y nuestra necesidad de él.

- **En Colosenses 1:24 (RV60), Pablo dice que hace su parte "cumpl[iendo] . . . lo que falta de las aflicciones de Cristo." ¿Qué significa esta frase?**

Este texto ha sido un foco de controversia en la historia de la iglesia, particularmente en debates entre católicos y protestantes. El cuerpo de Cristo es una de las principales imágenes usadas en el Nuevo Testamento para describir a la iglesia. Uno de los temas favoritos de la iglesia católica romana ha sido llamar a la iglesia la encarnación continua, en un sentido más que simplemente místico o espiritual.

Parte de la doctrina de la iglesia católica romana ha incluido el "tesoro de los méritos." Esto se refiere a las obras de los santos que, yendo mucho más allá del llamado del deber, son agregadas al mérito acumulado por Cristo mediante su vida de obediencia perfecta. Este exceso de mérito es depositado en el tesoro de los méritos y puede ser usado por la iglesia para ayudar a quienes están en el purgatorio.

La idea detrás de ese principio es el sufrimiento de los mártires, aquellos que enfrentaron la muerte en fe ante los gladiadores de Roma. Se pensó que sufrieron meritoriamente. Cuando Pablo se refiere al sufrimiento y a la aflicción que él está soportando como su "cumplir lo que falta" de las aflicciones de Jesús, algunos interpretan que eso significa que, como apóstol y cristiano, los sufrimientos de Pablo añaden al sufrimiento meritorio de Jesús. Jesús es el sacrificio principal ofrecido por nuestros pecados. Nadie podría ser redimido sin su mérito, pero ese mérito no es la suma total del mérito disponible para la iglesia. En sí mismo no es completo. En otras palabras, Cristo dejó espacio para que se agregara más mérito a través del sufrimiento y el martirio victorioso e inocente de los santos.

La doctrina protestante encuentra detestable esa interpretación del texto porque uno de los dogmas cardinales del protestantismo clásico es la suficiencia exclusiva del sacrificio de Cristo; su sufrimiento produjo un mérito perfecto, y nada se le puede agregar. No hay una carencia o deficiencia en la expiación de Cristo. Lo que Pablo quiere decir en este pasaje es que Cristo llama a todo su pueblo a participar en sus aflicciones y humillación. La frase "cumpliendo lo que falta" no indica una deficiencia en Jesús, sino que simplemente significa que la magnitud total del sufrimiento que Cristo y su iglesia experimentan es parte del plan redentor de Dios. El sufrimiento está concebido para moldearnos cada vez más a la semejanza de Cristo, y en última instancia, se traduce en gloria para Dios. [Ver también Col. 1:24 en la NTV: "Participo de los sufrimientos de Cristo."]

- **¿Qué les aconsejaría a los cristianos que sufren por alguna enfermedad o por su edad avanzada, y preferirían estar en el cielo con su Señor que seguir aquí?**

Primero los elogiaría por su preferencia porque estarían en buena compañía. En la Escritura encontramos frecuentemente expresado ese sentimiento. En el Antiguo Testamento, Job, Moisés, Jeremías y otros maldijeron sus días de nacimiento, y en medio de su sufrimiento le suplicaron a Dios que les permitiera morir. Simeón, aun después de haber visto al Mesías, hizo la misma petición cuando dijo: "Soberano Señor, permite ahora que tu siervo muera en paz." Pablo habló de su propia ambivalencia, diciendo que se hallaba apremiado entre dos cosas, partir y estar con Cristo, lo cual era mucho mejor, o permanecer aquí en la tierra, lo cual le parecía más necesario por causa de otras personas. Él quería servir al rebaño, pero su preferencia personal era morir e ir al cielo.

No hace mucho, Billy Graham hizo públicamente una declaración similar. Dijo que estaba cansado y que lo que deseaba más que cualquier otra cosa era poder partir con rumbo al hogar y estar con Cristo. Este deseo no sólo es simplemente el anhelo positivo de que el alma alcance su satisfacción y el destino de su peregrinaje espiritual (todos nosotros deberíamos desear el cielo), sino que esa preferencia también es motivada, muchas veces, por el sufrimiento agudo y la aflicción. La vida ha llegado a ser una carga tal y llena de tanto dolor, que la persona anhela simplemente experimentar alivio. A veces, las declaraciones de querer morir son peticiones apenas veladas de alguna especie de eutanasia. Y aunque yo elogiaría a una persona por su deseo de partir y estar con Cristo, lo exhortaría a no tomar en sus propias manos el dar pasos que apresuren ese momento.

Kierkegaard escribió acerca de las luchas que forman parte de la vida cristiana y de los efectos del temor en un libro llamado *La enfermedad mortal.* Dijo que una de las experiencias más difíciles para cualquier ser humano es anhelar profundamente morir y ser impedido de hacerlo. No hace mucho visité a una mujer que se hallaba en esta situación. Había estado afligida por un dolor y un sufrimiento tremendos. Mientras las lágrimas rodaban por sus mejillas, me miró y dijo: "No sé si puedo soportar más." Anhelaba que tan sólo cesara el dolor. Estoy seguro de que había considerado el suicidio. Aunque ciertamente entiendo el deseo profundo que siente una persona de ser liberada de ese sufrimiento, creemos que Dios es el autor de la vida y la muerte, y no está dentro de nuestros derechos disponer de nuestra propia vida.

- ## ¿Puede el sufrimiento en general, en lugar del sufrimiento por nuestra fe cristiana, ser considerado como compartir el sufrimiento de Cristo?

Creo que puede serlo. Si el sufrimiento es experimentado en fe (es decir, si a lo largo de ese sufrimiento ponemos nuestra confianza en Dios), creo que estamos siendo partícipes en el sentido de que estamos dispuestos a sufrir y confiar en Dios en medio del sufrimiento tal como Jesús confió en el Padre. En las Escrituras hay una promesa especial que se les hace a quienes sufren por causa de la justicia como resultado de ser injustamente perseguidos.

¿Y si una persona sufre una enfermedad o alguna otra tragedia que no es el resultado directo de una persecución? Aún se trata de un sufrimiento que requiere un grado de confianza en Dios, y hay virtud en aquello tratándose de gente que se encuentra en ese estado. En ese punto, en la medida en que estén imitando la disposición de Cristo a sufrir, diría que están participando al menos indirectamente en el proceso.

¿Y si estoy sufriendo un castigo por haber cometido alguna clase de crimen? No creo que podamos decir que eso sea particularmente virtuoso o que estemos participando en el sufrimiento de Jesús en alguna forma. De hecho, esto está tratado en 1 Pedro 2:20.

En cuanto al ciego de nacimiento (Jn. 9), a Jesús se le preguntó: "¿Fue por sus propios pecados o por los de sus padres?" Jesús dijo que de ninguno. En otras palabras, la pregunta era un falso dilema, y aquellos que preguntaban estaban tratando de reducir a dos opciones algo que entrañaba más de dos. Había otra opción. Jesús dijo: "No fue por sus pecados ni tampoco por los de sus padres . . . , nació ciego para que todos vieran el poder de Dios en él." Esa persona no estaba sufriendo por causa de una persecución. Su sufrimiento fue usado por Dios para reportarle honor y gloria a Cristo.

Menciono esta instancia porque es un claro caso bíblico en que el sufrimiento tiene un valor teológico. No mérito, sino valor, en la medida en que es útil para los propósitos de Dios. Cristo nos dice que tendremos aflicciones y sufrimiento en este mundo. Anticipa que vamos a sufrir persecución y le otorga una bendición particular en el Sermón del Monte, diciendo que la recompensa será grande. También indica que habrá otras clases de sufrimiento en nuestro camino y que vamos a sufrir en él y con él.

• ¿Cuál es la diferencia entre el hecho de que Dios nos pruebe y el hecho de que nos tiente?

La diferencia se define entre una acción que es santa, legítima y justa, y una acción que sería inferior al carácter de Dios. Como Santiago nos dice en el Nuevo Testamento: "Cuando sean tentados, acuérdense de no decir: 'Dios me está tentando'." Luego se explica que la tentación es algo que surge desde el interior de las inclinaciones malvadas de nuestros propios corazones. No podemos excusar nuestro pecado diciendo que el diablo nos hizo cometerlo, o lo que es peor, que Dios nos ha provocado o inclinado a pecar.

Hay cierta confusión en esto por causa de las palabras usadas en el Padre Nuestro, en el que Jesús instruye a sus discípulos a orar: "No nos metas en tentación, mas líbranos del mal" (RV60). Casi sugiere que, si tenemos que pedirle a Dios que no nos meta en tentación, tal vez hay ocasiones en que lo hace. Ese concepto tiene que ver con ser guiados al lugar de la prueba.

La Biblia nos dice que Dios hará pasar a su pueblo a través de pruebas, exámenes o contratiempos que obrarán, en última instancia, para beneficio de ellos, pero a veces lo hará por otras razones que no siempre nos resultarán comprensibles. Adán y Eva fracasaron al ser examinados en el Jardín del Edén.

Jesús fue guiado por el Espíritu al desierto para ser probado. Dios lo llevó hasta allí para que fuera tentado no por Dios sino por Satanás. En ese incidente particular tenemos un ejemplo de la diferencia. Dios puso a Jesús en el desierto para que fuera tentado. La actividad de Satanás fue tentarlo. Tentar a alguien es seducirlo para que cometa un mal acto. En ese sentido, estaría totalmente fuera del carácter de Dios seducir a alguien para que pecara. Para sus propósitos redentivos y para edificar nuestro carácter, él puede ponernos en una situación en que seamos sometidos a prueba y estemos vulnerables a los ataques del enemigo: como lo estuvo Job, como lo estuvo Cristo y como lo estuvo Adán.

Lutero habló a menudo del desenfrenado ataque que Satanás dirigió en su contra. Luchó contra la depresión, pero nunca concibió eso como una incitación proveniente de las manos de Dios. Satanás nos tentará en el sentido de tratar de seducirnos y persuadirnos para que desobedezcamos a Dios, aunque aun en ese acto Satanás estará bajo la soberanía de Dios. [Ver también Mt. 6:13 en la NTV: "No permitas que cedamos ante la tentación, sino rescátanos del maligno."]

- ***En el libro de 1 Tesalonicenses, somos llamados a dar gracias en todas las circunstancias. Algunas veces he oído a mis hermanos y hermanas en Cristo dar gracias por cosas tales como una enfermedad o alguna muerte, y me parece una cosa de locos. ¿Deberíamos hacerlo?***

No creo que sea cosa de locos. En estas situaciones, la gente trata de ser fiel y obediente a lo que ese pasaje nos llama a hacer. Sin embargo, este pasaje se presta a mucha incomprensión y confusión. La Biblia nos dice repetidamente que debemos recordar en todo tiempo y en todas las circunstancias quién es Dios. Debemos recordar que él es soberano en y sobre todas las circunstancias humanas que nos suceden. Como nos dice Romanos, se nos promete que "Dios hace que todas las cosas cooperen para el bien de los que lo aman" (Rm. 8:28). Eso no es porque las cosas en sí mismas obren para mi beneficio, sino porque Dios, que es soberano sobre todo lo que ocurre en mi vida, usará todo lo que me suceda para mi provecho final. Usará el sufrimiento y el dolor, y triunfará sobre la maldad que se presente en mi vida.

Pablo ilustra el concepto de regocijarse en todas las cosas cuando dice en Filipenses 4:11-12 que ha aprendido a estar contento en cualquier estado en que se encuentre. Ha tenido que aprender a vivir teniendo mucho y a vivir teniendo poco, a recibir honra y a ser insultado y maltratado. Dice, en efecto: "Me pase lo que me pase: sea rico, sea pobre, esté hambriento, lo tenga todo, me ame o me odie la gente, cualesquiera sean las circunstancias, sé quién soy y sé que Dios está comprometido conmigo. Debido a eso, tengo un motivo para regocijarme en esas circunstancias."

No creo que Pablo quisiera decir en ese pasaje que cuando naufragó o fue azotado con varas pronunció una oración de acción de gracias, diciendo: "¡Esto es fantástico!" Si contemplo circunstancias claramente malvadas, no me regocijaré en la maldad que haya allí sino en el Dios que está por sobre ese mal y por sobre la pena y el dolor.

Uno de los versículos más cortos de la Biblia, "Entonces Jesús lloró" (Jn. 11:35), nos dice algo. Jesús va a casa de María y Marta, y ellas están enfadadas con Jesús. Marta se acerca y dice: "Maestro, ¿dónde has estado? Nuestro hermano murió hace cuatro días. Si hubieras estado aquí, esto no habría sucedido." Ellas están realmente enfadadas con él. ¿Respondió Jesús diciendo: "Oigan, no se preocupen. Yo sólo estaba preparando el escenario para la resurrección dramática que estoy a punto de obrar. Relájense; vamos a hacer una fiesta y voy a traer a su hermano de vuelta a la vida"? No, Jesús lloró. Él participó de la realidad del dolor y del sufrimiento humano, cumpliendo la Escritura de que es mejor ir a la casa del luto que pasar el tiempo con los necios. Luego procedió a mostrar el triunfo de Dios sobre esa situación levantando a Lázaro de entre los muertos. Así que creo que los cristianos sinceros que buscan regocijarse en todas las circunstancias están motivados a dar a Dios la alabanza y el honor, y a tratar de superar el dolor de su situación mediante esa práctica. Sin embargo, debemos tener cuidado de no tomar esto con ligereza. No deberíamos negar la realidad del dolor, la tragedia, o el sufrimiento. Esa no sería fe saludable.

• Soy un profesional de la salud, y todos los días veo gente que sufre. ¿Qué pueden esperar los cristianos de Dios en cuanto a la sanidad?

No sé cuántas veces he visto en las paredes de las oficinas pastorales o de los hogares cristianos el pequeño cartel que dice: Espera un Milagro. Si un milagro es algo que podemos esperar, así como esperamos al cartero cada mañana, deja de ser milagroso. Ya no es extraordinario, y ya no cumple la labor para la cual fueron concebidos los milagros, es decir, llamar la atención de manera asombrosa sobre la intervención de Dios. Por otro lado, el Nuevo Testamento nos dice que presentemos nuestras oraciones ante Dios, particularmente por aquellos que están enfermos. Así que tengo la esperanza de que Dios sea misericordioso porque él promete ser misericordioso, y tengo la esperanza de que esté presente en los momentos de aflicción porque él promete estar presente en cada momento de aflicción. Tengo la esperanza de que Dios tome en serio nuestras oraciones cuando oremos a favor del enfermo. No me hago expectativas de que Dios sanará a todos aquellos por los cuales oramos porque no he oído nunca que Dios haya prometido hacerlo. Y no tengo derecho a esperar de Dios algo que él no haya prometido hacer categóricamente en cada ocasión.

En el Nuevo Testamento vemos que Jesús, hasta donde sabemos, tuvo un historial perfecto de sanidades. Cuando Jesús le pedía al Padre que sanara a alguien, esa persona era sanada. Pero ni siquiera los apóstoles tuvieron esos resultados. Hubo ocasiones en las que oraron por la sanidad de ciertas personas y dichas personas fueron sanadas, pero hubo ocasiones en las que oraron por ciertas personas y no fueron sanadas. Creo que, hablando en términos prácticos, lo que deberíamos hacer es traer nuestras peticiones delante de Dios con temor y temblor, en fervorosa intercesión, y luego dejar que Dios sea Dios. Confiamos en la presencia de su Espíritu Santo.

La Biblia nos dice que en el mundo tenemos aflicción; el mundo está lleno de sufrimiento, vamos a sufrir, y Dios promete estar con nosotros: "Aun cuando yo pase por el valle más oscuro, no temeré, porque tú estás a mi lado." Nunca he dejado de asombrarme al ver cómo algunos cristianos que conozco han testificado del abrumador sentido de la presencia de Cristo que los acompaña en esas ocasiones. Es entonces cuando más podemos esperar que Dios esté con nosotros.

- ### ¿Qué nos enseña la Biblia con respecto a consolar a alguien que sufre como resultado de un delito que ha cometido?

La posición básica de las Escrituras con respecto a un tema así es una actitud caritativa. Por ejemplo, como cristianos tenemos un claro mandato en la Escritura de visitar a aquellos que están en prisión. Algunos han adoptado una visión restringida de eso, insistiendo en que se refiere solamente a prisioneros políticos u otros que están siendo perseguidos por ser creyentes (por causa de la justicia) y están injustamente encarcelados. Algunos dicen que ministrar a quienes están en prisión no incluye un ministerio a quienes están allí por ser culpables de cometer ciertos delitos.

Estar encerrado en una prisión es una forma de sufrimiento que es la consecuencia directa de la propia conducta pecaminosa. Creo que la iglesia históricamente ha pensado que eso quiere decir muy claramente que, sean culpables o inocentes, cualquiera sea la causa de su sufrimiento, aún somos llamados a poner en práctica un ministerio de misericordia para con ellos.

Como director de Prison Fellowship (Confraternidad Carcelaria), considero que visitar a los presidiarios es un ministerio muy importante que cumple un mandato de Cristo. Nuestra posición básica es ser personas que traigan consolación, bondad y caridad. Si vemos a alguien hambriento, no se supone que debamos preguntarle por qué está hambriento o cómo llegó a estarlo. Quizás esté hambriento como resultado directo de su propia pecaminosidad, pero se supone que debemos alimentarlo.

Hay algunos límites para nuestra caridad. Por ejemplo, la Biblia adopta una actitud firme contra la gente que se niega habitualmente a trabajar: "Los que no están dispuestos a trabajar que tampoco coman." En las enseñanzas de los apóstoles fuera del Nuevo Testamento, uno de los primeros documentos es *La Didaché*. Da instrucciones específicas acerca de la cantidad de tiempo durante la cual deberíamos ser caritativos con la gente que sufre como consecuencia directa de su negación a arrepentirse. Se requiere una cantidad tremenda de sabiduría para saber dónde termina la caridad y comienza la reprensión y la amonestación. Por otro lado, la amonestación y la reprensión no son necesariamente incompatibles con la caridad. Puede ser una parte del amor, aunque habitualmente no se considera como parte de la consolación.

Esta es una pregunta particularmente relevante ahora con la controversia nacional acerca del SIDA. He visto muchos cristianos adoptar la posición de que, puesto que algunas personas padecen de SIDA como resultado directo de prácticas inmorales, los cristianos no deben mover un dedo para aliviar su sufrimiento. Eso me parece una antítesis total del espíritu del Nuevo Testamento. Si estas personas están sufriendo, debemos ser agentes de alivio a través de un ministerio de bondad y caridad para con ellos, sin tomar en cuenta las causas de su sufrimiento.

- **En Santiago 5:14-15, se les dice a los enfermos que llamen a los ancianos de la iglesia para que los unjan con aceite y pongan sus manos sobre ellos. ¿Se practica esto aún? ¿Deberían practicarlo los cristianos de hoy?**

En realidad, la puesta en práctica de ese mandato en el libro de Santiago está muy extendida en la cristiandad. Por ejemplo, en la iglesia católica romana es elevada a la categoría de sacramento. El último de los siete sacramentos es designado con el nombre de extremaunción. Habitualmente pensamos en ella en términos de lo que se conoce como últimos ritos; alguien está en su lecho de muerte y se llama a un sacerdote para que escuche la confesión final. Esa doctrina o ese sacramento comenzó en la iglesia católica romana en respuesta directa al pasaje de Santiago, y fue vista primariamente no como una bendición transitoria para alguien que estuviera a punto de dejar este mundo, sino como un rito de sanación.

En la iglesia episcopal existe lo que se llama la Orden de San Lucas, porque Lucas era médico. Esta denominación practica y defiende la unción con aceite y la imposición de manos sobre aquellos que están enfermos.

Esto se practica ampliamante en las iglesias pentecostales y en las Asambleas de Dios. En todo el movimiento carismático se le da una tremenda importancia a este versículo de Santiago.

¿Hay que hacerlo? Yo diría que sí, pero creo que también es importante que entendamos algunas cosas acerca de la manera en que fue practicada la unción con aceite en las iglesias del Nuevo Testamento.

Algunos historiadores insisten en que, en este pasaje, Santiago se está refiriendo más a un rito médico que a un rito religioso. Una de las prácticas médicas era ungir a la persona con aceite en la creencia de que este aceite tenía algún valor medicinal. Teniendo a nuestra disposición la medicina moderna, ya no sería necesario hacerlo por razones terapéuticas.

La interpretación normal de ese texto es que se trataba de un símbolo del Espíritu Santo y estaba acompañado por la oración para que Dios interviniera y levantara al enfermo, y que la unción con aceite sería un rito religioso. Repito, la iglesia católica romana lo ve como un sacramento. Otros no necesariamente lo llaman sacramento, pero lo ven como una observancia religiosa importante.

Cuando el Nuevo Testamento nos llama a ejecutar un acto de misericordia así, creo que deberíamos hacerlo. No conozco ninguna iglesia que no ore por los enfermos. Hoy todavía visitamos a los enfermos y oramos por ellos. Este rito particular ha desaparecido de muchas iglesias mientras que aún se mantiene en otras. No veo razón para que cese.

19

LOS TIEMPOS FINALES

*Pero ustedes, amados hermanos, no están a oscuras acerca de estos temas,
y no serán sorprendidos cuando el día del Señor venga como un ladrón. . . .
Así que manténganse en guardia, no dormidos como los demás.
Estén alerta y lúcidos.*

I TESALONICENSES 5:4, 6

Preguntas en esta sección:

- *¿Estamos viviendo los últimos días?*

- *¿Deberían los cristianos dedicar tiempo al estudio de la profecía bíblica sobre la Segunda Venida?*

- *¿Qué señales de la Segunda Venida de Cristo ve usted en la actualidad?*

- *¿Nos dice la Biblia cuándo regresará Jesús?*

- *A la luz de las condiciones nacionales y mundiales, ¿cree usted que el reino del cielo esté realmente cerca?*

- *¿Qué quiso decir Jesús cuando dijo: "Les digo la verdad, no pasará esta generación hasta que todas estas cosas sucedan"?*

- *¿Cree usted que el Anticristo vendrá desde la iglesia?*

- *¿Las Escrituras dicen que durante los últimos días la tierra será destruida, o que Dios regenerará la sustancia que ya existe aquí?*

- *¿Compareceremos ante el juicio de Dios al morir o más tarde?*

- *¿Tendrá que pasar el cristiano por el juicio final del mismo modo que el no cristiano?*

- *La Biblia dice que seremos juzgados con la misma medida con la cual juzguemos a otros. ¿Es esto una indicación de que, en el Día del Juicio, el proceso será significativamente diferente entre las personas?*

- *¿Qué nos enseña la Escritura sobre el futuro rol de Israel?*

• ¿Estamos viviendo los últimos días?

Debemos tener cuidado de no ser culpables de aquello por lo cual Jesús reprendió a los fariseos: lo que yo llamo el Síndrome del Cielo Rojo. Si ustedes recuerdan, Jesús reprendió a los fariseos porque tenían la capacidad de predecir el tiempo. Podían mirar al cielo, y si estaba rojo al anochecer, decían: "Al marinero le causa placer." Y si estaba rojo al clarear, decían: "El marinero se debe cuidar." Sin embargo, no comprendieron las señales de los tiempos, y se perdieron el primer advenimiento de Cristo. Se perdieron la venida del Mesías mientras él se hallaba en medio de ellos, a pesar del hecho de que una gran cantidad de profecías bíblicas proclamaba la aparición de Jesús en la escena; y Jesús los reprendió por ello.

Cuando alguien me pregunta: "¿Estamos en los últimos días?," sospecho que lo que quieren decir es: "¿Estamos cerca del último capítulo de la historia antes de la venida de Jesucristo?" No puedo decir sí o no. Así que voy a decir: "Sí, y no lo sé." El sentido en el cual digo sí es éste: hemos estado en los últimos días desde el primer advenimiento de Cristo. Y siendo así, las Escrituras nos dicen que debemos vivir en un espíritu de diligencia y de alerta desde el tiempo en que Jesús dejó este planeta en las nubes de gloria hasta que regrese. No obstante, cuando la gente me pregunta: "¿Estamos viviendo los últimos días?," sospecho que lo que quieren decir es: "¿Estamos viviendo en los últimos minutos de la última hora del último día?" ¿Creo yo que el regreso de Jesús está cerca; que está en el horizonte?

Espero haber aprendido algo de los errores que otras personas cometieron en el pasado. Por ejemplo, cuando Lutero atravesó el turbulento trastorno de la iglesia cristiana en el siglo XVI, él estaba convencido de que la fragmentación de la iglesia en ese tiempo era el presagio del regreso de Jesús. Sin embargo, estaba equivocado. Jonathan Edwards, viviendo en la mitad del siglo XVIII, poco después de que Estados Unidos se constituyera como república, pensó en la forma en que la religión había declinado entre 1620 y 1750. Estaba convencido de que el mundo se estaba derrumbando y de que se nos estaba acabando el tiempo; pensaba que Jesús iba a venir en cualquier momento. Edwards estaba equivocado. Así que cuando observo a dos titanes de la teología como Martín Lutero y Jonathan Edwards haciendo predicciones equivocadas y expresando sus expectativas del regreso cercano de Jesús, me preocupo.

Lo único que puedo decir, sin embargo, es que estamos unos 450 años más cerca de ello que Lutero y 235 años más cerca de lo que estuvo Edwards.

Hoy están pasando muchas cosas en el mundo, lo cual me dice que estos son tiempos en que los cristianos deberíamos estar con la Biblia en una mano y con el periódico en la otra.

• ¿Deberían los cristianos dedicar tiempo al estudio de la profecía bíblica sobre la Segunda Venida?

Si Dios nos da información con respecto a algo, obviamente espera que seamos diligentes en estudiarlo. Un erudito bíblico hizo la afirmación de que aproximadamente dos tercios del material doctrinal de las Escrituras del Nuevo Testamento están relacionados de una forma u otra con la Segunda Venida de Cristo. Así que considerando el volumen total de la información tanto del Nuevo como del Antiguo Testamento que se centra en la consumación futura del reino de Dios, resulta obvio que este fue un tema de gran importancia para la iglesia cristiana primitiva y la enseñanza de Jesús.

En el discurso de los Olivos (Mt. 24), Jesús advirtió con firmeza a sus discípulos que no fueran como los fariseos, que podían leer los pronósticos del tiempo, pero no lograban discernir las señales de los tiempos. Ellos se perdieron la primera venida de Jesús. Si hubieran conocido las Escrituras del Antiguo Testamento que predecían la aparición del Mesías y las hubieran aplicado cuidadosamente a lo que estaba sucediendo en el siglo I, no habrían dejado de darse cuenta de su presencia.

Notemos que la confirmación de las declaraciones hechas por Jesús en el Nuevo Testamento está fundada en el cumplimiento de las profecías del Antiguo Testamento concernientes a la persona y a la obra de Jesús. Por supuesto, el Nuevo Testamento también expresa profecías futuras porque el Nuevo Testamento no da por terminada toda la obra de redención que Dios tiene en mente para este planeta. Aún hay otro capítulo que debe escribirse, como Jesús lo indicó, y por lo tanto nos dice que observemos las señales de los tiempos. Nos llama a una posición de diligencia, a estar alerta y a no caer en el engaño.

Tanto Jesús como el apóstol Pablo nos advierten que en los últimos días habría grandes engaños: un Cristo falso, rumores falsos, y una falsedad tan severa que podría engañar incluso a los elegidos de Dios. ¿Cómo podremos discernir entre el Cristo verdadero y el Anticristo o los falsos mesías que vendrán a menos que les prestemos una gran atención a aquellos pasajes proféticos de la Escritura? Fueron dados a la iglesia por una razón: para nuestra instrucción.

Yo diría que el énfasis del Nuevo Testamento está puesto en la diligencia y en la vigilancia. Al mismo tiempo no debemos preocuparnos. Entre algunas personas hay una tendencia a centrar toda la atención en las profecías futuristas. Esto se convierte casi en una especie de magia o hechicería por la cual andamos buscando la Segunda Venida detrás de cada arbusto. Creo que toda la Escritura debe ser tomada en cuenta, no sólo las profecías concernientes al futuro. De hecho, se nos da instrucción acerca de la forma en que debemos conducirnos *ahora* por causa de lo que predice el futuro.

• ¿Qué señales de la Segunda Venida de Cristo ve usted en la actualidad?

En el Nuevo Testamento, Jesús nos enseñó que deberíamos prestar atención a lo que él llamó las señales de los tiempos, de manera que cuando él venga, no seamos tomados por sorpresa. En 1 Tesalonicenses 5, Pablo escribe que el día del Señor tendrá lugar repentinamente y sin aviso, tal como un ladrón en la noche.

Algunas personas creen que, puesto que no sabemos cuándo vendrá Jesús otra vez, ni siquiera debemos pensar en las señales de los tiempos, y que el conocimiento de tales cosas nunca estuvo dirigido a nosotros. En el discurso de los Olivos, Jesús sugiere que seamos vigilantes, diligentes y conscientes de lo que sucede a nuestro alrededor. Al pueblo de Israel le correspondió ver las señales que habían sido profetizadas en el Antiguo Testamento con respecto al nacimiento original del Mesías. Como usted sabe, la gran mayoría de la gente se lo perdió por completo.

La pregunta, sin embargo, es: "¿Cuáles son las señales?" Algunas de las que Jesús menciona son cosas que están, en su mayoría, ocurriendo todo el tiempo: guerras, rumores de guerras, terremotos, hambre, apostasía en la iglesia, el reinado de la impiedad, y cosas así. Estas son las señales clásicas que indican que el tiempo del regreso de Jesús está cerca. Puesto que estas son cosas que suceden en cada generación y en cada época, la única forma en que tendrían alguna importancia para nosotros sería si tuvieran lugar en cantidades o intensidades significativas.

Me parece interesante que, en el cálculo de la violencia, el siglo más sangriento, militarista y bélico de toda la historia registrada sea el XX. Este fue el siglo de las guerras mundiales. También hemos visto algunas de las peores catástrofes naturales en nuestro siglo, sin precedentes en términos de su capacidad destructiva.

Jesús centra también la atención en eventos que se desarrollan en torno a la nación judía. Hay teólogos cristianos que están divididos con respecto a la importancia del Israel contemporáneo en las predicciones bíblicas de Jesús. En Lucas, por ejemplo, Jesús predice la destrucción de Jerusalén en el año 70 d.C. y dice que los judíos serán llevados cautivos hasta que los tiempos de los gentiles se cumplan. Romanos 11 habla de los tiempos de los gentiles cumpliéndose al final de los tiempos antes de que Dios lleve a cabo la consumación de su reino. Es por eso que hubo tanto entusiasmo en la iglesia en 1967 cuando, por primera vez desde el año 70 d.C., Jerusalén ya no permaneció cautiva en manos de los gentiles. Eso me parece potencialmente muy significativo.

• ¿Nos dice la Biblia cuándo regresará Jesús?

No de manera específica. Mucha gente ha intentado establecer un calendario, mediante un análisis cuidadoso (y a veces no tan cuidadoso) de los pasajes proféticos de la Escritura. Algunos incluso han predicho meses, días y años, ninguno de los cuales, hasta ahora, ha sido correcto.

Cuando Martín Lutero estaba pasando por la tremenda convulsión y agitación que se produjo en Europa durante la Reforma protestante, pensó que la gran angustia que venía sobre la iglesia en el siglo XVI era una clara señal del inminente regreso de Jesús. Lutero esperço que ocurriera durante el transcurso de su vida, y se equivocó por al menos cinco siglos.

A mediados del siglo XVIII, antes de que se firmara la Declaración de Independencia de Estados Unidos, pero más de cien años después de que los peregrinos se establecieran en este país, Jonathan Edwards estaba casi convencido de que el regreso de Cristo estaba a punto de ocurrir. Edwards estaba equivocado. Menciono estos dos hombres porque no hay demasiados hombres cuya pericia teológica yo respete más que la de Lutero y la Edwards. Ver que ambos estuvieron equivocados me hace ser muy cuidadoso en cuanto a hacer predicciones precisas acerca del día y la hora del regreso de Cristo.

Recordemos que en el Monte de los Olivos Jesús les dijo a sus discípulos que ni siquiera el Hijo sabía el día y la hora de su regreso; eso está en las manos del Padre. Hay un día y una hora que Dios ha ordenado, y simplemente no la revela con precisión. Sin embargo, al mismo tiempo, Jesús fue celoso como lo fue Pablo y los otros escritores del Nuevo Testamento en instruir a la iglesia con respecto a ciertas cosas a las cuales ellos debían prestar atención: las señales de los tiempos, cosas que tendrían que ocurrir antes de que pudieran esperar el regreso de Jesús.

Por supuesto, hay una gran disputa en cuánto a qué son estas cosas y si alguna de ellas ha ocurrido. Algunas personas creen que todas estas señales ya han tenido lugar. Yo no creo que esto sea cierto, pero creo que tenemos todas las razones para ser optimistas en cuanto a que ese día está muy cerca. Creo que muchas de las cosas de las cuales Jesús habla (y que son mencionadas en otros pasajes de las Escrituras también) como presagios o señales de los tiempos ya han tenido lugar o lo están teniendo ahora. Ha habido una tremenda renovación del interés en el regreso de Cristo. Yo estoy muy esperanzado de que será pronto, aunque puedo concebir que pasen otros dos o tres mil años.

- **A la luz de las condiciones nacionales y mundiales, ¿cree usted que el reino del cielo está realmente cerca?**

No creo que el reino del cielos esté cerca. Creo que hay un sentido muy real en el cual el reino del cielo (o el reino de Dios, que es la forma en que los otros Evangelios describen esa frase) ya está aquí. Una vez se anunció que el reino del cielo estaba cerca. Encontramos ese anuncio muy tempranamente en los Evangelios. El uso del término *cielo* como "reino del cielo" se encuentra en el Evangelio de Mateo. Es el anuncio hecho por Juan el Bautista, que es un precursor de la aparición de Cristo, el Rey del reino.

Todo este concepto del reino del cielo o el reino de Dios es el tema recurrente que unifica el Antiguo y el Nuevo Testamento. Este es el gran concepto que liga toda la historia redentora. Tiene que ver con el reinado de Dios sobre su pueblo y sobre el mundo. Las promesas del Antiguo Testamento en cuanto a la venida del reino de Dios fueron hechas con respecto a un tiempo futuro vago y distante, a través de los labios y los escritos de los profetas.

Pero cuando Juan el Bautista aparece en la escena, hay un nuevo sentido de urgencia cuando él hace el anuncio de que el reino del cielo está cerca. Él habla del hacha puesta a la raíz del árbol. Usa la imagen del agricultor cuyo rastrillo está en su mano; es decir, ha llegado el momento en que el reino del cielo en un sentido está a punto de abrirse paso con poder y significado. Por supuesto, este es el anuncio que conmocionó a la nación judía y creó una reacción tan grande contra Juan el Bautista. Él estaba diciendo que el reino del cielo estaba cerca y ellos no estaban listos para él. Cuando Jesús entró en la escena, hubo un ligero cambio en el tenor del anuncio. Él también predicó el arrepentimiento por causa del reino de Dios, pero sus discípulos no ayunaron como lo hicieron los discípulos de Juan el Bautista. Entonces, Jesús hizo el extraño anuncio: "El reino de Dios . . . está entre ustedes." Dijo: "Si yo expulso a los demonios por el Espíritu de Dios, entonces el reino de Dios ha llegado." En cierto sentido, el reino de Dios irrumpió en la historia y comenzó con el ministerio de Jesús y ciertamente con el momento crucial en que Jesús ascendió hasta la diestra de Dios para su coronación, donde ahora gobierna como el Rey de reyes y Señor de señores.

La gente me pregunta si el reino de Dios está cerca. Creo que lo que habitualmente quieren decir es: "¿Volverá pronto Jesús?" Pienso que tenemos todas las razones para estar animados y esperanzados de que el capítulo final del reino de Dios está cerca. Lo que estoy tratando de recalcar es que el reino de Dios *ya ha comenzado.* No ha sido finalizado ni ha sido consumado, y eso no sucederá hasta que Cristo regrese en gloria. Creo que tenemos todas las razones para esperar que eso suceda pronto.

• ¿Qué quiso decir Jesús cuando dijo: "Les digo la verdad, no pasará esta generación hasta que todas estas cosas sucedan"?

Esa es una de las declaraciones más difíciles de Jesús en todo el Nuevo Testamento. Algunos estudiantes de seminario podrán recordar que el famoso erudito del Nuevo Testamento, misionero y músico Albert Schweitzer escribió su obra principal en la cual confesó su dificultad con la identidad de Jesús precisamente debido a ese pasaje y a los pasajes paralelos en los otros Evangelios que se refieren a este discurso en el Monte de los Olivos.

Jesús les estaba hablando a sus discípulos, y en este contexto particular estaba hablando del templo. Dijo que vendría el tiempo en que no quedaría una piedra sobre otra, y apuntó a los muros del templo de Jerusalén diciendo que serían destruidos y pisoteados. En ese mismo discurso habló, según suponemos, de la consumación de su reino y de su glorioso regreso al final de los tiempos. Los discípulos le preguntaron: "¿Cuándo sucederá todo eso?" En una ocasión, les dice que "no pasará esta generación hasta que todas estas cosas sucedan." Otras afirmaciones que hace son: "El Hijo del Hombre regresará antes de que hayan llegado a todas las ciudades de Israel" y "Algunos de los que están aquí ahora no morirán antes de ver al Hijo del Hombre llegar en su reino."

Schweitzer observó eso y dijo que es obvio que algunos de los oyentes de Jesús murieron antes de que todo lo que él anunciara en el discurso de los Olivos sucediera y que los misioneros judíos fueran a todas las naciones. Aún no han cubierto todas las naciones del mundo. Dijo que esa generación ha pasado y que Jesús no ha vuelto, de modo que la conclusión era equivocada y Jesús murió en la desilusión. De acuerdo a Schweitzer, esto representaba la esperanza que tenía Jesús de que el reino de Dios llegara en el curso de esa generación, lo cual no ocurrió.

Algunos eruditos radicales dicen que la segunda generación de cristianos tuvo que revisar la enseñanza de Jesús con el fin de explicar este error en que incurrió su maestro. Dijeron que él anunció su venida mucho antes de que en verdad ocurriera. Tratan de exprimir el texto para decir que en la frase "no pasará esta generación" Jesús no está usando el término *generación* para describir un grupo de una época sino un tipo de persona. Jesús llamó a la gente una generación perversa y adúltera. Él simplemente estaba diciendo que esta clase de maldad y pecaminosidad existiría hasta que él volviera. Eso podría ser lo que Jesús quería decir.

Creo que hay una mejor explicación, aunque aquí no tengo espacio para entrar en los detalles de ella. Los eruditos técnicos del nuevo Testamento han prestado atención muy de cerca a la función de la frase "todas estas cosas," que equivale a dos palabras griegas, *ponta touta*. Cuando Jesús usa dichos términos, usa una referencia específica a la destrucción de Jerusalén, que de hecho tuvo lugar en el año 70 d.C. y ocurrió dentro de esa generación y antes de que muchos de ellos murieran.

• *¿Cree usted que el Anticristo vendrá desde la iglesia?*

No estoy seguro de si el Anticristo vendrá desde la iglesia, pero lo considero como una posibilidad muy clara. Como seguramente sabrán, ha habido mucha especulación en la historia de la iglesia en diversos intentos de identificar la persona del Anticristo de la cual la Escritura habla en términos tan aterradores, y que Pablo señala que se manifestaría en forma previa al regreso de nuestro Señor. Habitualmente, los candidatos para ese oficio han sido personas de enorme poder político. Algunos pensaron que era Nerón. Muchos identificaron a Hitler, y otros incluso a Mussolini debido a la fórmula numerológica que encajaba en su título. Esa clase de especulación ha surgido repetidamente.

Sin embargo, cuando Pablo advierte sobre la aparición del hombre de pecado, que habitualmente es identificado con el Anticristo, afirma que esta persona será alguien que buscará recibir adoración y se establecerá a sí mismo en el templo de Dios reclamando ser tratado como Dios.

Pablo menciona eso en la 2 Carta a los Tesalonicenses. Es debido a esa referencia a la aparición del hombre de pecado en el templo de Dios que muchos han llegado a la conclusión de que el Anticristo será una persona religiosa que surgirá de la iglesia.

Hay otros factores, también. Tenemos la enseñanza profética de Cristo y los apóstoles referida a que en los últimos tiempos habrá una tremenda apostasía en la iglesia, un abandono de la fidelidad a Cristo. Sería muy posible que la iglesia se convirtiera en un terreno fértil para aquello que se opone a Cristo mismo.

Vemos además que el Nuevo Testamento describe a Satanás como si tuviera cierta naturaleza metamórfica. Es engañoso; tiene la capacidad de transformarse, como dice el Nuevo Testamento, en ángel de luz. En teología, decimos que Satanás tiene el poder de aparecer *sub species boni*; es decir, bajo los auspicios de lo bueno, disfrazándose como un personaje bueno. Siendo así, ¿qué mejor lugar para comunicar un gran engaño que en el contexto de la iglesia?

Tengo que agregar el siguiente calificativo a eso: aunque es muy posible que el Anticristo pudiera venir de la iglesia, todas estas cosas podrían decirse también de personajes seculares que usurpan la autoridad eclesiástica, como cuando en el mundo antiguo los gobernantes paganos invadían el templo de Dios y lo profanaban estableciéndose ellos mismos para ser adorados. En ese sentido el espíritu del Anticristo no necesariamente tiene que ser identificado con la iglesia.

• ¿Las Escrituras dicen que durante los últimos días la tierra será destruida, o que Dios regenerará la sustancia que ya existe aquí?

Hay mucha controversia en cuanto a cómo se producirá el fin del mundo. Mucha gente se aterra con las impresionantes imágenes que usa la Escritura para describir los tiempos del fin. Cuando se nos dice que los cielos serán enrollados como un pergamino y la tierra se fundirá, y vemos esta conflagración que implica una tremenda intensidad de calor, algunos ven una predicción críptica de alguna clase de holocausto nuclear mediante el cual todo este planeta será completamente aniquilado.

Aunque hay diferencias de opinión en esta materia, el abrumador consenso de los creyentes a lo largo de la historia ha sido que, aunque habrá un momento de juicio catastrófico al final de los tiempos, la expresión de la ira de Dios sobre la tierra no abarcará la aniquilación total de este planeta. En lugar de eso, la visión clásica espera una renovación de este mundo. Todos estamos de acuerdo en que buscamos un cielo nuevo y una tierra nueva, los cuales fueron vistos por Juan en su visión (en el libro de Apocalipsis).

En lo que llamamos escatología, que es el estudio de las últimas cosas, hay un par de principios que creo que es importante tener frente a nosotros cuando prestamos atención a lo que la Biblia dice sobre este momento catastrófico al final de la historia tal como la conocemos. Por ejemplo, en Romanos, Pablo dice que "toda la creación gime de angustia como si tuviera dolores de parto," esperando la redención que Dios traerá sobre su pueblo. La caída del hombre ha sometido la tierra entera al dolor, a la desgracia, la congoja y la tragedia.

En la Escritura encontramos que, junto con la redención de la raza humana, vendrá también la redención del medio ambiente de la raza humana, que es este mundo. Dios crea a la humanidad y Dios redime a la humanidad. Y de este modo, Dios crea un mundo, y su plan de redención es redimir este mundo. La forma en que yo lo veo, que es algo especulativa, es que esta conflagración que tendrá lugar durante los últimos días de los cuales nos hablan las Escrituras es una especie de purificación de este mundo. No es una aniquilación completa ni una destrucción completa, sino una purificación de lo antiguo, que entonces será renovado, restaurado, y devuelto a la vida.

• ¿Comparecemos ante el juicio de Dios al morir o más tarde?

Tenemos que hacer una distinción, como creo que la Biblia lo hace, entre el juicio que recibimos inmediatamente al morir, en el cual seremos presentados ante Cristo, y aquello a lo cual la Biblia se refiere como el juicio final. Hay una razón por la cual la Biblia se refiere al juicio final como final. El que sea final supone que ha habido previamente otros juicios. La Biblia dice que está decretado que el hombre muera una sola vez, y luego el juicio. Creo que en el Nuevo Testamento hay muchos indicadores de que, al momento en que morimos, experimentamos al menos un juicio preliminar.

Pablo, por ejemplo, dijo que él ansiaba partir y estar con Cristo, lo que era mucho mejor que permanecer aquí en esta vida y en el ministerio que tenía. El cristianismo histórico ha confesado casi universalmente la idea de que los santos que parten van inmediatamente a estar en la presencia de Cristo, en lo que se llama el placer del estado intermedio; es decir, somos espíritus incorpóreos, y esperamos la consumación final del reino de Cristo, por medio del cual experimentamos la resurrección del cuerpo. Cuando decimos, en el Credo de los Apóstoles: "Creo en la resurrección del cuerpo," no estamos hablando del cuerpo de Cristo sino de nuestros futuros cuerpos resucitados. Como digo, el cristianismo histórico cree que hay una transferencia inmediata desde este mundo a la presencia de Cristo, al menos en nuestro estado de espíritus incorpóreos. Para que eso ocurra, debe de haber alguna clase de juicio. Por ejemplo, Pablo no sería acompañado hasta la presencia de Cristo inmediatamente al morir sin que Cristo hiciera primero una evaluación de que Pablo realmente era uno de los suyos, que había sido justificado y puesto en un estado de salvación. Creo que hay una división preliminar de las ovejas y los cabritos antes del juicio final en el último día del cual habla la Escritura. Jesús advierte repetidamente acerca de ese último juicio.

En nuestra cultura secular, a muy poca gente le parece relevante una discusión acerca del juicio; es políticamente incorrecto juzgar a otros o, hasta cierto punto, aun juzgarnos a nosotros mismos: diferenciar entre lo correcto y lo incorrecto, entre la verdad y la falsedad. Sin embargo, esta misma gente elogia las enseñanzas de Jesús como sabias y maravillosas. Pero si Jesús de Nazaret enseñó algo, enseñó repetida y enfáticamente que cada uno de nosotros será traído ante el trono del juicio de Dios para un juicio final y definitivo.

• ¿Tendrá que pasar el cristiano por el juicio final del mismo modo que el no cristiano?

Hay un sentido en que no lo haremos, y hay un sentido en que sí lo haremos. Hay mucha confusión con respecto al juicio a partir de lo que declara la Biblia, en parte debido a una confusión entre dos palabras, *juicio* y *condenación*. En el libro de Romanos, Pablo aclara que uno de los grandes frutos de nuestra justificación es que estamos más allá del alcance de la condenación. No hay condenación para aquellos que están en Cristo Jesús. De modo que aquellos que están en Cristo no deben tener temor alguno de enfrentar la ira punitiva de Dios en el juicio final. Debemos asegurarnos de estar en ese estado de gracia antes de tener la seguridad de que no vamos a experimentar la condenación.

Sin embargo, aún debemos enfrentar lo que yo llamaría el juicio de evaluación. Jesús advierte una y otra vez que todo lo que hacemos, seamos creyentes o no, será traído al juicio. Me presentaré ante Dios, y mi vida será revisada por mi Padre. Obviamente mis pecados serán cubiertos por la expiación y la justicia de Cristo, y tendré la suprema ventaja de presentarme así ante el trono del juicio de Dios, donde Cristo es el juez y además el abogado defensor de su pueblo. Esa es una situación con la cual el incrédulo no cuenta. Su juez no será su abogado defensor, no tendrá un abogado defensor. Lo único que tendrá en la sala de justicia será un fiscal. Así que esa es la enorme diferencia que hay en el mundo entre la forma en que el incrédulo comparecerá en el juicio final y la forma en que comparecerá el creyente.

Cuando hablamos de nuestra justificación, reconocemos que somos justificados a través de los méritos de Cristo, a través de la gracia expiatoria de Jesús. No obstante, aún debemos ser juzgados de acuerdo al nivel de nuestra obediencia en este mundo. Esta doctrina es sostenida por casi todas las iglesias protestantes del mundo, pero muchos protestantes olvidan que los cristianos serán recompensados en el cielo de acuerdo a su obediencia. En el Nuevo Testamento hay al menos veinticinco veces en que se nos dice que seremos recompensados de acuerdo a nuestras obras. No llegamos allí por nuestras obras; llegamos allí a través del mérito de Cristo. Las recompensas que recibiremos en el cielo serán distribuidas de acuerdo al nivel de obediencia y respuesta a los mandatos de Cristo. Así que nuestras vidas serán evaluadas, y en el juicio final algunos recibirán recompensas más grandes que otros.

- **La Biblia dice que seremos juzgados con la misma medida con la cual juzguemos a otros. ¿Es esto una indicación de que, en el Día del Juicio, el proceso será notablemente diferente entre las personas?**

A partir de las afirmaciones que hace Jesús en el Nuevo Testamento, se deduciría que, cualquiera sea la forma de juicio que apliquemos, es la misma que tendremos que esperar. Sin embargo, hay un par de cosas que debemos mencionar a manera de aclaración. En primer lugar, sabemos que el juicio final ante el Tribunal Divino estará a cargo de un Juez infalible, omnisciente y perfectamente justo, y que el juicio será absolutamente justo. Un juez verdaderamente justo siempre considera las circunstancias atenuantes. En otras palabras, cualquier acto de tipo moral en el que yo esté envuelto, sea bueno o malo, es un acto complejo. El grado de maldad o virtud de mi acto está relacionado, por ejemplo, con muchas cosas, una de las cuales es mi comprensión de lo que estoy haciendo. Si tengo una comprensión clara de que algo está mal y continúo y lo hago voluntariamente, eso hace que mi delito sea más severo que si yo estuviera confundido al respecto. Eso no necesariamente me excusa del todo, pero es una circunstancia atenuante, y un juez justo considerará todo esto cuando emita su veredicto.

Ahora, lo que Jesús nos dice es que, cuando tome todo en cuenta (no sólo en el juicio en que evaluará si somos culpables o inocentes, virtuosos o malvados), él también distribuirá beneficios, recompensas y castigos en el día final. En el versículo que usted citó, Jesús nos está advirtiendo que si, en esta vida, rehusamos ser misericordiosos con la gente, Dios tendrá eso en consideración y como parte de su justo castigo para con nosotros él retendrá su misericordia. Si yo, siendo pecador y culpable, tiendo a ser misericordioso hacia otros, Dios tomará eso en cuenta cuando emita su juicio final y estará inclinado a mostrar más misericordia para con el misericordioso. "Dios bendice a los compasivos, porque serán tratados con compasión." Hay una tremenda ventaja en ser misericordioso en este mundo porque Dios pesará eso en la balanza de nuestro juicio final.

• ¿Qué nos enseña la Escritura sobre el futuro rol de Israel?

Algunos cristianos creen que la iglesia del Nuevo Testamento reemplaza al Israel del Antiguo como objeto de las profecías del Antiguo Testamento sobre Israel. Eso significa que hoy la iglesia es considerada como el nuevo Israel. Si esto es así, entonces cualquier profecía de la Biblia que tenga que ver con Israel se refiere ahora a la iglesia cristiana y no tiene referencia específica a la nación de Israel.

Otros cristianos están convencidos de que las Escrituras tienen mucho que decir sobre el Israel étnico y nacional y que Dios aún tiene otro capítulo que escribir en cuanto al pueblo judío como tal. Estoy persuadido de que Dios escribirá un nuevo capítulo para el Israel étnico, para los judíos que están vivos en el mundo actual. Estoy persuadido de eso principalmente debido a la enseñanza de Pablo en su epístola a la iglesia en Roma; en esta carta él hace una clara distinción entre el pueblo judío y la iglesia cristiana (Rm. 11). En esa distinción, habla del hecho de que Dios aún tiene trabajo por hacer con el pueblo judío.

Una de las secciones más importantes de toda la Escritura que enseña sobre las cosas futuras es lo que llamamos el discurso de los Olivos, llamado así porque tuvo lugar en el Monte de los Olivos (Mt. 24). Allí, Jesús y sus discípulos analizan eventos futuros. Jesús habla sobre los últimos tiempos y las señales de los tiempos y aquellas cosas que acontecerán al final de la época antes de que él regrese a este planeta. Por ejemplo, en Lucas 21:5-28, Jesús predice la destrucción inminente de la ciudad de Jerusalén y el templo. Esto sucedió en el año 70 d.C., cuando los romanos perpetraron un holocausto contra el pueblo judío destruyendo Jerusalén, matando brutalmente cerca de un millón de judíos, y derribando el templo. Los judíos, por supuesto, fueron entonces al exilio. Sin embargo, cuando Jesús anunció esta profecía sobre la destrucción de Jerusalén, dijo que Jerusalén sería hollada hasta que los tiempos de los gentiles se cumplieran. Así que incluso nuestro Señor habló en sus expresiones proféticas acerca de un período en que ese exilio de la nación judía terminaría y regresarían a Jerusalén, lo cual ha tenido lugar en nuestros días. Más allá de eso, no sé ni puedo hablar específicamente de la situación de Israel.

20

ÉTICA Y ESTILO DE VIDA

Pero ustedes no son así porque son un pueblo elegido.
Son sacerdotes del Rey, una nación santa,
posesión exclusiva de Dios.
Por eso pueden mostrar a otros la bondad de Dios,
pues él los ha llamado a salir de la oscuridad y entrar en su luz maravillosa.

I PEDRO 2:9

Preguntas en esta sección:

- *¿Por qué los cristianos creen saber cómo deberían vivir los demás?*

- *¿Deberían los cristianos imponer su ética sobre los no cristianos?*

- *¿Cómo podemos, como cristianos, determinar cuándo la Palabra de Dios era aplicable sólo a una cierta cultura y por lo tanto no aplicable a nosotros en la actualidad?*

- *¿Cómo debemos defender la ética cristiana sin ser críticos?*

- *Siendo usted una figura pública, ¿se siente presionado a vivir en un nivel más elevado de la ética cristiana?*

- *Dada la gran apostasía que hay en el mundo, muchos cristianos consideran que estos son los últimos días. Si las cosas van a ir de mal en peor hasta la venida de nuestro Señor, ¿por qué deberíamos interesarnos en el activismo social y en la participación política para mejorar las cosas?*

- *¿Cuál es la base bíblica para la dignidad humana?*

- *¿Cuál es nuestra responsabilidad para con los pobres?*

- *¿Podría dar un ejemplo de cómo la enseñanza de Cristo en cuanto a ofrecer la otra mejilla se aplica actualmente a las situaciones de la vida?*

- *En cuanto a las artes, ¿hay alguna diferencia entre lo secular y lo cristiano?*

- *¿Debería un abogado cristiano defender a alguien que él sabe que es culpable?*

- *Rahab la ramera, las parteras hebreas y otros a lo largo del Antiguo Testamento supuestamente mintieron para proteger a otros, y Dios, en su momento, los bendijo. ¿Significa esto que hoy los cristianos pueden tener ocasión de mentir con la bendición de Dios?*

- *La Biblia llama pecado a la embriaguez. ¿Cuáles son los peligros que hay en el hecho de que nuestra sociedad la llame enfermedad?*

- *De acuerdo a la Biblia, ¿hay algo malo en usar la hipnosis para ayudar a la gente a dejar de fumar o a superar alguna otra adicción o patrón de conducta?*

- *¿Por qué en nuestra sociedad actual está aumentando el uso de drogas como el crack?*

- *¿Es malo que los científicos se involucren en la ingeniería genética?*

- *¿Deberían los cristianos apoyar la investigación del SIDA?*

• ¿Por qué los cristianos creen saber cómo deberían vivir los demás?

En nuestra sociedad oímos muy frecuentemente la expresión "santurrón," y la gente odia que se la presione con la religión. La gente está dispuesta a dejar que yo practique mi religión, pero no quieren que los acose para que cambien sus valores. Lo que acecha detrás de todo esto es la tendencia de la sociedad hacia un enfoque relativista de la ética; la idea dominante es que toda persona tiene el derecho a hacer lo que es correcto desde su perspectiva.

Si embargo, si hay un Dios y él es el Señor de la raza humana, el Creador de todos nosotros, y si nos considera responsables ante él, entonces hay un estándar objetivo de lo que es correcto a sus ojos. Dios revela muy claramente que uno de los grandes síntomas de nuestra condición humana caída es la idea de que la gente tiene el derecho a definir lo que es correcto desde su perspectiva. Todo el concepto de la religión judeocristiana es que, en última instancia, la justicia no se declara de acuerdo a preferencias personales mías o suyas, sino conforme a Dios y a su carácter supremo. Si yo como individuo llego a un entendimiento de lo que Dios exige de la gente, eso significa que se me exige hacer ciertas cosas. Puedo entender también que él exige ciertas cosas de mí como individuo y de las personas como miembros de una comunidad.

Consideremos a Isaías en el templo cuando tuvo una visión de la santidad de Dios. Él se desarmó ante esa aparición de la majestad de Dios y exclamó: "¡Todo se ha acabado para mí! Estoy condenado, porque soy un pecador. Tengo labios impuros." Y luego siguió diciendo: "Y vivo en medio de un pueblo de labios impuros." Isaías reconoció que su pecaminosidad no era única. El hecho de que él reconociera que otras personas también eran culpables de los mismos pecados no significaba que estuviera albergando un espíritu crítico hacia aquellas otras personas. Simplemente estaba reconociendo la verdadera cuestión: Dios era soberano y santo en relación no sólo con él sino también con todos los demás. En términos prácticos, yo podría decir que, por ejemplo, Dios no sólo me prohíbe a mí que adultere, sino que también se lo prohíbe a usted.

El hecho de que la ley de Dios se extienda más allá de nosotros mismos es un punto que ha sido reconocido por profesores y maestros de ética totalmente ajenos a la fe cristiana. Immanuel Kant analizó este asunto cabalmente y se refirió a la aparición de lo que llamó el imperativo categórico, el sentido del deber que se halla presente en cada ser humano. Cada ser humano tiene alguna idea de lo que es correcto e incorrecto. Él hizo una afirmación muy similar a la de Jesús: "Vive de modo tal que, si las decisiones éticas que hubieres de tomar fueran elevadas al nivel de norma universal, serían buenas." Él entendió que ningún hombre es una isla.

• ¿Deberían los cristianos imponer su ética sobre los no cristianos?

Esta pregunta surge cada vez que se debate una cuestión moral en la legislatura o alguna otra arena gubernamental. ¿Tienen los cristianos el derecho a imponer su ética sobre aquellos que no comparten la misma perspectiva religiosa? Bueno, hay diferentes formas de imponerle estándares éticos a la gente. Cuando hablamos de autoridad ética, yo diría que, en última instancia, el único ser en el universo que tiene el derecho intrínseco a imponerle obligaciones a cualquier otro ser es Dios. Sólo Dios es el Señor de la conciencia humana. Tendríamos también que ser más específicos al respecto y decir que Dios, al mismo tiempo, ha establecido ciertas autoridades que tienen el derecho a imponer obligaciones éticas sobre otras personas. Él les ha delegado a los padres el derecho a imponer obligaciones sobre sus hijos. También ha establecido, creado y ordenado gobiernos para imponer ciertos estándares legales sobre los ciudadanos.

Cuando vivimos en una sociedad libre en que el proceso democrático funciona, la mayoría de la gente tiene el derecho de votar. Ese voto implica un ejercicio de la voluntad personal que, en última instancia, se transformará en ley de la nación si mi voto es como el de la mayoría. Una de las cosas que me aterra mucho es que oigo muy pocos cristianos y no cristianos que parecen estar conscientes de la trascendental responsabilidad que conlleva dar un voto. Cuando voto por una ley, por ejemplo, lo que estoy pidiendo es que, si esa ley es aprobada, obviamente se haga cumplir. Estoy votando que todo el poder investido sobre el gobierno del país, del estado provincial o de la ciudad, esté preparado para hacer cumplir esa ley. Cada vez que hago eso, estoy imponiendo alguna clase de restricción sobre la libertad de otras personas. Esa es una responsabilidad muy trascendental.

Para los que tienen proyectos especiales para los emprendimientos cristianos, usar la ley y la aplicación de la ley para abrirse camino en una arena pública puede convertirse en un ejercicio de tiranía. Por supuesto, hemos sido víctimas de la misma clase de tiranía cuando otras personas eran mayoría y usaron leyes que eran injustas para discriminarnos a nosotros o a otras personas. Creo que los cristianos debemos ser protectores entusiastas de la Constitución no sólo por nosotros mismos sino por todos aquellos que nos rodean. Por eso, vacilaría mucho antes de imponer principios particularmente cristianos sobre quienes no son cristianos.

- ### ¿Cómo podemos, como cristianos, determinar cuándo la Palabra de Dios era aplicable sólo a una cierta cultura y por lo tanto no aplicable a nosotros en la actualidad?

La verdadera pregunta aquí es: ¿Debe aplicarse todo lo que se expone en la Escritura a toda la gente de todos los tiempos y de todas las culturas? No conozco ningún erudito bíblico que argumentaría que todo lo expuesto en la Escritura se aplica a toda la gente en todas las épocas. Si Jesús envió a los setenta y les dijo que no llevaran zapatos, ¿significa eso que los evangelistas de hoy serían desobedientes a menos que predicaran descalzos? Obviamente ese es un ejemplo de algo practicado en la cultura del primer siglo que no tiene aplicación en nuestra cultura actual.

Cuando nos acercamos al tema de la comprensión y aplicación de la Escritura, tenemos dos problemas. Primero, está la comprensión del contexto histórico en el cual la Escritura se dio inicialmente. Eso significa que tenemos que volver y tratar de ponernos en la piel, la mente y el lenguaje de la gente del primer siglo. Tenemos que estudiar las lenguas antiguas (griego y hebreo) de modo que podamos, de la mejor manera que nos sea posible, reconstruir el significado y la intención original de la Palabra de Dios.

La segunda dificultad es que vivimos en el siglo XX, y las palabras que usamos cada día están condicionadas y moldeadas por la forma en que las usamos aquí y ahora. Hay un sentido en el cual estoy atado al siglo XX, pero la Biblia me habla desde el primer siglo y aun antes. ¿Cómo salvo las diferencias?

Creo también que debemos estudiar la historia de la iglesia de modo que podamos ver aquellos principios y preceptos que la iglesia ha entendido como aplicables a través de los siglos y dirigidos a los cristianos de todas las épocas. Tener una perspectiva histórica ayuda. Usted habrá oído el dicho de que aquellos que ignoran el pasado están condenados a repetirlo. Hay mucho que aprender a través de un estudio serio de la historia del mundo y la historia de la fe cristiana, y cómo otras generaciones y otras sociedades han entendido la Palabra de Dios y su aplicación a la situación de sus vidas. Haciendo eso, veremos con facilidad elementos de instrucción escritural que la iglesia de todas las épocas ha entendido como no limitados a los oyentes inmediatos del mensaje bíblico, sino como portadores de principios aplicables a través de las épocas.

No debemos relativizar ni circunscribir al pasado una verdad eterna de Dios. Mi regla general: debemos estudiar para tratar de establecer una diferencia entre principio y costumbre. No obstante, si después de haber estudiado no logramos discernir, preferiría tratar algo que puede ser una costumbre del primer siglo como un principio eterno en lugar de arriesgarme a ser culpable de tomar un principio eterno de Dios y tratarlo como una costumbre del primer siglo.

• ¿Cómo debemos defender la ética cristiana sin ser críticos?

Uno de los principios de la ética cristiana es que no debemos manifestar un espíritu crítico. Si somos críticos en nuestras actitudes y en nuestros espíritus, ya hemos violado la ética cristiana. La ética cristiana tiene algo que decir acerca de cómo debemos responder a los pecados de otras personas. No podemos pasar por alto los pecados de la gente. Somos llamados a demostrar discernimiento, a ser capaces de reconocer la diferencia entre el bien y el mal.

A menudo he dicho que todos los no creyentes de América conocen el siguiente versículo de la Biblia: "No juzguen a los demás, y no serán juzgados," y apelan a eso diciendo que nadie tiene jamás el derecho a decir que algo hecho por ellos está mal. Tratándose de un juez en una sala de justicia, declarar culpable a una persona acusada de un delito no es una actitud crítica. Si un cristiano reconoce como pecaminosa una conducta en otro cristiano o no cristiano, no es una actitud crítica.

Ser crítico en el sentido en que la Escritura lo prohíbe es manifestar una actitud de censura, una actitud farisaica de condenar a la gente y relegarlos a una completa indignidad por causa de sus pecados sin mostrarles espíritu alguno de paciencia, tolerancia, bondad o misericordia.

Es por eso que Jesús nos advierte con respecto a ver la mota en el ojo de nuestro hermano mientras tenemos una viga en el nuestro. La persona que se pasea examinando motas es alguien que tiene ese espíritu crítico que Jesús encontraba absolutamente detestable. Eso no significa que debamos ser livianos en cuanto al pecado o llamar a lo bueno malo y a lo malo bueno. *Crítico* describe una actitud.

Cuando una mujer fue traída ante Jesús porque había sido sorprendida en el acto del adulterio, ¿cómo trató él con ella? No dijo que ella no era culpable; no excusó su pecado ni lo respaldó o estimuló. Le dijo: "Vete y no peques más." Preguntó: "¿Dónde están los que te acusaban?" Todos se habían ido avergonzados momentos antes, y Jesús dijo: "Yo tampoco." Él se ocupó de esa mujer. Aunque la reprendió, la amonestó y la corrigió, lo hizo amablemente y con un interés de sanarla, no de destruirla. En el Nuevo Testamento se dice que Jesús no quebraría la caña cascada. Un espíritu crítico quiebra a la gente cascada. Eso no debe estar presente en la iglesia o en el pueblo de Dios.

• *Siendo usted una figura pública, ¿se siente presionado a vivir en un nivel más elevado de la ética cristiana?*

Sí, efectivamente. En un sentido me doy cuenta de que todo cristiano es llamado al mismo estándar de rectitud. Dios no categoriza sus pautas; todos somos llamados a conformarnos a la misma ley, pero al mismo tiempo, reconocemos que el Nuevo Testamento hace advertencias específicas a aquellos que están en posiciones de liderazgo en el ministerio o en la enseñanza, como yo lo estoy. Tiemblo ante la advertencia del Nuevo Testamento: "No muchos deberían llegar a ser maestros en la iglesia, porque los que enseñamos seremos juzgados de una manera más estricta." Ese juicio mayor no se debe a que tengamos una ley más alta sino más bien al nivel avanzado de conocimiento y comprensión que se espera que tengamos acerca de la teología (incluyendo las leyes de Dios) y la forma cristiana de vida.

A quienes se les da mucho, mucho se les exige. Mientras más entendemos y somos conscientes de lo que Dios demanda, mayor es nuestra culpabilidad cuando no nos sujetamos a ello.

Además, Jesús advierte que sería mejor para una persona que se le colgara una piedra de molino al cuello y se lo arrojara en el abismo antes que guiar a alguno de los pequeños por el mal camino. Dios toma muy seriamente la responsabilidad que tiene un maestro de ser preciso y disciplinado en cualquier cosa que enseñe. Si enseño falsedades, por ejemplo, y uso la posición que tengo como maestro para influenciar y persuadir a la gente, eso representará un problema para mí en el Día del Juicio.

Aun cuando, en realidad no hay un doble estándar, sí lo hay en el sentido cultural. Somos vivamente conscientes de ello. Cada vez que un ministro se involucra en alguna clase de pecado, se convierte en un escándalo público. Es una mancha para toda la comunidad de Dios por causa del oficio que el ministro representa.

En el Antiguo Testamento, era escandaloso que los sacerdotes se involucraran en prácticas corruptas en el templo. Dios trató con severidad a los sacerdotes que habían violado su oficio y la responsabilidad sagrada que descansaba en ellos. Es aterrador pensar en esto.

Puedo recordar cuando me trasladé a Boston hace unos veintitantos años. La primera noche, nuestra ropa aún no había llegado. Lo único que yo tenía para vestir y salir a cenar era uno de esos cuellos clericales y el chaleco negro. Ni siquiera tenía una camisa para ponerme debajo. Mientras conducía mi automóvil por la Ruta 128 de Boston, y alguien se me cruzó por delante, tuve el impulso de hacer sonar la bocina, pero me contuve porque era obvio que yo era un clérigo. De modo que sí, esa presión existe. Es innegable.

- **Dada la gran apostasía que hay en el mundo, muchos cristianos consideran que estos son los últimos días. Si las cosas van a ir de mal en peor hasta la venida de nuestro Señor, ¿por qué deberíamos interesarnos en el activismo social y en la participación política para mejorar las cosas?**

Esta pregunta da por sentada varias cosas. Asume que estamos en un período que la Biblia designa como la gran apostasía. No estoy seguro de que estemos en ese período, aunque bien podría serlo. En los últimos doscientos años, por ejemplo, hemos visto un serio deterioro de la influencia del cristianismo en el mundo, particularmente de su influencia sobre la cultura en el mundo occidental. Hemos visto suceder cosas nunca oídas en el pasado. La muerte de Dios no fue proclamada por filósofos seculares ni por ateos sino por teólogos que se declaraban cristianos. Hemos visto graves alejamientos de la ortodoxia cristiana clásica, lo cual lleva a algunas personas a la conclusión de que estamos en una época de gran apostasía.

Por otro lado, podría decirse que estamos en una época de renovación sin precedentes. Quienes son más sanguíneos en cuanto a la lectura de las señales de los tiempos tienen una visión más optimista del estado actual de las cosas.

No tengo una perspectiva interna del calendario de Dios concerniente a la consumación de su reino. Espero que él ponga pronto en efecto su reino. Bien puede ser que estemos en las últimas horas de los últimos días. Considero eso como una posibilidad muy real.

Si así fuera el caso, ¿cómo influiría eso en la agenda de la iglesia? Opino que, aun si estuviéramos en los últimos quince minutos de la historia redentora y si supiéramos que Jesús habría de venir durante el próximo cuarto de hora, todavía tendríamos el mandato de hacer aquellas cosas que él nos dijo que hiciéramos hasta su regreso; es decir, ser sus testigos, manifestar su reinado, y mostrar e ilustrar a qué debería parecerse el reino de Dios; y eso incluye dar alimento al hambriento, refugio al que no tiene hogar y ropa al que está desnudo. Jesús ha establecido la agenda que ha de tener la iglesia entre el momento de su partida y el momento de su regreso. Sin considerar cuán cerca o cuán lejos esté su regreso, somos llamados a la participación activa en los objetivos y los mandatos del reino.

A veces me desanimo tanto por la oposición de las estructuras mundiales al cristianismo y la falta de influencia que parecemos tener en la cultura, que me veo a mí mismo volviendo a caer en una mentalidad del tipo "arrebatemos unos pocos tizones del fuego," apenas tratando de alcanzar un individuo aquí y allá y abandonando las tareas más grandes que Cristo nos ha dado. Debo resistir aquello, y exhorto a cada cristiano a resistir esa tentación.

• ¿Cuál es la base bíblica para la dignidad humana?

Como cristiano, no creo que los seres humanos tengan una dignidad intrínseca. Estoy totalmente comprometido con la idea de que los seres humanos tienen dignidad, pero la pregunta es, ¿Es intrínseca o extrínseca?

La dignidad, según la definición bíblica, está vinculada al concepto bíblico de la gloria. La gloria de Dios, su trascendencia, su importancia es lo que la Biblia usa para describir a la fuente de toda dignidad. Sólo Dios tiene un valor eterno y una importancia intrínseca (es decir, en y de sí mismo). Yo soy una criatura, vengo del polvo. El polvo no tiene mayor importancia, pero adquiero importancia cuando Dios toma ese polvo, le da forma de ser humano y sopla en él aliento de vida y dice: "Esta criatura es hecha a mi imagen." Dios les asigna una importancia eterna a las criaturas temporales. No hay nada en mí que pudiera exigir que Dios me tratara con una importancia eterna. Tengo una importancia y un valor eterno porque Dios me los da. Y no sólo me los da a mí sino que se los da a cada ser humano.

Es por eso que en la Biblia el gran mandamiento no sólo habla de nuestra relación con Dios, sino de nuestra relación con otros seres humanos. "Ama al Señor tu Dios con todo tu corazón, con toda tu alma y con todas tus fuerzas . . . [y] ama a tu prójimo como a ti mismo," porque Dios ha dotado de valor a cada criatura humana.

• ¿Cuál es nuestra responsabilidad para con los pobres?

Si usted estudia la palabra *pobre* tal como aparece en la Escritura, observará que hay cuatro categorías.

El primer grupo está compuesto por personas que son pobres como resultado directo de la indolencia; es decir, estas personas son pobres porque son irresponsables. Son perezosas. Se niegan a trabajar. La respuesta de Dios a esa categoría particular de pobres encierra una suerte de amonestación y juicio áspero. "Tú, holgazán, aprende una lección de las hormigas." Ve a mirar a la hormiga y aprende a vivir. Pablo adopta una postura fuerte en el Nuevo Testamento: "Los que no están dispuestos a trabajar que tampoco coman" (2 Ts. 3:10). De modo que la mirada básica hacia ese grupo de personas encierra una amonestación y un llamado al arrepentimiento.

A veces, sin embargo, la gente simplificará demasiado la situación y dirá que la única razón por la cual las personas son pobres es porque son perezosas. Eso no es verdad. Hay muchas personas que son pobres por motivos que no tienen nada que ver con ser pecadoras o perezosas. Esto nos lleva al segundo grupo de pobres identificado en la Escritura, aquellos que son pobres como resultado directo de las calamidades, las enfermedades, los accidentes y ese tipo de cosas. La Escritura nos dice que es responsabilidad de la iglesia y del pueblo cristiano derramar su corazón compasivamente y prestar asistencia a aquellos que están sufriendo no por causa de una falta cometida, sino como resultado de una calamidad natural.

El tercer grupo se compone de aquellos que son pobres como resultado de una explotación injusta o una tiranización por parte de los poderosos, aquellos que son víctimas de gobiernos corruptos o víctimas casi naturales de la guerra. En esa situación, vemos a Dios tronando desde el cielo y exigiendo que se les dé justicia a estas personas; Dios derrama su indignación contra aquellos que venden a los pobres por un par de zapatos y los oprimen a través de medios ilegítimos. En ese sentido, deberíamos ser voceros de los pobres y defensores de ellos.

El cuarto y último grupo de pobres que encontramos en la Biblia es el de aquellos que son pobres voluntariamente; es decir, son pobres por lo que la Biblia llama "hacer lo correcto" al sacrificar voluntariamente cualquier ganancia mundanal como un compromiso personal de su parte a dedicar su tiempo a otros asuntos. Esas personas deben recibir nuestro apoyo y nuestra aprobación.

- **¿Podría dar un ejemplo de cómo la enseñanza de Cristo en cuanto a ofrecer la otra mejilla se aplica actualmente a las situaciones de la vida?**

Hay mucha confusión en cuanto a lo que Jesús quiso decir en el Sermón del Monte al señalar que, cuando alguien nos golpea en la mejilla derecha, debemos ofrecerle también la otra. Muchos han interpretado eso como si dijera que los cristianos deben dejarse pisotear si son víctimas de un ataque violento; si alguien nos golpea en el rostro, debemos voltearlo y dejar que nos golpeen el otro lado. Lo interesante de la expresión es que Jesús menciona específicamente el lado derecho del rostro. La gran mayoría de la gente en el mundo usa su mano derecha, y para que alguien sea golpeado en el lado derecho del rostro, se le debe golpear desde atrás o con el revés de la mano. Si yo lo golpeara a usted en su mejilla derecha, lo más normal sería que lo hiciera con el dorso de mi mano derecha.

De acuerdo al conocimiento que tenemos de la lengua hebrea, esa expresión es un modismo judío que describe un insulto, similar a la forma en que se hacían los retos a duelo en los días del rey Arturo mediante una palmada de revés en la mejilla derecha del oponente. No se limita a ser simplemente un ataque físico, sino más bien una referencia a que alguien nos insulte.

El contexto en que habla Jesús tiene que ver con un debate llevado a cabo con los fariseos en cuanto a la comprensión que ellos tenían de la ley del Antiguo Testamento, particularmente la que encontramos en el código Mosaico, que dice que el castigo para los crímenes debía estar basado en el principio de un ojo por un ojo y un diente por un diente. Hoy oímos a menudo ese concepto como si fuera expresión de un sistema punitivo bárbaro y primitivo, inusual en la nación judía. Sin embargo, creo que si lo miramos de una forma menos emocional, veremos que nunca ha habido un concepto más imparcial y justo para tomar medidas punitivas que un diente por un diente y un ojo por un ojo; es equitativo. No obstante, entre los rabíes esta declaración se había convertido en una excusa, una justificación para validar un espíritu de amarga venganza y un tratamiento cruel y severo de aquellos que habían transgredido la ley.

Jesús expresa este dicho de "ofrecer la otra mejilla" en el mismo contexto que la declaración "Si te demandan ante el tribunal y te quitan la camisa, dales también tu abrigo. Si un soldado te exige que lleves su equipo por un kilómetro, llévalo dos." Jesús está diciendo que deberíamos hacer el mayor esfuerzo posible para no vernos envueltos en un espíritu de amarga venganza. El resto de la enseñanza de Jesús indica que no está mal que alguien busque justicia en los tribunales. Si una viuda es estafada con respecto a su herencia, eso no significa que ella tenga que salir y darle el resto de sus pertenencias a aquel que le robó. Aquí Jesús está hablando de una ética que creo que nos llama a imitar la actitud de misericordia, tolerancia y paciencia que se encuentra en Dios mismo.

• En cuanto a las artes, ¿hay alguna diferencia entre lo secular y lo cristiano?

Creo que la hay, aunque a veces esa diferencia es extremadamente difícil de enunciar y precisar. Yo diría que la gran diferencia entre el arte cristiano y el no cristiano estaría en su perspectiva.

El arte es un medio de comunicación; donde quiera que haya arte, se está comunicando algún contenido. Por "arte" me refiero en un sentido general a la música, la escultura, la pintura, etc. El arte puede ser categorizado en términos de forma y contenido, pero todas las formas de arte comunican algo.

En los años sesenta hubo una frase famosa extraída del título del libro de Marshall McLuhan, *El medio es el mensaje.* Eso significa que la forma en sí misma transmite un mensaje, un mensaje no verbal, tal como lo hace el contenido en una obra de arte. En una canción, no sólo existen las palabras sino también una estructura, una forma de música que se está tocando. Hay ciertas clases de música que son muy ordenadas, como por ejemplo una cantata de Bach. La estructura de la música de Bach sigue un patrón definido y no hay intención de ser caótico. Algunos músicos modernos han intentado crear el caos, aunque es una tarea imposible porque no podemos ser intencionalmente carentes de intención. No podemos crear intencionalmente algo que en última instancia sea caótico. Aún hay un patrón detrás de este presunto caos. Están tratando de comunicar, a través de un tipo muy vago de forma, sea a través de la pintura o de la música, una afirmación en contra de la armonía, el orden y la racionalidad, todo lo cual tiene implicaciones teológicas. Es parte del estado de ánimo secular desesperanzado que dice que no hay una coherencia final.

En el mundo del teatro del absurdo, los actores que están sobre el escenario emiten palabras sin sentido que implican que el hombre ha llegado a un punto en que hasta su lenguaje carece de significado. No obstante, aun aquellas sílabas disparatadas son una forma de comunicación, y hay un mensaje allí, aunque parezca incoherente.

En el otro extremo, está la actitud de que, para que el arte sea cristiano, debe incluir un versículo bíblico o retratar personas con aureolas sobre sus cabezas. Estoy convencido de que, si consideramos las Escrituras, veremos que Dios es un Dios de belleza. El es la fuente esencial de la belleza, y su carácter es bello. Parte de la tarea del hombre es reflejar el carácter de Dios. Eso significa que somos llamados a producir arte, y un arte que sea excelente.

• ¿Debería un abogado cristiano defender a alguien que él sabe que es culpable?

Una parte de esta pregunta es simple de responder. El solo hecho de que un abogado sepa que su cliente es culpable no priva a esa persona de todos los derechos que le da la nación de acceder a un consejo legal y a un juicio justo. La responsabilidad del abogado es proveer la mejor defensa legal que pueda para un cliente aun si el cliente es culpable. El cliente puede incluso incurrir en una declaración de culpabilidad. La tarea del abogado puede ser argumentar circunstancias atenuantes o tratar de demostrar a través de precedentes históricos que estas circunstancias deberían ser tomadas en cuenta cuando se dicte la sentencia. Hay muchas defensas que siguen siendo importantes y legítimas para una persona que es claramente culpable.

¿Qué pasa si el hombre alega inocencia y el abogado sabe que es culpable? ¿Puede un abogado, honradamente, respaldar algo que sabe que es fraudulento? Saber que una persona ha cometido un delito o ha hecho ciertas cosas no significa que sepamos anticipadamente que ese hombre será juzgado culpable de un delito particular en una sala de justicia particular dadas todas las circunstancias del juicio. Creo que, dentro de las restricciones que impone la honestidad y la integridad, un abogado podría proveer una legítima defensa para alguien cuya culpabilidad conoce. Las acciones de un abogado llegan a ser cuestionables cuando él se vuelve un cómplice al tratar de burlar al tribunal y engañar al jurado haciéndoles creer algo distinto a lo que él sabe que es la realidad.

Todos los días encontramos esta clase de deshonestidad en los tribunales de divorcio. Lo he visto ocurrir una y otra vez: el hombre es culpable de adulterio y quiere abandonar el matrimonio, de modo que entabla un juicio contra su esposa sobre la base de un trato cruel e indebido o algo así. El abogado sabe muy bien que la parte culpable en el rompimiento del matrimonio es el esposo y consigue todo lo que le resulte posible para su cliente. Eso me disgusta. En cualquier profesión, médica, legal, y teológica, hay gente muy honrada y otras que no lo son. Toda su preocupación está centrada en ganar o perder el caso, y operan sobre un fundamento de conveniencia a partir de la motivación que constituye alcanzar la mejor solución financiera. En este punto transformamos en una burla cualquier búsqueda de la verdad y la justicia.

- ***Rahab la ramera, las parteras hebreas y otros a lo largo del Antiguo Testamento supuestamente mintieron para proteger a otros, y Dios, en su momento, los bendijo. ¿Significa esto que hoy los cristianos pueden tener ocasión de mentir con la bendición de Dios?***

La respuesta breve que yo le daría a eso es sí, puede haber ocasiones en que personas temerosas de Dios sean llamadas a mentir en el sentido de decir algo que no es verdad.

Hay muchos éticos cristianos que creen que la prohibición contra la mentira es absoluta y que jamás hay justificación alguna para la así llamada mentira blanca. Otros señalan a Rahab y las parteras hebreas como ejemplos; sus mentiras aparecen relatadas y más tarde se las incluye al enunciar la lista de los héroes. No dice explícitamente que Dios las bendijo o santificó por mentir, pero se da a entender que no hay ninguna palabra de represión para su evidente deshonestidad en estas situaciones.

En la Escritura hay otras ocasiones en que encontramos personas mintiendo de maneras que creo que son claramente contrarias a la Palabra de Dios. Por ejemplo, algunos han tratado de justificar la participación de Rebeca en el engaño de su marido para que Jacob pudiera recibir la bendición en lugar de Esaú. Ella estuvo envuelta en esta conspiración para engañar a su propio marido, y algunos han tratado de defenderla diciendo que si Dios había dispuesto que el mayor habría de servir al menor, entonces el plan de Dios era que Jacob recibiera la bendición patriarcal en lugar de Esaú y lo que Rebeca estaba haciendo era asegurarse de que la voluntad de Dios se cumpliera. Cuando Judas entregó a Jesús en las manos de sus enemigos lo que estaba haciendo era asegurarse de que la voluntad de Dios se cumpliera, aunque aun así Dios lo consideró responsable por su traición. Estoy seguro de que, aunque pueda haber sido bendecida por Dios, Rebeca fue bendecida a pesar de su mentira y no debido a ella. Algunos pondrían a Rahab en la misma categoría.

A lo largo de los siglos, en la iglesia cristiana, se ha desarrollado una ética de la veracidad que está ligada a la justicia. El cristiano siempre debe proporcionar la verdad y hablar la verdad ante quien corresponda. La pregunta, entonces es: ¿Existe un argumento que respalde la así llamada mentira justa o justificada? Yo diría que sí, y las situaciones que caen más claramente en esa categoría incluirían la guerra, el asesinato o las actividades criminales. Si un asesino viene a su casa y quiere saber si sus hijos están arriba en sus camas y usted sabe que su intención es asesinarlos, su obligación moral es mentirle, engañarlo tanto como le sea posible para prevenir que los mate. Creo que eso también sería cierto en casos de guerra. No creo que a una persona se le exija decirle al enemigo dónde se oculta su grupo del mismo modo que no se le pide al líder del equipo en un juego de fútbol comunicar al rival cuál será la estrategia de juego. Puede usar la simulación y el engaño con el fin de ejecutar ese juego. Esa es una especie de juego de guerra en el campo de fútbol. Muchos cristianos les mintieron a los nazis con el fin de proteger a los judíos de la captura y del exterminio. Creo que en aquellos casos en los cuales sabemos que mentir evitará una maldad, es legítimo.

• **_La Biblia llama pecado a la embriaguez. ¿Cuáles son los peligros que hay en el hecho de que nuestra sociedad la llame enfermedad?_**

La embriaguez ha sido llamada una enfermedad en parte debido a la motivación de ser compasivos con aquellos que sufren este problema tan debilitante y deshumanizante. Aquellos que se han ocupado del sufrimiento que implica, están cansados de actitudes condenatorias, y dicen: "Oiga, dejemos de gritarles a estas personas y tratemos de ser un poco más serviciales y compasivos.

Dejemos de amontonar toda esta culpa sobre ellos como si simplemente se tratara de gente inmoral."

También hay alguna evidencia en la literatura indicando que ciertas clases de alcoholismo encierran desequilibrios químicos genéticos, y de este modo, en ese aspecto fisiológico puede haber alguna base para reconocer que el alcoholismo no es meramente una debilidad moral. No obstante, hay algunos peligros en llamar enfermedad a este problema. Dios lo llama pecado. Él nos considera responsables de nuestra conducta con respecto al uso del alcohol. Él nos llama a la templanza, y nos dice que simplemente no se nos permite incurrir en un patrón de embriaguez. Dios dice que el asunto encierra una elección moral y que no podemos culpar a nuestro medio ambiente o a alguna otra persona por este problema.

Aun más allá de esa clara dificultad teológica, veo un aspecto psicológico. Si le digo a alguien: "Usted tiene una enfermedad," o "Usted está enfermo," puedo estar motivado a decirlo para liberar a esa persona y proteger su autoestima, lo cual es una motivación noble. Sin embargo, puedo estar inadvertidamente agobiando su espíritu porque estoy diciendo: "No hay nada que usted pueda hacer. Usted está enfermo. Es como si hubiera contraído gripe o tuviera cáncer. Algún tipo de anticuerpo extraño invadió su sistema. La única forma en que podría ser sanado sería que alguien se presentara con un medicamento milagroso y lo sanara." En otras palabras, dejamos sin esperanza a una persona cuando le decimos que está enferma, a menos que al mismo tiempo podamos ofrecerle una cura medicinal. No conozco a nadie que sea capaz de hacerlo.

Creo que la organización que ha trabajado más efectivamente con este problema es Alcohólicos Anónimos. Ellos tienen ese espíritu de compasión y bondad, pero al mismo tiempo se consideran unos a otros como responsables, y se animan unos a otros a esforzarse para salir de la situación.

• *De acuerdo a la Biblia, ¿hay algo malo en usar la hipnosis para ayudar a la gente a dejar de fumar o a superar alguna otra adicción o patrón de conducta?*

No estoy seguro de cómo debo responder esa pregunta. Hemos visto que se ha usado el fenómeno de la hipnosis en formas que yo llamaría ilegítimas como un intento de penetrar en áreas de lo oculto. Sin embargo, no estoy seguro de que entendamos todo lo que es la hipnosis, en qué consiste o cómo puede ser usada.

Hasta donde entiendo, la hipnosis involucra una especie de concentración mental intensa mediante la cual podemos enfocar nuestra conciencia en ciertas ideas, sentimientos o incidentes cruciales. Esto podría ser útil en las intervenciones quirúrgicas; también es usado a veces en terapias, por ejemplo para ayudar a una persona a recordar un suceso traumático. No veo nada intrínseco o inherentemente incorrecto desde un punto de vista moral con respecto al uso de la hipnosis en marcos apropiados para una persona que está luchando con una adicción o algo sinilar. El terapeuta le habla al paciente y lo pone en un estado hipnótico. No hay nada mágico en eso. El terapeuta continúa la conversación con el paciente, tratando de comunicar un mensaje dirigido hacia un punto, como por ejemplo: "Usted no necesita continuar usando esta sustancia. Es dañino para usted." Repiten eso una y otra vez de modo que cuando la persona despierta y regresa a un estado de conciencia, ese pensamiento está implantado en su mente y continuará recordándolo. Es casi como un nivel intensificado de concentración para aprender una lección. Mientras se trate sólo de eso, no veo nada malo en ello.

• ¿Por qué en nuestra sociedad actual está aumentando el uso de drogas como el crack?

Recuerdo cuando estaba en la escuela secundaria y me escandalicé al ver que uno de mis actores de cine favoritos era arrestado en Hollywood por fumar un cigarrillo de marihuana. No hace muchos años, ese tipo de conducta era desaprobado no sólo en la iglesia sino en toda la cultura secular.

Sin embargo, ahora hemos alcanzado un nivel explosivo en el aumento del uso y abuso de las drogas. Está incluso afectando a los modelos de conducta que vienen del mundo de los deportes, como tristemente ya todos sabemos. Los estudios que se han hecho hasta ahora en psiquiatría infantil indican que, en los niños de entre trece y diecinueve años, la mayor influencia en la formación de su auto imagen e identidad como personas no está en sus padres sino en su grupo de compañeros al cual se esfuerzan por pertenecer. Debemos decir entonces que, una vez que ciertos patrones de conducta llegan a ser aceptables en un grupo particular de edad, veremos que, por un efecto de ondas, más gente joven adoptará esa conducta.

Una de las razones de la escalada es la alta visibilidad del uso de las drogas en la cultura musical. Ese fue uno de los primeros lugares en que el uso de las drogas adictivas se volvió aceptable. Repentinamente, los patrones que habían sido considerados tabúes en generaciones anteriores se transformaron en positivos, en la moda para ciertas subculturas, y se propagaron prolíficamente hacia otros elementos de la sociedad.

Sin embargo, hay razones mucho más profundas para esta intensificación del uso de las drogas. Creo que hay una crisis filosófica en nuestra cultura por la cual hemos perdido la comprensión de lo que significa ser humanos. ¿Qué significa ser persona? Históricamente nos vimos a nosotros mismos como personas creadas a la imagen de Dios. No obstante, la visión moderna del hombre es que somos un error cósmico, somos gérmenes desarrollados, y somos insignificantes. Ese es un sentimiento insoportable, y cualquier cosa que nos libere de esa aflicción, aunque sea por algunos momentos u horas, es un alivio bienvenido ante esa visión pesimista.

• ¿Es malo que los científicos se involucren en la ingeniería genética?

Me parece irremediablemente inadecuado responder algunas de las desconcertantes cuestiones que han surgido a causa de la explosión de la tecnología moderna. En el caso de la mayoría de las preguntas éticas, los teólogos han tenido el beneficio de dos mil años de cuidadosa evaluación y análisis de los dilemas morales implicados, mientras que las preguntas de la ética biomédica, en su mayor parte, han irrumpido en la escena en el siglo XX. Hemos quedado atrapados sin haber tenido suficiente tiempo para pensar bien en todas las repercusiones.

Hay un contenido demasiado grande en el término *ingeniería genética*. ¿Estamos hablando del tipo de experimentos que alcanzaron horrible fama gracias a Mengele, durante la Segunda Guerra Mundial, al tratar de llevar a cabo los planes increíblemente diabólicos de Hitler para crear una raza superior a través de la purificación de los genes? Esa clase de cosas es claramente perversa.

No obstante, la ingeniería genética involucra también investigadores serios que están haciendo todo lo que está a su alcance examinando el código genético para ver si hay formas de tratar terapéuticamente enfermedades y distorsiones graves a través de medios genéticos. En este caso, estamos hablando de la tarea legítima de la ciencia en cuanto a tener dominio sobre la tierra ejerciendo misericordia y compasión hacia el enfermo, y encontrando curas para enfermedades y deformidades horribles. No debemos decir que toda la actividad de la ingeniería genética es malvada. Parte de ella, creo yo, tiene utilidad legítima. Bajo el paraguas de la ingeniería genética hay cuestiones específicas que deben ser consideradas individualmente en cuanto a su integridad moral. Y si bien los ingenieros, los especialistas y los investigadores tienen la mayor parte de la información necesaria para emitir juicios, los teólogos y los filósofos deben estar en contacto y hacerse escuchar. Estos asuntos caen fuera de los límites de la mera tecnología y deben ser examinados y debatidos en las esferas de la religión y la ética.

• ¿Deberían los cristianos apoyar la investigación del SIDA?

Estoy algo sorprendido de la frecuencia con que se plantea esta pregunta en la comunidad cristiana.

Por supuesto que los cristianos deberían apoyar la investigación del SIDA. ¿Por qué no habríamos de hacerlo? Tenemos el compromiso de ministrar a los enfermos y de aliviar el sufrimiento. Cuando alguien está enfermo, no es nuestra responsabilidad preguntarle por qué está enfermo. Cuando alguien está hambriento, no es nuestra responsabilidad preguntarle por qué está hambriento. Cuando alguien está sin hogar, no es nuestra responsabilidad preguntarle por qué no lo tiene. Nuestra responsabilidad es vestir al desnudo, ministrar al enfermo y visitar a los prisioneros. No decimos que un prisionero en la cárcel está allí porque ha cometido un gran pecado y por lo tanto no deberíamos visitarlo. Al contrario, se nos ordena visitar a quienes están en prisión a pesar del hecho de que están allí porque han hecho algo malo.

El hecho de que el SIDA sea una enfermedad que generalmente tiene sus raíces en tipos inmorales de conducta sexual no es una razón para que la iglesia actúe como el policía y verdugo de Dios. Debemos trabajar siempre y en todo lugar para aliviar el dolor y el sufrimiento que hay en el mundo. Puedo agregar que hay muchísimas personas que fueron víctimas del SIDA por acciones ajenas a ellas. El SIDA ha sido transmitido a través de transfusiones de sangre. Ha habido niños que han contraído esta espantosa enfermedad a través de transfusiones en hospitales o de agujas hipodérmicas infectadas. Se han descubierto transmisiones a través de tatuajes. No podemos asumir simplemente que el SIDA es un distintivo de las conductas sexuales impropias. No veo ninguna razón obligatoria para que la iglesia esté en contra de la investigación del SIDA.

En realidad estoy tratando de decir dos cosas aquí. Una es que, aun si la única gente del mundo que tuviera SIDA fuera culpable de pecados groseros y atroces, eso no debería impedir la participación cristiana en la búsqueda de una cura y el alivio de su sufrimiento. Ese es el principio número uno.

El principio número dos es que, de hecho, ese no es el caso con la gente y el SIDA. Realmente no puedo pensar en ninguna razón por la cual un cristiano debiera oponerse a la investigación. Uno de los grandes testimonios de la iglesia cristiana ha sido el lugar que ha ocupado en la vanguardia cuando se ha buscado aliviar el sufrimiento como en los casos del movimiento hospitalario y la creación de orfanatos. Creo que la situación en torno al SIDA es una maravillosa oportunidad para que los cristianos se dediquen al servicio de los seres humanos.

21

LOS CRISTIANOS Y EL GOBIERNO

*Toda persona debe someterse
a las autoridades de gobierno,
pues toda autoridad proviene de Dios,
y los que ocupan puestos de autoridad están allí colocados por Dios. . . .
Pues las autoridades no infunden temor
a los que hacen lo que está bien,
sino en los que hacen lo que está mal.*

ROMANOS 13:1, 3

Preguntas en esta sección:

- *Toda mi vida he tenido la sensación de que es incorrecto hacerle frente a la autoridad. ¿Es incorrecto o no? Y si no lo es, ¿cómo se hace de la manera correcta?*

- *¿Cuál es la responsabilidad de un cristiano para con el gobierno?*

- *¿Deberían trabajar los cristianos para incorporar valores cristianos en la política pública?*

- *¿Son obsoletas las soluciones bíblicas para los problemas del mundo?*

- *En la actualidad oímos continuamente gente reclamando por sus derechos morales. ¿Tienen una base legítima para estas demandas?*

- *¿Hay ciertos estándares éticos que el gobierno debería defender sobre una base bíblica?*

- *¿Qué le respondería a un político que dice que su ética personal o la de otros políticos no debería influir en la decisión de votar o no por ellos?*

- *¿Qué puede decir la Biblia en cuanto a las leyes creadas por los hombres?*

- *¿Estamos siendo demasiado críticos al censurar la vida privada de los líderes políticos?*

- *Tanto Pedro como Pablo nos llaman a someternos a las autoridades civiles. A la luz de eso, ¿es posible la revolución para un cristiano? Y si es así, ¿bajo qué circunstancias?*

- Aun cuando la búsqueda de la felicidad sea un derecho inalienable en la Constitución, ¿tenemos este derecho inalienable como seres creados? Muchas personas se sienten frustradas porque esperan tener felicidad en la vida, pero ¿es ésa una expectativa legítima, especialmente para el cristiano?

- ¿Cuál es la relación entre una educación cristiana y una educación pública?

- En los tribunales se nos pide hacer un juramento sobre la Biblia antes de subir al estrado de los testigos. Puesto que la Biblia dice que una persona no debería jurar por nada, ¿está bien que un cristiano se niegue a jurar sobre la Biblia en el tribunal?

- **Toda mi vida he tenido la sensación de que es incorrecto hacerle frente a la autoridad. ¿Es incorrecto o no? Y si no lo es, ¿cómo se hace de la manera correcta?**

Supongo que este sentimiento le fue inculcado muy tempranamente a través de la disciplina y la instrucción paterna. Cuando yo era pequeño, la única ley absolutamente no negociable de nuestra casa era no contestarles a los padres ni hablarles con insolencia a los maestros o a los vecinos. Caíamos en desgracia si le contestábamos a alguien que estuviera en una posición de autoridad. Recuerdo que una vez enfrenté a un maestro de ciencias en la escuela y me metí en serios problemas.

Creo que la Biblia nos dice que debemos rendirles honor a quienes están en autoridad sobre nosotros. No obstante, creo que es perfectamente legítimo que formulemos algunas preguntas: "¿Es ésta la manera apropiada de hacerlo?" O "¿Es éste un uso legítimo de la autoridad?" Mientras las preguntas sean planteadas o la confrontación sea llevada a cabo en un espíritu de genuina humildad y respeto, es legítimo.

Como estudiante del seminario esta fue una cuestión muy difícil para mí. Estudié bajo algunos de los eruditos más radicales del momento, gente que atacaba sistemáticamente la expiación o la resurrección de Cristo. Interiormente me sentía indignado por el hecho de que se trataba de profesores del seminario teológico y porque estaban negando las afirmaciones básicas de la fe cristiana. Sin embargo, me di cuenta de que sin importar cuán equivocados estuvieran en la sala de clases, tenía que respetar el oficio que desarrollaban como profesores. Cuando estudié en Europa, encontré un ambiente completamente diferente al que hallé en mi país. Cuando nos reuníamos en el anfiteatro y el profesor abría la puerta para entrar en la sala, todos los estudiantes se levantaban y permanecían atentos hasta que el profesor llegara al atril y nos diera una señal para tomar asiento. Inmediatamente después daba una conferencia de sesenta minutos. A ningún estudiante se le permitía jamás levantar la mano y hacer una pregunta. Al final de la conferencia, el profesor cerraba el libro, se alejaba del atril y nosotros nuevamente nos poníamos de pie mientras él salía. Yo apreciaba eso. Comunicaba un sentido de honor.

Hemos perdido la capacidad de honrar a aquellos que están en autoridad. Como ya he dicho, si la autoridad nos manda hacer algo que Dios prohíbe o si nos prohíbe hacer algo que Dios ordena, no sólo debemos hacerle frente a esa autoridad sino que debemos desobedecer.

• ¿Cuál es la responsabilidad de un cristiano para con el gobierno?

El Nuevo Testamento nos da algunos principios amplios acerca de cómo debemos responder al gobierno. Por ejemplo, Romanos 13 explica en detalle el origen e institución del gobierno como algo que Dios ordena.

El gran teólogo Agustín dijo que el gobierno es un mal necesario, que es necesario *debido* al mal. Y la mayoría de los teólogos en la historia de la iglesia ha dicho que la maldad humana es la razón de que aun un gobierno corrupto es mejor que carecer absolutamente de gobierno. La función del gobierno es restringir la maldad, y mantener, defender y proteger la inviolabilidad de la vida y la propiedad. Dada esta función, el cristiano entiende que el gobierno es ordenado por Dios, y de esta manera los cristianos, en primer lugar, son llamados a respetar todo aquello que Dios instituye y ordena. Por causa de Dios somos llamados a ser ciudadanos ejemplares. Se nos dice que hagamos el mayor esfuerzo posible por honrar al rey o ser obedientes a los magistrados civiles. Eso no promueve una obediencia servil a los magistrados. Hay ocasiones en que los cristianos no sólo pueden sino que deben desobedecerlos. Cada vez que un gobierno civil le exige a un cristiano que haga lo que Dios prohíbe o le prohíbe hacer lo que Dios ordena, la persona debe desobedecer. Sin embargo, nuestra actitud básica hacia el gobierno, de acuerdo al Nuevo Testamento, es ser ciudadanos sumisos y obedientes al estado. También tenemos el deber de orar por los gobiernos terrenales con el fin de que puedan cumplir las tareas que Dios les ha dado.

Tenemos otra responsabilidad, y es aquella que a veces nos lleva a terrenos polémicos. Personalmente creo en la separación de esferas de autoridad entre la iglesia y el estado. Creo que es una estructura maravillosa en Estados Unidos que no le permite al estado gobernar a la iglesia ni a la iglesia gobernar al estado. Históricamente eso significó que la iglesia era responsable ante Dios y que el Estado era responsable ante Dios. La separación de la iglesia y el estado supuso una división de tareas; la iglesia tiene su labor y el estado la suya. A la iglesia no le corresponde mantener un ejército permanente, y al estado no le corresponde evangelizar ni administrar los sacramentos. Sin embargo, ambos son considerados bajo la autoridad de Dios.

Lamentablemente, en la cultura de hoy la separación de la iglesia y el estado significa la separación del estado y Dios, como si el estado y el gobierno no fueran responsables más que ante ellos mismos, como si el gobierno no tuviera que responder ante Dios. Sin embargo, Dios vigila a los gobiernos; Dios los levanta y los hace caer. Todo gobierno humano es responsable ante Dios y es responsable de manejar sus asuntos con justicia y rectitud. Cuando el gobierno ya no actúa con justicia ni protege la vida (legalizando el aborto, por ejemplo), es el deber de la iglesia ser la voz profética, llamar al estado a realizar su tarea y llamar al estado a arrepentirse y hacer lo que Dios le ordena hacer.

• ¿Deberían trabajar los cristianos para incorporar valores cristianos en la política pública?

En una oportunidad me invitaron a hablar en el desayuno de oración para inaugurar el período del gobernador recientemente elegido del estado de Florida. En esa ocasión tuve la oportunidad de hablar con hombres y mujeres ubicados en posiciones estratégicas en el gobierno. Una pregunta importante para ellos es: ¿Hasta qué punto debemos mantener esa línea tan cuidadosa de separación entre la iglesia y el estado?

En nuestra herencia política, así como en nuestra herencia cristiana, entendemos que hay una diferencia entre la institución del gobierno civil (el estado) y la institución de la iglesia. No es tarea ni responsabilidad de la iglesia decirle al gobernador cómo gobernar o buscar que el gobierno imponga nuestras preferencias religiosas. Sin embargo, también debemos tener en cuenta que tanto el estado como la iglesia se encuentran bajo la autoridad de Dios. El estado no es soberano; el estado nunca tiene derecho a actuar mal. El estado se encuentra siempre bajo la autoridad de Dios. Dios instituye el gobierno, Dios ordena el gobierno, y Dios juzgará al gobierno. Él considera al gobierno y todas las otras instituciones de nuestra sociedad como responsables de hacer lo que es correcto.

¿Qué es lo correcto en las diversas situaciones dadas: prácticas comerciales correctas, prácticas laborales correctas, prácticas judiciales correctas? Lo bueno y lo malo no es decidido exclusivamente por los cristianos. Hay ciertos mandamientos que debemos practicar como cristianos. Por ejemplo, la Cena del Señor. No se supone que debamos pedirles a los incrédulos que participen en la Cena del Señor. Sin embargo, como cristiano, Dios me dice que pague mis facturas a tiempo. Me dice que no use balanzas ni pesos falsos en mi negocio.

Creo que es perfectamente apropiado recomendar que el estado tenga una moneda segura y no destruya las balanzas ni los pesos de nuestra sociedad, que lleve a cabo contratos honorables y haga lo que es correcto. En otras palabras, en aquellas esferas de la ética que son correctas para toda la gente, creo que es responsabilidad de un cristiano recordarle al estado que abogue por lo correcto.

• *¿Son obsoletas las soluciones bíblicas para los problemas del mundo?*

Hace años, cuando enseñaba filosofía en una universidad, participé en un simposio de profesores de filosofía. Un caballero que se hallaba en ese grupo nos recordó que solamente hay unas cinco cuestiones básicas en toda la historia de la filosofía. Ha habido cinco mil aproximaciones diferentes a aquellas cinco cuestiones básicas, pero en cada generación se ha luchado repetidamente con las mismas preguntas de la filosofía.

Yo diría que, en principio, esto también es cierto en el campo de la ética. Estamos enfrentados a nuevas cuestiones éticas que hacen difícil la aplicación de los principios actuales en un medio ambiente nuevo. Por ejemplo, las generaciones previas no tenían que preocuparse con respecto a cuándo desconectar un sistema de mantenimiento de vida cuando hay alguien muriendo en un hospital. Usted no tenía que preocuparse de ese dilema ético porque no tenía el equipamiento sofisticado que transforma ese dilema en una realidad. En ese sentido tenemos situaciones que las generaciones previas no necesitaban enfrentar éticamente.

Sin embargo, los principios que extraemos de la sagrada Escritura con respecto a la inviolabilidad de la vida y la dignidad de la muerte, por ejemplo, se dirigen elocuentemente a aquellos problemas específicos que llegan nuevamente a nosotros en cada generación. Creo que en la Biblia no solamente encontramos las perspicacias y opiniones de seminómadas hebreos primitivos. Si ese fuera el caso, yo diría que allí podemos obtener de ellos alguna sabiduría colectiva que podría tener aplicación en uno u otro tema. Sin embargo, tengo una visión más alta que ésa en cuanto a la Escritura.

Creo que lo que encontramos en la Escritura es verdad trascendente, verdad que llega a nosotros desde una perspectiva eterna. En términos filosóficos, esta verdad es *sub species iternatotus*. Eso significa que lo que captamos es nada menos que la mente del Creador, que conoce y nos revela los principios de lo que es recto, bueno y bello, y que estos principios pueden ser aplicados a lo largo de toda la historia humana. Para mí, pensar que las Escrituras ya no fueran aplicables a mi sociedad o que estuvieran obsoletas o pasadas de moda equivaldría a pensar que Dios es irrelevante y está obsoleto y pasado de moda. Él es el mismo desde la eternidad hasta la eternidad. Los principios y las verdades que nos revela provienen de esa perspectiva eterna. No puedo concebir un solo punto de la historia en que su verdad fuera anticuada u obsoleta.

- ## En la actualidad oímos continuamente gente reclamando por sus derechos morales. ¿Tienen una base legítima para estas demandas?

Creo que hay una gran confusión con respecto al lenguaje de los derechos y las obligaciones. La obligación, por ejemplo. Como cristianos, parte de nuestra profesión de fe es un reconocimiento de que Dios y sólo Dios es, en última instancia, Señor de nuestra conciencia. Sólo él tiene el derecho intrínseco a imponer obligaciones sobre sus criaturas. Él puede delegar ese derecho y decir que los padres pueden exigir ciertas cosas de parte de sus hijos, y que pueden establecerse ciertas otras estructuras de autoridad. En última instancia, toda obligación es dictada por Dios, quien es la fuente de toda obligación moral. Si no hay un Dios, tendría que decir que no existe tal cosa como la obligación moral. Las así llamadas cuestiones morales pasarían a ser simplemente asuntos de preferencia personal.

Cuando usted habla de los derechos, creo que es crucial distinguir entre derechos morales y derechos legales. Un derecho moral es algo que se nos concede como criaturas de Dios. Está incorporado en la creación; Dios es la fuente y el autor de todos los derechos morales que tenemos.

Un derecho legal es un derecho concedido por una institución humana, especialmente el estado. Los estados difieren en cuanto a los derechos que reconcen. Los derechos humanos han llegado a ser una cuestión mundial porque somos testigos de que hay grupos (e individuos, como en el caso de los prisioneros políticos) que sufren variados tipos de opresión según los derechos que protegen o violan los estados que los rigen. Consideramos que ciertos derechos son intrínsecos al ser humano; aquellos derechos que nos ha dado Dios el Creador. Y algunos estados no están proveyendo derechos desde un punto de vista legal que hubiera de ser mantenido sobre la base de ser derechos inicialmente dados por Dios. Cuando hablamos de una violación de derechos humanos, habitualmente nos estamos refiriendo a estos derechos.

Por otro lado, un estado puede conceder un derecho legal para que una persona haga algo que ante Dios no tiene el derecho de hacer. Por ejemplo, en lo personal creo que ésa es la cuestión detrás del aborto. Todo el tiempo oigo gente que dice que una mujer tiene derecho sobre su cuerpo para hacer lo que quiera con él, y que si ha concebido un niño, tiene el derecho a deshacerse de él mediante el aborto terapéutico. La gente insiste en que ella tiene el derecho a hacerlo. ¿Qué clase de derecho? Obviamente tiene el derecho legal para hacerlo porque la Corte Suprema ha concedido ese derecho en nuestro país.

No obstante, la cuestión que ha causado tanto debate y controversia es ¿Tiene el derecho moral a hacerlo? Sabemos lo que la ley permite, pero ¿qué es lo que Dios permite? Si una persona me dijera que tiene el derecho moral de abortar, le diría: "¿Dónde consiguió ese derecho moral? ¿Está segura de que tiene ese derecho? ¿Me está diciendo que Dios Todopoderoso le ha dado el derecho a disponer de su bebé no nacido?" Tiemblo al pensar que alguien se presentara ante Dios diciendo que tiene derecho a hacer eso. Nunca tenemos el derecho moral de desobedecer a Dios.

• ¿Hay ciertos estándares éticos que el gobierno debería defender sobre una base bíblica?

A la luz del concepto contemporáneo de la separación de la iglesia y el estado que es tan importante para nuestro gobierno, muchos interpretan que ese concepto significa que el estado no es responsable ante Dios y que no está subordinado a la autoridad divina. En otras palabras, Dios no tiene jurisdicción sobre los asuntos del gobierno. Nada podría ser más antitético a la enseñanza bíblica. Si reconocemos (como lo hicieron nuestros antecesores) que Dios es el Creador del universo, entonces no hay necesidad de decir que Dios es soberano sobre todo lo que crea. Sin duda, él ordena e instituye la iglesia para llevar a cabo una tarea particular mientras ordena e instituye los gobiernos para llevar a cabo otra tarea. No es responsabilidad de la iglesia ser el estado ni del estado ser la iglesia, *pero el concepto de separación de la iglesia y el estado no significa la separación del estado y Dios.*

El estado, tanto como la iglesia, están bajo la autoridad de Dios, y toda autoridad terrenal será, en algún momento, considerada responsable por Dios en cuanto a la forma según la cual ejerció esa autoridad. Ningún gobierno estatal, ningún gobierno terrenal, tiene jamás el derecho o la autoridad de gobernar según sus preferencias sin ser responsable ante un patrón final de rectitud y justicia. Cuando el Nuevo Testamento enseña que el gobierno está fundado en el mandato divino, como leemos en Romanos 13, se nos dice que los gobiernos son llamados a ser ministros de Dios por causa de la justicia. De manera que es responsabilidad del estado sostener estándares de rectitud y de justicia.

Obviamente, los estados pueden llegar a ser corruptos y violar el estándar de rectitud de Dios y aquellos estándares que están enraizados, finalmente, en el carácter de Dios. Cuando lo hacen, Dios los considera responsables. A través de la historia del Antiguo Testamento leemos que la autoridad de Dios se extiende no solamente sobre la nación de Israel sino también sobre aquellos que gobiernan Babilonia, Persia, y todas las naciones del mundo.

Recordemos que, en el Salmo 2, la queja del salmista era que los gobernadores del mundo se confabulaban contra Dios, diciendo: "¡Rompamos las cadenas . . . y liberémonos de ser esclavos de Dios!"; es decir, los gobernadores de las naciones paganas estaban declarando su independencia de Dios. La respuesta del salmista fue, por supuesto, que el que se sienta en los cielos reirá, pero sólo por un momento. Luego los llamará a rendir cuentas porque Dios juzga a todos los jueces.

- **¿Qué le respondería a un político que dice que su ética personal o la de otros políticos no debería influir en la decisión de votar o no por ellos?**

En estos tiempos oímos esa pregunta con mucha frecuencia debido a los muchos escándalos que han involucrado a figuras públicas y aquellas que ocupan cargos políticos. Un enfoque común es que la ética de las personas es asunto de ellas y que lo que hacen en privado no influye sobre su capacidad pública de servir en el cargo.

Creo que es importante distinguir, como lo hacemos en teología, entre ética personal y ética social, y creo que es posible para una persona desacreditada en cuanto a su carácter privado funcionar públicamente de una manera justa y recta. Sin embargo, no cabe duda que la ética privada de una persona dará lugar a serias preguntas acerca de cómo se comportará en términos de ética social. Porque, aunque distingamos entre lo personal y lo privado, en última instancia no pueden separarse ya que están estrechamente relacionadas.

Por ejemplo, si un hombre ha sido declarado culpable reiteradamente de ser ladrón, difícilmente querríamos que sirva como secretario de hacienda. No hay manera de estar absolutamente seguro de que esa persona se escapará con los fondos nacionales, pero hay puntos estratégicos de integridad que se le exigen a la gente que ocupa cargos públicos. Creo que el público tiene el derecho a esperar un alto grado de ética personal por parte de sus líderes.

Al mirar la historia de Estados Unidos, podemos regresar a los años cuarenta, cuando hubo un alza epidémica en la tasa de divorcios. Algunos sociólogos responsabilizan de eso a Hollywood. Dicen que hubo estrellas de cine que transformaron en un oficio el tener cinco o seis esposos o esposas, múltiples matrimonios y divorcios que fueron parte del molino sensacionalista que montaron los medios con estas estrellas y jóvenes promesas de Hollywood. De alguna forma pudieron sobrevivir en sus carreras porque su desempeño era de un estándar tan alto que la gente estuvo dispuesta a excusar o pasar por alto sus defectos personales. Sin embargo, lo que sucede es que los modelos de conducta (en Hollywood, en el mundo atlético o en la arena política) empiezan a ser imitados por la cultura en general y la población sufre efectos negativos. Así que mientras algunos funcionarios públicos han podido evitar que sus fallas personales afecten su desempeño público, sigue siendo importante y mejor para el país que ellos mantengan estándares personales elevados.

• ¿Qué puede decir la Biblia en cuanto a las leyes creadas por los hombres?

Fréderic Bastiat, el jurista francés, escribió un libro muy valioso sobre la ley, en el cual distinguió entre lo que él llama "gobernar de acuerdo a los hombres" y "gobernar de acuerdo a la ley." Enunció el concepto europeo clásico de *lex rex*. Este concepto sostiene que la ley, no la gente, debe reinar, y que la autoridad final a cargo de gobernar una nación no se hallaría en los caprichos o preferencias personales de los individuos, sino en el gobierno de la ley sobre nosotros.

"Gobernar de acuerdo a los hombres" contra "gobernar de acuerdo a la ley" es algo que confunde a muchas personas porque preguntan: "¿No son los hombres quienes hacen las leyes?" Por supuesto que son ellos quienes las hacen. No creo que la Biblia prohíba que los gobiernos nacionales legislen; esa es una de las responsabilidades que Dios les da. Con el fin de gobernar, deben hacer leyes. Tienen que legislar. Ese es el deber de los gobiernos.

¿Cómo se compara la legislación humana con la ley divina? La idea de que la ley es el rey significa que hay un fundamento legal que está, en última instancia, enraizado en el carácter de Dios que se puede descubrir a través de la naturaleza. Es por eso que históricamente, aun en Estados Unidos estuvimos fundados en el principio de la ley natural, diciendo que ciertas leyes son reveladas y dadas por nuestro Creador; ciertos principios básicos que llamamos la ley de las naciones, la ley común de todas las personas. Todas las naciones son responsables ante esas leyes, y todas las leyes individuales que promulguemos o legislemos en nuestros países deben ser establecidas en conformidad a esa ley más elevada que finalmente se basa en el carácter de Dios.

Al mismo tiempo, la Biblia ve con malos ojos a la gente que adopta leyes y luego actúa como si dichas leyes vinieran directamente de Dios. Ese fue el debate que Jesús tuvo con los fariseos. Los fariseos crearon leyes, las hicieron pasar por ley revelada de Dios y confundieron la ley de Dios con las tradiciones humanas. Jesús condenó rotundamente esto.

• ¿Estamos siendo demasiado críticos al censurar la vida privada de los líderes políticos?

Desde que han existido los funcionarios públicos, no sólo en este país sino en todos los países, ha habido un deseo, de parte de la mayoría de sus electores, de que los líderes políticos manifiesten una vida de integridad personal.

El peligro es que podemos volvernos críticos (hipercríticos e hipócritas también), estrechos de mente en nuestras críticas a la gente de la vida pública. Servir en un cargo público es una tarea extremadamente difícil para cualquiera. La persona común de este país no tiene idea de lo que significa la pérdida de la privacidad, por ejemplo. Cuando comenzamos los Ministerios Ligonier en Pensilvania en 1971, yo era ministro y trataba con el público frecuentemente. Y a medida que la gente venía a nuestras instalaciones exigiendo cada vez más atención personal de mi parte, mi familia y yo experimentamos la pérdida de la privacidad. Fue muy difícil de manejar. Eso fue sólo una muestra de lo que pueden enfrentar los funcionarios públicos.

Tal sacrificio, sin embargo, es parte del juego de ser una figura pública. Una persona de la vida pública estará sometida a un escrutinio mucho más estricto en términos de su integridad personal, y creo que la gente tiene el derecho a esperar que sus líderes sean un ejemplo de integridad. No cabe ninguna duda, en mi mente, al menos, de que la gente joven se guía por los ejemplos de las figuras públicas tal como se ven en la televisión, en la prensa, y en las películas. Es importante que nosotros, especialmente los cristianos, que deberíamos ser líderes en cuanto a la compasión y la comprensión, templemos nuestra manera de evaluar a las figuras públicas con un profundo sentido de comprensión y compasión por la difícil posición que ocupan para servir.

- **Tanto Pedro como Pablo nos llaman a someternos a las autoridades civiles. A la luz de eso, ¿es posible la revolución para un cristiano? Y si es así, ¿bajo qué circunstancias?**

Está claro que el Nuevo Testamento hace hincapié en la responsabilidad que tiene el cristiano de ser un modelo de obediencia civil. En Romanos 13, Pablo nos dice que los poderes que hay son ordenados por Dios. Eso no significa que sean aprobados por Dios o que Dios respalde todo lo que los gobiernos civiles hacen; sabemos que no es así. Sin embargo, Pablo está diciendo que es Dios quien permite el gobierno, y somos llamados a someternos a las reglas del gobierno por respeto a Cristo.

Pedro dice que debemos obedecer a los magistrados civiles "por amor al Señor" (1 P. 2:13-17). ¿De qué manera glorifico a Cristo cuando me someto al gobernador del estado de Florida o al Congreso de Estados Unidos? Creo que la cuestión esencial aquí es la lucha bíblica fundamental que hay entre las voces rivales de autoridad, los principios de Satanás y los de Dios. La cuestión es ¿manifiesta el ser humano un espíritu de obediencia a la ley de Dios, o participamos en un espíritu de rebeldía? Es interesante que en el Nuevo Testamento el Anticristo sea identificado como un hombre de rebeldía.

Creo que cuando somos llamados a obedecer a los magistrados civiles, es porque el Nuevo Testamento ve una estructura jerárquica de autoridad, y que la autoridad final en el cielo y en la tierra es Dios. Dios delega la autoridad a su Hijo unigénito: "Se me ha dado toda autoridad en el cielo y en la tierra" (Mt. 28:18). Sin embargo, bajo la autoridad del Hijo, que es el Rey de reyes y Señor de señores, hay niveles de autoridad terrenal, desde el gobierno en sus varios niveles hasta la autoridad de los empleadores sobre los empleados y de los padres sobre los hijos. Vemos que, en última instancia, la autoridad encuentra su aprobación en la autoridad y la soberanía de Dios. El principio no es difícil de entender: si yo soy descuidado y despreocupado en mi obediencia a la autoridad en los niveles más bajos, estoy de esta manera adoptando implícitamente una postura de desobediencia a la autoridad final que está por sobre y detrás de la terrenal. Lo que desobedecemos es la ley de Dios. Aplicamos este principio cuando decimos que un niño que no aprende a respetar a sus padres tendrá problemas para respetar a cualquier otra persona. Si soy escrupuloso en mi obediencia civil, y hago el mayor esfuerzo posible para obedecer a mis maestros, mis empleadores, mis gobernadores y mis oficiales de policía, estoy honrando a Cristo, que es el modelo final de autoridad y de obediencia a la ley.

¿Es justificable involucrarse en una rebelión? Muchos cristianos dirían que no. Esta fue una pregunta crucial en la época de la Revolución Americana, y los teólogos cristianos se ubicaron a ambos lados de la cuestión. Creo que aquellos que justificaron la Revolución dijeron que la única vez en que es justificable rebelarse es cuando el gobierno abandona la ley y funciona de manera ilegal o ilegítima. En la América colonial, la rebelión se produjo contra la fijación ilegal de impuestos. Eso requiere una lección más larga de historia que la que tenemos tiempo de compartir aquí.

- **Aun cuando la búsqueda de la felicidad sea un derecho inalienable en la Constitución, ¿tenemos este derecho inalienable como seres creados? Muchas personas se sienten frustradas porque esperan tener felicidad en la vida, pero ¿es ésa una expectativa legítima, especialmente para el cristiano?**

Primero tenemos que distinguir entre la Constitución de Estados Unidos como un documento legal que circunscribe la forma en que las personas deben ser tratadas bajo la ley del estado y los principios que operan en el reino de Dios y que están expuestos en la ley de Dios.

Cuando la Constitución garantiza el derecho inalienable a la búsqueda de la felicidad, la intención es proteger una sociedad de los intentos de otras personas por destruir u obstaculizar esa búsqueda. Hasta la Constitucion establece límites a este derecho inalienable. Por ejemplo, reconoce que, si lo que me hace feliz es asesinar a otras personas, no tengo un derecho constitucional inalienable a buscar la felicidad de esa manera. Lo que estamos diciendo aquí es que la ley está establecida para permitir a la gente procurar aquellas cosas que les producen felicidad. Por supuesto, la Constitución no garantiza la obtención de la felicidad, sólo el derecho a buscarla, y ese derecho a buscar la felicidad está sujeto a algunas limitaciones.

¿Nos da Dios este derecho inalienable? Si consideramos que un derecho nos da un título legal, tenemos que decir que no, Dios no nos concede derechos en la forma en que la Constitución de un país lo hace. En ningún lugar la Biblia le da a ningún ser humano pecaminoso (y quiero decir *ninguno*) una garantía absoluta o un derecho a la felicidad. La Biblia otorga toda clase promesas concernientes al logro de la felicidad, pero la felicidad, finalmente, es un regalo de Dios, una manifestación de la gracia de Dios. Si Dios fuera a tratar con nosotros en términos de derechos, significaría que nos trataría estrictamente de acuerdo a la justicia. La única forma de que tuviéramos un derecho inalienable sería diciendo que somos tan virtuosos y llenos de méritos que, si Dios es justo, debe concedernos la felicidad. Eso es lo opuesto de lo que la Escritura enseña en cuanto a nuestra condición delante de Dios. Somos personas culpables ante nuestro Hacedor, y por lo tanto, nuestro Hacedor no nos debe felicidad alguna.

Pese al hecho de que Dios no nos debe la felicidad, él derrama gozo, paz, felicidad y bendiciones en abundancia sobre su pueblo. Creo que es perfectamente legítimo para un cristiano buscar el gozo, el contentamiento y la realización de nuestra condición humana en todo aquello para lo que Dios nos ha hecho, lo cual se halla en nuestra reconciliación con Dios. Cuando somos reconciliados con Dios y vivimos de acuerdo a su voluntad y a sus principios, la felicidad es generalmente un subproducto y, aun así, es un resultado de la gracia y de los dones de Dios. No es una exigencia que podamos hacerle.

• ¿Cuál es la relación entre una educación cristiana y una educación pública?

En los últimos años hemos visto el nacimiento de escuelas confesionales en un número que no tiene precedentes en la historia (salvo por la manifestación de escuelas parroquiales patrocinadas por la iglesia católica romana). En el caso de la teología y la práctica católica, la iglesia siempre ha visto la educación como un aspecto extremadamente importante de todo su programa.

En general, los protestantes han estado satisfechos con el sistema de escuelas públicas. En parte, la razón de eso es que la iglesia protestante estuvo íntimamente comprometida en el establecimiento de los sistemas y las estructuras que se comunicaron a través de la coeducación pública años atrás. En este país ha habido un secularismo creciente y una nueva comprensión del concepto de separación entre iglesia y estado, el cual mucha gente entiende como una separación entre el estado y Dios. Clásicamente, se entendía que ambos estaban bajo la soberanía de Dios y comprometidos bajo un mismo sistema de valores. Ese ya no es el caso. Ahora el estado debe caminar sobre una cuerda floja de derechos humanos para asegurarse de no hacer nada que imponga una religión sobre otra en el sistema escolar.

El concepto de la no imposición ha argumentado históricamente contra el establecimiento de una denominación cristiana particular como la iglesia oficial del estado, como es el caso de la iglesia de Inglaterra. Eso significó que el cristianismo no tuviera un beneficio particular por sobre el judaísmo, el islam, el hinduismo o cualquier otra religión. La comprensión del estado tiende a ser que la educación pública no debe ser orientada a lo religioso en forma alguna; debe ser neutral. Esto, por supuesto, es manifiestamente imposible porque no se puede tener un programa de estudios que sea totalmente neutral. Todo programa de estudios tiene una perspectiva, y esa perspectiva puede ser teocéntrica o no. O reconoce la soberanía y supremacía final de Dios, o no lo hace. Puede permanecer en silencio, pero ese silencio ya es una declaración.

Yo diría que la gran diferencia entre la educación cristiana y la educación pública en este momento radica en el compromiso que tiene con sus perspectivas finales, esté centrado en Dios o no. Los cristianos deben tomar una decisión con respecto a si reciben una educación competitiva en otras disciplinas o pagan dos veces más para obtener esa perspectiva centrada en Dios. Francamente, muchas escuelas cristianas no son excelentes en las disciplinas académicas, y de esa manera se convierte en una decisión muy difícil de tomar.

- **En los tribunales se nos pide hacer un juramento sobre la Biblia antes de subir al estrado de los testigos. Puesto que la Biblia dice que una persona no debería jurar por nada, ¿está bien que un cristiano se niegue a jurar sobre la Biblia en el tribunal?**

El Nuevo Testamento aclara que no debemos llevar a cabo juramentos ni hacer votos ilegítimos. Jesús advierte en el Sermón del Monte que no debemos jurar por la tierra, ni por el altar, ni por ninguna de aquellas menores que Dios. Santiago lo reitera diciendo: "Nunca juren por el cielo ni por la tierra. . . . Simplemente digan 'sí' o 'no'" (St. 5:12).

Sin embargo, hay una cláusula bíblica referida a los votos y juramentos sagrados; es decir, hay situaciones lícitas y tipos lícitos de votos y juramentos que podemos hacer. De hecho, un pacto no es un pacto sin un voto, y eso es lo que estamos haciendo cuando hacemos votos en el matrimonio y en otras situaciones tales como aquellas que involucran acuerdos contractuales; estamos entrando en un pacto. El fundamento de nuestra relación con Dios está basado en votos y juramentos, juramentos que hace Dios porque él no puede jurar por nada más grande que él mismo.

No hay nada intrínsecamente malo en hacer votos y juramentos, pero creo que lo que Jesús estaba desaprobando era que los fariseos estaban tratando de engañar en sus votos y juramentos al jurar por cosas más pequeñas que Dios. La realización de un juramento a Dios o delante de Dios es un acto de adoración porque en ese voto estamos diciendo: "Dios me ayude," que es lo que decimos en la sala de justicia: "Juro decir la verdad, toda la verdad, y nada más que la verdad; Dios me ayude." Estoy haciendo un juramento delante de Dios. En ese momento estoy reconociendo que Dios es omnisciente, que está allí, ve todo lo que hago y puede oír lo que estoy diciendo; Dios es soberano sobre mis votos y tiene autoridad sobre ellos. Estoy reconociendo a Dios como Dios en el momento en que hago un juramento. En ese instante es un acto religioso.

Si digo que juro por la tumba de mi madre, estoy cometiendo un acto de idolatría porque me he atrevido a pensar que la tumba de mi madre tiene la capacidad de oír mis votos, de juzgarlos y tener soberanía sobre ellos. Le he atribuido deidad a la tumba de mi madre, lo cual es una crasa forma de idolatría. Eso es lo que Jesús estaba objetando cuando dijo, en esencia: "No juren por el altar. El altar no puede oírlos. El altar no puede juzgarlos. El altar no es Dios." Lo único por lo cual podemos jurar, para que sea un voto legítimo, es por Dios mismo en un acto de adoración.

No estoy seguro de que sea malo hacer un juramento en la sala de justicia, pero en realidad estamos haciendo un voto ante Dios, no a la Biblia. No le pedimos a la Biblia que sea testigo de nuestros votos. No le pedimos al libro que escuche nuestro interior ni que sea el juez de nuestras conciencias o soberano sobre nosotros. Sin embargo, sencillamente me pregunto de dónde sacamos esa práctica simbólica de poner la mano sobre la Biblia. Creo que sería igualmente impresionante, e igualmente solemne, de hecho incluso más solemne, hacerlo con la mano detrás de la espalda. Pero en la medida en que usted no le jure *a* la Biblia o no jure *por* ella, creo que sería legítimo jurar sobre la Biblia si usted lo desea.

22

PASAJES DESCONCERTANTES

Ahora confiamos aún más en el mensaje que proclamaron los profetas.
Ustedes deben prestar mucha atención a lo que ellos escribieron,
porque sus palabras son como una lámpara que brilla en un lugar oscuro
hasta que el día amanezca y Cristo, la Estrella de la Mañana,
brille en el corazón de ustedes.
Sobre todo, tienen que entender que ninguna profecía
de la Escritura jamás surgió
de la comprensión personal de los profetas
ni por iniciativa humana.
Al contrario, fue el Espíritu Santo quien impulsó a los profetas
y ellos hablaron de parte de Dios.

2 PEDRO I:19-21

Preguntas en esta sección:

- *¿Qué es el orden de Melquisedec?*

- *Dios ordenó a Moisés y a Aarón que hablaran a la roca para sacar agua. En lugar de eso, Moisés golpeó la roca. Debido a este acto, Dios castigó tanto a Moisés como a Aarón (Nm. 20:1-13). ¿Por qué? ¿Y por qué castigó a Aarón cuando fue Moisés quien cometió el acto?*

- *¿Por qué en el Antiguo Testamento Dios exige tanta violencia y guerra por parte de la nación judía?*

- *El Señor dice en el Antiguo Testamento que amó a Jacob pero rechazó a Esaú, y en 1 Juan expresa que si decimos que amamos a Dios, pero odiamos a nuestros hermanos, estamos haciendo mal. ¿Cómo podemos reconciliar estos dos pasajes?*

- *Cuando Jacob luchó con el ángel toda la noche, ¿debe entenderse esto literalmente, o es una forma simbólica de decir que Jacob luchó con una dificultad?*

- *En el libro de Jueces vemos que se ejecutó y aceptó un sacrificio humano. ¿Puede explicarlo, por favor?*

- *En Proverbios 21:14 dice: "El regalo en secreto calma el enojo; el soborno por debajo de la mesa aplaca la furia." ¿Por qué dice esto la Biblia?*

- *"Donde no hay visión, el pueblo se extravía." ¿Qué quiere decir esto?*

- *¿Nos haría el favor de explicar Eclesiastés 9:10, que dice: "Todo lo que hagas, hazlo bien"?*

- *¿Qué quiere decir el Credo de los Apóstoles cuando señala que Jesús descendió a los infiernos?*

- *En el Sermón del Monte, Jesús dice: "Que no sepa tu mano izquierda lo que hace tu derecha," y en otro* pasaje dice: "Dejen que sus buenas acciones brillen a la vista de todos." Esto parece una contradicción.

- En Mateo 24:32-34, Cristo relata la parábola de la higuera. En su opinión, ¿qué representa la higuera?

- En el libro de Juan encontramos la afirmación de que "conocerán la verdad, y la verdad los hará libres." ¿Podría usted explicar qué quiso decir Jesús con "los hará libres"?

- ¿Podría usted comentar la declaración hecha por Jesús al decir que no deberíamos arrojar nuestras perlas a los cerdos?

- En la historia de la mujer adúltera, ¿qué escribió Jesús en el polvo?

- En Hechos 16, Pablo anima a Timoteo a circuncidarse, pero más tarde condena esta práctica. ¿Estaba siendo hipócrita?

- Primera de Corintios 15:29 dice: "Si los muertos no serán resucitados, ¿para qué se bautiza la gente por los que están muertos? ¿Para qué hacerlo a menos que los muertos algún día resuciten?" Sé que es una doctrina mormona creer en el bautismo de los muertos mediante un representante. ¿Cuál es la perspectiva cristiana de esto?

- ¿Qué quiere decir el escritor de Hebreos 6 cuando escribe: "Es imposible lograr que vuelvan a arrepentirse los que una vez fueron iluminados —aquellos que experimentaron las cosas buenas del cielo y fueron partícipes del Espíritu Santo"?

- Últimamente, la gente me ha estado hablando de las "palabras de maldición." ¿Es algo que debería preocuparnos a los cristianos? ¿Se heredan las maldiciones?

• ¿Qué es el orden de Melquisedec?

El libro de Hebreos, por supuesto, tiene como uno de sus temas centrales la obra sumo sacerdotal de nuestro Señor Jesús. Comunicarle al pueblo judío que Jesús era el Sumo Sacerdote produjo algunos problemas serios. Según la expectativa judía, su rey iba a venir de la tribu de Judá. Sin embargo, la tribu sacerdotal, la tribu de Aarón y de sus descendientes, era la tribu de Leví. Así que, si Jesús no era de la tribu de Leví, ¿cómo puede el Nuevo Testamento decir que él es un Sumo Sacerdote? Para que Jesús fuera Sumo Sacerdote, se esperaría que fuera un descendiente de Leví de la línea de Aarón y Moisés, pero no lo era. Lo que el autor de Hebreos está haciendo aquí es recordarnos que hay otro sacerdocio en el Antiguo Testamento además del sacerdocio que lleva el nombre de Aarón o Leví. El autor vuelve a los primeros capítulos del libro de Génesis donde leemos la historia de Abraham regresando de la batalla y encontrándose con un hombre llamado Melquisedec. Melquisedec es identificado como un rey-sacerdote; es el rey de Salem, que significa rey de paz, y es tanto sacerdote como rey. El punto que establece el autor de Hebreos es éste: Abraham le pagó un diezmo a Melquisedec y Melquisedec bendijo a Abraham.

Luego, el autor plantea estas preguntas: ¿Una persona le da el diezmo al mayor o al menor, y quién bendice a quién en una situación así? En las categorías judías, el que da la bendición es superior al que la recibe, y el menor le da el diezmo al mayor. En la actividad que tiene lugar en el encuentro entre Abraham y Melquisedec, Abraham se subordina claramente a este extraño rey Melquisedec. Le paga el diezmo a Melquisedec, y Melquisedec bendice a Abraham. Así que, quienquiera que sea este Melquisedec, venga de donde venga y haga lo que haga, es de una naturaleza más alta que Abraham.

Luego, el escritor hace la pregunta en términos judíos: "Si Abraham es el padre de Isaac, e Isaac es el padre de Jacob, y Jacob es el padre de Leví, ¿quién es mayor, Jacob o Leví? Jacob. ¿Quién es mayor, Jacob o Isaac? Isaac. ¿Quién es mayor, Abraham o Isaac? Abraham. Bueno, si Abraham es mayor que Isaac e Isaac es mayor que Jacob y Jacob es mayor que Leví, ¿quién es mayor, Abraham o Leví? Abraham. Y si Abraham es mayor que Leví y Melquisedec es mayor que Abraham, ¿quién es mayor, Melquisedec o Leví?" ¡Vaya! Ustedes saben la respuesta. Melquisedec es de un orden más alto que Leví, de modo que el sacerdocio de Jesús es superior al sacerdocio de Aarón. Ése es el punto.

- **Dios ordenó a Moisés y a Aarón que hablaran a la roca para sacar agua. En lugar de eso, Moisés golpeó la roca. Debido a este acto, Dios castigó tanto a Moisés como a Aarón (Nm. 20:1-13). ¿Por qué? ¿Y por qué castigó a Aarón cuando fue Moisés quien cometió el acto?**

Estoy sumamente desconcertado, como también lo están muchos eruditos bíblicos, por ese episodio del Antiguo Testamento. La Biblia no nos da una explicación clara en cuanto a por qué Dios se disgustó tanto con esta acción de Moisés o por qué Aarón se vio involucrado en ella también.

Si leemos el texto cuidadosamente, y si asimismo lo leemos entre líneas, se observa que Dios le había dado a Moisés algunas instrucciones, pero Moisés se volvió un poco presuntuoso y se encargó él mismo de hacer este gesto en una forma inapropiada. Esa es la única razón que se me ocurre atribuirle a la respuesta de Dios; el pecado de Moisés fue un pecado de presunción. No lo hizo de la forma correcta, en el momento correcto o de la manera correcta que Dios había ordenado.

El hecho de que Aarón sea incluido en el castigo indicaría que en cierto modo debe haber participado en la acción. El hecho de que la Biblia guarda silencio con respecto a su participación no exonera a Aarón. Debemos suponer aquí que el texto no dice todo lo que sucedió, y sabemos que Dios no castiga al inocente. El hecho de que Dios castigó a Aarón me parece una evidencia suficiente de que Aarón fue culpable de complicidad en este evento y que, según es de presumir, ambos, Aarón y Moisés, actuaron de manera arrogante, haciendo algo que no estaba permitido. Debido a eso, perdieron ciertos beneficios y bendiciones en el reino. Por supuesto, ellos no fueron excluidos de la comunión con Dios, pero tuvieron que soportar la censura y la reprensión de Dios.

Algo similar ocurrió cuando David hizo un censo (1 Cr. 21). ¿Fue Dios quien ordenó el censo hecho por David, o fue instigado por Satanás? En una versión se le atribuye a Dios, y en la otra, a Satanás. Por supuesto, no creo que en última instancia sea una contradicción, porque Dios es soberano sobre Satanás y permitirá que ciertas cosas sucedan dándole a Satanás oportunidad para actuar. Los judíos pueden decir que Dios ordenó esto, pero no le dio su aprobación. Permaneció siendo soberano sobre ello, y quizás eso guarda relación con el texto. En definitiva, tenemos que confiar en el carácter de Dios, y en que él es justo, aun cuando nosotros no veamos el cuadro completo.

• ¿Por qué en el Antiguo Testamento Dios exige tanta violencia y guerra por parte de la nación judía?

Uno de los episodios más difíciles que debemos manejar como personas que vivimos de este lado del Nuevo Testamento son los registros del Antiguo Testamento referidos a lo que se denomina *herem*. Se refiere a cuando Dios llama a Israel a embarcarse en lo que llamaríamos una guerra santa contra los cananeos. Les dice que entren y aniquilen a todos: hombres, mujeres y niños. Tenían prohibido tomar prisioneros; debían destruir todo y pronunciar una prohibición, o maldición, sobre esta tierra antes de ocuparla.

Cuando vemos eso, retrocedemos horrorizados por el grado de violencia que no sólo es tolerado sino aparentemente exigido por Dios en esa circunstancia. Los eruditos críticos del siglo XX han señalado esa clase de historia en el Antiguo Testamento como un ejemplo claro de que ella no podía ser la Palabra revelada de Dios. Dicen que este es el caso en que unos hebreos sanguinarios, antiguos y seminómadas trataron de apelar a su deidad para que ella aprobara sus actos violentos, y que tenemos que rechazar aquello como una interpretación de la historia carente de inspiración sobrenatural.

Yo tengo una visión diferente. Estoy convencido de que el Antiguo Testamento es la Palabra inspirada de Dios y que Dios le ordenó a la nación judía instituir el *herem* contra los cananeos. Dios nos dice en el Antiguo Testamento por qué instituyó esa política contra el pueblo cananeo. No es que Dios hubiera mandado a un grupo de merodeadores a entrar y a matar gente inocente. En lugar de eso, el trasfondo muestra que los cananeos estaban profundamente atrincherados en formas desenfrenadas de paganismo que incluso involucraban cosas tales como el sacrificio de niños. Eran tiempos de profunda crueldad en esa nación. Dios le dijo a Israel: "Te voy a usar en esta guerra como un instrumento de mi juicio sobre esta nación, y voy a descargar mi violencia sobre estas personas increíblemente malvadas que son los cananeos." Y dijo: "Haré que sean destruidos" (Dt. 13:12-17). En efecto, él le dijo al pueblo judío: "Quiero que ustedes entiendan lo siguiente: voy a darles su merecido a los cananeos, pero no voy a entregarlos en manos de ustedes porque ustedes sean mejores. Yo podría traer la misma clase de juicio sobre las cabezas de ustedes por su pecaminosidad, y al hacerlo estaría perfectamente justificado." Ése es, básicamente, el sentido de lo que Dios les comunicó a los judíos.

Él dijo: "Los estoy llamando por mi gracia para ser una nación santa. Estoy demoliendo para construir algo nuevo, y desde lo nuevo que voy a construir, una nación santa, voy a bendecir a todos los pueblos del mundo. Por lo tanto, quiero que ustedes estén separados, y no quiero que ninguna de las influencias de esta herencia pagana se mezcle con la nueva nación que estoy estableciendo." Esa es la razón que da. La gente aún se atraganta con eso, pero si Dios es, en verdad, santo, como creo que lo es, y nosotros somos desobedientes como sé que lo somos, creo que debemos ser capaces de entender aquello.

- ### El Señor dice en el Antiguo Testamento que amó a Jacob pero rechazó a Esaú, y en 1 Juan expresa que si decimos que amamos a Dios, pero odiamos a nuestros hermanos, estamos haciendo mal. ¿Cómo podemos reconciliar estos dos pasajes?

Dios, que nos creó, tiene el derecho a exigir de sus criaturas cualquier cosa que desee; tiene el derecho a ordenar que amemos a los demás. ¿Cómo podemos nosotros, siendo pecadores, aborrecer a otras personas que son pecadoras por hacer las mismas cosas que estamos haciendo? Amar a Dios, a los demás, y a nosotros mismos es el gran mandamiento, dado primero por Dios y luego repetido por Jesús en el Nuevo Testamento.

Pero si se nos manda amar a todo el mundo, ¿cómo debemos tomar esta afirmación de Dios: "Amé a su antepasado Jacob, pero rechacé a su hermano, Esaú"?

En primer lugar, estamos frente a un modismo hebreo. Es la forma de expresión hebrea que llamamos paralelismo antitético, mediante el cual las Escrituras hablan en términos de opuestos directos. Para entenderlo, debemos saber que, lo que sea que Dios quiera decir con aborrecer a Esaú, es el opuesto exacto de lo que significa amar a Jacob.

Usamos los términos *amor* y *rechazo* para expresar emociones y sentimientos humanos que tenemos hacia las personas, pero en el contexto en que aparece este texto particular, cuando la Biblia dice que Dios ama a Jacob, significa que él hace de Jacob un receptor de su gracia y su misericordia especial. Le da a Jacob un regalo que no le da a Esaú. Le da misericordia a Jacob. Se niega a concederle la misma misericordia a Esaú porque no le debe la misericordia a Esaú y se reserva el derecho como dice en ese momento y en el Nuevo Testamento: "Tendré misericordia de quien yo quiera." Él muestra benevolencia. Otorga una ventaja; a un pecador le da una bendición que no le da a otro. El judío describe esa diferencia usando términos contradictorios. Uno recibe amor; otro recibe rechazo. Pero nuevamente, tenemos que recordar que la

Biblia está escrita en términos humanos, los únicos términos que tenemos, y no podemos leer en el texto una idea de sentimientos de hostilidad o de perversidad hacia el ser humano. Eso no es lo que la Biblia quiere decir cuando usa esa clase de lenguaje para referirse a Dios.

- **Cuando Jacob luchó con el ángel toda la noche, ¿debe entenderse esto literalmente, o es una forma simbólica de decir que Jacob luchó con una dificultad?**

Muy a menudo, cuando enfrentamos la cuestión de interpretar literal o simbólicamente un relato así, tenemos que ser muy cuidadosos en cuanto a lo que rige nuestra respuesta. Con frecuencia, la posición que adoptamos con respecto a una pregunta así está condicionada o regida por nuestro enfoque previo de lo sobrenatural. Hay personas que abordarían ese texto con el juicio previo de que no hay una esfera sobrenatural y que cualquier relato escritural de algo milagroso o sobrenatural debe ser reconstruido en términos naturalistas e interpretado de acuerdo a los estados psicológicos. Esto, en un sentido, pone en peligro al texto.

Debo decir que cuando permitimos que esa clase de aproximación prejuiciosa a la Escritura afecte nuestra interpretación de ella, hemos violado el texto, y hemos violado principios objetivos de interpretación literaria. Respeto mucho más al erudito que considera que el texto sugiere claramente que hubo una lucha real entre Jacob y este ángel, que a alguien que tratara de espiritualizar o relativizar el episodio calificándolo como un símbolo.

Ahora, claramente hay ocasiones en que la Biblia usa un lenguaje imaginativo y símbolos que no deben ser interpretados en términos históricos concretos. El principio básico que se aplicaría al interpretar un texto como éste (o cualquier otro texto donde exista la pregunta de si debería interpretarse literal o figurativamente) es que el peso del asunto debe decidirse mediante un análisis cuidadoso del género literario en que aparece el texto.

La gente me pregunta si interpreto la Biblia en forma literal, y habitualmente digo que por supuesto. ¿Qué otra manera hay de interpretarla? Interpretar la Biblia literalmente no significa imponer un literalismo rígido e inamovible sobre la Escritura. *Interpretarla literalmente significa interpretar el libro como fue escrito.*

Esa es una aproximación científica; es decir, interpretamos la poesía de acuerdo a las reglas de la poesía, las cartas de acuerdo a las reglas de las cartas, las narraciones históricas de acuerdo al género de las narraciones históricas, etc. De otra manera estaríamos cambiando el significado pensado por el autor, lo cual es simplemente antiético.

Mi consideración directriz en ese texto sería ¿Cuál es el estilo o forma literaria en que aparece? Si es una narración histórica, entonces creo que debe interpretarse como narración histórica. En el caso de esta historia particular, estoy persuadido de que el texto tiene todos los elementos de la narración histórica, y creo que el autor quiso expresar que hubo una visita real por parte de un ángel real y que hubo una lucha real.

• *En el libro de Jueces vemos que se ejecutó y aceptó un sacrificio humano. ¿Puede explicarlo, por favor?*

No sólo enfrentamos esa difícil pregunta de la manera en que aparece en el libro de Jueces, presumiblemente a causa del voto hecho por Jefté de sacrificar a su hija (Jc. 11:29-35), sino que aun antes, también, en el libro de Génesis, capítulo 22, cuando Dios le dice a Abraham que ofrezca a su hijo Isaac sobre el altar en el Monte Moriah.

Kierkegaard escribió un libro que lucha con esta cuestión, y lo describió como la suspensión temporal de lo ético. No creo que Dios suspenda la ética; ni siquiera por Abraham. La pregunta que estamos enfrentando es ¿cómo podría Dios aceptar u ordenar una práctica que en todas las demás ocasiones revela como repugnante para él?

Abraham no tuvo el beneficio de los cinco primeros libros del Antiguo Testamento, en los cuales fueron expuestas todas las leyes, legislaciones y códigos de santidad de Israel. No obstante, según es de suponer, tuvo al menos el beneficio de lo que llamaríamos una ley natural. Esa es la ley que Dios le dio al hombre desde Adán en adelante, y el principio cardinal de esa ley es la inviolabilidad de la vida y la prohibición del asesinato. Abraham tuvo que haberse confundido con este mandato de Dios de ofrecer a su hijo sobre el altar. Él tenía que saber que era completamente incongruente con la ley natural.

Sin embargo, al mismo tiempo, es como si un hombre que llega a una luz roja en una intersección, se encuentra con un policía parado allí haciéndole señales con su guante blanco. La luz dice que se detenga, pero el policía dice que avance. El policía siempre reemplaza el código escrito de los vehículos motorizados. Obedecemos al policía y no al semáforo. Así que tal vez Abraham estaba pensando que, aunque él sabía lo que la ley decía, si el autor de esa ley le decía que la quebrantara, más valía que lo hiciera.

Usted preguntó específicamente con respecto al problema en el libro de Jueces. En el código de la santidad, en la legislación del Pentateuco, el sacrificio de niños, practicado por otras religiones antiguas, no sólo era visto como algo que Dios desaprobaba sino como una ofensa capital en Israel, una total abominación a Dios. La Escritura habla en el lenguaje más fuerte posible prohibiendo el sacrificio de seres humanos como una actividad religiosa. La religión no puede hundirse más profundamente que cuando busca apaciguar a la deidad a través del sacrificio humano, con la obvia excepción del sacrificio perfecto que fue ofrecido de una vez y para siempre, cuando Dios sacrificó a su propio Hijo por nuestros pecados.

Mi comprensión del libro de Jueces es ésta: tal como el resto de la Biblia y particularmente el Antiguo Testamento, Jueces registra para nosotros no solamente las virtudes del pueblo de Dios sino también sus vicios. El voto de Jefté fue pecaminoso. Para empezar, nunca debería haber hecho ese voto. Dios no le exigió hacerlo; él hizo ese voto, y luego, siguiendo un concepto equivocado de cómo ser coherente, pensó que su obligación moral era cumplirlo cuando descubrió que en realidad había prometido matar a su propia hija.

Llamaríamos a eso un voto ilícito. Una vez que una persona hace un voto de pecar, se le exige *no* cumplir ese voto si lo obliga a pecar. Creo que este pasaje no es tan difícil desde un punto de vista teológico sino que se trata simplemente de un registro del pecado de Jefté.

- **En Proverbios 21:14 dice: "El regalo en secreto calma el enojo; el soborno por debajo de la mesa aplaca la furia." ¿Por qué dice esto la Biblia?**

Esa es una pregunta difícil. Creo que para entenderla debemos hacer un par de cosas. En primer lugar, debemos entender la naturaleza de un proverbio. Un proverbio no es una ley moral absoluta. Un proverbio es una expresión de sabiduría práctica extraída de las experiencias diarias de la vida. No se trata de absolutos. Por ejemplo, en el idioma inglés tenemos los proverbios *Mira antes de saltar*, y *El que vacila está perdido*. Si pensamos en ambos como absolutos, se cancelan y excluyen el uno al otro. Lo mismo sucedería si tomamos todos los proverbios de la Biblia como absolutos.

Lo que hace tan difícil esto es que el proverbio que tenemos aquí extrae una sabiduría práctica de la pecaminosidad humana y nos dice algo como que el soborno aceita los conflictos y aleja la ira de la gente. El autor de Proverbios, como un asunto de sabiduría práctica, está muy interesado en las relaciones humanas y en cómo llevarse bien. Uno de los temas recurrentes del libro es cómo tratar con la gente que está enfadada: "La respuesta apacible desvía el enojo." Eso tiene sentido. No sólo es cuestión de virtud sino de carácter práctico.

Recuerdo que en una ocasión estaba saliendo de Pittsburgh por el puente Liberty a través de los túneles. Vi que la luz iba a ponerse roja; iba a tener que permanecer un largo rato sentado allí. El policía me estaba indicando con la mano que tomara otro carril, pero di la vuelta y volví a entrar en el carril que yo quería. Cuando iba a pasar junto a él, la luz se puso roja y tuve que detenerme. El policía corrió hasta mi automóvil y comenzó a dar golpes en el techo. Supe que me hallaba en un gran problema. Sencillamente me volví hacia él y le dije: "Lo siento mucho, oficial." Eso parece haberlo calmado, y me dijo que continuara y me fuera. Eso me hizo pensar que una respuesta apacible realmente desvía el enojo. Funciona.

Este versículo usa un recurso literario llamado paralelismo: dice lo mismo en dos formas similares. Dice: "El regalo en secreto calma el enojo." No hay nada malo en darle un regalo secreto a alguien. Luego encontramos la afirmación paralela: "El soborno por debajo de la mesa aplaca la furia." Lo que se describe aquí es lo mismo que un regalo sorpresa. El soborno también aleja la ira de alguien.

Yo diría que el autor de Proverbios está haciendo algo muy parecido a lo que hizo Jesús cuando dijo que en la comunidad cristiana o la comunidad de creyentes no somos tan sabios como lo son los ladrones afuera. Él habla del mayordomo injusto y dice que podemos aprender formas prácticas de llevarnos bien con la gente observando cómo lo hacen los ladrones; ellos saben cómo detener el enojo y la ira de las personas como un asunto de sabiduría práctica. Creo que eso es lo que el autor tenía en mente.

• *"Donde no hay visión, el pueblo se extravía."* *¿Qué quiere decir esto?*

Estoy seguro de que usted ha oído citar este versículo muchas veces en la iglesia, por ejemplo cada vez que hay planes de construcción o un nuevo programa educacional. A la gente se le dice que tiene que captar la visión. Hemos puesto el objetivo delante de nosotros, y sin una visión la gente perece. En situaciones contemporáneas, se interpreta diciendo que, sin una meta, un proyecto, o un objetivo, el pueblo será destruido. Esa puede ser una aplicación secundaria del texto original, pero no es lo que el texto significaba cuando fue escrito en la antigüedad.

El significado original de ese texto, "Donde no hay visión, el pueblo se extravía" (Pr. 29:18, NVI) tenía que ver con una visión profética. En el Antiguo Testamento, Dios se reveló a través de la proclamación de sus profetas. A veces recibían alguna palabra de Dios. Estos profetas funcionaban como agentes de revelación, como Jeremías e Isaías. Fueron vehículos humanos a través de los cuales Dios le transmitió su palabra a la gente. Lo que dicen los Proverbios es que sin la revelación sobrenatural de la palabra de Dios, el mundo perecería.

Con la llegada de Jesús se cumplió la profecía del Antiguo Testamento que dice: "El pueblo que camina en oscuridad verá una gran luz." Muy a menudo en la Biblia, el concepto de revelación divina es expresado a través de la metáfora de la luz que reemplaza a las tinieblas. Lo que entiendo que dice este texto es que sin la luz de la revelación de Dios, la humanidad sería dejada en completa oscuridad, y nosotros, de hecho, pereceríamos.

Conocemos gente que no está involucrada para nada en la fe judeocristiana. No tienen compromiso alguno con ella. Aún están vivos, no están pereciendo, les está yendo bien. Pueden no estar pereciendo ahora, pero podrían perecer al final.

Además de esa consideración, no hay una cultura significativa de la cual sepamos en este mundo que no haya experimentado las consecuencias de los beneficios de la revelación divina. No hay lugar alguno en el punto más oscuro de este mundo y en la hora más oscura de las edades oscuras en que la luz de la revelación de Dios haya sido totalmente destruida, oscurecida o eclipsada. De hecho, no podríamos vivir cinco minutos como seres humanos en este planeta si no fuera por la Palabra de Dios. No es de extrañar que Jesús dijera que vivimos gracias a la Palabra de Dios. [Ver también Pr. 29:18 en la NTV: "Cuando la gente no acepta la dirección divina, se desenfrena."]

• ¿Nos haría el favor de explicar Eclesiastés 9:10, que dice: "Todo lo que hagas, hazlo bien"?

Antes de que responda esa pregunta específicamente, creo que es importante hacer unos pocos comentarios sobre el tipo de literatura que encontramos en el libro de Eclesiastés. Es muy similar al libro de Proverbios y entra en la categoría de Literatura de Sabiduría Hebrea, a través de la cual se nos ofrecen porciones de sabiduría y aplicación práctica de la piedad en afirmaciones sucintas. Podemos confundirnos fácilmente si intentamos tratar estas afirmaciones como si fueran absolutos morales. Estoy convencido de que la Biblia provee muchos absolutos morales en la ley de Dios que se expresa allí, pero lo que se encuentra en las máximas de los Libros de la Sabiduría son pautas prácticas de conducta.

Este pasaje particular de Eclesiastés no es un absoluto universal que diga: "Cualquier cosa que hagas, hazla bien." Muchas de las cosas que hacemos son impías, y no deberíamos comprometernos con ellas. Lo que el libro está diciendo aquí es que en la labor a la cual somos llamados, en la devoción que rendimos a Dios, en aquellas cosas justas, apropiadas y buenas a las cuales nos dedicamos, debemos actuar con determinación, no de manera informal. Es, en cierto modo, similar a cuando Jesús dice que preferiría que la gente fuera fría o caliente pero no tibia. A quienes son tibios, él dijo que los vomitará de su boca. Parece sentir, por ejemplo, más respeto por una hostilidad celosa que por la indiferencia.

El espíritu de indolencia cae repetidamente bajo la reprensión de los Libros de la Sabiduría. Dios nos llama a una actitud, un estilo de vida, de propósito y diligencia. Eso significa que debemos llevar a cabo las tareas que se ponen ante nosotros no sólo con diligencia sino con una cierta clase de celo. Esa misma idea y sentimiento se repite otra vez en el Nuevo Testamento y especialmente con respecto a buscar el reino de Dios. Jesús nos dice que debemos adoptar un espíritu categórico de persistencia en la búsqueda del reino de Dios.

• ¿Qué quiere decir el Credo de los Apóstoles cuando señala que Jesús descendió a los infiernos?

El Credo de los Apóstoles es usado como una forma integral de adoración en muchos grupos cristianos. Una de las afirmaciones más desconcertantes de ese credo es: [Jesús] descendió a los infiernos.

En primer lugar, debemos observar el credo desde una perspectiva histórica. Sabemos que el Credo de los Apóstoles no fue escrito por los apóstoles, sino que es llamado Credo de los Apóstoles porque fue el intento hecho por la comunidad cristiana inicial de proveer una síntesis de la enseñanza apostólica. Éste, como otros credos en la historia de la iglesia, fue en parte una respuesta a ciertas enseñanzas distorsionadas que se hallaban presentes en algunas comunidades; fue una declaración de creencia ortodoxa. La referencia más temprana que podemos encontrar en cuanto al elemento "descendió a los infiernos" del Credo se halla aproximadamente a mediados del siglo III. Eso no significa que no estuviera en el original; no sabemos cuándo se escribió el original, pero parece ser una adición posterior y ha causado no poca controversia desde entonces. La razón de ello es tanto teológica como bíblica.

Encontramos el siguiente problema: Jesús, cuando está en la cruz durante su doliente agonía, le habla al ladrón que se halla junto a él y le asegura "hoy estarás conmigo en el paraíso." Ahora bien, esa afirmación de Jesús en la cruz parecería indicar que Jesús estaba planeando ir al paraíso, lo cual no debe confundirse con el infierno. De manera que en algún sentido Jesús parte al paraíso. Sabemos que su cuerpo va a la tumba. Su alma, aparentemente, está en el paraíso. ¿Cuándo va al infierno? O ¿va al infierno?

En 1 Pedro 3:19, Pedro habla de este Jesús, que por el mismo Espíritu por el cual fue levantado de entre los muertos "fue a predicarles a los espíritus encarcelados." Ese texto ha sido usado como el texto de prueba principal para decir que Jesús, en algún punto después de su muerte, que generalmente se ubica entre su muerte y su resurrección, fue al infierno. Algunos dicen que fue al infierno para experimentar la magnitud total del sufrimiento, la penalidad total por el pecado humano, con el fin de proveer una expiación completa por el pecado. Eso es considerado por algunos como un elemento necesario de la pasión de Cristo.

Sin embargo, la mayoría de las iglesias que cree en un descenso real de Jesús al infierno no lo ve yendo al infierno en busca de más sufrimiento porque en la cruz Jesús declara: "¡Todo ha terminado!" En lugar de eso, él va al infierno para liberar a aquellos espíritus que, desde la antigüedad, habían sido retenidos en prisión. Su tarea en el infierno, entonces, es una tarea triunfal, liberando a los santos del Antiguo Testamento. Personalmente, creo que la Biblia no es tan clara en ese punto, debido a que los espíritus perdidos encarcelados podrían ser perfectamente quienes están perdidos en este mundo. Pedro no nos dice quiénes son los espíritus perdidos encarcelados o dónde está la prisión. La gente hace muchas suposiciones al considerar que esta es una referencia al infierno y que Jesús fue hasta allí entre su muerte y su resurrección.

- **En el Sermón del Monte, Jesús dice: "Que no sepa tu mano izquierda lo que hace tu derecha," y en otro pasaje dice: "Dejen que sus buenas acciones brillen a la vista de todos." Esto parece una contradicción.**

Cuando Jesús dio esta enseñanza, usó varios estilos diferentes de comunicación, de los cuales el más famoso es la parábola. Otro estilo de enseñanza común entre los rabíes era la transmisión de una pepita de verdad en lo que se denominaba un aforismo. Un aforismo es, simplemente, una pequeña declaración, concisa y medular, que encapsula o cristaliza una verdad espiritual. A veces, si las llevamos demasiado lejos, veremos que algunas se rozan entre ellas y, aparentemente, entran en conflicto.

Cuando Jesús dice: "Que no sepa tu mano izquierda lo que hace tu derecha," él acaba de dar una muy larga reprimenda contra el despliegue público ostentoso de piedad que era la preocupación favorita de los fariseos. Ellos oraban y se vestían con ropas ásperas de modo que todo el mundo supiera cuán espirituales eran. Ante el mundo que los observaba hacían alarde de sus disciplinas espirituales como un asunto de orgullo personal más que de piedad. Se peleaban unos con otros para ocupar los asientos de honor en las fiestas y demostrar quién era más religioso que el otro. Jesús los reprendió severamente porque no estaban orando a Dios sino que estaban orando para ser vistos por la gente. Los reprendió por la obvia hipocresía que había detrás de ello. Les dijo que entraran en sus aposentos y oraran a Dios en secreto porque entonces él los escucharía.

Es en ese contexto que Jesús dice: "Que no sepa tu mano izquierda lo que hace tu derecha." En otras palabras, si vas a hacer estas cosas honorables que finalmente son, en realidad, una ofrenda a Dios, la gente no tiene por qué enterarse. Es algo que hacemos en forma privada, anónima. No hacemos alarde de nuestras ofrendas y nuestra adoración con el fin de ser vistos.

Igualmente, somos llamados a hacer visible el reino invisible de Dios viviendo vidas íntegras. Nuestra integridad externa debe desplegarse tan claramente que sea un faro para aquellos que la observen.

• En Mateo 24:32-34, Cristo relata la parábola de la higuera. En su opinión, ¿qué representa la higuera?

Cuando Jesús enseñaba en parábolas, extraía ejemplos de las actividades normales de la vida diaria: de la albañilería en piedra, la agricultura, etc. Él usó la higuera para enseñar una lección en más de una oportunidad. Podemos recordar la ocasión en que él maldijo la higuera por tener flores, pero no dar fruto. El indicador indispensable de la presencia de fruto en una higuera no era la estación del año sino la presencia o ausencia de flores. Si tenía flores, debería haber tenido fruto. Jesús vio una higuera floreciendo fuera de la estación normal, lo que la hacía una especie particular de higuera. Se acercó a ella para conseguir algo de comer, pero no había higos, y por lo tanto maldijo a la higuera como una lección objetiva de hipocresía.

Si damos vuelta el ejemplo, cuando él usa la parábola aquí, aplica la propensión de la higuera a florecer y llevar fruto como una indicación positiva en cuanto a la manera de mirar el futuro. Jesús había pronunciado el discurso de los Olivos, en que les dijo a sus discípulos que estuvieran alerta ante las señales de los tiempos, de modo que, cuando él regrese al final de la era, su venida no sea una sorpresa para aquellos que deben esperarla.

¿Específicamente qué representa la higuera? Es extremadamente peligroso interpretar las parábolas en un sentido alegórico. En una alegoría, cada elemento de la historia tiene una correlación exacta en alguna representación figurativa o simbólica. En algunas ocasiones Jesús sí usó la alegoría, como en la parábola del sembrador, pero en ese caso Jesús proveyó la interpretación alegórica de la parábola. En general, el uso normal de las parábolas pretende comunicar a través de una pequeña historia una sola y simple lección. Nos metemos en un gran problema si tomamos todos los elementos de la historia e intentamos transformar cada elemento concreto en un símbolo de algo en particular. No creo que podamos hacer eso con la parábola de la higuera. Creo que es como la mayoría de las otras parábolas; hay una lección esencial que Jesús está tratando de comunicarles a sus discípulos, y es la de velar y estar listos. Cuando vean las señales de los tiempos, observen, sabiendo que la redención está cerca. Cuando vemos ocurrir las cosas que él describe en el discurso de los Olivos, debemos estar alerta ante el hecho de que nuestra redención está cerca, y puede ser que estas cosas sean presagios del regreso mismo de Cristo.

A algunos les gustaría observar estos elementos particulares como la higuera y decir que es la restauración de Israel a su tierra o la reconquista de la ciudad de Jerusalén, pero tales interpretaciones son especulativas. Preferiría ser más cuidadoso y simplemente decir que el significado del texto es ser diligente, vigilante y observar las señales de los tiempos.

- **En el libro de Juan encontramos la afirmación de que "conocerán la verdad, y la verdad los hará libres." ¿Podría usted explicar qué quiso decir Jesús con "los hará libres"?**

Podemos encontrar al menos un indicio del significado echándole un buen vistazo al contexto. Cuando Jesús hizo esa declaración, estaba hablando de discipulado, y dijo: "Ustedes son verdaderamente mis discípulos si se mantienen fieles a mis enseñanzas; y conocerán la verdad, y la verdad los hará libres."

Cuando dijo eso, aquello perturbó a una parte del clero que se encontraba cerca, específicamente a los fariseos. Se enfadaron mucho porque Jesús dijo eso, y protestaron, diciendo: "Oye, nunca hemos sido esclavos de nadie." Y luego dijeron: "Somos descendientes de Abraham." Jesús los reprendió severamente, diciendo: "Ustedes son hijos de aquellos a quienes obedecen." Y luego les dijo que eran hijos de Satanás porque estaban haciendo la voluntad de su padre, el diablo.

Por un lado, Jesús identifica el ser hijos en términos de obediencia. "Ustedes son hijos de aquel a quien obedecen." Dado que el carril tomado por Jesús enfatiza la obediencia, creo que esa es la pista. Cuando habla de libertad, no está hablando de libertad política o libertad financiera. Está hablando de libertad espiritual: libertad de la esclavitud o sumisión a la maldad. Jesús aborda este tema en más de una ocasión, al igual que otros expositores y escritores del Nuevo Testamento. Cuando Pablo, por ejemplo, describe la condición del hombre caído, habla del hombre caído expresando que él es esclavo de sus propias inclinaciones malvadas. Y a la inversa, el Espíritu Santo es descrito como el autor de la libertad: "Donde está el Espíritu del Señor, allí hay libertad."

Esto se relaciona con una cuestión mayor de la teología que tiene que ver con el hombre natural; es decir, el poder o la capacidad moral del hombre caído. Todas las iglesias que conozco en el Consejo Mundial de Iglesias tienen alguna doctrina del pecado original. No todas están de acuerdo en cuanto al punto exacto hasta el cual ha caído la raza humana, y hay reportes de debates que se centran alrededor del pecado original. Sin embargo, el pecado original no es el primer pecado, el pecado que Adán y Eva cometieron. El pecado original se refiere al *resultado* de la transgresión inicial de la humanidad contra la ley de Dios. No sólo se incurrió en el pecado y el hombre fue expuesto al castigo, sino que algo le ocurrió a nuestra constitución moral. Hay una mancha en nuestra misma estructura y composición, de manera que ahora, como seres humanos, todos tenemos una tendencia y propensión hacia el mal que no fue puesta allí por Dios en el principio. En la medida en que nos rendimos a los impulsos malvados que de alguna manera pueden regir nuestras vidas, estamos en esclavitud moral y necesitamos ser liberados. Este es uno de los grandes mensajes del evangelio en el Nuevo Testamento: Cristo nos libera del poder del mal.

- ## ¿Podría usted comentar la declaración hecha por Jesús al decir que no deberíamos arrojar nuestras perlas a los cerdos?

Esa declaración es lo que llamamos uno de los dichos duros de Jesús. Es muy poco característico de Jesús hablar así de la gente, llamar cerdos a las personas, particularmente que un judío llame cerdo a alguien. Nos sobresaltamos al oír esta afirmación algo precipitada por parte de Jesús.

Cuando Jesús envió a los setenta discípulos a proclamar el evangelio, les dijo que viajaran con poco equipaje. Les dijo que cuando entraran a un pueblo, si la gente rehusaba oírlos, tenían que sacudir el polvo de sus pies y marcharse a otro lugar. Es en esa clase de contexto que Jesús habló de darles las perlas a los cerdos. Al alcanzar a otros con el evangelio, no debemos renunciar fácilmente (esta actitud paciente se deja ver en varias parábolas y en la Escritura en general). Sin embargo, desde un punto de vista estratégico, es ineficaz estar extendiendo constantemente la mano a personas que están firme y tenazmente oponiéndose a la fe cristiana. Encontramos muchísimos casos en que aquellas personas se ablandan y vienen a Cristo, pero gastar toda nuestra atención en dichas personas no es el uso más apropiado del tiempo y de la energía.

Si la gente desprecia las cosas de Dios, no se supone que debamos darlos por perdidos o dejar de preocuparnos por ellos, pero al mismo tiempo, no se espera que debamos invertir lo mejor de nosotros una y otra vez en aquellas personas.

- ## En la historia de la mujer adúltera, ¿qué escribió Jesús en el polvo?

No tenemos idea de lo que Jesús escribió en el polvo. De hecho, esa es la única referencia que tenemos de que Jesús escribiera algo. Sospecho que era alfabetizado, pero no dejó ningún documento que pudiéramos leer hoy, así que sólo podemos conjeturar acerca de lo que escribió en el polvo. Mi suposición es que él estaba siendo muy específico. El texto señala que esta gente estaba frenética; habían tomado piedras e iban a matar a esta mujer que había sido sorprendida en el acto del adulterio. Ellos trataron de hacer caer en una trampa a Jesús mediante una pregunta teológica concerniente a la ley de Moisés y a la ley del César. En esa ocasión, Jesús dijo: "¡El que nunca haya pecado que tire la primera piedra!" Luego esperó que dichos verdugos se ofrecieran mientras él se agachó y escribió en el polvo. Se nos dice que, mientras él escribía en el polvo, la gente, empezando por los mayores, comenzó a irse: dejaron caer las piedras y se marcharon.

Sólo podemos especular, por supuesto, pero me imagino que Jesús miró a los ojos a un hombre y escribió el nombre de la amante de este hombre; para otro tipo escribió "extorsión" y para otro, "malversación." Creo que él podía ver los pecados de estas personas. Comenzó a escribirlos, y nadie quiso seguir viendo, de manera que dejaron caer sus piedras y se fueron de prisa. Esto es pura conjetura, pero eso, para mí, es la clase de cosa que Jesús haría para sosegar a una turba que tuviera la intención de juzgar.

¿Qué debemos hacer con nuestros hermanos y hermanas si sabemos que están envueltos en algún pecado? En el Nuevo Testamento encontramos alguna instrucción acerca de estas cosas. Se nos dice que si vemos un hermano o una hermana involucrados en una situación seria de pecado, debemos ir a ellos en privado y hablarles. Si no hay arrepentimiento, entonces debemos ir con dos ancianos. Hay un procedimiento que debe seguirse (Mt. 18:15-17). Notemos que, en el espíritu de Jesús, el procedimiento hace el mayor esfuerzo posible para proteger la dignidad de la persona culpable. Y el propósito final no es acusar ni castigar, sino redimir. No es un ejercicio de espíritu crítico. El Nuevo Testamento dice que hay un amor que cubre gran cantidad de pecados. No debemos confrontarnos unos a otros con pecadillos; no debemos detenernos en pequeñeces. Una de las grandes debilidades de la comunidad cristiana actual es su pequeñez de espíritu. La pequeñez de espíritu puede ser muy destructiva para la comunidad cristiana, y tendemos a oscilar entre dos extremos: ser demasiado severos y críticos o dejar pasar todo sin atrevernos a criticar. Somos llamados a preocuparnos por la rectitud, pero en un espíritu de mansedumbre.

• En Hechos 16, Pablo anima a Timoteo a circuncidarse pero más tarde condena esta práctica. ¿Estaba siendo hipócrita?

No creo que el apóstol estuviera siendo hipócrita. Esta es una situación histórica muy interesante que el Nuevo Testamento registra para nosotros. Dice que Pablo circuncidó a Timoteo, pero luego se negó a circuncidar a Tito, y esto se transformó en una gran controversia en la iglesia primitiva. Creo que el razonamiento subyacente de Pablo puede descubrirse mediante un estudio de Gálatas, Corintios y Romanos.

Él habla de su preocupación con respecto a la ética y dice que hay ciertas cosas que Dios prohíbe y otras que ordena. Luego están aquellas cosas que son básicamente neutras en el sentido ético, aquellas cosas que en sí mismas no tienen importancia moral ni relevancia ética. Él es coherente en su tratamiento de estas cosas, como leemos en su correspondencia a los romanos y a los corintios; estas son áreas en las cuales los cristianos pueden ejercer su libertad.

Sin embargo, el partido judaizante se levantó y amenazó con destruir a la joven iglesia cristiana buscando imponer la ley absoluta de la circuncisión sobre todos los convertidos al cristianismo. El concilio de Jerusalén en Hechos 15 fue uno de aquellos ejemplos de cuando la iglesia tuvo que responder a esto. La conclusión del concilio fue que al Espíritu Santo le pareció bien no añadir sobre los convertidos gentiles todas estas cargas que Dios le había exigido a la nación judía en el Antiguo Testamento. Lo que había sucedido, en términos contemporáneos, es esto: aquellos que querían aferrarse a algunas de las ahora anticuadas prácticas fueron considerados por Pablo como creyentes más débiles, y Pablo dijo que no hiciéramos nada que pudiera hacer tropezar al creyente más débil. Debemos ser sensibles hacia el hermano más débil.

Pero repentinamente los creyentes más débiles se volvieron tan fuertes que quisieron dominar tiránicamente a la iglesia y transformar sus preferencias en la ley absoluta de Dios. Cada vez que la gente lo hace, es una muestra del legalismo que destruye la esencia del evangelio. Pablo, para el tiempo en que escribió Gálatas, vio la expansión de este grupo de judaizantes como tal amenaza para la verdad del evangelio cristiano que rehusó firmemente participar de la circuncisión como un acto religioso y usó el lenguaje más fuerte para condenar a aquellos que estaban tratando de transformar un asunto de preferencia personal en ley absoluta de Dios.

Usted recordará el debate que Jesús tuvo anteriormente con los fariseos. Fue muy áspero con ellos porque dijo que habían tomado las tradiciones de los hombres y las habían hecho pasar como si fueran las leyes de Dios, algo que no se nos permite hacer. Jesús reprendió a los fariseos por hacerlo, y Pablo hizo lo mismo; es decir, en la situación inicial en que la circuncisión no tenía esta importancia legal, él siguió la corriente. Dijo que si usted quiere circuncidarse, está bien; si no quiere hacerlo, no tiene que hacerlo. Así que, por aquellos que querían hacerlo, lo hizo. Pero cuando trataron de convertir en ley que él circuncidara a otras personas, se negó firmemente a hacerlo, con el fin de mantener intacta la integridad del evangelio.

- **Primera de Corintios 15:29 dice: "Si los muertos no serán resucitados, ¿para qué se bautiza la gente por los que están muertos? ¿Para qué hacerlo a menos que los muertos algún día resuciten?" Sé que es una doctrina mormona creer en el bautismo de los muertos mediante un representante. ¿Cuál es la perspectiva cristiana sobre esto?**

No hay un solo texto en toda la Escritura que dé un mandato explícito a la iglesia de practicar el bautismo por poder, o bautismo por los muertos, y sin embargo se trata de una práctica que ha emergido en un grupo religioso. El texto citado como prueba de esto es 1 Corintios 15:29. Notemos que Pablo no les dice a sus lectores: "Ustedes deberían bautizar a los muertos," sino que pregunta: "¿Por qué algunos de ustedes se están bautizando por los muertos si, de hecho, los muertos no son levantados?" El hecho de que Pablo haga una pregunta al respecto indica que había gente practicándolo. Cuando él hace la pregunta, no hay una reprimenda explícita ni implícita para la práctica. Algunos han observado eso y dicho que el apóstol Pablo reconocía que esta clase de práctica estaba teniendo lugar en la comunidad corintia y no la denunció, de modo que tiene una aprobación apostólica tácita, y quizás se nos está escapando algo que deberíamos hacer.

Pero no tenemos un mandato para hacerlo, y creo que la Escritura indica claramente que esta práctica es completamente repugnante ante Dios debido a sus implicaciones teológicas.

Debemos entender por qué Pablo dice lo que dice en 1 Corintios 15. Este capítulo es la magnífica defensa que hace Pablo de la resurrección de Cristo. Está respondiendo como teólogo a un espíritu de escepticismo que había emergido en la iglesia corintia. Se le había informado que algunas personas de la iglesia estaban negando la Resurrección, así que Pablo exploró las implicaciones de aquello. Si no hay tal cosa como una resurrección (que es lo que creían los saduceos) y si no hay vida después de la muerte, ¿cuáles son las consecuencias? En primer lugar, si no hay resurrección, entonces Cristo no ha sido levantado. Así que si no hay una resurrección, eso elimina la resurrección de Cristo. Si no hay una resurrección de Cristo, ¿cuáles son las implicaciones de ello? Eso significa que usted aún está en sus pecados. No ha habido una marca de aprobación divina en el sacrificio perfecto de Cristo para su justificación. Significa que usted es un falso testigo de Dios porque anduvo diciéndoles a todos que Jesús fue levantado y que fue Dios quien lo levantó.

Pablo sigue diciendo que, si un cristiano no es levantado, entonces aquellos que han dormido han perecido. Los muertos están muertos. Jamás los volveremos a ver; todo se acabó. Él se extiende dándoles todas estas opciones.

En este proceso, usa una forma clásica de argumento, el argumento ad hóminem, en el cual usted arguye desde las razones de la otra persona y muestra la contradicción de la posición que ella sostiene. Pablo, en esencia, está diciendo: "Sé que algunos de ustedes andan por ahí practicando el bautismo por los muertos y al mismo tiempo dicen que no hay resurrección. ¿Por qué lo están haciendo?" En otras palabras, él está mostrando la necedad de negar la resurrección y practicar algo que dependería de la resurrección para tener significado. Sin embargo, de ninguna manera Pablo está respaldando la práctica del bautismo por poder.

- **¿Qué quiere decir el escritor de Hebreos 6 cuando escribe: "Es imposible lograr que vuelvan a arrepentirse los que una vez fueron iluminados —aquellos que experimentaron las cosas buenas del cielo y fueron partícipes del Espíritu Santo"?**

En el continuo debate que hay entre los cristianos en cuanto a la posibilidad de perder nuestra salvación, ese texto es ciertamente el más frecuentemente discutido y debatido. Aquellos que creen que podemos caer de la gracia hasta el punto de perder nuestra salvación toman Hebreos 6 como la evidencia N° 1 para probarlo. Encontramos esta solemne advertencia y amonestación para aquellos que han sido iluminados, que han gustado las cosas buenas del cielo, de que si se apartan, es imposible que vuelvan a arrepentirse.

Es difícil saber exactamente lo que el autor de Hebreos quiere decir en este texto, por varias razones. En primer lugar, no sabemos quién escribió el libro, y segundo, no sabemos a quién estuvo dirigido. Y lo más importante, no estamos seguros de la cuestión inmediata que provocó su escritura. Algunos lo ven como una crisis de gente que cedía bajo la persecución romana y negaban a

Cristo públicamente. Quizás esa fue la tentación. Una opinión más común es que fue la tentación de caer en el pecado de la herejía judaizante y de volver a una estructura legalista basada en la religión del Antiguo Testamento.

Mi posición con respecto a este pasaje es la siguiente: tenemos aquí una fuerte amonestación diciendo que es imposible que aquellos que han sido iluminados, hayan experimentado las cosas buenas del cielo y participado del Espíritu Santo vuelvan a arrepentirse. En primer lugar me pregunto si el autor está describiendo a un cristiano. En la superficie, parecería que lo es porque los términos descriptivos "iluminados" y "experimentaron las cosas buenas del cielo" serían verdaderos en el caso de un cristiano. Sin embargo, en el contexto más amplio de Hebreos, él habla de aquellos que son miembros de la iglesia, así como miembros del cuerpo de Israel en el Antiguo Testamento, quienes tuvieron todos los beneficios de la iglesia y la presencia de Cristo en medio de ellos, pero nunca fueron realmente redimidos.

Hay muchos comentaristas que creen que el autor de Hebreos está hablando de personas que están dentro de la comunidad y tienen los beneficios de oír la Palabra de Dios. Ellos son iluminados, tienen los sacramentos y todas estas cosas, pero no son verdaderamente convertidos.

No estoy persuadido, sin embargo, de que sea eso lo que quiere decir el texto, porque usa la frase que usted citó: "volver a arrepentirse." El arrepentimiento, en el libro de Hebreos y a lo largo de todo el Nuevo Testamento, es un fruto de la regeneración. El verdadero arrepentimiento es algo que solamente un cristiano puede experimentar, de manera que había habido un auténtico arrepentimiento previo si estaba hablando de volver a arrepentirse.

Yo adopto la posición de que lo que tenemos aquí es un argumento ad hóminem de principio a fin, en que el autor está planteando un razonamiento a través de la postura de la otra persona. Está diciendo: "Bueno, analicemos tu posición. Supongamos que se trata de la herejía judaizante. Si rechazas a Cristo y regresas al antiguo sistema habiendo suprimido la Cruz, ¿qué posibilidad tendrías de ser salvo bajo ese sistema? Acabas de rechazar la única forma de salvación que hay." Él no está diciendo que sea el pecado imperdonable, pero usted no podría ser restaurado mientras estuviera en esa posición. Note que no dice que alguien lo sea. De hecho, al final de ese texto dice: "Estamos convencidos de que ustedes están destinados para cosas mejores, las cuales vienen con la salvación." Creo que es una advertencia hipotética contra un argumento, pero no enseña que un verdadero cristiano pierda su salvación.

- ***Últimamente, la gente me ha estado hablando de las "palabras de maldición." ¿Es algo que debería preocuparnos a los cristianos? ¿Se heredan las maldiciones?***

Cuando hablamos acerca de las maldiciones en la cultura contemporánea, suena como algo sacado de las edades oscuras o de algún brujo vudú que arroja una maldición sobre alguien clavando alfileres en muñecos. Sin embargo, el concepto de la maldición es uno de los más importantes que hallamos en la Escritura, porque las leyes que Dios le dio a Israel en el Antiguo Testamento son puestas ante la nación en términos de dos polos. Por un lado, cuando Dios le da su ley a su pueblo y entra en un pacto con ellos, dice que si ellos guardan los términos de este pacto, si obedecen sus leyes, serán bendecidos. Dice: "Tus ciudades y tus campos serán benditos, vayas donde vayas y en todo lo que hagas, te bendeciré."

Pero dice: "Pero si te niegas a escucharme y no obedeces todos mis mandatos y decretos, tus ciudades y tus campos serán malditos." Luego, lo que sigue son penas y castigos aterradores que Dios le promete a la gente que se niega a obedecerlo. Son encapsulados en la palabra *maldición*. Ser maldecido en el Antiguo Testamento significaba, en última instancia, ser cortado de la presencia de Dios, ser expulsado de su presencia inmediata tal como el chivo expiatorio era maldecido en Israel y enviado al desierto, lejos de donde se centraba la presencia de Dios en el medio del campamento. Ser maldecido significaba ser enviado a las tinieblas de afuera donde el rostro de Dios no brillaba y la luz de su semblante no penetraba.

Como dije, es tan importante porque toda la idea de la expiación, no sólo en el Antiguo Testamento sino también en el Nuevo Testamento, se concentra en ese concepto de la maldición. En Gálatas, Pablo nos dice que Cristo en la cruz cargó la maldición por nosotros; él fue maldecido, cortado del Padre, enviado fuera del campamento, incluso crucificado fuera de los límites de la ciudad de Jerusalén para asegurarse de que toda la maldición de Dios prometida al malhechor cayera sobre él para que así pudiera llevar todo el castigo del pecador.

La Biblia habla claramente de las maldiciones, y la peor maldición posible es estar fuera del círculo de los beneficios de Dios. También dice que existe la imposición de las consecuencias del mal sobre las generaciones futuras. En los Diez Mandamientos se nos dice que los pecados pueden ser castigados hasta la segunda o tercera generación. Noé maldice a los descendiente de Canaán. Cam es el que recibió la maldición, y la recibió como una consecuencia directa de su padre. El Canaán maldecido es aquel que recibió la consecuencia del pecado de su padre, Cam.

Yo diría que la pérdida de muchas de las promesas hechas por Dios a la gente fluye a través del tiempo y el espacio hasta la generación siguiente. No significa que Dios castigue directamente a una persona a causa de un pecado cometido por otro. Dios dice que cada persona es castigada por sus propios pecados. Sin embargo, hemos de enfrentar las consecuencias que vienen de las generaciones previas y en ese sentido nos perdemos algunos de los beneficios de Dios.

ÍNDICE

F

fariseos   47, 96, 113, 171, 177, 198, 309, 345
fe   217
figuras públicas   366
filosofías   122–123
fraternidades   129–130
funcionarios públicos   392

G

gentiles   348
Getsemaní, Huerto de   145
gobierno   372, 386
   ética y   389
   instituido por Dios   385, 393
   moral y   363
   respuesta cristiana al   385–386, 393–394
gozo   48–49
gracia   83–84
   común   225
Graham, Billy   45, 335
Gran Sumo Sacerdote   82
guerra   404

H

Habacuc   190
herejía   237
hinduismo   220
hipnosis   375
Hitler, Adolf   190–191, 351, 377
humanismo secular   128
humildad   179
humor   35

I

idolatría   10, 397
iglesia
   asistencia   232–233, 234, 273–274
   crecimiento   232–233
   criterios para elegir una   234
   estructura   233–234

gobierno   233–234, 235, 236, 238
   problemas en la vida de   417
   vida de   254
Iglesia a partir de Abel, La   232
iglesia católica romana
   doctrinas de   61, 79, 87–88, 96, 106, 163, 199, 208, 217, 251, 253, 278, 341, 395
iglesia congregacional, estructura de   234
iglesia episcopal, estructura de   234
iglesia presbiteriana, estructura de   234
imágenes en la iglesia   251
Imitación de Cristo   109
impuestos   310
infantes
   muerte de   207–208
infertilidad   278–279
infierno   212–214, 412
ingeniería genética   377
Institución   111, 183
Isaac   207
Isaías   362
islam   11, 124
Israel
   nación de   348, 356–357

J

Jacob   373, 406
Jacob y Esaú   20
Jardín del Edén   106
Jefté   407–408
Jeremías   323, 335
Jesucristo
   ascensión de   148
   carácter de   35
   como el único camino a Dios   98–99
   como la prioridad del creyente   158
   como Señor   86
   como Sumo Sacerdote   82, 148, 402
   deidad de   258–259
   dichos de   32, 33
   encarnación de   29
   en relación con Dios el Padre   30
   enseñanzas de   214, 226, 330, 350, 355, 366, 370, 412, 414–415

Acerca del autor

El Dr. R. C. Sproul es fundador y presidente de Ligonier Ministries,
un ministro internacional de capacitación con sede en Lake Mary, Florida.
Se puede escuchar su enseñanza por todo el mundo en el programa radial
diario *Renovando Tu Mente*. También se desempeña como el ministro
a cargo de la predicación y la enseñanza de Saint Andrew's Chapel en
Sanford, Florida, y como rector de la Ligonier Academy of Biblical
and Theological Studies. Durante su distinguida carrera académica,
el Dr. Sproul ha ayudado a entrenar a los hombres para el ministerio
como profesor en varios seminarios teológicos.

Es el autor de más de setenta libros, entre ellos *La santidad de Dios*,
Escogidos por Dios, *What Is Reformed Theology?*, *La mano invisible*, *Faith
Alone*, *A Taste of Heaven*, *Truths We Confess* y *The Truth of the Cross*.
También fue el editor general de *The Reformation Study Bible* y ha escrito
varios libros para niños; el más reciente es *The Prince's Poison Cup*.

El Dr. Sproul y su esposa, Vesta, viven en Longwood, Florida.